POCHES ODILE JACOB

LE COURAGE
DU BON SENS

DU MÊME AUTEUR

Crise de la prévision, essor de la prospective, Paris, PUF, « L'Économiste », 1977 ; traduction anglaise (États-Unis), New York, Pergamon Press, 1 979.

Les Échanges internationaux, en collaboration avec O. Ruyssen, Paris, PUF, « Que sais-je ? », 1978.

L'Europe en mutation, en collaboration avec O. Ruyssen, CEE, « Perspectives européennes », 1980.

Demain les crises : de la résignation à l'antifatalité, Paris, Hachette, 1980.

Les Nouvelles Frontières de l'environnement, en collaboration avec R. Barré, Paris, Economica, 1982.

Crisis are Opportunities, Montréal, Gamma Press, 1985.

La Fin des habitudes, en collaboration avec J. Lesourne, Paris, Seghers, 1985.

Prospective et planification stratégique, Paris, Economica, 1985 ; traduction anglaise (États-Unis), préface d'Igor Ansoff, Boston, Butterworth, 1987 ; traduit en espagnol et en italien.

Radioscopie du Japon, en collaboration avec P.-N. Giraud, Paris, Economica, 1987.

L'Avenir autrement, Paris, Armand Colin, 1991.

De l'anticipation à l'action : manuel de prospective et de stratégie, Paris, Dunod, 1991 ; traduction anglaise, Unesco ; traduit en espagnol et en portugais.

Le Grand Mensonge : l'emploi est mort, vive l'activité !, Paris, Fixot, 1994 ; Pocket, 1999, 2e édition

Le choc de 2 006 : démographie, croissance, emploi, Paris, Odile Jacob, 2003, 2004 (prix du Livre d'Économie 2003).

Creating Futures : Scenario planning as a strategic management tool, Paris-Washington, Economica-Brookings, 2006, 2e édition.

Vieillissement, activités et territoires à l'horizon 2030, Rapport CAE/DIACT, Paris, La Documentation Française, 2006.

La Famille, affaire privée et publique, en collaboration avec E. Sullerot, Paris, La Documentation Française, 2007.

Manuel de prospective stratégique, tome I : *Une indiscipline intellectuelle*, tome II : *L'art et la méthode*, Paris, Dunod, 2007, 3e édition.

La Prospective stratégique. Pour les entreprises et les territoires, Paris, Dunod, « Topo », 2008.

Le Vieillissement, une bonne nouvelle ?, avec Marc Mousli, Paris, La Documentation française, 2009.

MICHEL GODET

LE COURAGE DU BON SENS

Pour construire l'avenir autrement

Odile Jacob
poches

© ODILE JACOB, FÉVRIER 2009
15, RUE SOUFFLOT, 75005 PARIS

www.odilejacob.fr

ISBN : 978-2-7381-2102-8
ISSN : 1621-0654

Ce livre est dédié à la jeunesse
de ce pays et, d'abord, à mes enfants,
Alice, Florent, Louis et Marie,
pour que leur avenir reste ouvert et rempli
de la confiance et de l'espoir
que j'avais à leur âge.

À Isabelle, ma complice de tous les instants.

L'avenir en confiance

Avec le recul, la crise de 2008-2009 apparaîtra bien plus forte qu'en 1975, 1993 ou 2003 car la vague du troisième choc pétrolier s'est conjuguée avec les crises immobilières et financières engendrées par les orgies de liquidités injectées depuis des années dans l'économie américaine. Les financiers attirés par l'appât de gains aussi faciles que déraisonnables (à deux chiffres pour une croissance réelle de l'économie à un seul chiffre) ont entraîné presque tout le système dans leurs pratiques aventureuses de prêts sans garanties revendus sous forme de titres aux rendements aussi élevés que les risques associés. Le château de cartes de la profitabilité financière artificielle s'est effondré. Les plus exposés, ou les moins protégés, des banquiers et assureurs ont mis la clef sous la porte et rares sont ceux qui n'ont pas été touchés, même parmi les mutualistes. L'histoire ne se répète pas et les comportements ne se reproduisent pas tous : les banquiers ne se suicident plus, ils veulent s'en aller avec des parachutes dorés. Le retour en force des États nations sur la scène économique s'imposait pour chasser le spectre de 1929 et remobiliser la pensée de Keynes. Un nouveau Bretton Woods donnant les bases d'un nouvel ordre monétaire a cependant peu de chances de voir le jour tant que le nouveau monde multipolaire ne sera pas en mesure d'imposer sa loi à une Amérique qui dit au monde : le dollar c'est notre monnaie, mais c'est votre problème.

La création de la zone euro et la mobilisation concertée des États européens va dans le bon sens. Dans la logique keynésienne, chaque État doit normalement essayer de contrer la conjoncture en soutenant la demande par des dépenses publiques interposées. C'est d'ailleurs ce que Bruxelles recommandait, en septembre 2008, à l'Allemagne et à l'Espagne. Mais pas du tout à la France, car contrairement à ses voisins, elle n'a pas baissé le poids de la dépense publique dans le PIB et ne dispose pas d'excédents budgétaires. Avant la crise, elle avait déjà bien du mal à maintenir son déficit public en dessous de la norme des 3 %. Depuis, elle a un bon prétexte pour justifier son impuissance à contenir la dépense.

Il faudrait tenir ferme la barre sur le cap des réformes structurelles indispensables afin que la France soit mieux placée pour tirer parti de la croissance le moment venu. Le slogan « ni rigueur ni relance, mais une gestion plus rigoureuse et efficace des dépenses publiques » avancé par François Fillon, à la fin de l'été 2008, n'a pas résisté longtemps au tsunami financier. Une croissance deux à trois fois plus faible en 2008 qu'en 2007, voire négative en 2009, c'est aussi plusieurs milliards d'euros de recettes fiscales en moins. Sans oublier que le service de la dette de l'ordre de 50 milliards d'euros par an s'alourdit de plusieurs milliards à chaque augmentation des taux d'intérêt.

La contagion de la crise financière à l'économie réelle n'a pu être évitée. Les milliards de dollars ou d'euros avancés sur le papier par les gouvernements, n'ont pas suffi à restaurer la confiance, à commencer par celle des banques entre elles. En France, le président Sarkozy n'a pas ménagé sa peine avec une garantie des prêts pouvant aller jusqu'à 320 milliards d'euros et une dotation éventuelle de 40 milliards d'euros pour recapitaliser le secteur bancaire en cas de besoin. On a répété que ces sommes étaient virtuelles et avancé que l'État n'aura pas à emprunter plus encore pour les mobiliser. Mais le citoyen a eu du mal à comprendre comment faisait ce même État alors que les caisses sont vides. C'est la dette publique qui va augmenter, c'est-à-dire des traites supplémentaires et finalement des impôts différés pour les générations futures. Le même citoyen n'a pas non plus compris pourquoi ceux qui ont joué au casino financier avec l'argent des autres demandent ensuite au contribuable d'éponger leurs pertes, tandis que, lorsque la bulle financière leur apportait des bonus indécents, ils ne partageaient avec personne !

Les crises porteuses d'espoir

Il ne sert à rien d'aider une entreprise en difficulté, il faut d'abord changer ses dirigeants et en l'occurrence les banquiers qui ont fauté. Les financiers ne se font plus confiance car si chacun sait ce qu'il a (ou non) caché aux autres, il soupçonne tous les autres de mensonge. Il ne suffisait pas de remettre au pot pour lever l'incertitude sur le trou des banques, il fallait aussi changer les joueurs de ce poker menteur pour retrouver la fluidité des marchés. Les crises sont porteuses d'espoir à condition d'avoir le courage des réformes qui s'imposent et de ne pas céder à la tentation de la fuite en avant. À cette condition, nous sommes confiants pour l'avenir des économies occidentales, non seulement parce qu'elles sont tirées par la forte croissance des BRIC (Brésil, Russie, Inde et Chine), qui a certes fléchi, mais surtout parce que c'est la leçon de l'histoire des fluctuations économiques.

Au cours des quarante dernières années, les États-Unis comme l'Europe (restreinte aux pays de la zone euro) ont connu en moyenne respectivement six phases d'expansion de vingt-quatre trimestres successifs et autant de récessions de quatre trimestres seulement. On l'a compris, l'hiver de la récession est six fois moins long que les beaux jours de l'expansion. Les durées des phases sont comparables des deux côtés de l'Atlantique, mais les fluctuations à la hausse (3 %) comme à la baisse (– 2 %) sont plus marquées aux États-Unis. Il faut donc bien s'attendre à une croissance négative jusqu'à fin 2009, voire au-delà. Cependant, les dernières récessions ont été moins fortes que dans le passé. La prospérité de nos sociétés n'est pas en cause. Ainsi, en France, le niveau de vie par habitant a augmenté de 50 % depuis 1980, les logements insalubres, qui représentaient plus du quart du parc total, ont quasiment disparu des statistiques et nous avons gagné cinq années d'espérance de vie ! Bref, cessons de pleurer la bouche pleine et gardons confiance en l'avenir : nos enfants, devenus rares sur le marché du travail, seront plus que jamais convoités et vivront encore plus longtemps et mieux que nous ! Quant à la dette, pour l'éponger de manière indolore, il faudra bien accepter un peu plus d'inflation, n'en déplaise aux rentiers.

La pertinence de l'impertinence

Honte, colère et espoir ; tels sont les trois mots qui ont emporté ma plume lors de la première édition de cet ouvrage. Pour cette nouvelle édition, je n'ai pas eu à les changer. J'ai toujours honte vis-à-vis des générations futures et je ne décolère pas vis-à-vis de ceux qui savent et nous gouvernent. Quant à l'espoir de rupture et de réformes en profondeur de notre beau pays, il a connu depuis l'élection présidentielle des hauts et des bas.

La crise financière de l'automne 2008 a donné l'occasion au président Sarkozy de montrer ses exceptionnelles qualités de gestion de crise. Cette réactivité est venue renforcer le rôle interventionniste de l'État dans l'économie ; il le fallait pour remettre de l'ordre dans un système financier devenu fou. Résultat : on a creusé encore plus les déficits publics, ainsi que le fossé de la dette que nous transmettons à nos enfants, et cela me révolte. Soyons clair, je me revendique toujours libéral parce que social (cf. épilogue) et ma devise est plus que jamais : « Autant de marché que possible, autant d'État que nécessaire ». Les États devaient bien intervenir pour éviter la faillite du système bancaire, mais la modernité leur impose aussi de devenir plus modestes dans les secteurs de l'économie réelle où leur présence bride le fonctionnement normal de l'économie de marché. En d'autres termes, plus d'État là où le marché fait défaut, et plus de marché là où les monopoles publics paralysent l'initiative. C'est-à-dire plus et mieux d'État efficace. Espérons que la crise de l'automne 2008 et la récession de 2009 ne freineront pas le rythme des réformes structurelles que la France doit faire pour réduire sa dépense publique et se mettre en ordre de marche pour surfer en tête sur la prochaine vague de croissance. Le plan de relance de 26 milliards d'euros annoncé en décembre 2008 était nécessaire pour amortir les effets de la récession. Il a au moins le mérite d'avoir porté la priorité sur l'investissement et non sur la consommation. Ainsi, les générations futures n'auront pas tout perdu de la dette contractée en leur nom.

Je me sens d'autant plus critique que j'ai la chance d'être libre de mes propos et même encouragé à le faire par ceux qui étouffent de n'être entourés que de courtisans. Ils me reçoivent plus facilement encore depuis qu'ils savent que je suis à l'origine de l'idée des heures supplémentaires non imposables. Idée avancée en vain depuis 2002 et revenue sur la scène déformée et empoisonnée par la pilule des exonérations de charges.

J'ai la chance de ne plus avoir d'autre ambition que le plaisir de servir mon pays et de me frotter à la cervelle des autres. À force de travailler deux fois 35 heures par semaine, mon corps m'a signifié qu'il en avait assez et que l'horloge du temps m'imposait un autre rythme. J'ai toujours considéré que les crises sont porteuses d'espoir et qu'il faut savoir rebondir vers autre chose de plus essentiel. Bref, je n'écrirais plus un tel livre, au panorama trop ambitieux pour une seule plume. Mais il fallait bien l'actualiser, comme on le fait pour un jardin de famille où l'herbe a trop poussé dans les allées.

Mon pays restera, je l'espère, la patrie de mes enfants. Si j'avais leur âge, je me poserais la question d'aller vivre ailleurs plus tard ; ils y songent parfois. En effet, l'exception française, faite de rejet de la mondialisation et de défiance vis-à-vis de l'économie de marché, nous distingue par son ridicule. Dans les autres grands pays occidentaux, la même économie de marché est considérée comme une source de bienfaits et de développement, au même titre que la démocratie. Une moitié de Français s'en méfie et une minorité agissante rêve encore d'un socialisme qui conduirait au bonheur d'une société aussi égalitaire que totalitaire. Notre arrogance est à la hauteur de notre déclin relatif par rapport à nos voisins, qui travaillent tout simplement plus. L'exception française, c'est aussi la résistance à changer un modèle social dépassé, qui se maintient encore avec des expédients au détriment des générations futures, et a longtemps encouragé les cigales plutôt que les fourmis.

Le monde change et les problèmes demeurent, car ils sont liés aux hommes, ce grand invariant de l'histoire. C'est ainsi que dix, vingt ou trente ans après, les analyses que j'avais pu mener concernant le consensus sur le chômage, la maladie du diplôme ou la surabondance d'énergie chère, semblent ne pas avoir pris de rides. Je les ai donc reprises, en partie, dans cet ouvrage, qui se veut la courbe enveloppe de plus de trente-cinq ans de réflexion sur les sociétés modernes. Ces dernières années, je me suis beaucoup investi dans les questions de famille, de société, de vieillissement, de dynamique des entreprises et des territoires, notamment dans le cadre de l'ex-Datar et du Conseil d'analyse économique. Les conclusions des rapports, que j'ai rédigés dans ce cadre, sont venues compléter mon puzzle en rajoutant des morceaux importants. Il en manque certainement beaucoup d'autres ; on verra, dans quelques années, si je les ai trouvés. Je voudrais, à cette occasion, remercier les principaux médias qui, depuis 1975, m'ont ouvert leurs colonnes chaque fois que je les sollicitais avec quelques feuillets sur les nouveaux fronts ouverts par le vagabondage de ma curiosité.

Je n'ai pas écrit *Le Courage du bon sens* pour me faire des amis, mais pour dire tout haut ce que les hommes politiques pensent tout bas. Je n'ai pas de voix à perdre ou à gagner ; j'ai simplement l'espoir, en posant les questions qui dérangent, de contribuer à éclairer le débat et l'action pour que le courage de réformer l'emporte sur les démagogies électorales.

C'est ainsi qu'en septembre 2008, j'ai pris le risque de dénoncer les effets pervers du RSA[1]. Je répondais ainsi à la demande d'acteurs de terrain qui me priaient d'intervenir par procuration, eux-mêmes étant tétanisés à l'idée de dire tout haut ce que beaucoup pensent tout bas. Je me sens encouragé dans ce rôle de salubrité publique depuis que le Premier ministre, François Fillon, m'a décoré en me remerciant de la « pertinence de mon impertinence même si le poil à gratter irrite parfois ». Beaumarchais avait raison : « Sans liberté de blâmer, il n'est point d'éloge flatteur » et j'espère rester cet esprit libre que chacun apprécie généralement, sauf quand j'interviens dans son domaine.

À la recherche de l'essentiel

J'ai d'abord écrit ce livre en pensant aux dizaines de milliers de personnes qui, m'ayant entendu à la radio, à la télévision, notamment dans l'émission *C dans l'air*, ou lors d'une conférence publique (j'en assure une centaine par an depuis une vingtaine d'années), m'interpellent pour m'encourager[2]. Selon eux, ce que je dis n'est rien d'autre que la voix du bon sens. Le plus souvent, les faits et les chiffres marquants qui nourrissent mes exposés confirment ce qu'ils savaient déjà par intuition ou constat d'expérience et ils me remercient d'avoir recollé les morceaux d'un puzzle dispersés dans leur esprit pour

1. « Non au RSA et à ses effets pervers », *Le Monde*, 26 septembre 2008.
2. Le plus souvent, ce sont des employés qui me reconnaissent : chauffeurs de taxi, vendeurs sur le marché, serveurs de restaurant, et aussi huissiers des ministères, de l'Assemblée, du Sénat et de l'Élysée. Quand le gendarme, qui contrôle votre identité, vous reconnaît et s'autorise un compliment, on se sent sur un nuage de fierté.

donner un sens et une cohérence à l'ensemble. Quand tout un pays marche sur la tête, le chemin du bon sens devient révolutionnaire.

J'ai aussi écrit ce livre comme si c'était le dernier, comme un grand cri de révolte, celle d'un gueux[3] qui, à soixante ans passés, devrait, comme la plupart de ses congénères de la classe 48, être déjà à la retraite. Mais on a l'âge de ses projets, et mes enfants ont plusieurs années d'études devant eux, donc je suis encore jeune d'autant d'années de plaisir du lien social par le travail. Plus on avance en âge, plus on est capable de distinguer l'essentiel du secondaire : la santé d'abord, ensuite la chaleur des liens familiaux et sociaux, et le sens à la vie qu'apporte le chemin de tous les jours, quand il est porté par la dynamique des projets individuels et collectifs. Mais, pour aimer les autres, l'altruiste à qui l'on aimerait ressembler a besoin de s'aimer lui-même, d'être bien dans sa peau et, pour cela, de commencer par le « connais-toi toi-même » des Grecs anciens. C'est ce que je découvre maintenant, sans doute un peu tard. Si je l'avais su plus tôt, j'aurais certainement été plus serein face à la vanité des ambitions, et aussi plus facile à vivre pour ceux qui m'entourent. J'entends bien me consacrer, dorénavant, au plaisir des liens et trouver le sens à ma vie dans la dynamique des projets partagés.

Si je devais résumer le message de cet ouvrage, en une phrase à retenir, ce serait : *il n'est de richesses que d'hommes, éduqués, épanouis, dans une société de confiance et de projets*. L'Europe a un déficit d'hommes ; en France, ils sont de moins en moins bien éduqués et

---

3. Pour *Le Petit Larousse illustré*, le gueux, au sens historique, était un calviniste flamand, dans les Pays-Bas espagnols, souvent gentilhomme, qui prit part à la lutte contre l'administration espagnole catholique après 1566. Au sens moderne que je lui donne, le gueux est un esprit libre, en révolte contre la tyrannie du court terme et l'occupation du territoire par la noblesse d'État.

bien dans leur peau, et la défiance ne facilite pas la dynamique des projets. La société de projets se situe à l'opposé d'un projet de société, imposé d'en haut ; elle s'appuie sur la confiance et la liberté, qui permettent le développement de mille et une initiatives individuelles et collectives, autant de ruisseaux qui viendront grossir le fleuve du changement global espéré.

Dans cette nouvelle édition, le premier chapitre rebaptisé « Réformes, le souffle dans la tempête » a été complètement revu et augmenté d'un premier bilan de l'ère Sarkozy avant et après la crise financière. Les médias, comme l'opposition et les partenaires sociaux, ont peine à suivre un président qui est sur tous les fronts à la fois et en ouvre sans cesse de nouveaux – régimes spéciaux, statut des fonctionnaires, loi de modernisation de l'économie, réforme judiciaire, livre blanc sur la défense, réformes de la représentativité syndicale, de la Constitution... – surtout quand la volonté de réforme rencontre un obstacle. Saluons la tactique gagnante qui rappelle celle du stratège chinois Sun Tzu dans *L'Art de la guerre*, cinq siècles avant J.-C. : « Il faut menacer l'adversaire sur plusieurs fronts à la fois afin qu'il dégarnisse ses forces sur chacun d'entre eux et soit affaibli là où l'on va l'attaquer. » Les partenaires sociaux ont dû embaucher et n'ont jamais autant travaillé ! Nous montrerons ce qui, du même coup, est mis dans l'ombre et manque à la rupture annoncée. Ces questions ont été relayées au second plan depuis la crise financière de la fin de l'été 2008. Le président Sarkozy s'étant révélé plus que jamais sur tous les fronts et, il faut le saluer, à la hauteur d'une situation de crise inconnue depuis 1929.

La partie quasi autobiographique qui figurait dans le premier chapitre de la première édition a été reportée en fin de volume dans un épilogue intitulé « Le plaisir de l'indiscipline ». J'ai failli la supprimer en raison de son caractère personnel et décalé par rapport au ton plus conventionnel des chapitres qui suivent. Mes amis m'en ont dissuadé en raison du plaisir de lecture qu'ils y ont trouvé, sans oublier la justification de ce qualificatif d'« inclassable », ni à droite ni à gauche, mais libéral parce que social et simplement du côté du bon sens et de l'anticonformisme qui conviennent bien à la prospective, cette indiscipline intellectuelle.

Les chapitres suivants ont été complètement revus et actualisés pour ce qui concerne les données sur la démographie, la croissance et l'emploi. La question des retraites fait l'objet d'un nouveau développement. Il en est de même pour l'explication de la baisse du chômage après 2005. Les raisons structurelles de la baisse avancées dans la première édition sont maintenant avérées (mi-2008, le taux de chômage était revenu à son niveau le plus bas depuis 1983, soit 7,2 % de la population active). En raison de la crise internationale majeure intervenue en septembre 2008, la situation du marché de l'emploi devrait se dégrader à nouveau en 2009 et retrouver des taux de chômage de 9 à 10 %. Mais au-delà, avec la reprise attendue pour la mi-2010, la baisse tendancielle devrait reprendre. Elle le fera d'autant plus fortement que les partenaires sociaux se sont enfin décidés, sous l'impulsion du gouvernement, à faire évoluer, depuis 2008, le marché du travail vers la *flexisécurité* qui a fait, entre autres, ses preuves au Danemark.

Outre ce premier chapitre de synthèse, nous invitons le lecteur pressé à consulter la table des matières : il verra que les chapitres sont organisés autour de trente-quatre questions qui me sont régulièrement posées dans mes interventions ; il pourra alors aisément retrouver celles qui l'interpellent le plus et, je l'espère, trouver intérêt aux réponses que j'avance.

CHAPITRE PREMIER

Réformes, le souffle dans la tempête

« Si tu ne vis pas comme tu penses,
tu penseras comme tu vis. »
Un père à son fils

Le président Sarkozy a été élu en 2007 pour réformer le pays et mettre un coup d'arrêt à son déclin relatif : notre niveau de vie est inférieur de 10 % à celui des Anglais, alors qu'il était de 10 % supérieur en 1980[1] ! Après plusieurs décennies d'immobilisme, d'accumulation de dettes, et dix ans de ruineuses RTT, il était temps de siffler la fin de la récréation et remettre le pays sur les rails du travail.

Deux ans après le bilan des réformes, c'est pour le moins surprenant : les Français sont plutôt déçus et moroses et la crise internationale ne leur donne guère le moral car elle affecte leur porte-monnaie et remet en cause leur mode de vie. Pourtant, les Français, comptent toujours majoritairement sur Nicolas Sarkozy pour sortir la France

1. Il est même devenu inférieur à celui de l'Allemagne, qui a pourtant été freinée dans sa progression par le coût de la réunification.

des sables de l'immobilisme, les opposants n'ont plus la force de résister au changement. Il est vrai que la gauche est divisée entre les tenants d'un libéralisme social confiant dans l'économie de marché régulée et les orphelins des utopies étatiques et révolutionnaires. Pendant l'été 2008 les cigales ont chanté et, à la rentrée, le Parlement avait légiféré sur plusieurs lois essentielles concernant la modernisation de l'économie, la représentativité syndicale, le temps de travail et les institutions. On n'avait pas entrepris autant de réformes à la fois, depuis le général de Gaulle, au début de la Ve République.

Malgré les résistances, les hésitations, les reculs face aux chauffeurs de taxis, aux pharmaciens, sans oublier les routiers, les succès sont au rendez-vous : alignement des régimes spéciaux sur la fonction publique pour le nombre d'années de travail, service minimum dans les transports, autonomie des universités, reforme de la représentativité et du financement des syndicats, relance du dialogue social... Nombre de ces réformes sont en demi-teinte : on aurait pu faire plus vite et mieux sur bien des plans, notamment pour réduire la dépense publique et instaurer un service maximum plutôt que minimum dans les écoles où 20 % d'enfants sont en échec scolaire. Les urnes et l'état de grâce auraient légitimé l'enterrement des 35 heures. Le gouvernement aurait ainsi évité les protestations et les larmes de crocodile des syndicats réformistes (presque soutenus par le Medef) pour y toucher le moins possible. Le gouvernement a tenu bon et l'échec de la manifestation du 17 juin 2008 a montré que, sur cette question comme sur celle des retraites, l'intérêt général, issu des élections, devait primer sur un dialogue social trop récent pour ne pas être immature.

Le Président a su aussi surfer sur la vague verte en organisant le Grenelle de l'environnement. Le développement durable et l'environnement sont à la mode : Nicolas

Hulot et Al Gore[2] font recette, il fallait bien suivre le vent. On l'a fait en faisant, sur le papier, des concessions sur les énergies renouvelables, les OGM, les projets d'infrastructures ou les écotaxes que la situation française, exemplaire sur le plan des émissions de CO_2 (grâce au nucléaire), n'exigeait pas. C'est peut-être pour sauver cette exception nucléaire que l'on a fait tant de concessions aussi coûteuses qu'inutiles. Elles pourraient bien brider notre croissance future au même titre que les 35 heures hier (Gerondeau, 2007). Rémy Prud'homme (2007) voit dans ce Grenelle de l'environnement (et non du développement durable) la preuve de notre génie suicidaire à imaginer des réglementations brisant la compétitivité et la croissance.

Pour la défense et l'illustration de la méthode du président Sarkozy pour réformer la France, il faut reconnaître qu'il y a bien rupture dans le style et le langage : on ne parle plus guère de la dette mais l'on rappelle que les caisses sont vides. Aux impatients, on souligne que l'on a fait le maximum de ce qui pouvait être fait en respectant les rythmes de la concertation sociale. Pour réussir les ruptures sans fractures, il faut prendre le temps de la concertation entre les partenaires sociaux placés devant leur responsabilité : ou bien ils bougent d'eux-mêmes ou c'est l'État qui interviendra. C'est ainsi que l'année 2008 a vu enfin aboutir la fusion ANPE-ASSEDIC (sous le sigle Pôle emploi) et surtout l'évolution du marché du travail vers la fameuse flexisécurité consistant à mieux protéger les individus tout en rendant le marché du travail plus flexible. Le compromis élaboré début 2008 entre les partenaires sociaux devrait permettre les ruptures de contrat de travail à l'amiable, les

---

2. Ce dernier s'est vu décerner le prix Nobel de la paix en 2007 pour récompenser son action de sensibilisation au réchauffement de la planète avec son film *Une vérité qui dérange*. Au-delà du caractère émotionnel digne des séries B américaines on aimerait savoir s'il a renoncé à sa propriété qui consomme 2 500 dollars d'électricité par an, comme l'ont révélé les médias américains.

contrats à durée déterminée variable en fonction des missions, mais aussi une meilleure indemnisation des licenciements et un transfert des droits acquis pour la formation. Si l'on voulait vraiment se rapprocher du modèle danois, il faudrait introduire un volet incitatif à la reprise d'un emploi avec suppression des confortables indemnités après rejet de plusieurs offres. Ce sera pour la prochaine étape !

Fin janvier 2008, la commission Attali a remis son rapport au président de la République avec 316 propositions pour relancer la croissance et l'emploi. Les critiques ont été rares en raison des flèches assassines sur ces imbéciles et ces frustrés qui osaient protester par manque d'imagination. Je m'y suis pourtant risqué car la prospective, c'est aussi le courage du bon sens[3].

Ce rapport comprend « beaucoup de choses nouvelles et intéressantes, malheureusement, ce ne sont pas les mêmes ! ». Ce qui est intéressant n'est pas nouveau : l'ouverture des professions fermées, comme les taxis, était dans le rapport Rueff-Armand en 1960, presque tout le reste était dans le rapport Camdessus (2004) dont le président Sarkozy avait fait naguère son livre de chevet. Je souscris à la *flexisécurité* du marché du travail (déjà en cours), à la suppression des freins à la mobilité, des limites d'âge pour la retraite, sans oublier l'émulation par la concurrence, en développant l'enseignement privé dans les quartiers sensibles et la rénovation de la représentation syndicale. D'accord aussi pour dénoncer les dangers du principe de précaution et ne pas creuser le déficit public, car la dette sera payée par nos enfants. Cela fait des années que je milite en ce sens.

En corollaire, ce qui est nouveau est souvent non fondé et même dangereux ! Va-t-on sérieusement créer dix

3. Dans un article au titre évocateur : « Rapport Attali, je prends le fusil ! », *La Tribune* du 8 février 2008. Le lecteur malicieux remarquera qu'il y a 316 propositions. À l'envers cela fait 613 ! Chiffre biblique des commandements de Moïse revenant de la montagne. Mais je ne suis pas malicieux.

Ecopolis de 50 000 habitants alors que les villes nouvelles ont presque toutes été un échec de construction sociale ? Comment relancer l'immigration massive comme le prône le rapport sans poser la question des conditions d'intégration et de la répartition géographique des migrants ? Quand le démographe de la commission, Hervé Le Bras (réputé pour ses positions malthusiennes et antifamille) dit qu'il faut renoncer à la politique familiale du général de Gaulle (qui reste un modèle pour nos voisins soucieux de relancer leur fécondité) et prône le modèle britannique de politique sociale pour l'enfance, Alfred Sauvy doit se retourner dans sa tombe. Je prends donc son vieux fusil pour m'opposer à la mise sous conditions de ressources des allocations familiales et défendre leur caractère universel. Augmenter la TVA et la CSG, qui ne tiennent pas compte de la taille des ménages (il n'y a pas de quotient familial pour la CSG), ne ferait que renforcer la paupérisation des familles avec enfants dont nous avons tant besoin pour faciliter l'intégration dans les écoles et assurer les solidarités intergénérationnelles.

Enfin, il y a la fausse bonne idée de suppression des départements au profit de régions élargies. Il y a certainement trop d'échelons territoriaux dans notre pays, mais ne tombons pas pour autant dans le mythe de la taille critique. Il y a des départements dynamiques et performants (la Vendée, la Mayenne, la Savoie) ; ils sont à l'échelle des bassins de vie et des réalités géographiques. Il y a trop d'élus, soit ! Regroupons les communes qui le souhaitent et gardons l'échelon du canton pour envoyer un élu qui pourrait siéger à la fois au Conseil général et au Conseil régional (ce dernier serait l'équivalent d'un sénat régional). Mais surtout, s'il y a une réforme à entreprendre, c'est bien le redécoupage des régions en fonction des réalités historiques, géographiques et économiques. Il faudrait créer de nouveaux départements, comme le Pays basque, et une nouvelle région des pays de l'Adour regroupant les Hautes-Pyrénées, le Béarn, le Pays basque et un bout des Landes et du Gers (une partie de l'ancienne Gascogne). Aujourd'hui, Tarbes et Pau appartiennent à deux régions différentes alors que quelques dizaines de kilomètres seulement les séparent et que rien ne justifie l'existence de deux aéroports. Mêmes questions concernant les Pays de Loire : si Tours et Amboise en faisaient partie, comme nous y invite le fleuve, on aurait enfin concordance entre le nom de la région et la présence des fameux châteaux de la Loire !

Si les idées nouvelles du rapport Attali sont plutôt dangereuses, ce n'est pas pour autant qu'il faut rejeter les idées anciennes, toujours intéressantes, dont beaucoup sont reprises dans ce rapport sans leur certificat d'origine.

Avant d'examiner les principales réformes : la diminution du nombre de fonctionnaires, la réforme des universités, le service minimum dans les transports et l'éducation, la réforme des régimes spéciaux et des retraites la sortie par le haut des 35 heures, le Grenelle de l'environnement, et d'évoquer celles qui sont différées (la TVA sociale, le pouvoir d'achat), nous voulons dire un mot de celles qui ont été mal ficelées, comme l'ISF, ou qui n'ont pas été bien posées : le problème, c'est le problème comme dirait Michel Crozier.

L'ISF a été vidé de son contenu (on peut depuis 2008 en verser le montant dans des participations au sein de PME, y compris celles détenues par des proches ou dans des fondations d'utilité publique) sans avoir le courage de le supprimer carrément comme l'ont fait nos voisins. Parallèlement, les droits de mutation ont été largement exonérés alors qu'ils contribuent à la non-reproduction des inégalités sociales. Il est plus normal d'imposer des héritiers que de taxer les revenus accumulés par le travail d'un individu qui est sanctionné de ne pas avoir assez dépensé. Dommage que la proposition du socialiste Dominique Strauss-Kahn visant à considérer l'ISF comme une avance sur droits de succession n'ait pas été retenue !

Il y a d'autres sujets dont on parle beaucoup trop aux Français sans leur dire la vérité, comme l'augmentation du pouvoir d'achat : ce dernier a pourtant doublé depuis 1975 et la vérité serait de dire que nous vivons depuis trop longtemps au-dessus de nos moyens. En France, depuis l'an 2000, le pouvoir d'achat du revenu disponible brut des ménages (revenus directs et de transferts diminués des cotisations sociales et des impôts directs) a augmenté plus vite que la croissance du PIB en volume. C'est l'inverse qui s'est produit dans le reste de la zone euro. Pour distribuer plus de pouvoir d'achat, il faut d'abord commencer par créer plus de richesse, c'est-à-dire baisser le coût relatif du travail pour rendre nos entreprises plus compétitives et les inciter à nous faire travailler plus.

En France, le revenu disponible des ménages a augmenté plus vite que le PIB en volume, à l'inverse de la zone euro.

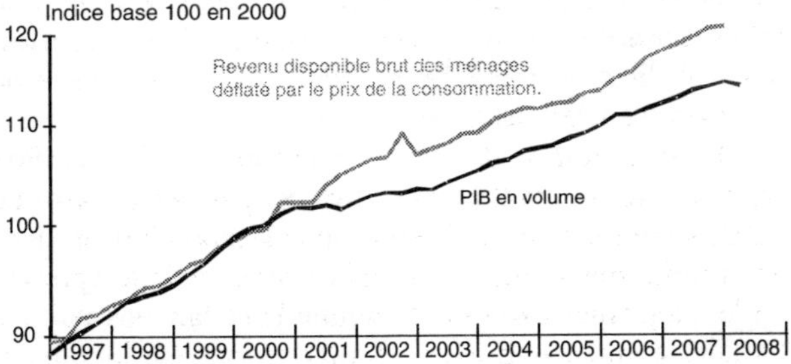

Source : INSEE, comptes nationaux trimestriels
Calculs, Coe-Rexecode
© Coe-Rexecode

Produit intérieur brut et pouvoir d'achat du revenu disponible brut des ménages

Les caisses de l'État sont vides et pour distribuer plus de beurre, il faudrait d'abord produire plus de lait. Si l'on distribuait du pouvoir d'achat à crédit sur les générations futures, cela ne ferait que creuser notre déficit extérieur car cela profiterait d'abord à la grande distribution qui importe d'Asie à tout va. C'est en restaurant notre compétitivité que l'on pourra distribuer du pouvoir d'achat. Il faut certainement libérer les entraves qui pèsent sur l'offre de biens et de services, comme nous y invitent le rapport Camdessus (2004) et la commission Attali, notamment dans toutes ces professions fermées qui se partagent le marché[4] (taxis, notaires, pharmaciens, etc.). En attendant, le renchérissement des matières premières énergétiques et alimentaires a frappé de plein fouet les ménages les plus modestes. J'ai proposé au gouvernement, en vain jusqu'à présent, de revaloriser les allocations des familles monoparentales et nombreuses qui ont en commun d'avoir 30 à 40 % de moins pour vivre que les couples actifs sans enfants. Les familles nombreuses sont souvent d'origines modestes et immigrées. On ferait ainsi d'une pierre plusieurs coups.

Il faudrait dire aussi la vérité aux Français sur le partage salaires-profits : la part des salaires dans la valeur ajoutée n'a pas baissé ces dernières années. Elle se situait à 65,1 % en 2007, contre 64,8 en 2001. Ces chiffres sont bien inférieurs au sommet de 74,2 % atteint en 1982. En effet, la part des salaires dans la valeur ajoutée s'était dégradée constamment depuis 1983 et le plan Delors de désindexation des salaires sur les prix. Elle a commencé à remonter au milieu des années 1990 pour gagner presque deux points depuis. Il y a des oscillations bien normales d'une année sur l'autre.

4. La loi de modernisation de l'économie (dite LME) votée en août 2008 entend faire baisser les prix à la consommation en s'attaquant aux pratiques tarifaires abusives (marges arrière) imposées par la grande distribution aux industriels de l'agroalimentaire. La concurrence plus transparente devrait faciliter les baisses de prix.

La vérité, c'est dire enfin que la part des salaires dans la valeur ajoutée est bien plus élevée en France qu'ailleurs. En effet, si l'on considère l'excédent brut d'exploitation des sociétés (l'EBE), autrement dit l'essentiel de ce qui reste de la valeur ajoutée une fois les salaires et charges payés, et qui permet d'investir par autofinancement et de rémunérer les actionnaires, il comptait pour moins de 31 % de la valeur ajoutée en 2007 et a plutôt reculé chez nous contrairement au reste de l'Europe. Nos entreprises sont loin des performances européennes où l'EBE est plus proche de 40 % ! Ajoutons que l'évolution du ratio « rémunération des salariés sur valeur ajoutée » peut être trompeur : il dépend de l'évolution du nombre de salariés et de leur salaire moyen. On peut très bien avoir une forte augmentation des salaires moyens avec une augmentation faible du nombre de salariés (la France des années 1980) se traduisant par une baisse du ratio. Ou, au contraire, une faible augmentation du salaire moyen accompagné de fortes créations d'emplois et conduisant à une amélioration du ratio (c'était précisément le cas aux États-Unis dans les années 1980).

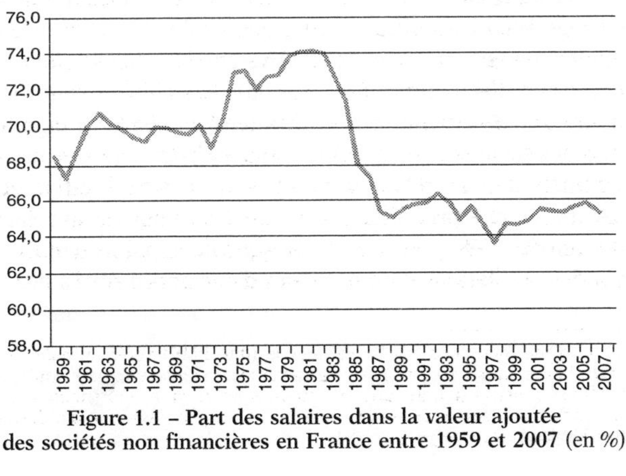

Figure 1.1 – Part des salaires dans la valeur ajoutée des sociétés non financières en France entre 1959 et 2007 (en %)

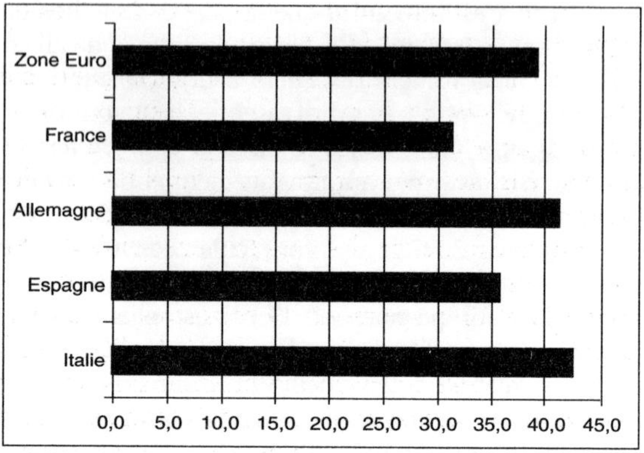

Figure 1.2 – Poids de l'EBE dans la valeur ajoutée (taux de marge) des sociétés non financières en 2007 (en %)

Source : Coe-Rexecode, 2008.

Parmi les sujets dont on parle de façon tronquée, il y a aussi la pauvreté monétaire. Cet indicateur d'inégalité de la répartition est trompeur : en doublant le revenu de tous les Français, on ne diminue pas le nombre de pauvres en relatif. La pauvreté monétaire a baissé depuis trente ans. Il y a aussi des critères de pauvreté subjective (ceux qui n'y arrivent pas en fin de mois) parmi lesquels on retrouve tous ceux qui dépensent plus que ce qu'ils gagnent. Et il s'en trouve à tous les niveaux de revenus. Les études de l'Insee montrent clairement que la pauvreté relationnelle (les pauvres de liens), ou les problèmes de santé sont les causes en amont qui conduisent à la pauvreté de biens. Cette question sera abordée dans le chapitre VI, enrichi d'un nouveau développement sur les SDF. Ce n'est pas l'argent qui fait défaut pour lutter contre la misère : l'effort de la collectivité pour chacun des 86 000 sans-domicile fixe est de l'ordre de 30 € par jour. C'est la méthode qui n'est pas efficace : centrée sur la réparation et non sur la prévention.

Il y a enfin les sujets dont on ne parle guère parce qu'ils sont tabous et trop sensibles. Il en est ainsi de notre incapacité à éduquer et à intégrer la jeunesse des quartiers sensibles où se concentrent tous les handicaps économiques, sociaux et culturels. Ou, encore, de la baisse du niveau de vie des familles avec enfants. Nous y consacrons des développements importants dans les chapitres IV et VI, respectivement consacrés aux questions d'éducation, de familles, d'emploi et d'inégalités sociales. Mais il y a une telle urgence en la matière si l'on veut éviter la « Seine-St-Denisation » de l'Île-de-France et de nos métropoles régionales que j'aborderai cette question dès ce premier chapitre. Là encore, le laisser-faire conduit à privilégier la coûteuse réparation plutôt que la prévention qui passe forcément par un fort interventionnisme public et privé pour répartir autrement les enfants des milieux défavorisés dans les écoles.

La mère des réformes : maîtriser la dépense publique

Si la France revenait à une dépense publique du même niveau que la moyenne communautaire, elle économiserait 7 points de PIB, soit 100 milliards d'euros, soit près de trois ans de croissance : l'équivalent d'un revenu supplémentaire de 3 000 € par an, pour chaque Français actif, ou encore deux fois l'impôt sur le revenu. Le gisement d'économie est à la hauteur des gaspillages ! Elle aurait même un excédent budgétaire et une marge de manœuvre pour alléger la pression fiscale et redonner à nos entreprises la compétitivité qu'elles ont perdue.

L'évolution récente de l'Allemagne montre que la réduction des dépenses publiques et le rétablissement des équilibres budgétaires ont des effets vertueux : depuis 2000, le total des dépenses publiques a augmenté de moins de 10 % en Allemagne et de près de 30 % en France et les prélèvements obligatoires respectivement de moins de 5 % contre 24 %. Durant la même période, le coût moyen de l'heure de travail a augmenté de plus de 20 % en France contre seulement 10 % outre-Rhin (Didier, 2007). Début 2008, le coût de l'heure de travail en Allemagne était 10 % inférieur à celui de la France. Il y a dix ans, c'était l'inverse. On mesure à quel point la compétitivité du coût du facteur travail s'est dégradée chez nous.

En France, le nombre de fonctionnaires a augmenté d'un million depuis 1982 : à cette époque, notre pays n'avait pourtant pas la réputation d'être sous-administré. Soit 24 % de fonctionnaires en plus alors que l'emploi total n'a augmenté que de 12 %. Les comparaisons internationales montrent que la France compte 30 % de plus d'enseignants, de policiers ou d'agents du fisc par habitant que la moyenne européenne !

Pour la fonction publique, la promesse du candidat aux présidentielles ne sera pas tenue, puisque seulement 23 000 postes sur 70 000 départs seront supprimés en 2008. C'est dire qu'au moins deux enseignants sur trois seront remplacés et que l'objectif de un sur deux est déjà renvoyé aux calendes grecques. C'est une pièce majeure de la cohérence du programme de Nicolas Sarkozy qui fait ainsi défaut. Comment payer plus les fonctionnaires qui restent s'ils sont toujours aussi nombreux ? Sans oublier que ceux qui partent à la retraite coûtent presque aussi cher en ne travaillant plus. En les remplaçant, on ne fait que charger la barque des dépenses publiques. Pourquoi n'a-t-on pas eu l'idée de bon sens de les garder le plus longtemps possible ? Malheureusement, on a continué, ces dernières années, à créer de nouvelles dépenses publiques (avec notamment l'augmentation au rythme de 40 000 par an des fonctionnaires dans les collectivités territoriales). En 2008, la progression des effectifs territoriaux aurait été deux fois moindre. C'est encore beaucoup trop. Dans ces conditions, il y a peu de chances que l'on parvienne à contenir le déficit public et le montant de la dette.

En renouvelant deux enseignants sur trois, le gouvernement verra les effectifs des enseignants ne baisser que de 10 000 à 12 000. On est loin de tirer parti des gisements de productivité existants (comme on le verra dans le chapitre IV).

La timide réforme des universités

Le mammouth éducatif fait peur à ceux qui voudraient le faire avancer. Depuis trente ans, toutes les réformes inspirées par le souci d'efficacité, d'adéquation des formations aux besoins du marché du travail, de professionnalisation et de modernisation se traduisant par des droits d'inscription plus élevés et une sélection en fonction des compétences requises et des débouchés ont rencontré l'obstacle des manifestations de rue. Faute de pédagogie dans l'explication du changement et de courage politique, chaque fois, d'Alain Devaquet à Luc Ferry, le pouvoir a hésité puis finalement reculé.

Tout devait changer avec l'élection de Nicolas Sarkozy. Les promesses étaient claires : on allait, très vite dans la foulée des élections, voter les lois permettant de réformer l'université (autonomie, sélection, droits d'inscription, etc.).

Les fourmis parlementaires ont voté tout l'été, mais elles ont d'avance mangé la moitié de leur chapeau pour faire plaisir aux syndicats qui n'en espéraient pas tant, car leur représentativité est bien moins assurée que celle des élus de l'assemblée. On a ainsi lâché sur l'élection des présidents d'université, qui restera complètement entre les mains des corporatismes et à laquelle les personnalités extérieures ne pourront pas participer. Autre victoire des syndicats, étudiants cette fois, sur la sélection à l'entrée en mastère reportée au-delà de bac + 3, ainsi que sur les droits d'inscription faussement égalitaires à moins de 200 € par an. Les étudiants à l'université souvent issus de milieux populaires continueront à en avoir pour leur argent, c'est-à-dire pas grand-chose, alors que les enfants de milieux aisés, deux fois moins importants en proportion dans la jeunesse, sont dix fois plus nombreux dans les filières sélectives : grandes écoles d'ingénieurs souvent gratuites ou écoles de commerce qui, bien que payantes, restent subventionnées à moitié par la collectivité.

La réforme des régimes spéciaux : un bras de fer qui va coûter cher !

Dès la mi-septembre 2007, les syndicats se sont inquiétés de la volonté d'aligner les régimes spéciaux sur celui des fonctionnaires (au moins sur le nombre d'années à cotiser et sur l'indexation des retraites sur les prix). L'intervention télévisée du Président le 20 septembre fut un exceptionnel sans-faute : chapeau l'artiste ! Il a abordé tous les sujets sans langue de bois et avec une grande force de conviction. Les réformes : il veut, il peut, il va les faire ! Apparemment, la détermination du Président l'a emporté sur celle des grévistes. À l'automne, les grèves des services publics ont montré que dans le gant de velours il y a une main tendue prête à négocier, quitte à lâcher du lest sur les compensations financières. Les syndicats réformistes, la CFDT dorénavant rejointe par la CGT, ne s'y sont pas trompés. On n'était plus en 1995, à l'époque des grèves par procuration : l'opinion avait élu un président qui avait annoncé la couleur. En outre, la perspective de réformes du jeu syndical – dans le sens de l'ouverture, de la transparence financière et d'une meilleure représentativité – imposait de ne plus défendre seulement des catégories privilégiées mais de prendre (un peu plus) en considération l'intérêt général.

Ces journées noires auront coûté fort cher : environ un demi-milliard d'euros par jour de travail en moins, en coût direct. Il faudrait aussi apprécier les effets collatéraux : voyages et congrès annulés, perte de temps et déficit d'image de la France auprès des étrangers. La France n'est plus si riche, elle croule déjà sous les dettes. Les choix exprimés par les citoyens dans les urnes et confirmés par les sondages étaient clairs, notamment sur le service minimum (ce dernier n'étant en principe applicable que depuis janvier 2008). Rien n'y a fait : certains privilèges sociaux étant d'abord la contrepartie de la capacité de nuisance, on a continué en octobre 2007 à prendre la population en otage et à réclamer le retour en arrière à 37,5 annuités pour tous ! Comme si l'on pouvait revenir à la France jeune des années 1970 avec beaucoup d'actifs et peu de retraités et une espérance de vie de huit ans plus faible ! Le vieillissement est aussi une bonne nouvelle : on vit jeune de plus en plus vieux ! Et les Français devront aussi, comme les autres Européens, travailler jusqu'à 65 ans, voire au-delà à temps partiel. Dans ces conditions, il fallait bien aussi que les régimes spéciaux injustifiés disparaissent progressivement : ceux qui partent le plus tôt sont aussi ceux qui touchent le plus

(85 % de taux de remplacement à EDF-GDF) et vivent le plus longtemps avec une espérance de vie qui dépasse celle des instituteurs. À cinquante ans, les conducteurs de TGV sont tellement « épuisés » que nombre d'entre eux se font embaucher ailleurs (souvent une filiale de la SNCF) pour cumuler leur retraite avec un nouvel emploi privé !

Du point de vue syndical, les grèves de l'automne 2007 auront été un succès : avec même 75 % de participation le 18 octobre. C'était peut être un dernier baroud d'honneur. Mais, du point de vue des citoyens contribuables et usagers, la colère est montée d'un cran : ils se demandent toujours pourquoi on n'a pas instauré le principe des grèves positives, en assurant le service public sans faire payer l'usager ! J'ai posé la question aux partenaires sociaux (en privé, ces derniers prétendent qu'ils y seraient favorables si c'était légal, voire !) et aux conseillers de l'Élysée qui ont négocié durant l'été 2007 les termes du projet de loi sur le service minimum : « La question n'a jamais été évoquée, personne n'y a pensé ! » On peut donc douter de la réalité de la volonté des partenaires sociaux en la matière.

Personne n'aura perdu la face, les syndicats ont accepté l'alignement sur les quarante annuités (sauf les conducteurs, à qui on a lâché très vite le maintien d'un départ cinq années plus tôt que les autres). Mais cette concession n'est pas gratuite ; elle est naturellement compensée par des contreparties financières dont on ne mesurera vraiment l'ampleur que dans le futur. Un agent SNCF toucherait ainsi, au moment du départ à la retraite repoussé, une pension revalorisée de 200 à 300 € ! La décote pour ceux qui voudraient partir comme avant, plus tôt que les fonctionnaires, restera symbolique : il suffira d'un semestre de plus pour ne rien perdre. Personne n'y trouvera à y redire : il est normal de gagner plus si l'on travaille plus. Tout le monde est gagnant mais les cheminots plus que les autres. Les perdants resteront les mêmes ouvriers du privé qui vivent neuf ans de moins et doivent cotiser aussi longtemps que les autres travailleurs. Il ne fallait pas seulement supprimer les régimes spéciaux hérités du passé mais en créer de nouveaux pour tenir compte de l'inégalité face à la mort. Les roulants de la SNCF travaillent 14 heures par semaine de moins que leurs collègues allemands (26 heures au lieu de 40 heures) et partiront toujours quatorze ans plus tôt s'ils le souhaitent. La décote ne fera que faire perdre les revalorisations accordées.

Si le Président avait dû reculer sur l'alignement des régimes spéciaux (5 % des ayants droit pour 8 % des pensions versées) sur celui de la fonction publique, il n'aurait pu rapprocher cette dernière du régime général. Ce qu'il faudra pourtant faire puisque les fonctionnaires ne représentent que 12 % des ayants droit mais déjà 31 % des pensions versées. Leur départ massif à la retraite pose un problème de financement incontournable, sauf à instaurer les retraites par répartition sous conditions de ressources ! C'est une question d'équité pour les travailleurs et de responsabilité vis-à-vis des générations futures.

Le minimum sur le service minimum dans les transports et (presque) rien dans l'éducation

On a fait aussi le minimum sur le service minimum dans les transports, même dans sa version peau de chagrin (préavis individuel de grève 48 heures à l'avance, vote à bulletin secret pour la poursuite de la grève). On verra bien si la loi sur le service minimum est respectée dans les faits. Elle ne s'appliquait qu'à partir du 1er janvier 2008, mais les grèves traditionnelles de l'automne 2007 n'étaient pas de bon augure. Le service minimum ne sera pas appliqué à l'éducation dans le cadre d'une loi, contrairement aux promesses de la campagne présidentielle. Espérons que le sujet reviendra sur la table comme ce fut le cas en janvier 2008. En effet, s'il est scandaleux de prendre des usagers en otages dans les transports et d'atteindre ainsi la liberté de se déplacer et de travailler des citoyens, que dire des enfants dans les écoles que l'on prive du savoir qui leur est dû et qui se retrouvent le plus souvent dans la rue ou devant la télé car leurs parents travaillent quand les enseignants du public font grève (curieusement ceux du privé ne font quasiment jamais grève). Ajoutons que pour les enfants défavorisés de par leurs origines sociales et leur situation familiale, c'est un service maximum qui devrait leur être assuré dans le soutien individuel pour éviter l'échec scolaire qui conduit trop souvent à la marginalisation et au chômage. Il est criminel de priver un enfant de son droit à l'éducation. Et lorsqu'en plus la famille fait défaut dans sa mission, la société se doit d'intervenir en amont préventif et pas seulement en réparation pour soigner des blessés. Cette dernière étant en plus ruineuse pour la collectivité : un enfant chez ses parents reçoit, en moyenne, de la collectivité l'équivalent de 3 000 à 5 000 € pour compenser partiellement son coût. Lorsqu'il est placé dans une famille d'accueil, la collectivité débourse 15 000 € par an pour la bouche de plus à nourrir et le double si c'est une structure d'accueil animée par des travailleurs sociaux ; quant aux centres éducatifs fermés, c'est un luxe pharaonique : le coût pour la collectivité est de 180 000 € par jeune et par an !

Les 35 heures : un enterrement sans fleurs ni couronnes !

Saluons l'événement, le rapport du Conseil d'analyse économique (CAE) sur la réglementation du temps de travail, les revenus et l'emploi, rédigé au printemps 2007 par Patrick Artus, Pierre Cahuc et André Zylberberg, a enterré définitivement, semble t-il, ce que l'histoire mettra sur le compte des fausses bonnes idées de l'exception française : la RTT et les 35 heures. Les auteurs ont eu la pudeur de ne pas revenir sur le coût des dispositifs Robien, puis Aubry I et II. On croyait, jusqu'à présent, aux estimations anciennes de la Direction d'animation de la recherche, des études et des statistiques (DARES) selon lesquelles les 20 milliards d'euros dépensés chaque année pour subventionner la RTT avaient au moins permis de créer 300 000 à 400 000 emplois !

Qu'importe si avec la même somme on aurait, sur le papier, pu créer trois fois plus d'emplois marchands ! Cela n'était-il pas révélateur d'une préférence française pour les loisirs, comme il y en a déjà une pour le chômage ? En 1997, peu d'économistes dénonçaient l'illusion malthusienne du partage du travail comme d'un gâteau fini et se levaient pour rappeler que c'est l'activité qui crée la richesse et donc l'emploi. Bref, qu'il fallait travailler plus, et non pas moins, pour travailler tous. Ce qui s'est révélé exact puisque aujourd'hui les pays où le taux de chômage, notamment de longue durée est le plus faible, sont aussi ceux où la durée du travail par habitant est la plus élevée[5]. Cette prise de position était minoritaire chez la plupart des économistes. Ces derniers montraient, au contraire, modèles keynésiens

5. Nous reviendrons ci-après sur cette question.

à l'appui, que l'on allait créer des centaines de milliers d'emplois[6] et retrouver la joie collective d'une population libérée des chaînes du travail en se mettant au pas des 35 heures. Elle allait enfin se consacrer à la vie familiale (les familles avec enfants ne représentent pourtant qu'un tiers des ménages) et citoyenne : l'on sait maintenant que les deux tiers du temps libre supplémentaire ont profité à la télévision (jeux et autres feuilletons de téléréalité). Hélas, Joffre Dumazédier n'est plus là pour dénoncer l'aliénation du temps libre par le loisir passif ! L'on sait aussi que les effets collatéraux ont été catastrophiques sur la place du travail et de l'effort dans la société, sans oublier l'augmentation du stress, des accidents de travail et l'appauvrissement du lien social au travail. On a tué les temps morts indispensables pour vivre le lien social. Or la production de biens qui n'est pas porteuse de liens n'a pas de sens.

Sur ce plan, la conclusion du rapport fera date : « Les études menées depuis plus de dix ans dans plusieurs pays et fondées sur des dizaines de milliers d'observations montrent que l'idée selon laquelle la réduction de la durée du travail crée des emplois n'a aucune validité empirique. Soyons clairs : à l'heure actuelle, aucune étude sérieuse n'a pu montrer qu'une réduction de la durée du travail se traduisait par des créations d'emplois. Les études empiriques indiquent que les lois Aubry, qui ont institué le passage aux 35 heures, ont vraisemblablement créé des emplois. Mais elles suggèrent aussi que ces créations sont dues aux réductions de cotisations sociales sur les bas salaires et à l'introduction d'une flexibilité accrue de l'organisation du travail. La réduction de la durée légale hebdomadaire du travail n'a joué, au mieux, qu'un rôle marginal. »

6. On se souvient de la une du *Monde* annonçant que d'après les modèles de l'Observatoire français des conjonctures économiques (OFCE) l'on allait créer 700 000 emplois grâce à la RTT !

Au passage, relevons qu'il ne faudrait surtout pas diminuer les exonérations de charges accordées aux entreprises, pour les salaires jusqu'à 1,3 smic, cela risquerait d'engendrer des dizaines de milliers de suppressions d'emplois. C'est la baisse de charges sur les bas salaires (décidée en 1993 sous le gouvernement d'Édouard Balladur et maintenue ensuite par la gauche en contrepartie des 35 heures) qui a permis à l'emploi peu qualifié d'augmenter à nouveau.

Les auteurs montrent clairement que les effets positifs pour l'emploi annoncés par les modèles keynésiens n'ont pas été au rendez-vous. Sans doute en raison de la non-compensation salariale de la RTT : « La réduction du travail peut aboutir à une baisse de l'emploi si les salariés sont fortement opposés à une réduction de leur pouvoir d'achat. » Après ce rapport, la gauche finira bien par reconnaître qu'elle s'est trompée, de bonne foi sans doute, sur les 35 heures. Une preuve parmi d'autres s'appuyant sur des analyses éclairantes de Raphaël De Coninck : les entreprises de moins de vingt personnes non concernées par les 35 heures ont créé beaucoup plus d'emplois que celles situées légèrement au-dessus de ce seuil qui ont vu leur rentabilité se réduire et ont cherché des gains de productivité susceptibles de compenser l'augmentation des coûts salariaux.

Vive le « black officiel » mais avec les charges sociales !

Les auteurs du rapport s'attaquent aussi à la question de la défiscalisation des heures supplémentaires, une des mesures phares avancée par le président de la République lors de sa campagne et qui a été mise en place le 1er octobre 2007 dans le cadre de la loi TEPA (travail, emploi et pouvoir d'achat).

Étant l'un des principaux promoteurs de cette idée depuis 2002 (à l'époque, elle faisait sourire dans le meilleur des cas), je me dois de dire qu'elle a été déformée depuis son appropriation progressive et apparemment approximative par les membres de la Commission du bilan des 35 heures[7]. Je proposais seulement de rendre les heures supplémentaires non imposables pour les salariés, mais en gardant les charges sociales et sans les payer 25 % de plus. Il me faut donc la rappeler pour éclairer à mon tour les choix du gouvernement et ne pas enterrer une idée que je crois salutaire.

Mon idée de départ était simple : il s'agissait de sortir par le haut des 35 heures en aidant les fourmis à sauver les cigales. En effet, la France est divisée en deux catégories : les cigales qui se battent pour le temps libre et le partage des richesses et les fourmis qui pensent qu'il faut encourager la création de richesses car il est plus facile de répartir inégalement un grand gâteau que de diviser en parts égales un gâteau plus petit.

Or que voyait-on ? Une explosion d'un temps libre inégalement réparti : les deux tiers des actifs sont aux

---

7. Cette proposition avait été reprise par le candidat Nicolas Sarkozy, qui la tenait d'Hervé Novelli. Il est vrai que ce dernier a beaucoup réfléchi sur la question et que j'avais lancé cette idée lors de mon audition le 17 décembre 2003 par la Commission sur l'évaluation des conséquences économiques et sociales de la législation sur le temps de travail de l'Assemblée nationale, dont Patrick Ollier était le président et Hervé Novelli le rapporteur. Le procès-verbal de la séance témoigne de cette réalité. Ensuite, j'ai eu régulièrement l'occasion de reprendre cette idée : dans *Libération* le 6 septembre 2004 dans un article intitulé « Comment sortir des 35 heures par le haut » et, dans *Le Monde* du 6 février 2006, dans un article intitulé « Corriger l'erreur collective des 35 heures ». J'ai su en 2006 par Thierry Breton que cette idée avait été étudiée par Bercy qui l'avait enterrée comme non conforme à l'égalité de traitement des citoyens. Durant le printemps et l'été 2007, j'ai bataillé dans les médias pour que l'on se limite au « black officiel » sans ajouter l'exonération de charges, mais en vain. Bercy s'est forcément soumis à la volonté du nouveau président, mais en ajoutant la pilule empoisonnée des exonérations de charges. Quand les fonctionnaires de Bercy sont contre une proposition, ils s'arrangent souvent pour la torpiller en la mettant en place.

35 heures, mais les 2,7 millions d'indépendants et plus du tiers des salariés du secteur marchand n'en bénéficient pas. Bien sûr, il serait ubuesque d'instaurer un impôt sur le temps libre. Il est en revanche plus simple de récompenser le travail supplémentaire. La moitié des Français ne paye pas l'impôt sur le revenu. Ces ouvriers et ces employés sont prêts à travailler plus, mais pas pour payer des impôts. L'autre moitié des Français a peur de « sauter de tranche d'imposition ». Il s'agissait donc bien de protéger les travailleurs les plus vaillants contre des prélèvements peu incitatifs au travail supplémentaire. Bref, de donner une sorte de « rémunération au black officiel » pour ceux qui vont au-delà des 35 heures : le carreleur qui se lève le samedi matin n'a pas plus de raison d'être taxé sur ses revenus supplémentaires que son voisin ne l'est sur son loisir en plus. Il s'agit bien de récompenser l'effort et le travail. Les cigales devraient soutenir cette mesure car plus les fourmis sont nombreuses et actives, mieux les cigales vivent !

Cela faisait près de cinq ans que je proposais de sortir par le haut des 35 heures en rendant les heures supplémentaires non imposables mais en gardant les charges sociales (contrairement à ce qu'a instauré la loi TEPA). Il s'agissait, en effet, de limiter le coût économique de la mesure et l'opposition des partenaires sociaux légitimement hostiles aux effets d'aubaine d'une telle exonération de charges : les employeurs étant incités à imposer des heures supplémentaires à leurs salariés plutôt que d'embaucher et tentés de déguiser des augmentations de salaires en heures supplémentaires fictives afin de payer moins de charges. Qui dit risque de fraude, dit certitude de plus de contrôles paperassiers et bureaucratiques nuisibles à la création de richesses ! En revanche, l'idée de rémunérer les heures supplémentaires 25 % de plus est incitative et difficilement contestable par les syndicats. J'avais donc suggéré de négocier avec les partenaires sociaux un compromis conduisant à maintenir les charges sociales normales au nom de la couverture des droits et risques associés au travail. J'ajoute que, dans mon esprit, la mesure visait d'abord les secteurs (hôtellerie, métiers de bouche, bâtiment...) où l'on manque de professionnels et où le travail supplémentaire se fait déjà mais « au black ». L'expérimentation est toujours préférable avant de généraliser une mesure.

En ajoutant l'exonération de charges, on a multiplié par cinq ou six le coût d'une mesure estimée à environ 1 milliard d'euros pour la seule partie non imposable. Ces quelques milliards d'euros économisés auraient pu trouver d'autres fins plus utiles. La preuve que la mesure est tordue : les experts comptables s'arrachent les cheveux pour la mettre en place dans les entreprises. C'est bien un surcroît de travail, et donc de chiffres d'affaires pour eux, mais les comptables aiment bien être dans les clous pour traverser et, ici, la place des clous est incertaine. Comment appliquer la mesure et à qui dans le transport routier où certains sont officiellement à 43 heures, d'autres à 37 heures ou même à 35 heures ? À quel seuil déclencher la défiscalisation ? Ne parlons pas du rachat des RTT pour les cadres des entreprises et des administrations. On l'a plafonné, sans doute pour des questions de financement, mais rien ne justifie de rendre imposables ces heures supplémentaires déjà faites car ceux qui ne les ont pas faites n'ont pas été imposés sur leur temps libre en plus.

Avec la loi sur le temps de travail, votée à l'été 2008, les entreprises pourront, dans le cadre des règles de protection de la santé et de la sécurité, dépasser le contingent d'heures supplémentaires simplement en accord avec les institutions représentatives du personnel. En clair, il n'y aura plus d'autorisation administrative préalable. Avec la nouvelle loi, le nombre d'articles du code du travail consacrés à la question de sa durée diminuerait de moitié ; qui s'en plaindra ? Il sera enfin possible de travailler plus pour gagner plus, ce qui sera mieux que distribuer plus pour s'endetter plus ! Il restera cette curieuse exception française : le contribuable a subventionné la réduction du temps de travail à hauteur de 20 milliards par an ; il va maintenant être sollicité pour encourager son augmentation avec une enveloppe estimée à quelques milliards d'euros. Quel gaspillage d'énergie et d'argent pour revenir au point de départ ! On se consolera en se disant que la sortie par le haut des 35 heures coûtera quatre fois moins cher que son introduction forcée.

Oui à une TVA sociale n'affectant pas le pouvoir d'achat !

Comment instaurer la TVA sociale sans affecter le pouvoir d'achat des Français ? En prenant cet engagement, le président de la République s'est lancé un beau défi qui, pour certains, pourrait faire penser à la quadrature du cercle. Tout problème a ses solutions. Il est possible d'instaurer la TVA sociale sans l'augmenter, en commençant d'abord par réduire les gaspillages de dépenses publiques. Une autre voie serait de compenser la hausse de TVA par une hausse de la prime à l'emploi et des allocations familiales. Avant de présenter ces deux voies, il nous faut rappeler la question à l'origine de cette proposition : comment financer la protection sociale autrement que par les cotisations assises sur l'emploi ?

Une réponse séduisante vient immédiatement à l'esprit : la TVA sociale. Elle faisait partie des idées annoncées par Jacques Chirac pour l'année 2006 mais était restée en sursis dans l'attente des élections. Il est vrai que le président délégué du Conseil d'analyse économique (CAE) auprès du Premier ministre, Christian de Boissieu, avait remis en juillet 2006 un avis très réservé sur la question.

Il reste pourtant légitime de s'interroger sur un système de financement de la protection sociale essentiellement fondé sur la masse salariale, ce qui revient à pénaliser les entreprises fortement créatrices d'emploi. Il serait bon de faire aussi cotiser les machines au travers de la valeur ajoutée. Mais cette cotisation sur la valeur ajoutée reviendrait à taxer le capital qui se trouve être le facteur de production le plus mobile. Les modèles économiques montrent que les effets sur l'emploi sont plutôt négatifs à moyen et long terme, comme finit par l'être toute augmentation d'impôt sur les sociétés. Il serait sans doute plus vertueux de reprendre la proposition d'Olivier Blanchard visant à faire payer plus d'assurance chômage aux entreprises qui licencient plus (une sorte de bonus-malus).

Ainsi se pose la question du financement de l'assurance maladie et des prestations familiales, dont la moitié relève encore des cotisations sociales liées à l'emploi. La logique va dans le sens d'une fiscalisation du financement de ces dépenses à caractère universel. La cotisation sociale généralisée (CSG) a été créée dans ce but. Las ! s'il faut prendre des mesures pour garantir les solidarités intergénérationnelles, il ne faut pas le faire au détriment de ceux qui y contribuent le plus : les familles avec enfants. Or la CSG ne tient pas compte de la taille et de la capacité contributive des ménages comme le veut le préambule de notre Constitution. Sa forte augmentation (elle représente déjà 130 % de l'impôt sur le revenu) a contribué à la paupérisation relative des familles avec enfants (perte de niveau de vie de 10 % par enfant). C'est ainsi que les familles (monoparentales ou nombreuses) paient deux fois plus de CSG que d'impôt sur le revenu ! Nous reviendrons sur cette question dans le chapitre VI.

Reste une dernière voie très séduisante par l'évidence apparente de ses effets vertueux : augmenter la TVA comme l'a fait l'Allemagne en 2007, avec trois points de plus, dont un point affecté au financement social. La vertu vient du fait que cette taxe sur la consommation affecte aussi les produits importés et allège d'autant le coût des produits exportés. L'inconvénient c'est que cela rogne le pouvoir d'achat des ménages de manière uniforme sans tenir compte de leurs revenus et que cela peut affecter négativement la croissance. Dans le contexte de la zone euro, cette facilité revient à faire l'équivalent d'une dévaluation compétitive sans dévaluer, mais en reportant la pression sur la compétitivité et donc l'emploi de ses partenaires. Une telle pratique suppose un minimum de concertation communautaire pour ne pas affaiblir encore plus l'Union européenne. Sur le plan compétitif, l'Allemagne n'en avait pas besoin pour équilibrer sa balance commerciale largement excédentaire. La France ne peut guère se le permettre, en raison du taux élevé de sa TVA normale : 19,6 % (avant la récente réforme, l'Allemagne en était à 16,5 %). L'idée d'utiliser la TVA (comme la CSG) pour financer l'assurance sociale reste séduisante et justifiée pour la France, à condition de ne pas l'augmenter. Ce qui revient à réduire d'abord les dépenses publiques inutiles ou mal employées pour affecter progressivement une part plus importante des recettes fiscales directes et indirectes à l'assurance sociale. C'est en réussissant la réforme du secteur public, comme l'ont fait la plupart des pays européens (la Suède notamment) que l'on pourra alléger les charges qui brident la création d'emplois marchands. Lutte contre les gaspillages, réduction des déficits publics et diminution du coût du travail pourraient ainsi accompagner l'instauration d'une TVA sociale qui n'augmenterait pas.

Une deuxième voie possible serait d'augmenter la TVA pour baisser les charges qui pèsent sur l'emploi sans pour autant affecter le pouvoir d'achat des travailleurs. Il serait illusoire de penser que les patrons augmenteraient naturellement les salaires du montant de la baisse des charges. De toute façon, la baisse du coût du travail est souhaitable pour développer l'emploi. La voie la plus simple serait d'augmenter la prime à l'emploi des moins qualifiés et les allocations familiales afin de tenir compte de la taille des ménages : les familles nombreuses étant plus affectées par une augmentation des prix à la consommation. D'autres voies seront peut-être proposées. Le président de la République a donc la possibilité de mettre en place une TVA sociale et de profiter de ses vertus sans affecter le pouvoir d'achat du Français moyen.

L'insoutenable développement durable ?

Les modes changent et passent d'un mirage collectif à l'autre sans même s'en rendre compte. Il y a vingt ans, l'actualité portait sur le modèle de management japonais. Il y a dix ans, le mirage de la nouvelle croissance poussée par la nouvelle économie n'était pas moins difficile à dénoncer. Voilà qu'il est maintenant remplacé par celui du développement durable qui serait remis en cause par le réchauffement de la planète et l'épuisement des ressources. La force du consensus est aveugle et exerce une pression de terrorisme intellectuel vis-à-vis de ceux qui s'interrogent sur ce curieux retour des tenants de la décroissance que l'on croyait disparus avec le Club de Rome. Pourtant, les réserves prouvées de pétrole, estimées à trente années de consommation mondiale en 1973, s'élevaient à quarante-sept ans en 2003 et dépassent certainement le siècle à plus de 100 dollars le baril. Il y a pléthore de pétrole cher et un grand gisement d'économies d'énergie à exploiter.

S'il y a bien réchauffement, on peut discuter de ses origines, d'autant que le consensus écrasant des experts ne suffit pas : le lien de causalité avec l'augmentation du CO_2 liée aux activités humaines depuis la révolution industrielle reste à prouver. Et si Claude Allègre (2007) est isolé, cela ne doit pas empêcher de l'écouter. Les carottages glaciaires montreraient plutôt, sur des millions d'années, de fortes variations de CO_2 intervenant quelques centaines d'années après des périodes de réchauffement dont les causes seraient à chercher du côté de l'activité du soleil et des volcans. On peut aussi rappeler que le précédent réchauffement, comme celui du Moyen Âge, comparable dans son ampleur à celui qui nous est annoncé pour la fin du XXIe siècle, est présenté dans la littérature comme un petit optimum propice à l'expansion humaine. Il n'empêche qu'il faut bien lutter contre l'augmentation du CO_2 qui menace les massifs coralliens et accentue l'effet de serre. Dans le doute, le principe de précaution s'impose, mais à condition de ne pas l'appliquer de manière intégriste.

LES DANGERS DU PRINCIPE DE PRÉCAUTION[8]

Il s'agit bien de prendre des décisions dures sur des informations molles, c'est-à-dire d'engager des mesures conservatoires et de lancer des études pour mieux comprendre. Mais les décisions ne doivent pas être trop dures sur des informations trop molles. L'application

8. Nous reviendrons sur cette question dans le chapitre II.

maximaliste pourrait se révéler dangereuse et être un frein à l'innovation. Si avant d'agir ou de lancer un produit, voire une recherche ou une expérimentation, on doit prouver que cela ne comporte aucun risque, on va forcément paralyser l'action. Il n'y a pas d'action sans risque et dans bien des cas le plus risqué serait de ne pas agir. Si on appliquait le principe de précaution on ne ferait pas d'enfants !

Si le développement durable est potentiellement un levier pour l'innovation, le principe de précaution peut en constituer un frein. Il y a en France des freins réglementaires croissants à l'innovation, notamment en matière d'expérimentation animale ou végétale. On peut s'interroger sur les OGM et la recherche médicale sans pour autant les retarder chez nous, alors qu'ils se développeront de toute façon ailleurs. Notre deuxième poste excédentaire (après le tourisme), l'agroalimentaire est ainsi menacé par un démantèlement inconsidéré de la PAC et par les concessions contradictoires aux écologistes : rejet des pesticides et des OGM.

Les écologistes rêvent d'un moratoire sur le développement du nucléaire, du démantèlement des centrales existantes et prônent des investissements faramineux dans des projets idéologiques d'infrastructures ou d'énergies renouvelables. Il faut 28 000 éoliennes pour produire l'équivalent d'une tranche de centrale nucléaire à des coûts prohibitifs : chaque mégawatt est obligatoirement racheté par EDF à 82 €, soit trois à quatre fois plus que le coût du même mégawatt produit par le nucléaire sans production de CO_2. C'est le consommateur qui va payer au titre de sa « contribution au service public de l'électricité » et tant pis pour nos paysages, nos champs bétonnés et nos oiseaux détruits ! S'il savait qu'en plus la construction d'éoliennes se traduit par une augmentation de la production de CO_2, car les éoliennes ne fonctionnent qu'à quart de temps quand il y a du vent et il faut s'équiper parallèlement de centrales thermiques classiques polluantes... C'est ainsi que les pays les plus avancés en la matière, le Danemark et les Pays-Bas, ont décidé de tout arrêter. Le bilan pour l'énergie solaire est pire encore. Tout cela est remarquablement analysé par Christian Gerondeau (2007).

De son côté, la folie des biocarburants, qui n'a plus guère le soutien des écologistes, a fini par indexer les prix agricoles sur ceux du pétrole (il faut y consacrer 29 % des terres cultivables pour produire l'équivalent de 10 % de la consommation de pétrole). Bientôt il faudra choisir entre manger ou se déplacer, d'autant que nous n'avons que deux mois de consommation mondiale de blé en réserve.

Les freins à l'innovation sont d'autant plus regrettables que le développement durable est une extraordinaire chance à saisir par les entreprises : toute contrainte est une opportunité. Tous les défis de recyclage de retraitement, d'économie d'énergie sont porteurs de réponses innovantes et profitables. Dans le domaine alimentaire comme dans l'éthique de production, la traçabilité va s'imposer et entraîner le renforcement de la proximité et du raccourcissement des chaînes qui vont du producteur au consommateur. Bref, le développement durable va dans le sens d'une production locale : pourquoi produire ailleurs ce qui peut l'être ici sans coût de transport et émission de CO_2 ? Il constitue une barrière non tarifaire aux importations lointaines de pays à bas coût.

En organisant les assises de l'environnement, et non celles du développement durable dans sa globalité, le nouveau gouvernement a révélé son caractère de néophyte en la matière ce qui est inquiétant. Il aurait dû revenir aux sources d'un développement « *sustainable* » c'est-à-dire négocié dans une vision de long terme entre les acteurs parties prenantes des trois piliers : environnemental, économique et social. La définition du développement durable date de 1987 (rapport Brundtland) : « un développement qui répond aux besoins du présent sans compromettre la capacité des générations futures de répondre aux leurs ».

Tel qu'il est abordé en France, et même en Europe, le développement durable n'est pas soutenable. Il oublie que l'homme est au cœur du développement durable : il n'y a donc pas de développement durable sans enfants et pas de croissance sans berceaux. La question du suicide démographique de la vieille Europe est pourtant singulièrement absente des préoccupations. Il est vrai que pour les « khmers verts » la disparition de l'homme blanc occidental, et de l'économie de marché qui va avec, serait une bonne nouvelle pour la nature : place aux loups, eux au moins ne polluent pas !

Il n'y a pas non plus de développement durable dans une société qui vit au-dessus de ses moyens en prenant dans la poche de ses enfants et en laissant filer la dette publique : chaque enfant qui naît aura l'équivalent de 120 000 € à rembourser lorsqu'il sera actif, au titre des engagements des générations précédentes (dette publique + retraites des fonctionnaires non provisionnées). Protéger l'héritage de la planète, c'est bien, mais à condition de ne pas oublier les héritiers ! Qui dénonce cet oubli ? Personne, ou presque. Il est « politiquement incorrect », à notre époque, de défendre les enfants aussi bien que les baleines.

L'échec scolaire et l'intégration des jeunes immigrés sur le marché du travail[9]

L'Europe a un déficit d'hommes. La France souffre en plus d'un système éducatif qui réussit bien à la moitié des élèves, mais produit 20 % de jeunes en échec scolaire, dont une partie restera inemployable, et, à l'autre extrême, des frustrés et des aigris de la course aux diplômes tout aussi mal dans leur peau. La confiance est loin de régner dans une société de défiance où l'État change sans arrêt les réglementations et où la fraude et le contrôle sont plus développés qu'ailleurs.

La France, comme l'Europe, doit se préoccuper du vieillissement : l'âge médian de l'Europe des Vingt-Cinq en 2025 sera de 50 ans contre 42 aujourd'hui et 30 dans les années 60.

Il va manquer 25 millions d'actifs dans la tranche des 25-49 ans dans l'Europe des Vingt-Cinq et il faudra donc ouvrir massivement les frontières pour répondre aux besoins de professionnels dans les métiers de services aux personnes et dans ceux du BTP.

La France se réjouit d'avoir une meilleure fécondité ; c'est vrai sur le papier, mais près de 20 % des jeunes, souvent issus de l'immigration, sont en échec scolaire et relégués dans des quartiers où la violence et les frustrations dominent. Le taux de chômage de ces jeunes restera de l'ordre de 40 %, car, pour une part d'entre eux, ils ne sont pas employables faute d'un minimum de savoir-être (après tout, il n'y a que moins de 9 jeunes sur 100 dans la tranche d'âge de 16-25 ans au chômage, soit près du

---

9. Ce point, essentiel à nos yeux car il s'agit d'une véritable bombe à retardement qu'il convient de désamorcer, sera développé plus complètement dans le chapitre IV.

quart des 37 % qui se présentent sur le marché du travail[10]). C'est dire aussi que parmi ceux qui ont échoué à l'école faute de maîtriser les savoirs de base et ne sont plus en études, les deux tiers avaient le minimum de savoir-être pour trouver un emploi. L'apartheid urbain se renforce dans nos mégalopoles et la carte scolaire ne contribue pas à la mixité et à l'intégration. Comment intégrer dans des écoles où 50 % à 100 % des enfants ne sont pas de langue maternelle française ? Sujet d'autant plus délicat que la proportion de naissances issue de l'immigration est taboue. Comment traiter un problème que l'on refuse de voir et de mesurer ?

Si la France recule dans les classements internationaux comparant le niveau des écoliers, c'est d'abord en raison d'un écart type croissant entre ceux qui suivent normalement ou à peu près, soient les deux tiers des élèves, et le tiers restant dont une proportion croissante (souvent d'origine immigrée et concentrée dans les mêmes écoles) est complètement larguée. La société de la connaissance est un beau défi, à condition de commencer par faire en sorte qu'il n'y ait plus 20 % des enfants qui entrent en sixième sans savoir correctement lire, écrire et compter. Car il n'est de richesses que d'hommes éduqués ! L'homme se comporte vite comme un animal sauvage dans une société barbare. La civilisation est fragile et ne tient qu'à ce fil de l'éducation

À l'autre extrême, je suis inquiet des effets pervers du mirage technologique entretenu par nombre de rapports officiels et qui conduisent à une dommageable course aux diplômes, alors que les surdiplômés (bac + 4), détenteurs d'assignats universitaires, ont un taux de chômage supérieur à celui des bac + 2. La pénurie de jeunes

10. Les mêmes chiffres pour l'Allemagne donnent 7 jeunes sur 100 au chômage, soit un taux de chômage de 14 % parmi les 50 % qui se présentent sur le marché du travail.

devrait conduire les entreprises à recruter plus tôt et à valoriser les acquis de l'expérience.

Autre inquiétude, sur laquelle nous reviendrons dans le chapitre IV consacré à l'éducation : l'ascenseur social par l'éducation est bien en panne. Mais, heureusement, il subsiste à tous les niveaux dans la société des escaliers qu'il est possible d'emprunter quitte à se les construire à force de volonté et de ténacité. Ces escaliers sont d'autant plus faciles à gravir que les professions sont nouvelles et peu recherchées par les réseaux de diplômés. Ce fut le cas ces dernières décennies des métiers du commerce, de la distribution, du travail temporaire, de l'hôtellerie... D'où l'importance qu'il y a à garder les métiers ouverts aux seules compétences prouvées sur le terrain.

Et si Paris devenait Washington DC !

L'Île-de-France peut être fière de sa dynamique économique et démographique ; elle représente près de 30 % de la richesse produite sur le territoire national et contribue à 40 % de l'excédent naturel du pays. L'avenir de cette région locomotive est néanmoins préoccupant, y compris pour les autres régions qui bénéficient de sa dynamique. En effet, la région IDF est de moins en moins attractive pour les Franciliens actifs, qui, toutes catégories socioprofessionnelles confondues à l'exception des cadres, fuient pour s'installer dans le pourtour à l'ouest et au sud (le solde migratoire intérieur est négatif pour toutes ces catégories dans la période 1999-2005 de près de 80 000 personnes par an). Ceux qui restent s'échappent en fin de semaine et dépensent leurs revenus ailleurs. C'est ainsi que, pour 30 % de la richesse créée, l'IDF ne reçoit que 22 % des revenus distribués et 16 % des revenus dépensés car les Franciliens fuient en fin de semaine pour les loisirs. Heureusement l'attractivité touristique internationale vient compenser cette perte de revenu de l'économie présentielle.

La question de la perte d'attractivité de l'Île-de-France en raison de la dégradation des conditions et de la qualité de vie est donc posée. C'est la seule région où le quart des retraités part s'installer ailleurs (c'est seulement 5 % pour les autres). L'Île-de-France ne se dépeuple pas pour autant car elle bénéficie du renfort de 40 % du solde net des 100 000 migrations internationales. Ces estimations de l'Insee sont certainement des minimas puisque, pendant des années, l'Insee avait des estimations deux fois plus faibles. Une autre incertitude concerne les naissances : on peut estimer qu'au moins 40 % des naissances seraient d'origine immigrée (il y a 5 millions d'immigrés en France, dont 2 millions devenus Français par acquisition et 40 % d'entre eux vivent en Île-de-France où ils représentent 20 % de la population). Ce renfort bienvenu à notre dynamique démographique pose cependant la question de la capacité d'assurer la mixité sociale et scolaire dans des quartiers où parfois 80 % des enfants sont d'origine non francophone. La responsabilité des pouvoirs politiques commande une meilleure maîtrise de ces questions d'intégration où les politiques de logement, de formation et d'emploi ne peuvent être dissociées. Les Franciliens qui s'en vont, entre 30 et 54 ans au moment où l'on a des enfants (le temps des balançoires), le font pour des raisons de coût du logement mais aussi de conditions et de qualité de vie : moins d'encombrements, meilleures écoles, plus forte cohésion sociale et vie associative. Un chiffre fait réfléchir : entre 1998 et 2006, la construction de logements neufs par tranche de 1 000 habitants s'établit à 28 pour l'Île-de-France, 48 pour le Limousin,

51 pour la Franche-Comté et 78 pour la Bretagne ! On construit non pas là où l'on vit, mais là où on a envie de vivre ! Apparemment pas en Île-de-France. Il est vrai que les crimes et délits (87 pour 1 000 habitants, le score le plus élevé après celui de la région PACA) y sont aussi deux fois plus nombreux que dans les régions en question. La sûreté des biens et des personnes fait aussi partie de la qualité de vie. À l'inverse, il n'est pas surprenant d'apprendre que les régions Bretagne et Franche-Comté sont les plus sûres de France juste après le Limousin et l'Auvergne.

La fuite des Franciliens actifs, des familles avec enfants et des retraités n'est pas encore un exode, mais est cependant très préoccupante pour l'avenir. Il ne faudrait pas que Paris se transforme en Washington DC, une capitale cosmopolite avec ses quartiers résidentiels et d'affaires où sont concentrés tous les pouvoirs, qui attire les touristes par ses nombreux musées et monuments, mais aussi une ville peuplée à 80 % de communautés socialement marginalisées et concentrées dans les quartiers pauvres de la périphérie.

La honte, la colère et l'espoir

J'ai honte pour ma génération, celle du *baby-boom* qui vit à crédit sur le dos des jeunes. Ils devront rembourser nos dettes. La France vit au-dessus de ses moyens : chaque année, en moyenne depuis 1990, la richesse produite mesurée par le PIB augmente de 25 milliards d'euros et la dette issue du déficit du budget de l'État s'accroît de 40 milliards d'euros. C'est ainsi que la dette est passée de 20 % du PIB à 66 % en l'espace de vingt-cinq ans, avec une accélération ces cinq dernières années[11]. À ce rythme, la dette publique représenterait 100 % du PIB en 2015. Cette dérive serait moins choquante s'il s'agissait de dettes contractées pour financer des investissements, dont profiteront les générations futures. Tel n'est malheureusement pas le cas : la majeure partie du déficit provient des dépenses de fonctionnement. On a ainsi augmenté le nombre de fonctionnaires d'un quart depuis 1980, alors que la population française n'augmentait que de 10 % dans la même période et que nous avons une densité de fonctionnaires dans la population active parmi les plus élevées d'Europe.

Il faut rendre grâce à Thierry Breton d'avoir, avec le rapport Pébereau (2006), enfin annoncé la couleur : les 2 000 milliards d'euros de dettes, auxquels on parvient si l'on ajoute les provisions pour les retraites des fonctionnaires[12] aux 1 100 milliards de dette publique, représentent près de 40 000 € par habitant et 120 000 € par actif ! C'est dire que chaque enfant naît avec un héritage négatif dans son berceau, qu'il devra rembourser tout au long de sa vie active. Le modèle social français est ainsi en contradiction avec l'esprit et la lettre du développement durable : il finance artificiellement le bien-être des générations actuelles en hypothéquant celui des générations futures.

11. La dette publique s'élevait à 58,2 % du PIB en 2002 et à 66 % en 2005. Elle a été ramenée à 64 % du PIB en 2006 grâce à quelques opérations de cavalerie : soulte EDF en 2005 (8 milliards d'euros), soulte de La Poste en 2006 (2 milliards), Autoroutes en 2005 et 2006 (10 milliards d'euros) et surtout la baisse de trésorerie des administrations publiques passée de 40 milliards d'euros à 15 milliards, soit une réduction de l'ordre de 1,3 % du PIB. Ces artifices (on ne vend pas plusieurs fois ses bijoux de famille) ont permis au déficit public de passer de 3,6 % du PIB en 2004 à 2,6 % en 2006. Ainsi la France a pu passer pour un élève en progrès aux yeux de Bruxelles. Dans le même temps la charge de la dette est passée de 39 milliards d'euros en 2005 à 48 milliards en 2006.

12. Les retraites par répartition du secteur marchand ne sont pas non plus provisionnées. Dans un système de répartition, chaque génération rembourse, par ses cotisations retraites, la dette éducative qu'elle a contractée vis-à-vis de la génération précédente.

Il y a longtemps que nous dénonçons, avec d'autres, ce comportement irresponsable : en 1996, nous avions même lancé, dans le journal *Ouest-France*, avec Jean-Claude Chesnais et Évelyne Sullerot, l'appel « SOS Jeunesse », qui a été l'occasion de polémiques dans la revue *Futuribles*[13] et dans *Libération*. Je me réjouis de voir cette question maintenant soulevée, avec force, par des économistes réputés, comme Patrick Artus (2006). D'autres économistes, comme Jean-Paul Fitoussi, contestent la dramatisation et avancent que cette dette est pour la moitié sous forme de titres détenus par des Français et dont leurs enfants hériteront. C'est bien ce qui m'inquiète, car c'est la masse des classes moyennes qu'il faudra ponctionner pour rembourser ce que l'on doit aux classes plus aisées en raison de leur épargne accumulée par elles-mêmes ou leurs parents. Les détenteurs étrangers se paieront « sur la bête » en acquérant nos actifs patrimoniaux. Ce qui sera, comme toujours, présenté comme la bonne nouvelle des investissements directs étrangers en France. Ailleurs on dirait que la France est vendue à l'encan !

Les générations futures vivront certainement mieux, mais elles ne pourront pas bénéficier des mêmes expédients. Elles subiront une pression sur leurs revenus, qui sera soumise aux contraintes d'une économie ouverte. Les plus dynamiques et les mieux formés seront relativement épargnés, afin d'éviter qu'ils migrent en trop grand nombre ; les classes moyennes, plus captives, n'auront pas le choix : elles devront payer les pots cassés par les générations précédentes.

La situation des ménages retraités, avec une seule pension, est préoccupante et, pis encore, celle des veuves n'ayant qu'une maigre pension de réversion ou le minimum vieillesse parce qu'elles sont restées actives au foyer en

13. *Cf. Ouest-France* (4 janvier 1996) et *Futuribles* n° 210 (juin 1996).

élevant des enfants nombreux sans que cela soit considéré comme un travail. Curieux pays que le nôtre, où c'est un vrai métier que d'être payé pour éduquer des enfants, à condition que ce ne soient pas les siens ! Curieuse conception de la solidarité intergénérationnelle que celle du traitement inique des mères actives au foyer. L'idéal, du point de vue des retraites, étant de ne pas avoir d'enfants et de cotiser à plein pot pour des retraites qui seront payées par les enfants des autres. Mais, personne n'est là pour les défendre. La question du mariage des homosexuels, et de leur droit à adopter des enfants, est, apparemment, une question bien plus importante pour les hommes politiques et les médias, toujours préoccupés de l'opinion et des votes des groupes de pression les plus remuants.

Je n'oublie pas ce que dit François de Closets (2006) : « Les acquis sociaux, c'est la contrepartie de la capacité de nuisance. » C'est ainsi que l'on peut, sans vergogne, accorder de nouveaux avantages aux privilégiés des entreprises publiques d'énergie et de transport susceptibles de paralyser l'activité. On a ainsi acheté l'ouverture du capital d'EDF par de généreuses augmentations de salaires et des actions bradées auprès d'employés bénéficiant des 32 heures, de la retraite à 55 ans et de l'électricité quasi gratuite, même pour chauffer leur éventuelle piscine. À la RATP, on a fait mieux encore pour acheter la fragile paix sociale et soigner la « gréviculture » : augmentation des effectifs de 10 % en trois ans, alors que le trafic baissait ; généralisation des 121 jours de congés (quatre mois) ; salaire minimum à 1 300 € net ; instauration d'un 13e mois en 2004 ; 3 % de la masse salariale pour le comité d'entreprise (trois fois plus que dans le privé). Bref, la RATP, dont les recettes de trafic ne couvrent pas les charges de personnel, bénéficie chaque année de 2 milliards d'euros payés par le contribuable, même s'il ne prend pas le métro (Lecaussin, 2005). À cela, il faudrait ajouter une dette de 4 milliards d'euros et un besoin de 18 milliards d'euros pour provisionner les retraites. Cela n'a pas empêché les employés de la RATP d'être en tête des grèves de l'automne 2007.

J'ai honte aussi parce que l'on trompe la jeunesse sur son avenir et ses performances. Quand plus de 85 % des candidats sont reçus au baccalauréat, soit une proportion deux fois plus élevée qu'à la fin des années 1970, alors que la proportion d'une génération se présentant à cet examen a plus que doublé (plus de 70 % aujourd'hui contre 30 % en 1980), il y a lieu de s'interroger, notamment pour l'année 2006, marquée par de longues semaines d'interruptions des cours pour cause de manifestations anti-CPE. Ce qui est difficile aujourd'hui, c'est de rater le bac. Il en est des résultats du bac comme des statistiques sur le chômage : il y a une part non négligeable, mais non mesurable officiellement, de traitement statistique administré. On « harmonise » les notes pour parvenir au taux de reçus souhaité par les recteurs d'académie, qui sont précisément jugés sur cette performance. Les jurys sont invités à ne pas être plus sévères que les plus laxistes afin de ne pas pénaliser certains jeunes par rapport à d'autres. Le niveau apparent monte au fur et à mesure que l'exigence baisse : la dévaluation des diplômes se répercute sur les mentions qui sont de plus en plus fréquentes. En attendant que ceux qui croient sauter à un mètre de hauteur découvrent qu'ils trébuchent au-delà de quatre-vingts centimètres réels, tous les parents partent en vacances fiers et avec le moral regonflé par l'illusion collective. Et l'on s'étonnera, plus tard, de l'ampleur de l'échec à l'Université et de la difficulté d'insérer sur le marché du travail un nombre croissant de jeunes diplômés, frustrés et aigris de la course aux diplômes. Déjà la surabondance de diplômés et la pénurie de professionnels, que nous annoncions il y a près de vingt ans, est perceptible. Un jeune détenteur d'un bon CAP trouve plus facilement un emploi qu'un bac + 4 avançant des exigences sans compétence avérée. Mais que les jeunes se rassurent : ceux qui sont normalement formés, bien adaptés à la vie sociale et prêts à travailler, n'auront que l'embarras du choix. Car, avec le choc démographique, ils vont progressivement devenir de plus en plus rares et convoités.

La colère me pousse à prendre la plume comme un sabre, afin de pourfendre à nouveau les mensonges, les idées fausses et les lâchetés qui nous gouvernent. Ceux qui me connaissent ne seront pas surpris. J'avais vingt ans en 1968 et, déjà, j'exprimais ma révolte contre l'ordre établi avec les illusions d'une époque où l'on croyait trouver la plage sous les pavés. Comment ne pas être révolté contre les injustices du monde quand on a vingt ans ? Comment ne pas l'être encore aujourd'hui par le manque de courage de nos dirigeants face aux enfants du *baby-boom* qui, devenus adultes, se comportent de manière irresponsable vis-à-vis des générations futures ? Comment ne pas crier sa rage quand on voit l'État stratège sombrer dans le pilotage à courte vue commandé par la pression de la rue et les humeurs des sondages ?

Jusqu'à présent, ce n'est pas le courage de réformer qui a caractérisé les majorités successives du pays. Il y aura toujours une échéance électorale à l'horizon et une bonne raison de sacrifier le long terme et de justifier ses renoncements par la peur de mécontenter telle ou telle catégorie de population. Dans ces conditions, la réforme devient impossible. En effet, les décisions prioritaires ne sont généralement pas consensuelles et il se trouvera toujours un groupe de pression mécontent du changement. Chacun veut bien le changement à condition que ce soient les autres qui changent et que l'on ne touche pas à ses acquis personnels : car « seules sont injustes les inégalités dont on ne profite pas », comme le relevait malicieusement Georges Elgozy (1981).

J'enrage encore, telle la vigie qui annoncerait l'iceberg mais ne serait pas entendue. Il y a toujours d'autres urgences à court terme sur le pont des échéances électorales que de changer de cap pour éviter la collision. Mais, tant qu'on n'est pas dans l'iceberg, la croisière peut continuer. C'est ainsi qu'il n'a servi à rien de dénoncer, dès 1988, les effets pervers de la course aux diplômes, puisque aujourd'hui la pénurie de professionnels est une réalité, autant que le chômage des détenteurs d'assignats universitaires. Pour un prospectiviste, c'est un échec, car la bonne prévision n'est pas celle qui se réalise, mais celle qui conduit à l'action pour l'éviter. Je n'ai même pas la satisfaction de voir la paternité du diagnostic m'être reconnue ; elle sied mieux à d'autres.

Cependant, je garde espoir car, si la France cultive son exception, y compris dans l'incapacité à se réformer sans soubresauts plus ou moins révolutionnaires (Marseille, 2006), le reste du monde bouge et va de mieux en mieux, nonobstant les conflits qui perdurent.

Si je considère l'évolution géopolitique et économique depuis la fin des années 1960, je ne peux m'empêcher de constater que le monde dans lequel nous vivons aujourd'hui est beaucoup moins menaçant et plus rassurant que celui de l'époque. Souvenons-nous des tensions Est-Ouest, de la perspective de guerre nucléaire à l'échelle planétaire, des dictatures qui régnaient partout dans le sud de l'Europe (l'Espagne de Franco, le Portugal de Salazar, la Grèce des Colonels) et des dictatures communistes de l'autre côté du rideau de fer, sans oublier celles d'Amérique latine, et les folies meurtrières du Cambodge ! Tout cela s'est effondré au profit de régimes plus démocratiques et plus ouverts à l'économie de marché, même si elle reste administrée, comme en Chine. Le succès du rattrapage économique de près de la moitié de la population mondiale est tellement impressionnant qu'il inquiète dorénavant les pays du Vieux Monde et pose de nouvelles questions en matière de gestion des ressources naturelles et d'impacts environnementaux. On peut, certes, s'interroger, comme le fait Amartya Sen (2006), sur la question de « la juste et inégale répartition des gains », et ne pas oublier ce que le même le prix Nobel d'économie affirme (2005) : « Les réussites de la globalisation sautent aux yeux en maints endroits de la planète. Il y a quelques siècles, le monde était dominé par une pauvreté omniprésente et les vies humaines étaient cruelles, brutales et courtes, sauf dans de rares poches de prospérité. La pénurie a été surmontée en grande partie grâce à l'extension des relations économiques et à la diffusion de la technologie moderne. » Relevons au passage que l'espérance de vie (l'un des trois indicateurs de développement humain avec le PIB par habitant et le taux d'alphabétisation) a augmenté partout dans le monde ces cinquante dernières années, sauf dans les pays soumis à la dictature communiste, comme la Russie. Cette dernière étant le seul pays de l'hémisphère Nord où l'espérance de vie a baissé et baisse encore ! Il faut bien reconnaître, avec Amartya Sen (cité par Le Boucher, 2005) : « Le changement politique le plus important du XXe siècle a été l'acceptation large que la démocratie est la forme normale de gouvernement des nations. » Si, dans une première période de décollage économique, l'existence d'un pouvoir fort et éclairé par un volontarisme économique national est souvent un outil de développement plus efficace qu'une démocratie molle et fluctuante dans ses choix, à long terme, sans un minimum de démocratie, l'économie de marché n'est pas efficace pour le développement économique. Les retards du monde arabomusulman, de la plupart des pays africains, et d'une bonne partie de l'Amérique latine, n'ont pas d'autres explications. Ils sont encore plus marqués dans les pays où, pour des raisons religieuses, les femmes, c'est-à-dire la moitié de la population active, sont reléguées dans un statut inférieur et dominé.

Le ralentissement économique depuis 2008 ne doit pas faire oublier que la croissance de la production et des échanges n'avait jamais été aussi forte dans le monde et dans l'histoire de l'humanité qu'entre 2002 et 2007. Le monde, hors la zone OCDE qui rassemble les pays développés, était à plus de 7 % de croissance du PIB entre 2002 et 2007, contre 4 % entre 1987 et 2002. Les États-Unis sont sur une tendance à plus de 3 % par an ; seule l'Europe vieillissante est à la traîne, en dessous de 2 %, et la zone euro va encore plus mal, autour de 1,5 %. Les historiens ne manqueront pas de voir, en ce début du XXIe siècle, une Belle Époque, encore plus remarquable que celle du début du XXe par son ampleur et sa durée. S'il reste des pays, en Afrique et dans le monde arabo-musulman, qui n'arrivent pas à décoller, malgré la rente pétrolière dont certains disposent, les causes de ce non-développement sont plus à rechercher à l'intérieur de ces pays qu'à l'extérieur. On doit les aider sans les assister : l'essentiel dépend d'eux. On peut espérer qu'ils auront envie de participer au banquet de la croissance et des échanges internationaux, et mettront en place pour cela des règles de gouvernance politique et économique plus saines. C'est ce qui s'est passé, en quelques années, en Europe de l'Est. L'élargissement de l'Union européenne ne facilite pas la prise de décision nécessaire pour renforcer sa construction et la cohérence de ses actions. Mais l'adhésion des pays de l'Europe de l'Est à l'Union, vue des années 1960, n'est rien d'autre qu'un conte de fées qu'aucun spécialiste de prospective géopolitique n'aurait pu avancer sans y perdre sa crédibilité. Souvenons-nous que, quelques mois avant l'effondrement du mur de Berlin, en novembre 1989, aucun des spécialistes des pays de l'Est n'imaginait la réunification de l'Allemagne avant 2010, et encore, le plus souvent, avec des scénarios conflictuels où le sang coulait.

Certes, la montée du terrorisme international fait craindre, depuis le 11 septembre 2001, l'avènement d'une troisième guerre mondiale sur fond religieux de djihad islamique. La question est d'importance car, au milieu du XXIe siècle, l'islam pourrait être la religion de près du tiers de la population mondiale et de près du quart de celle de l'Hexagone. Si nous n'avons pas de problème avec l'islam respectueux de la République et de l'égalité de traitement entre les hommes et les femmes, une partie croissante et militante semble bien avoir un problème avec l'Occident en général et les États laïcs en particulier. Il faut en tirer les conséquences et cesser de se voiler la face quant à la montée de l'intégrisme islamique.

C'est ainsi que je me mets à espérer : le mur de Berlin de nos rigidités finira par s'effondrer comme un château de sable à force d'être miné par les vagues de la réalité et du bon sens. On n'arrête pas la marée des évidences chiffrées qui témoignent du recul relatif, mais bien réel, de notre niveau de vie par rapport à nos partenaires européens : depuis un quart de siècle, le taux de croissance du PIB par habitant est inférieur de 0,4 point par an à la moyenne de l'Union à Quinze. Je ne me range pas pour autant au nombre des « déclinologues ». Le remède est dans le diagnostic. À productivité comparable (celle de la France est même réputée supérieure[14]), la richesse produite dans un pays est proportionnelle à la quantité de travail fournie par ses habitants. Si la France recule, c'est tout simplement parce qu'elle ne travaille pas assez : remettons la France au travail, en commençant

14. Nous verrons qu'il n'y a pas lieu d'être fier de cette productivité élevée en raison de sa définition et de son mode de calcul (*cf.* chapitre III).

par restaurer la valeur économique et sociale de ce dernier. À côté de l'épanouissement dans le loisir, aux trois quarts télévisuel, l'enrichissement par le travail doit être encouragé dans ses aspects monétaires et sociaux par les revenus et les liens qu'il procure.

Les dangers de l'arithmétique du temps de travail

Il est toujours tentant de prendre sa calculette pour montrer, chiffres à l'appui, que, avec tout l'argent consacré à l'indemnisation du chômage, l'on pourrait, avec des solutions papier, salarier tous les chômeurs, ou encore les remettre au travail pour répondre à des besoins de services non satisfaits. Hélas, les travailleurs ne sont pas tous substituables et, surtout, la société ne fonctionne pas comme une chaudière que l'on pourrait régler de manière centralisée. Chaque individu, chaque foyer, réagit de manière autonome aux impulsions centrales pour s'y adapter, les intégrer et les contourner si nécessaire.

C'est ainsi que certains ont été séduits par l'incontestable générosité des promoteurs d'une réduction importante du temps de travail, qui devait permettre à la fois de résoudre le problème du chômage et à chacun de vivre mieux. Comment ne pas être troublé par la force des démonstrations arithmétiques de Pierre Larrouturou avec sa semaine de quatre jours ? Ou, encore, de Michel Rocard, avec sa baisse massive des charges sociales jusqu'à 32 heures par semaine, et de fortes pénalités au-delà, afin d'inciter les patrons à embaucher ?

L'arithmétique n'est pas en cause. Les calculs sont justes, et l'on peut d'ailleurs les multiplier à l'infini, car il y a mille et une manières de dépenser plus intelligemment les quelque 65 milliards d'euros de la facture directe ou indirecte du chômage (3 % du PIB, mais 20 % du budget de l'État). On pourrait, ainsi, à raison de 15 000 € annuels (soit le coût du SMIC, charges comprises), et toujours sur le papier, financer plus de quatre millions d'emplois. Autre suggestion régulièrement avancée : instaurer l'année sabbatique tous les sept ans ; on libérerait progressivement 15 % des emplois et le tour serait joué ! Attention, avec de tels raisonnements, on va tout droit à la semaine des quatre jeudis et à l'instauration d'un revenu minimum d'existence sans contrepartie d'activité pour les chômeurs, afin de les inciter à consommer, à défaut de réussir à les mettre au travail. Mais pour consommer, il faut produire, et qui voudra encore le faire dans ces conditions ?

Si ces solutions papier fonctionnaient, il faudrait naturellement reconvertir les dizaines de milliers de personnes dont l'activité principale est de s'occuper du chômage des autres. C'est une vraie question qui a fait, au début des années 2000, l'objet de séminaires internes au sein de l'ANPE : que deviendrait-on si le chômage était éradiqué par la croissance forte et les évolutions démographiques ? L'inquiétude a cessé en 2002 avec la croissance molle et la découverte que, même avec un taux de chômage faible, il y aura toujours plusieurs millions de personnes qui changent d'entreprise chaque année, en fonction des offres d'emplois et de tous les flux d'entrée et de sortie du marché du travail à gérer. On sait depuis les travaux de Pierre Cahuc et André Zylberberg (2004) que chacun des 240 jours ouvrables voit se créer et détruire 10 000 emplois soit l'équivalent de 15 % par an du marché du travail qui se métamorphose dans un processus de création-destruction. Si l'on tient compte des démissions (6 000 par jour), des contrats non renouvelés et des départs en retraite (4 000 par jour) c'est même 30 000 personnes qui changent de poste chaque jour. C'est dire que l'ANPE aura toujours du travail pour accompagner la fluidité du marché du travail. C'est en freinant les destructions nécessaires que l'on empêche les créations possibles. Comme le relèvent nos auteurs : « En réalité, croissance et chômage sont déterminés *conjointement* par le processus de destruction et de créations d'emplois. Plus exactement, c'est la manière dont chaque pays gère ce processus qui fera que ce pays aura plus ou moins de croissance et plus ou moins de chômeurs. » La messe est dite, c'est bien aux rigidités du marché du travail qu'il faut s'attaquer : trop protéger l'emploi tue la création d'emplois !

De toute façon, la réalité du terrain est contraire à la fiction de ces solutions papier : les pays où les taux de chômage sont les plus faibles sont aussi ceux où la durée du travail par habitant est la plus élevée[15]. C'est bien l'activité qui crée l'emploi, et il faut travailler plus pour travailler tous.

Je dois avouer qu'à l'époque, et ensuite durant toute la période du gouvernement Jospin, je me suis retrouvé bien seul parmi les économistes (à l'exception notable de Rexecode), à dénoncer l'illusion collective des 35 heures. Il est vrai que le terrain malthusien avait été préparé par la droite elle-même, avec les fameuses lois Robien qui pouvaient se comprendre dans un contexte défensif où il est préférable de garder tout le personnel et subventionner la réduction du temps de travail : c'est la solidarité face aux difficultés. En revanche, financer, sur fonds publics, la réduction généralisée et offensive du temps de travail au nom du progrès de tous, c'était vraiment se tirer une balle dans le pied et préparer le recul de la

15. *Cf.* chapitre III.

France : ce n'est pas en ramant moins que l'on avance plus vite. Si les Anglais nous ont dépassés, c'est d'abord parce qu'ils travaillent cinq semaines de plus que nous, en moyenne par habitant.

On avait, soi-disant, tout essayé contre le chômage, sauf ce qui marchait ailleurs. Il restait la possibilité de faire une grosse bêtise, par ignorance ou par aveuglement idéologique. On raconte, dans les milieux bien informés, que l'idée viendrait d'un des éléphants du PS, qui aurait dit en 1997 : « Quelle promesse peut-on faire qu'il ne sera pas nécessaire d'honorer puisque l'on n'aura pas la majorité ? » C'est ainsi que l'idée des 35 heures serait sortie du chapeau[16]. On l'a déjà dit, en privé, la plupart des dirigeants du PS reconnaissent leur erreur. Mais il est plus facile, dans ce pays, d'afficher sa sexualité ou sa polygamie que de reconnaître ses erreurs. C'est ce que j'ai dit, à l'époque, à Martine Aubry sur les ondes : « Quand on a une bonne idée, en général, d'autres l'ont eue avant et il suffit de comprendre pourquoi et dans quelles conditions ça marche. Mais quand on a une idée que l'on croit bonne et qu'on est seul(e) à l'avoir, c'est que ce n'est vraisemblablement pas une bonne idée. »

Non au RSA et à ses effets pervers

Avec le RSA (revenu de solidarité active), la France va construire une nouvelle usine à gaz. Ce substitut au RMI (revenu minimum d'insertion) coûtera plus cher, avec des effets limités sur l'incitation au travail, la création d'emploi et surtout pervers sur les disparités entre

16. L'idée n'était pas nouvelle : elle date des années 1970 et constituait, en outre, la 23e proposition du candidat socialiste en 1981.

salariés ! C'est sans doute le plus grave : une personne travaillant à 60 %, en contrat de RSA, peut disposer de ressources équivalant à celles dont dispose un salarié à temps plein payé au SMIC, et même supérieures si l'on tient compte des avantages connexes au RMI dont continueront à bénéficier suivant leurs revenus les bénéficiaires du RSA. Les ouvriers et employés payés juste au-dessus du SMIC (16 % des salariés) vont très mal vivre cette situation au quotidien. Comment a-t-on pu transformer les bonnes intentions des solidarités actives en transferts injustes, inutiles et pervers ?

En enrichissant les travailleurs pauvres, on risque bel et bien de les maintenir dans la trappe du temps partiel et de décourager les salariés à temps plein. Ces derniers seront révoltés de ne pas gagner plus alors qu'ils travaillent plus. Nombre d'entre eux font partie des 12 millions de Français taxés d'office de 1 milliard d'euros pour une dépense à l'efficacité douteuse. C'est d'autant plus grave que la promesse présidentielle de ne pas augmenter les prélèvements obligatoires a été rompue pour satisfaire un projet autoritaire dans sa forme et jacobin dans son inspiration.

On aurait pu avoir le courage de trouver ailleurs ce milliard d'euros destiné aux pauvres[17]. Dans les niches fiscales certes, mais surtout dans le gaspillage des 65 milliards d'euros de dépenses publiques pour l'emploi dont la moitié de celles-ci dites « passives ». Les partageux veulent toujours prendre aux uns pour donner aux autres, quitte à décourager les plus actifs. Il serait plus sain d'augmenter le gâteau des richesses. La défiscalisation des heures supplémentaires, l'augmentation de la

---

17. Par exemple dans la réserve du Sénat qui se trouve être du même ordre de grandeur et qui devrait, comme c'est déjà le cas pour l'Assemblée, être restituée à la nation. Ou encore dans les 26 milliards de la formation professionnelle dont on sait qu'une bonne partie est gaspillée.

prime à l'emploi (cet impôt négatif qui n'ose pas dire son nom), la baisse des charges sociales pour les moins qualifiés ainsi que l'obligation d'accepter une offre d'emploi, suffisaient pour atteindre l'objectif d'insertion.

Les bonnes intentions de Martin Hirsch conduisent à l'échec car imposées de manière autoritaire sans tenir compte des résultats très mitigés de l'expérimentation dans les départements. Je partage les intentions : pas d'activité sans contrepartie de revenus supplémentaires et il faut tendre la main aux exclus en les réinsérant dans le marché du travail. Mais il y a aussi le corollaire : pas de revenu sans contrepartie d'activité. C'est une question de dignité pour les individus et d'efficacité pour la société. Il faut cesser de faire *pour* mais faire *avec*. La logique de responsabilité de l'initiative et de l'accompagnement des projets individuels doit l'emporter sur celle de l'assistance. L'insertion par l'économique est socialement plus efficace que l'inverse. C'est ainsi que je suis devenu libéral, parce que social. J'ai largement soutenu le président de la République dans son action de réformes. C'est pourquoi je reçois des appels au secours des responsables qui ont suivi les expérimentations. Ils m'ont transmis les sept messages suivants :

1. Le RSA n'a qu'un effet limité sur l'incitation au travail. Malgré les démarches individualisées auprès des personnes repérées par l'ANPE, il n'a pas été observé de demandes « pressantes » de la part des usagers pour aller vers l'emploi.

2. Le RSA ne favorise pas la création d'emplois. Les employeurs recherchent un personnel motivé, et rapidement adaptable à l'emploi proposé. Ils restent plutôt indifférents aux aides dont ils peuvent bénéficier. Ainsi, les conventions passées avec les branches professionnelles (travaux publics, bâtiment, artisans...) n'ont pas été concluantes.

3. Le RSA crée des disparités de situation entre les salariés. Sous prétexte d'insertion des plus démunis, on aboutit au paradoxe d'une sorte de « désincitation » au travail des smicards : à travail égal, leur revenu n'est pas égal et peut même devenir inférieur compte tenu des droits acquis des RMIstes.

4. Le RSA n'apporte pas de réponse à la question des droits acquis au titre du RMI : couverture maladie universelle (CMU), allocation personnalisée au logement (APL), bons alimentaires, aides au transport, à l'éducation des enfants, à la pratique du sport, etc. Le contenu de l'expérimentation est muet sur ces aspects qui modifient le montant des ressources disponibles pour les personnes.

5. Le RSA n'intègre pas clairement la problématique de la formation nécessaire en complément du contrat de travail.

6. Le RSA « dès la première heure » et ses effets d'aubaine : le dispositif entend faire progresser la ressource de celui qui accepte de travailler, et cela quelle que soit la durée du travail. On risque de créer des effets d'aubaine qui, au bout du compte iront à l'encontre de l'objectif recherché, c'est-à-dire une insertion à long terme sur des emplois qualifiés.

7. Le RSA est le résultat d'un calcul trop complexe. Il tient compte des situations antérieures, de seuils de pauvreté différents selon les compositions familiales, du niveau de rémunération perçu dans les entreprises. Où est la simplification affichée ?

Le cap fixé par le président de la République est de faire face au défi de la pauvreté, en la réduisant d'un tiers d'ici à 2012 ; le RSA devant en être le principal instrument. Hélas, on se trompe de diagnostic ! La pauvreté monétaire est d'abord un indicateur d'inégalité de la répartition ; le tiers des ménages pauvres sont propriétaires de leur logement et les quatre cinquièmes des logements sociaux sont occupés par des ménages vivant au-dessus du seuil de pauvreté. Les récents travaux de l'Insee ont montré que les causes de la pauvreté monétaire se situaient en amont, dans les déficiences de santé et de lien social. La pauvreté des liens commande celle des biens.

Tel était le contenu de mon article paru dans *Le Monde* du 26 septembre 2008 sous le même titre. J'ai été vertement traité dans l'article de Martin Hirsch « Le RSA victime de contrevérités » paru dans *Le Monde* du 4 octobre, où le haut-commissaire répondit, sur la forme mais absolument pas sur le fond, aux sept effets pervers remontés du terrain. Il affirme seulement que mes assertions sur le revenu d'un smicard devenant comparable, voire inférieur, à celui d'un RSA sont fausses (la preuve de mon incompétence !). J'ai donc interrogé à nouveau la base qui montre que j'ai hélas raison et que Martin Hirsch se trompe et nous trompe ! Des acteurs de terrain où a été expérimenté le RSA, qui préfèrent garder l'anonymat (par crainte de représailles politiques ?), m'ont répondu : « Une personne seule qui travaille à temps plein au SMIC perçoit un salaire de 1 037 €. Pour un loyer d'un montant de 290 €, l'APL est évaluée à 16,55 €, soit un total de 1 054 €. Une personne qui travaille à 60 %, soit 20 heures/semaine, perçoit un salaire net de 583 €. Elle percevra, selon le barème du projet de loi un RSA de 172,60 €. Le montant de son APL sera de 170 €, si les ressources sont prises en compte pour son calcul (au lieu de 237 €, si les ressources étaient neutralisées comme dans le dispositif RMI actuel). Apparemment, les parlementaires ont amendé le projet : les droits connexes seront calculés proportionnellement au revenu et ne seront plus liés au statut. Ses ressources seront donc égales à 926 €, soit une différence de 128 € en moins par rapport à une personne travaillant à temps plein. Pour une personne au RSA à 26 heures par semaine, la différence avec un Smicard à plein temps ne serait plus que de 77 €. À cela, il faudrait ajouter les droits connexes dont bénéficient les RMIstes (CMU, exonérations de taxe d'habitation, bons de nourriture, déplacements gratuits, etc.). ».

	salaires		RSA	APL	Total
Personne seule	SMIC temps plein	1 037,00 €		16,55 €	1 053,55 €
	20 h	583,00 €	172,60 €	170,00 €	925,60 €
	26 h	770,66 €	101,31 €	105,77 €	977,74 €

Si l'on prend le revenu horaire, il est frappant de constater qu'en travaillant 26 % de moins (26 heures par semaine au lieu de 35 heures) ce système permet de gagner l'équivalent de 25 % de plus par heure travaillée. Et moins on travaille (43 % de moins pour 20 heures par rapport à 35 heures), plus on gagne (54 % de plus) en équivalent heure travaillée.

Une personne seule qui travaille à temps partiel et qui bénéficie de la prestation RSA a bien un niveau de vie comparable, voire supérieur, à celui d'un travailleur à temps plein au SMIC. Les salariés dans cette dernière situation ne seront pas concernés par le RSA, alors qu'ils peuvent être considérés comme des « travailleurs pauvres » pour reprendre l'expression de Martin Hirsch. *Quid* de la sortie du RSA et du coût financier national ? Les exemples démontrent également l'importance du droit APL qui est la variable d'ajustement dans le budget logement.

Mes critiques portent essentiellement sur le RSA pour les personnes seules. Celui attribué aux familles avec enfants peut être assimilé à un supplément d'allocations familiales pour les familles pauvres. Ce qui revient à remettre en cause le caractère universel desdites allocations. Il aurait mieux valu les augmenter pour toutes les familles, quitte à les rendre imposables.

Finalement, il aurait été plus sage d'attendre les résultats mitigés de l'évaluation des expérimentations et de découvrir que ce dispositif d'inspiration jacobine va nécessiter la création de 2 000 postes de plus dans les CAF et autant à l'ANPE. M. Hirsch le sait mais ne veut pas l'entendre. Il s'entête à défendre son projet, comme naguère Martine Aubry avec les 35 heures. Il faudra sans doute plusieurs années pour se rendre compte des effets pervers de ce dispositif et le détricoter.

La bonne nouvelle : le mal est en nous, le salut aussi

Nous voulons donner, tout de suite, une extraordinaire bonne nouvelle : puisque le mal est en nous, le salut aussi. De toute façon, contrairement à l'idée reçue, nos enfants vivront mieux que nous, plus longtemps en bonne santé et avec des revenus supérieurs même si la croissance est plus faible. Pour comprendre comment les crises que nous vivons peuvent être porteuses d'espoir, il faut se souvenir que, dans un monde qui change de la même manière pour tous, ce qui fait la différence, c'est la capacité des hommes et des organisations à adapter leurs projets pour construire l'avenir autrement. L'avenir est une page presque blanche qui reste à écrire. C'est à chacun de prendre son avenir en main, de conspirer pour un futur désiré. Le déterminisme ne résiste pas à la détermination et le hasard, comme le disait Pasteur, ne favorise que les esprits bien préparés. Pour construire cet avenir, il faut la force et l'union des hommes rassemblés autour de projets mobilisateurs. En d'autres termes, les facteurs de développement sont endogènes et contingents.

Reconnaître que nous sommes responsables et coupables de nos difficultés, que les facteurs de développement sont endogènes, c'est aussi une bonne nouvelle : le mal est nous – c'est le fameux modèle soviétique de moins en moins réussi – sa solution aussi : il faut en sortir par la réforme de l'État, de ses dépenses et des services publics.

Pour que nos entreprises ne courent plus dans la compétition internationale avec des semelles de plomb, il suffirait de s'attaquer à la mère des réformes, celle de l'État. L'excellence de l'État est indispensable pour permettre celle des entreprises. Le gisement d'économie est à la hauteur des gaspillages !

Cette modernisation de la fonction publique passe par la réduction de ses effectifs – comme partout ailleurs en Europe – et par l'amélioration de ses performances, au service du public. Pour l'instant, on n'en prend guère le chemin ; il aurait fallu, comme le recommandent la plupart des rapports[18], ne renouveler qu'un fonctionnaire sur deux partants à la retraite. Il n'est pas certain qu'une fonction publique pléthorique améliore les services au citoyen. Je me souviens des propos de Bernard Gérard, lorsqu'il était préfet de la région Centre. Il dénonçait en 1995, « le mauvais exemple de la disponibilité décroissante d'une administration encombrée ». Les 35 heures ne sont pas seulement en cause, comme le relevait le rapport de la mission Roché, sur le temps de travail des fonctionnaires (Courtois, 1999) : « Les 35 heures sont tout aussi théoriques que les 39 heures, en raison des multiples pratiques et usages de modulation à la disposition des agents. Le tout n'est pas fait pour améliorer le service aux usagers, mais le confort des agents qui bénéficient, comme aux Impôts, de six à sept jours annuels

18. Notamment ceux de Roger Fauroux et Bernard Spitz (2004), ainsi que de Michel Camdessus (2004), appelant à un sursaut (Nicolas Sarkozy avait fait, de ce dernier, son livre de chevet).

supplémentaires : journées du ministre, du directeur, journée hiver ou journée foire. » Il manque la journée de repos pour cause de soleil, car il n'y a pas de limites aux concessions pour la paix sociale. N'oublions pas, qu'en plus des 14 semaines de congés payés avec les cumuls de RTT, les fonctionnaires ont droit à une tolérance de 12 jours pour enfants malades à la maison. Et certains n'hésitent pas à contacter le service du personnel pour savoir combien de jours « maladie » il leur reste !

La question des effectifs et de l'efficience de la fonction publique demeure un sujet tabou. Dans une lettre au ministre, datée de septembre 1997, le regretté Jean Choussat, ancien directeur du Budget, écrivait : « Au risque de soulever un tollé, disons que les sureffectifs de la fonction publique sont au minimum de 10 %, soit 500 000 agents. » Les dépenses de personnel représentent les deux tiers des dépenses publiques : c'est donc 3 à 4 % du PIB que l'on pourrait ainsi économiser.

La dérive des dépenses publiques dure depuis plus de trente ans. En 1970, elles se situaient à 40 % du PIB. Durant le septennat de Giscard d'Estaing, elles ont augmenté d'un point par an et, à l'époque, on a pu parler de socialisation déguisée de l'économie. L'arrivée de la gauche, après 1981, puis la succession des alternances ont accentué la dérive, puisqu'on a même atteint la barre des 54 % au milieu des années 1990. Enfin, le retour de la croissance a permis d'alléger provisoirement la barque ; depuis, il faut des expédients pour éviter qu'elle ne coule.

L'exception française n'est pas un rempart contre la mondialisation, mais un boulet dans la course avec nos partenaires. On n'arrêtera pas plus ce mouvement de l'histoire que la marée. En revanche, il ne tient qu'à nous de renforcer nos atouts et de réduire nos handicaps. Il suffirait de récupérer en dépense les 100 milliards d'euros qui partent en fumée, chaque année, afin de réduire d'autant les charges qui freinent la création d'emplois.

Entrons maintenant dans le vif des six chapitres qui suivent. Nous allons, ainsi, essayer de répondre aux questions qui nous sont régulièrement posées sur des thèmes liés à la mondialisation et à la localisation des activités ; à la démographie, à la croissance, à la technologie et à l'emploi ; au développement durable, à ses conditions ; à l'éducation, à la formation et à l'emploi ; au chômage et au modèle social français ; à la famille, au vieillissement, aux inégalités et à la pauvreté. Après avoir répondu à ces questions, le champ sera ouvert pour retrouver le plaisir des liens et le sens des projets. En guise de synthèse, nous reprendrons, à la fin de cet ouvrage, les pistes d'actions rencontrées au cours de nos analyses (*cf.* encadré 7.2) La plupart sont inspirées par le bon sens et exigeront du courage pour être mises en œuvre.

CHAPITRE II

Neuf questions sur la mondialisation, la localisation des activités et le développement durable

Faut-il avoir peur de la mondialisation ?

La mondialisation est-elle heureuse ou malheureuse ? La question, récurrente dans les médias, paraît bien nouvelle à l'égard d'un phénomène assez ancien et connu des historiens, au moins depuis Fernand Braudel. Et, spécialiste de la Belle Époque, Michel Winock ne manque pas de sourire quand on lui parle de la mondialisation comme d'un phénomène nouveau[1]. Il n'empêche, la réponse en ressort toujours ambiguë : la mondialisation n'est pas idéale, car elle reste gouvernée par les rap-

1. Il est amusant de rappeler qu'en ce début de XXIe siècle, Disneyland Resort Paris reçoit 12 millions de visiteurs par an, alors que l'Exposition universelle de 1900, à Paris, en avait reçu 48 millions en six mois !

ports de forces, et ces derniers, d'essence nationale, sont aveugles à l'intérêt international général. Les conditions du développement sont certes inégales, mais certains pays, sans ressources naturelles, se portent bien, alors que d'autres, qui ont tout pour réussir, n'y parviennent pas. D'un côté, l'on songe à la Corée du Sud, à la Thaïlande ou à Taïwan et Singapour ; de l'autre, à l'Algérie ou à l'Argentine. Les mêmes différences se retrouvent au sein des pays les plus avancés, en termes de croissance ou de chômage. Bref, le phénomène de la mondialisation ne devrait pas cacher la réalité de nos responsabilités.

Mais de l'économie à l'idéologie, il n'y a qu'un pas. Ceux qui font des États-Unis le grand Satan de la mondialisation ne se comportent-ils pas, sans le vouloir, en alliés objectifs de Ben Laden et consorts ? Certains d'entre eux se montrèrent souvent angéliques sur le modèle soviétique, et si on ne peut leur reprocher de garder le même ennemi – le capitalisme et son économie de marché –, on aimerait seulement qu'ils reconnaissent leurs erreurs passées, ce qui donnerait plus de crédit à leurs critiques d'aujourd'hui. Quant à leur procès des rapports de forces qui gouvernent les relations internationales, on regrettera qu'il ne s'étende pas aux relations sociales pareillement gouvernées, hélas, par les seuls intérêts des groupes de pression socialement organisés.

La mondialisation est, certes, perfectible, mais elle n'est pas coupable. Pour changer le cours des choses, rien ne sert de l'accuser, car les États et leurs partenaires politiques et sociaux sont souvent les premiers responsables de la plus ou moins bonne gestion de l'abondance au sein des pays développés. Il en sera ainsi tant que l'on continuera à nommer les responsables de la chose publique en fonction de leur appartenance plus que de leur compétence. On le voit, ce que met en lumière le débat sur la mondialisation est moins important que ce qui, du même coup, est mis dans l'ombre : notre responsabilité et nos gaspillages ! Il ne tient qu'à nous que les relations sociales soient moins gouvernées par les rapports de forces. En revanche, notre marge de manœuvre, sur le plan international, est beaucoup plus faible et passe certainement par le levier européen.

Aucun pays, aucune instance intergouvernementale, et encore moins internationale, ne se profile à l'horizon pour assurer la relève de la *Pax americana.* Dans ce contexte, la construction d'une Europe politique forte s'avère délicate, et d'une difficulté accrue par l'élargissement. Pourtant, elle est plus que jamais nécessaire pour faire entendre une autre voix que celle de l'Amérique.

LES FACTEURS DE DÉVELOPPEMENT SONT ENDOGÈNES ET CONTINGENTS

Les hommes, et leurs organisations, sont au cœur des différences entre les entreprises et les territoires, qui échouent ou réussissent. Le rôle des facteurs exogènes matériels et technologiques, des conditions concurrentielles, de la mondialisation, est important, mais l'essentiel est ailleurs. Il est à chercher du côté des hommes, dans leur capacité à se rassembler pour entreprendre et innover, à s'unir autour de projets communs qui pourront s'épanouir dans une société de confiance où les règles du jeu sont durables et respectées, où les acteurs se battent d'abord pour la création collective de richesses, avant de chercher à récupérer, à leur profit, la meilleure part du butin. Si l'Argentine a été à la traîne pendant des décennies, elle doit d'abord s'en prendre à elle-même, et non à la mondialisation qui précisément aujourd'hui la dope avec la flambée des matières premières agricoles. Si son niveau de vie, qui a été longtemps un des plus élevés du monde, s'est effondré, c'est simplement parce que ses dirigeants et ses capitalistes sont corrompus et que les Argentins n'ont cessé de se tirer des balles dans le pied, en investissant à l'étranger ou en faisant fuir les riches les plus entreprenants.

Placés dans un contexte similaire, et à dotations de facteurs comparables, les différences de performance montrent que les facteurs de développement sont endogènes et dépendent des conditions d'organisation économiques, sociales et familiales, qu'elles concernent les individus, les entreprises ou les territoires. Il n'est de richesses que d'hommes (Bodin) éduqués (Chaunu) agissant dans une société de confiance (Peyrefitte). En corollaire, si les hommes manquent, si l'investissement dans le capital humain est défaillant, si la confiance recule, alors les sociétés ne se développent plus et régressent. Ce sont bien les hommes qui font la différence. On se souvient de Henry Ford disant : « Prenez-moi tout, mais laissez-moi mes hommes et je reconstruirai. »

Les facteurs matériels sont importants, mais ne constituent pas l'essentiel pour expliquer le développement et ses causes profondes. Une abondante littérature existe sur le sujet. David S. Landes (2000) a bien montré qu'au-delà des inégalités naturelles, comme le climat tempéré, plus favorable à l'activité que les climats tropicaux, et des conditions de paix, nécessaires à la libre circulation des hommes et des marchandises, il ne fallait jamais oublier que « croissance et développement ne vont pas sans esprit d'entreprise, ce qu'il ne faut pas considérer comme un acquis ». En effet, les obstacles aux initiatives sont légion, notamment dans toutes les sociétés où le pouvoir autocratique empêche l'exercice du droit de propriété. Ailleurs, ce sont bien souvent les corporatismes qui freinent l'innovation. L'exception européenne vient de sa fragmentation : « En décentralisant l'autorité, elle protégea l'Europe contre toute conquête globale, [...] [permettant] initiative privée et collective, mais aussi ingéniosité d'une société qui apprenait à remplacer l'énergie humaine et animale par des machines. » Et Landes de citer les innovations qui ont pu fleurir en Europe, mieux qu'ailleurs – notamment en Chine, où certaines de ces idées, comme l'imprimerie et la poudre à canon, avaient germé. Il s'agit du moulin à vent, pour l'assèchement des marais, des engrenages, pour transmettre l'énergie, des lunettes, qui ont permis de doubler la vie active des artisans qualifiés, des horloges mécaniques, qui demeureront un monopole européen pendant presque trois cents ans, etc.

Alain Peyrefitte (1995) a popularisé le même message, en France, avec *La Société de confiance*, qu'il considère comme la clé du développement.

La confiance est nécessaire et non suffisante ; il faut aussi réussir à transmettre la culture, et le capital de connaissances aux générations suivantes, par l'éducation des hommes. On sait que, même éduqués, ceux-ci peuvent très vite se comporter de manière sauvage. C'est un combat perpétuel que celui de l'éducation des enfants pour que la société demeure civilisée et ne retourne pas à la barbarie. Ce combat ne relève pas que de l'école, mais aussi de la famille. Une des grandes erreurs du système scolaire, c'est d'avoir cru que l'école pourrait servir de substitut laïc au creuset familial.

L'avenir est ouvert : il n'y a pas de prédétermination dans l'évolution des sociétés humaines, qui paraissent toujours avancer, sans qu'il soit possible d'affirmer que les progrès de la technique et de l'économie conduiront à un monde plus humain ou plus barbare. Il pourrait même y avoir des reculs dans les connaissances accumulées et dans la capacité des hommes à s'en servir et les transmettre. Il est d'ailleurs probable que les puissances

Encadré 2.1 – Alain Peyrefitte :
« On a tout simplement oublié de mettre l'homme au centre du développement économique. »

« L'analyse économique traditionnelle, de type libéral comme de type socialiste, privilégie ce qui est matériel... le capital et le travail. Selon moi ce sont des facteurs secondaires. [...] La condition essentielle du développement, c'est ce que j'appelle le tiers facteur immatériel, c'est-à-dire mental, culturel : au fond, l'élément humain. On a tout simplement oublié de mettre l'homme au centre du développement économique. Le développement s'explique par l'ethos de la confiance compétitive, c'est-à-dire un comportement de l'homme qui prend des initiatives, qui a confiance en lui-même, qui a confiance en son projet, qui sait susciter la confiance d'une équipe. [...] Au lieu de dire que le sous-développement est un scandale et que le développement est normal, il faut renverser les facteurs. C'est le développement qui est l'exception, l'exception miraculeuse, qui n'a fait son apparition dans l'histoire de l'humanité qu'il y a trois ou quatre siècles, en Europe occidentale. Alors que le non-développement est le sort commun de l'humanité depuis son apparition sur la Terre. La famine, les épidémies, la surmortalité, la surnatalité, la violence, les guerres tribales, etc. : c'est cela l'ordinaire des siècles. Il ne faut donc pas se demander pourquoi il y a des pays sous-développés mais pourquoi il y a des pays développés ? »

Propos recueillis par Alain Franchon et Erik Izraelewicz, *Le Monde*, 22 décembre 1998

dominantes d'aujourd'hui dureront moins longtemps que les empires d'hier et seront remplacées par d'autres. Que représentera la durée de la suprématie américaine sur le monde d'aujourd'hui par rapport aux quinze siècles d'empire gréco-romain de Périclès à la chute de Constantinople en 1453 ? Ou encore les six siècles de domination franque sur Chypre ?

LA MONDIALISATION STIMULE LE DÉVELOPPEMENT ENDOGÈNE

Plutôt que de se fixer sur la paille de la mondialisation, l'on ferait mieux de s'interroger sur la poutre de nos responsabilités. La mondialisation n'est guère plus responsable des maux dont souffre l'humanité que ne l'étaient, hier, les firmes multinationales accusées de piller le tiers monde. En effet, les facteurs de développement des territoires sont, d'abord, endogènes et dépendent avant tout de la dynamique économique des actifs qu'ils comprennent. Plus ces derniers sont nombreux et entreprenants, plus le territoire est en bonne santé. En bref, les causes des difficultés sont d'abord internes, et l'impact de la globalisation sur nos économies doit être fortement relativisé.

Cette conviction s'appuie sur trois constats. D'une part, tous les pays européens sont soumis aux mêmes contraintes extérieures, celles de la mondialisation, de la concurrence et du progrès technique et, pourtant, les taux de chômage diffèrent, du simple au double. D'autre part, on retrouve les mêmes écarts pour les régions au sein d'un même pays : les taux de chômage du pays de Vitré, de la Mayenne, du nord de la Vendée ou du bassin annécien (situé entre Genève et Chambéry) sont inférieurs à 4 %, soit deux à trois fois moins que dans le Valenciennois ou dans l'agglomération de Mulhouse. Enfin, la mondialisation, ou plutôt la globalisation, consiste d'abord en une intégration au sein des grandes régions du monde. Si les entreprises françaises exportent 25 % de leur production, 75 % sont consommés sur place. En outre, les deux tiers de nos exportations sont dirigés vers les pays de l'Europe de l'Ouest, au sens large, où les conditions sociales sont comparables aux nôtres.

Chaque pays a une histoire et des facteurs endogènes qui expliquent ses différentiels de performance par rapport aux autres. On sait que, si la France avait créé autant d'emplois que les États-Unis dans le commerce, l'hôtellerie et la restauration, elle en aurait 3 millions de plus et, sur le papier au moins, le problème du chômage serait résolu.

Tout le monde bénéficie de l'internationalisation des échanges et même si, dans certains secteurs, on perd en emplois, on y gagne en richesse. D'ailleurs, accuser les nouveaux pays industrialisés n'est plus de mise, car l'on sait bien, depuis les travaux de l'OCDE et du CAE, que les échanges extérieurs représentent globalement une balance nette d'emplois positive. C'est aussi une question d'éthique. On ne peut demander à des pays faibles d'accepter les lois de la concurrence quand elles nous sont favorables et rejeter ces mêmes lois quand elles posent problème, ici ou là. On ne peut refuser d'importer ce que les pays à bas salaires produisent de manière plus compétitive, car c'est leur principal avantage comparatif. Naturellement, il est des limites certaines, dont le travail des enfants. Mais permettre à ces nations de s'ouvrir à la croissance des échanges constitue le meilleur moyen de faire avancer leur contexte social.

La libéralisation du commerce international a permis une croissance mondiale sans précédent. Depuis l'instauration, en 1947, du GATT (accord général sur les tarifs douaniers et le commerce), les tarifs douaniers moyens ont diminué de près de 90 % entre les pays industrialisés, les échanges ont été quasiment multipliés par vingt et la production mondiale par dix. S'attaquer aux barrières non tarifaires et aux pratiques protectionnistes de certains pays comme les États-Unis représente la prochaine étape.

Ces derniers entendent encore déterminer l'octroi ou la suppression des aides gouvernementales dans les secteurs où ils sont *leaders,* comme l'agriculture, l'industrie de l'image et les services. Pour le reste, ils n'hésitent pas à se protéger, par des mesures *antidumping* unilatérales – comme à l'égard de l'acier européen – ou par des pressions visant à imposer l'autolimitation des exportations.

L'Europe ouverte ne doit pas signifier l'Europe offerte. Elle doit peser de toute son influence à l'OMC pour organiser le libre-échange et s'opposer à la loi du plus fort. L'Europe entière devrait se mobiliser pour faire accepter à ses partenaires le principe de réciprocité dans l'ouverture. Et, le tout, sans jamais céder à la tentation protectionniste.

La concurrence des pays à bas salaires a, naguère, fait couler beaucoup d'encre. Globalement, l'Union européenne a un commerce extérieur équilibré avec le reste du monde. Les échanges représentent, comme pour la France, près du quart de sa production, et les deux tiers de ses importations et de ses exportations en proviennent ou lui sont destinés. Il serait donc dangereux de régler les échanges, et la production, sur le baromètre de l'emploi, car les pays ont un avantage commun à l'échange, même s'il est inégalement partagé. Grâce à lui, ils s'enrichissent mutuellement, alors qu'en se fermant, ils s'appauvrissent et cessent de progresser, ainsi que l'a tristement montré l'Albanie d'Enver Hoxha. Sur le long terme, l'on ne rend pas service à son pays en trop protégeant ses entreprises. Comme pour le sport, la compétition impose l'entraînement. Au tennis, on progresse plus vite en jouant avec des partenaires mieux classés.

Les reculs ordonnés avec une meilleure spécialisation sont profitables ; par exemple, importer de grandes quantités de biens de peu de valeur, à fort contenu en travail non qualifié, contre une faible quantité de biens de haute valeur ajoutée, à fort contenu en intelligence et savoir-faire ajoutés.

La comparaison France-Allemagne est éclairante sur ce point : la pénétration des importations industrielles y est voisine de 40 % de la consommation industrielle intérieure dans les deux pays. Mais la part en provenance des pays à bas coût est deux fois plus faible en France qu'en Allemagne : 11 % contre 24 % (McKinsey, 2006). L'industrie allemande est mieux insérée dans la spécialisation, et plus compétitive pour exporter des produits transformés à partir de pièces et de composants achetés moins cher. C'est ainsi que les Allemands ont retrouvé, une fois la réunification digérée, une balance extérieure largement excédentaire.

La mondialisation des économies ne signifiera pas nécessairement un nivellement par le bas des conditions de vie. Néanmoins, le rattrapage des moins développés imposera aux plus avancés des reconversions économiques et sociales, qui seront d'autant plus douloureuses qu'elles n'auront pas été anticipées.

Jusqu'où ira la Chine ?

Nos médias bien pensants s'inquiètent aujourd'hui de la Chine, qui a réussi à devenir le premier atelier du monde pour beaucoup de produits manufacturés (Izraelewicz, 2005), car le coût humain et environnemental leur en paraît socialement explosif. L'envers du décor ne justifie pas d'occulter la réalité d'un développement sans précédent dans l'histoire de l'humanité. Il est temps de remettre la Chine à l'endroit[2] en relevant aussi les aspects extraordinairement positifs de sa modernisation réussie à marche forcée. Déjà, New York fait pâle figure comparée à l'incroyable Shanghai où les gratte-ciel poussent comme des champignons de toutes les couleurs en se lançant des défis de beauté architecturale.

2. Suite à une mission sur place au printemps 2008 avec quelques dizaines d'économistes nous avons publié deux articles que l'on trouvera sur le site web du Lipsor. Le premier intitulé : « Désinformation sur la Chine » l'a été dans *La Tribune* du 6 juin 2008 et le second, avec Francis Mer, intitulé « Remettre la Chine à l'endroit » dans *Le Monde* du 11 juin 2008.

De la dictature communiste, il reste l'autorité centrale qui impose et organise l'économie socialiste (ou plutôt impériale) de marché. Elle permet en effet de raser d'un coup des quartiers insalubres, mais pour les remplacer par des immeubles en hauteur de bonne facture avec tout le confort moderne, à commencer par la climatisation. Même dans la Chine profonde, les magasins regorgent de produits de base et de superflu, et les policiers rencontrés, comme partout ailleurs dans le monde, y sont plutôt rares et généralement équipés seulement d'un téléphone portable. C'est dire qu'il convient de réviser nombre de nos clichés sur la Chine.

Tout d'abord, ce n'est plus un pays sous-développé. Les standards internationaux montrent que la Chine avait, en 2006, un PIB par habitant de 7 500 € (soit dix fois plus en réel qu'en 1980), c'est-à-dire le niveau de la France à la fin des années 1950 ou du Portugal en 1970. Notre niveau de vie serait aujourd'hui quatre fois supérieur à celui de la Chine. Mais, si l'on fait des calculs, comme les aimait Jean Fourastié, en ramenant le salaire moyen d'un employé à la valeur locale de certains produits communs à la France et à la Chine, l'écart de niveau de vie se situe plutôt entre deux et trois. C'est dire que le taux de change de un à dix entre le yuan et l'euro est largement sous-évalué pour le yuan, mais c'est ce qui a notamment permis à la Chine de dégager d'énormes excédents extérieurs, au point qu'elle détient aujourd'hui le quart des réserves mondiales de change.

Au rythme actuel (7 % à 8 % par an de croissance du PIB/habitant contre 1 % à 2 % chez nous), les Chinois nous auront rattrapés avant 2030. Ils nous devancent déjà en ce qui concerne les deux roues : à Shanghai et ailleurs, les scooters sont silencieux car électriques. La Chine s'enrichit et le monde ne peut que s'en réjouir. Elle investit dans l'éducation de sa jeunesse et dans des infrastructures modernes ; mais cela ne suffira pas car, avec 1,7 enfant par femme, la relève des générations n'est pas assurée, et il lui faut donc avancer à pas de géant avant d'affronter les conséquences de son inéluctable vieillissement.

Ce formidable effort d'investissement dans les infrastructures et les équipements collectifs a été rendu possible grâce à une épargne équivalant à 40 % du PIB et entièrement canalisée par le système bancaire d'État. Une fois passés les Jeux olympiques l'été 2008 et l'Exposition universelle de Shanghai en 2010, la Chine trouvera un formidable relais de croissance dans la satisfaction d'une demande intérieure jusqu'ici volontairement bridée.

Bref, nous sommes optimistes sur le genre humain quand nous voyons l'exemple de la Chine, qui réussit à se moderniser en s'appuyant sur son passé, sa culture et des valeurs ancestrales portées sur le travail. Parions que l'empire du Milieu saura continuer à se libéraliser (les Chinois peuvent voyager à leur guise et se mettre en ménage comme bon leur semble) tout en restant suffisamment autoritaire pour traiter de manière efficace les graves problèmes de pollution, de congestion urbaine, de corruption et de conditions sociales qui, là comme ailleurs, font la une des journaux.

Les vertus de l'économie de marché ne doivent pas faire oublier ses limites : il y a des domaines qu'il convient de préserver en tout ou partie des conséquences du libre-échange intégral. Ce sont ceux où l'identité du pays est en cause : la défense, la sécurité du territoire, la culture, l'environnement et, bien sûr, l'agriculture. Remarquons que des pays très avancés, comme le Japon, la Suisse, l'Autriche et la Norvège, continuent à protéger la leur, en la subventionnant à plus de 80 %, tout en s'insérant parfaitement dans la spécialisation internationale.

Faut-il supprimer la politique agricole commune (PAC) ?

Répondons tout de suite à la question : la PAC représente plus de 40 % des dépenses communautaires pour 2 % de la population active. Ses adversaires ne manquent pas de mettre ce chiffre en avant pour réclamer son démantèlement, au nom des autres priorités européennes, imposées par l'élargissement, et, tout simplement, de la modernité qui invite à développer la recherche, la formation, les infrastructures et les politiques sociales. En réalité, l'agriculture est le seul domaine où la politique communautaire a remplacé les politiques nationales, et l'aide publique totale, européenne et nationale, qui est consacrée en Europe à l'agriculture, ne dépasse pas sa proportion dans la population active.

En Europe, la PAC a été un formidable succès. Mais elle devra être révisée en profondeur, ne serait-ce qu'en raison de l'intégration de nouveaux pays membres à l'Est, impliquant la reconversion et la modernisation d'une agriculture qui, en termes de population active occupée, rappelle celle de la France des années 1950. À l'aide aux produits devra alors succéder l'aide à la qualité, visant les produits eux-mêmes, mais aussi les producteurs et les *process*. L'agriculture raisonnée, soucieuse de traçabilité et de respect de l'environnement, n'est qu'un premier pas vers l'agriculture durable. Or les subventions accordées dans les pays riches conduisent à des prix mondiaux artificiels, déconnectés des coûts de production, et finalement trop bas pour rémunérer les productions et les exportations des pays les moins développés.

En raison du poids des États-Unis, le prix mondial des produits agricoles est souvent un prix de *dumping* apte à assurer l'écoulement des excédents américains. Si réviser la PAC, dans le sens du développement durable, s'impose, le faire indépendamment de la pression des États-Unis ne sera pas moins important. Tous les pays de l'Union ne sont pas également concernés. La France représente 20 % de la valeur ajoutée nette de l'agriculture européenne, l'Italie, 19 %, l'Espagne, 18 %, les autres venant loin derrière (l'Allemagne avec 10 %, la Grèce avec 7 %, le Royaume-Uni avec 6,5 %). L'Europe ne doit pas pour autant baisser la garde. Les aides sont un peu inférieures en volume aux États-Unis, mais plus élevées par agriculteur (20 000 US$ aux États-Unis, 14 000 US$ dans l'UE), puisque l'emploi dans le secteur agricole européen est trois fois plus important (7 millions contre 2). Or, selon les dispositions de la *Farm Bill*, les aides américaines devraient augmenter de 70 % en dix ans. Ce n'est donc pas le moment de démanteler chez nous, et sans réfléchir, ce que les États-Unis renforcent chez eux.

Depuis les accords de Berlin et le compromis de Luxembourg de 2003, la fin de la PAC est programmée pour 2013. D'ici là, vont progressivement s'instaurer : la libéralisation des marchés, la diminution des subventions de toute nature, y compris à l'exportation, et les aides directes aux agriculteurs. Il est vrai qu'on subventionnait les produits : 80 % des aides allaient ainsi aux 20 % des agriculteurs qui produisaient, le plus souvent de façon intensive, au détriment des ressources en eau et de l'environnement. Ainsi, par exemple, la culture irriguée du maïs s'est répandue dans toute la France et la moitié du Marais poitevin a disparu, asséchée en moins de trente ans ! On sait aussi que, l'été, l'agriculture représente 80 % de la consommation d'une ressource en eau qu'elle ne paie quasiment pas. Rien de plus choquant que ces cultures irriguées de la Beauce, où l'eau coule à flots avec des arrosages en plein soleil, alors que la radio annonce des restrictions d'eau en raison de la sécheresse. Le développement des retenues n'est qu'une solution partielle à ce problème de gestion de l'eau.

On comprend bien qu'avec le découplage, progressif ou total, suivant les pays, des aides par rapport à la production, les 80 % d'agriculteurs qui recevaient 20 % des aides ne produiront que s'ils gagnent plus en produisant qu'à ne rien faire. Le scénario du dernier des Mohicans n'est pas rejeté par les agriculteurs, qui peuvent y trouver leur compte. On rémunère la rente des productions passées et, comme ils sont moins nombreux, chacun peut toucher autant, voire plus, même si l'aide globale diminue. Il risque, cependant, de conduire à une renationalisation partielle de la politique agricole.

Combien restera-t-il d'agriculteurs demain, dans l'Hexagone ? Selon l'Insee, leur nombre baissera fortement d'ici 2010. On parle de 400 000, voire de 300 000 exploitations, contre 650 000 en 2000. Et certains experts imaginent une agriculture réduite aux seuls grands ensembles, soit moins de 100 000. Or, si la surface moyenne des exploitations françaises a augmenté, elle reste pour l'heure très diversifiée. Un tiers d'entre elles s'étendent sur moins de 10 hectares, un tiers entre 10 et 50 hectares, un tiers sur plus de 50 hectares, dont 10 %, seulement, sur plus de 100 hectares. À côté des 65 000 agriculteurs-entrepreneurs de grandes cultures, il existe donc une variété de situations.

La France a besoin d'une agriculture de production pour nourrir la filière agroalimentaire qui est, désormais, avec le tourisme, le principal, voire le seul poste excédentaire de sa balance commerciale. Dans la mesure où les revenus nets des agriculteurs sont pour la moitié constitués de subventions, on a pu calculer que donner à chacun 2 000 € par mois sans produire coûterait moins cher que la PAC actuelle. Ce genre de calculs, sur le papier, peut faire réfléchir, mais ne doit pas faire oublier que la dépendance alimentaire est encore plus critique que la dépendance énergétique.

L'arme alimentaire ne peut être laissée aux seuls États-Unis ; l'Europe aussi doit en disposer. Peut-on accepter, aussi, d'importer des produits de base et des produits transformés dont les conditions de production ne seraient pas conformes à nos règles en matière d'environnement ou tout simplement de sécurité alimentaire ? La production de maïs OGM est interdite chez nous. Mais ceux qui s'y opposent ne peuvent empêcher la consommation par nos vaches de soja importé, complètement OGM !

De nombreuses exploitations, économiquement viables, sont fondées sur la polyvalence des activités et des services. D'où le concept, plus large, d'écoculteur, impliqué dans des fonctions de production économiques et sociales, d'éducation, de loisirs et d'environnement. Il n'y a donc pas *une*, mais *des* agricultures, et autant, ou presque, de types d'agriculteurs et d'agricultrices, qui vont de l'entrepreneur au jardinier. N'oublions pas que ce sont les paysans qui ont façonné nos campagnes et que, sans eux, la France serait défigurée. On regrettera qu'elle le soit aussi, trop souvent, par eux : des silos et bâtiments agricoles hideux, côtoyant ici et là des sites remarquables.

Performances économiques, initiatives locales, responsabilité citoyenne et environnementale vont de pair pour les écoculteurs. Ils peuvent innover, tout en se montrant acteurs du développement local, capables, grâce à leur volonté et à leur courage, de réussir d'authentiques prouesses. C'est pourquoi, en France, l'espace vert de l'Europe, l'agriculture doit rester paysanne, c'est-à-dire à forte présence humaine, habitant et entretenant ses paysages façonnés au cours des siècles. À cette fin, il est bon de passer, comme le prévoit la réforme de la PAC, de l'aide aux produits à l'aide aux producteurs et de rémunérer la qualité, le respect de l'environnement, ainsi qu'un certain nombre de produits et services non marchands, mais d'utilité collective.

Retenons le message que délivre l'agriculture : la mondialisation des marchés et des économies a des limites. Faute de protéger ces secteurs porteurs de l'identité nationale, et les biens patrimoniaux correspondants, on prend le risque de déstructurer les sociétés en bouleversant les modes de vie et de relation. Ce risque majeur nous concerne, mais menace, d'abord, les pays en développement. Ces derniers sont marqués par l'accélération de l'exode rural et l'éclatement des structures sociales, au profit de la jungle urbaine, de la misère et de la pollution. Voilà autant de bombes à retardement pour les générations futures.

PRÉSERVER LES DEUX MAMELLES DE LA FRANCE : LE TOURISME ET L'AGRICULTURE

Le tourisme n'a cessé de créer des emplois et se confirme comme la première activité exportatrice nette de la France : le premier pays au monde pour le nombre de visiteurs touristiques (80 millions) et, régulièrement, au troisième rang mondial pour la balance nette des recettes touristiques derrière les États-Unis et l'Espagne. Deux Français sur trois passent leurs vacances en France, le plus souvent à la campagne, chez des amis ou en famille. Les écoculteurs remplissent ainsi une fonction essentielle. Grâce à eux, les lieux de mémoire et les racines sont entretenus, le tourisme vert se développe, des activités pédagogiques se créent. Et ne sourions pas, car l'agriculture, avec son solde extérieur de 10 milliards d'euros, compte autant que l'automobile et représente les deux tiers de la balance touristique.

Les flux touristiques s'expliquent d'abord par l'attractivité des stocks physiques (d'espace, de littoral, de campagne, de montagne...), culturels (paysages, traditions, monuments historiques...) et par la qualité de l'accueil et des équipements. Ainsi, le seul département du Lot affiche 420 sites classés et monuments historiques ! Ce que cherchent les touristes, dans un monde par ailleurs uniformisé, artificialisé, c'est surtout la différence, la variété préservée, mais aussi l'espace. La densité de population en France est deux fois plus faible qu'en Europe du Nord.

L'avenir paraît aussi assuré, car le tourisme en Europe devrait se développer plus fortement qu'ailleurs. Les populations des pays riches, dans l'ensemble vieillissantes, seront plus sensibles à la dégradation des conditions de vie et de sécurité dans nombre de pays en développement. Pourquoi prendre des risques et perdre du temps en transports lointains, alors que l'on dispose, à proximité des grands centres urbains, de bulles tropicales et d'ersatz technologiques susceptibles de provoquer toutes les sensations ?

Si la France veut continuer à vendre sont art de vivre, ses lieux d'histoire, ses villages et ses paysages – les visages de nos pays –, elle doit d'abord les préserver et les gérer dans une optique patrimoniale. Pour garder les campagnes vivantes auxquelles aspirent tant les citadins, il faut donner aux agriculteurs des régions menacées le statut et le salaire d'écoculteur qui leur reviennent normalement en tant que jardiniers de la nature. Dans certains cas, l'agriculture non rentable doit être rémunérée pour sa fonction de service public de présence humaine dans les territoires, afin de sauvegarder les traditions et des lieux de mémoire vivants. Les petites exploitations familiales sont les mieux placées pour répondre aux besoins croissants de variété et de qualité qu'expriment les consommateurs de plus en plus saturés et dégoûtés des produits sans âme, vendus sous plastique. La pluriactivité des agriculteurs et le tourisme vert sont aussi des voies d'avenir.

Désindustrialisation : où est le problème ?

Voilà que sonne à nouveau le tocsin de la désindustrialisation de la France, qui a effectivement perdu, depuis 2002, chaque année, près de cent mille emplois industriels sur un total de 3,7 millions. Trois facteurs conjuguent leurs effets pour expliquer ce recul. Tout d'abord, la récession économique, en France et en Europe, qui représente notre principal marché. Ensuite, la forte dépréciation (jusqu'à 50 %) du dollar face à l'euro renchérit nos produits et plombe la compétitivité de nos entreprises à l'exportation et sur le marché européen. Enfin, les pratiques des donneurs d'ordre industriels et de la grande distribution qui, au nom de la baisse des coûts, étranglent leurs fournisseurs nationaux. Un de nos constructeurs automobiles entend, depuis 2005, imposer à ses fournisseurs de justifier d'un minimum de 25 % d'importations en provenance de pays à bas coûts. Pourquoi pas, si, dans le même temps, ces donneurs d'ordre aidaient leurs fournisseurs à innover et à investir dans les pays à croissance rapide comme la Chine et l'Inde !

En effet, contrairement à l'idée commune, l'économiste Lionel Fontagné a montré que 1 € investi hors de France engendrait un excédent sectoriel de 0,35 € (car les importations nouvelles à coûts plus bas sont plus que compensées par les exportations liées à l'ouverture de nouveaux marchés) ! À l'inverse, et pour les mêmes raisons, 1 € investi en France engendre plus d'importations que d'exportations (déficit de 0,12 €), mais la balance « emploi » reste favorable. Ce qui est le plus négatif pour un pays, ce sont les investissements réalisés dans les pays voisins et destinés à servir son marché intérieur. La grande distribution et nos champions industriels nationaux se piquent de défendre l'intérêt du consommateur. Soit ! Mais ce dernier est aussi le plus souvent producteur et il faut produire pour avoir les moyens de consommer.

On le voit, la pression de la concurrence des pays à bas salaires, et à qualification de plus en plus élevée, aurait des impacts moindres si la croissance soutenue était de retour, si la Banque centrale européenne (BCE) avait une autre politique monétaire et si nos donneurs d'ordre avaient une politique à moins courte vue.

Les peurs ont la vie dure ! On a beau répéter que les délocalisations pures représentent moins de 5 % des investissements français à l'étranger – le reste témoigne de la bonne santé de nos entreprises qui partent à la conquête du monde et, d'abord, de l'Europe, notre principal marché – et constater que l'attractivité de la France des 35 heures reste insolente pour nos voisins – nous sommes, après la Chine, le deuxième pays au monde pour les investissements directs étrangers ! –, rien n'y fait ! La une de l'actualité reste alarmante sur le thème de la désindustrialisation et des délocalisations. Les rapports officiels de la Datar[3] (2004) et du Conseil d'analyse économique (Fontagné, Lorenzi, 2005) se succèdent pour conclure que la France reste une puissance industrielle de premier rang et qu'il y a moins désindustrialisation que mutations industrielles et internationalisation des activités. La réponse aux défis du futur se situe certainement dans l'innovation et la capacité des acteurs et des territoires à s'organiser en pôles de compétitivité. Ces messages rassurants et constructifs ne chassent pourtant pas la peur et l'on ne compte plus les rapports qui concluent à la nécessité de relancer une politique industrielle par des grands projets nationaux, voire européens.

3. En janvier 2006, la Datar a changé de nom en devenant la Diact (Délégation interministérielle à l'aménagement et à la compétitivité des territoires).

On peut s'interroger sur le bien-fondé des grands projets (tunnels, TGV, canaux, espace, armement) d'inspiration keynésienne, dont la France n'a plus les moyens, et pour lesquels le reste de l'Europe traîne les pieds. Mais il faut d'abord aider les entreprises qui marchent à se développer encore plus et réveiller les projets dormants dans leurs cartons. L'erreur serait de freiner les restructurations et de maintenir sous tente à oxygène des managers qui n'ont pas su anticiper et innover. Quand une entreprise est en difficulté, c'est presque toujours en raison d'un déficit de management ; l'aider est souvent inutile, et coûteux pour l'ensemble de l'économie, si l'on ne change pas les dirigeants.

Attention donc à ne pas (re)tomber dans le panneau des secteurs porteurs des technologies nouvelles (on se souvient de Bull) et des secteurs mûrs en déclin. Ce qui compte, c'est d'abord d'entretenir des activités compétitives, quel que soit le secteur. En France, les entreprises les plus performantes, dans les industries électriques (Legrand), les matériaux (Saint-Gobain, Lafarge), dans les IAA (Danone, Bongrain), dans les cosmétiques (L'Oréal), mais aussi dans la distribution (Carrefour, Auchan), l'hôtellerie ou la restauration collective (Accor), sont généralement celles qui n'ont pas fait appel à l'aide publique, mais ont su se doter de managers éclairés.

À ce propos, Alain Fribourg, qui dirige le cabinet Dirigeants & Investisseurs, spécialisé dans le redressement d'entreprises, nous écrivait en 2005 : « Nous intervenons dans la plupart des branches d'activités et dans des entreprises industrielles, commerciales ou de services ; il ressort de notre expérience que, lorsqu'une entreprise est en difficulté, il est rare que ce ne soit dû qu'à des raisons extérieures. Le management est le plus souvent en cause... Par ailleurs, il y a beaucoup à dire sur des délocalisations mal maîtrisées où l'on privilégie une économie de main-d'œuvre souvent illusoire par rapport à un taux de service au client déterminant. Dans plusieurs dossiers de redressement d'entreprises, nous avons été amenés à relocaliser en France des fabrications qui avaient été imprudemment délocalisées. En revanche, il est normal que des entreprises françaises s'implantent industriellement près de leurs marchés étrangers. »

Ainsi, la délocalisation n'est pas toujours heureuse, nombre d'entreprises rapatrient la sous-traitance pour des raisons de coût ou de qualité de service, même dans le textile et l'habillement. De plus en plus, il faut être proche des consommateurs, produire en fonction de la demande, en flux tendu, avec le moins de stocks possible, assurer la rapidité et la traçabilité des approvisionnements. Le développement durable et l'efficacité des entreprises peuvent ainsi jouer un rôle salutaire pour la production de proximité, notamment dans tout ce qui concerne la santé, l'alimentation, la sécurité et les services aux personnes.

Il n'y a pas de fatalité à la délocalisation des activités industrielles. Ainsi, la France reste l'un des leaders mondiaux de la brouette avec la société Haemmerlin, située à Saverne, et qui réalise toujours 100 % de sa production en France ! Heureusement, l'économie française est aussi faite de centaines de milliers de petites brouettes qui roulent chargées, vite et bien. Plus de 96 % des 2,5 millions d'entreprises comptent moins de vingt personnes ; elles représentent 40 % de l'emploi marchand ! Assurer la pérennité et le développement permettant aux petits de devenir grands, en France, en Europe et à l'international : voilà le grand défi à relever pour les pouvoirs publics en mal de politique industrielle.

QUAND L'INDUSTRIE VA, TOUT VA !

L'Europe des Vingt-Cinq est de loin la première puissance commerciale du monde : si l'on exclut ses intraéchanges (qui représentent, en moyenne, près des deux tiers des exportations de chaque pays membre), elle assure 18 % des exportations mondiales, contre 13 % pour les États-Unis, 11 % pour la Chine et moins de 9 % pour le Japon. Ses échanges extérieurs, en raison de la facture énergétique, qui a plus que doublé depuis 2002 pour se situer à environ 280 milliards d'euros, sont déséquilibrés, avec un déficit d'environ 120 milliards d'euros, mais un quasi-équilibre, si l'on considère la zone euro, tirée par l'Allemagne. Tel n'est pas le cas des États-Unis, qui accusent un déficit extérieur abyssal de plus de 700 milliards d'euros, alors que la Chine enregistre un excédent de 141 milliards d'euros et le Japon de 51 milliards d'euros pour 2006.

Cette bonne performance est essentiellement due à l'Allemagne industrielle, qui a digéré la réunification, et qui enregistrait, en 2006, un excédent de près de 160 milliards d'euros (contre 30 en 1993 et 60 en 2000). À l'exception notable des Pays-Bas et de l'Irlande, qui avaient, respectivement, un solde positif de 37 et 30 milliards d'euros vis-à-vis du reste du monde non européen, tous les autres pays européens accusent un déficit structurel avec, respectivement, 35 milliards d'euros pour la France, 88 milliards d'euros pour l'Espagne, 21 milliards d'euros pour l'Italie et 127 milliards d'euros pour le Royaume-Uni. Comment expliquer de tels écarts au sein des pays de l'Union ?

Une seule explication résiste à l'analyse : les pays les plus performants dans la compétition internationale sont tout simplement ceux qui ont su garder une base industrielle solide. Si le poids de l'industrie et de l'énergie dans la valeur ajoutée de l'Europe des Vingt-Cinq se situe autour de 20 %, en moyenne, il est de 25 % pour l'Allemagne, de 28 % pour l'Irlande et de 21 % pour l'Italie, contre seulement 18 % pour le Royaume-Uni et l'Espagne et 16 % pour la France. Cette avalanche de chiffres en dit long sur les perspectives d'avenir.

Mauvaise nouvelle : la France, dont la facture énergétique dépasse les 40 milliards d'euros (contre 20 milliards au début des années 2000), connaît depuis 2005 et pour la première fois depuis des lustres, un déficit dans ses échanges industriels avec le reste du monde. Son seul poste positif, de l'ordre de 5 milliards d'euros, est dû aux produits agroalimentaires (la France est le seul pays européen en excédent sur ce poste vis-à-vis du reste du monde, on comprend qu'elle défende bec et ongles le maintien de la PAC jusqu'en 2013 !). Il reste aussi à notre beau pays le solde des services, heureusement positif, grâce à la balance du tourisme qui apporte bon an mal an 10 milliards d'euros. Mais, pour des raisons qui tiennent aux déficiences de la qualité de l'accueil, notre position relative se dégrade.

Notre pays peut-il se satisfaire de devenir un espace musée pour les dizaines de millions de touristes du monde entier qui, accédant au développement, rêvent du château de Versailles, de la vallée de la Loire et du Louvre ? Poser la question ainsi, c'est déjà y répondre. Le tourisme, les vins, les fromages et les produits de luxe ne suffisent pas à assurer notre avenir. La France, c'est aussi l'industrie, l'automobile, Airbus, les TGV et les centrales nucléaires. Mais, nos points forts ne sont pas assez nombreux et vigoureux pour empêcher la dégradation de notre balance commerciale.

Notre déficit industriel n'est ni acceptable ni fatal ; heureusement, ou malheureusement, grâce à l'euro, nous sommes accrochés à la locomotive industrielle allemande. Cette facilité nous sauve, autant qu'elle nous perd. Si nous étions encore avec le franc face au mark, nous serions certainement contraints de presser les réformes (à commencer par le temps de travail, car nous travaillons trois semaines de moins que l'Espagne et cinq semaines de moins que le Royaume-Uni[4]) et d'accepter des dévaluations compétitives. Notre déficit bilatéral vis-à-vis de l'Allemagne, de l'ordre de 10 milliards d'euros, est comparable avec celui que nous connaissons avec la Chine, mais on en parle beaucoup moins. N'attendons pas que nos amis allemands nous rappellent à l'ordre pour nous inspirer de leur modèle industriel vertueux.

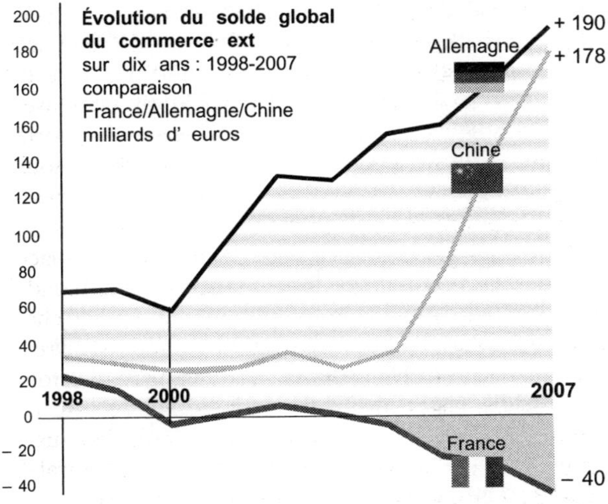

L'Allemagne pèse deux fois et demie plus que la France dans les exportations de l'Union vis-à-vis du reste du monde (28 % contre 11 %). L'essentiel de sa force provient de l'excédent pour les « machines et équipements » : 87 milliards d'euros, contre seulement 24 milliards pour la France ; les « produits chimiques » : 24 milliards d'euros,

4. *Cf. infra* chapitre III.

contre 10 milliards pour la France ; et les « autres produits manufacturés » : 5 milliards d'euros contre, cette fois, un *déficit* de 2 milliards pour la France. Ce dernier poste est particulièrement révélateur du fait qu'une bonne spécialisation industrielle est le meilleur rempart contre l'invasion des importations en provenance des pays émergents à bas coûts de main d'œuvre. L'Allemagne importe deux fois plus de ces « autres produits manufacturés » en valeur que la France : ce sont des *inputs* moins chers qui permettent de rester compétitifs à l'export.

Pour muscler l'industrie européenne face à la compétition internationale, il n'y a pas d'autre voie à suivre que celle de la spécialisation dans les productions innovantes et à haute valeur ajoutée. Il n'y a pas de secteurs condamnés, ni de fatalité dans les difficultés des entreprises ; il n'y a que des managers défaillants et des entrepreneurs qui ont cessé de remettre en cause leur production, alors qu'il faut innover pour gagner dans un monde en perpétuel changement. Les entreprises qui se contentent de vendre ce qu'elles produisent sont condamnées. Pour conquérir les marchés, il faut produire ce qui se vend, c'est-à-dire des biens et des services répondant à des besoins réels ou latents. Les entrepreneurs innovants sont bien les magiciens de la croissance. Mais, attention, l'innovation est plurielle : technique pour les process et les produits, mais aussi commerciale, sociale et financière.

S'il y a un problème d'emploi dans notre pays, c'est moins en raison de la mondialisation, ou de la technologie, qu'en raison de notre faiblesse industrielle : si l'industrie comptait autant dans notre économie qu'en Allemagne, nous aurions toujours un excédent commercial et, aussi, 1,2 million d'emplois industriels de plus. À cela, il faut ajouter notre incapacité à profiter des gains de productivité dans l'industrie pour créer plus d'emplois dans les services : si la France avait créé autant d'emplois que l'Allemagne dans le commerce, l'hôtellerie et la restauration, elle aurait encore 1,2 million d'emplois en plus (Cahuc, Bonneuil, 2004) ! Au moment où l'on parle d'industrialisation des services, il serait opportun que l'Europe prenne conscience que la vieille économie est bien vivante et que, quand l'industrie va, tout va !

LA TERTIARISATION DES ACTIVITÉS EST UNE BONNE NOUVELLE

Si l'on définit la désindustrialisation comme la baisse de l'emploi industriel dans l'emploi total, c'est aussi le signe d'un développement avancé : la tertiarisation. Cette société postindustrielle, reconnue au milieu des années 1960, et perçue à l'époque comme une bonne nouvelle, devrait se renforcer, car nous produisons de moins en moins de produits à fort taux de main-d'œuvre et à faible contenu technologique, mais toujours plus de produits sophistiqués, ce qui est le lot de tous les pays développés. Certes, l'emploi direct dans l'industrie européenne continue de baisser ; c'est la rançon des gains de productivité et de l'externalisation de services (nettoyage, comptabilité, gardiennage...) autrefois intégrés. Si l'industrie ne représente plus que 15 % de l'emploi total en France, contre 20 % en Allemagne, il faut tenir compte des emplois indirects des services aux entreprises, qui ont augmenté de 7 points depuis vingt-cinq ans, pour représenter 14 % de l'emploi total.

Les services aux industries sont aussi créateurs de richesses et d'emplois ; il faut développer l'industrie par l'innovation et les services. Car, ce qui compte dans un marché, c'est de capter le maximum de valeur ajoutée en maîtrisant la conception, le marketing et la distribution des produits et en assurant les services de maintenance.

À la fin des années 1970, la sidérurgie européenne paraissait condamnée, promise à une mort lente et coûteuse. En 2006, l'un de ses fleurons, Arcelor, a suscité les convoitises que l'on sait de Mittal. L'épouse convoitée était attirante : devenu le leader mondial des aciers spéciaux, Arcelor employait 110 000 personnes, dont 80 % en Europe, et enregistrait des performances à deux chiffres impressionnantes. Les clés de cette belle histoire sont connues : s'appuyer sur une main-d'œuvre compétente, bien rémunérée, motivée par des cadres de qualité, porteurs de projets innovants, répondant aux attentes d'une clientèle de plus en plus exigeante et diversifiée. C'est ainsi que 50 % des produits dans le catalogue d'Arcelor, au début de 2006, n'existaient pas cinq ans auparavant.

Le secret de la performance, c'est de produire moins cher ce qui se vend (la qualité et le service), plutôt que de chercher à vendre (même à perte) ce que l'on produit. Espérons que les locomotives vendues en Chine ne sont pas payées à moitié par le contribuable français, comme ce fut le cas, naguère, pour certains bateaux de croisière !

SOCIÉTÉ DE LA CONNAISSANCE ET INNOVATION : ATTENTION AUX MIRAGES TECHNOLOGIQUES

L'Europe s'est entichée du concept de société ou d'économie de la connaissance au sommet de Lisbonne, en 2000, pour lequel elle s'est fixé un objectif de leadership mondial. L'Europe vieillissante se rassure pour l'avenir, s'imaginant peuplée de cheveux gris savants, jeunes d'esprit et champions de l'innovation. Après la société de l'information des années 1980, la nouvelle économie des années 1990, les abonnés du mirage technologique n'ont-ils pas lancé un nouveau concept, la société de la connaissance, pour dire la même chose ou presque ?

Société de la connaissance, économie de la connaissance, *knowledge management* (Pesqueux, Durance, 2004)... autant de concepts actuellement en vogue, tant dans le milieu des entreprises et des institutions qu'en sciences de gestion. Certes, la capacité des organisations à « apprendre à apprendre » est devenue un facteur clé de compétitivité, mais les entreprises développent des pratiques contraires : l'urgence et la réactivité prévalent sur l'anticipation et le projet. La pollution informationnelle par Internet ne suffit pas, il faut plus que jamais apprendre à trier le bon grain de l'ivraie. Hélas, la mémoire des idées est ignorée, voire détruite. Ainsi, en 2002, Schlumberger a racheté la Sema, temple de la matière grise du conseil en entreprises des années 1960-1970, et envoyé toute la documentation, ouvrages introuvables et rapports d'études archivés depuis quarante ans, à la benne à ordures. La mise à la casse des travailleurs âgés de plus de 55 ans, qui sont porteurs de ce fameux capital humain, tant vanté par ailleurs, témoigne du même gâchis. Le management par la connaissance ne peut se faire sans management de la connaissance. Pour aller dans le sens de l'économie de la connaissance, il faut certainement respecter la connaissance et non la maltraiter.

La connaissance est bien le moteur de l'innovation. Ce n'est pas une raison pour cultiver le mirage technologique et la fuite en avant dans les dépenses de R&D. L'innovation n'est pas uniquement technique, mais aussi commerciale, organisationnelle et financière. La technologie, bien qu'importante, ne saurait constituer l'essentiel. Cessons de considérer que la dépense de R&D est le principal indicateur porteur d'espoir pour l'avenir. Plus que le montant compte l'efficacité de la dépense. Les comparaisons internationales montrent que les entreprises les plus performantes dans un secteur sont celles qui font un effort moyen en R&D et qui, donc, agissent en dépensant moins[5]. Le même constat se vérifie au sujet des États : les petits pays comme l'Irlande ont un effort de R&D moindre que les grands, mais une croissance du PIB supérieure !

À la lumière de ce diagnostic, faut-il vraiment, comme le préconisent tant de rapports officiels, s'inspirer du pays leader, les États-Unis, et lancer des grands projets de recherche dans les secteurs de haute technologie (technologies de l'information, armement, aéronautique) et développer l'enseignement supérieur long ? Le rapport, commandé par l'Élysée à Jean-Louis Beffa (2005), a conclu, lui aussi, à la nécessité de relancer une politique industrielle par des grands projets européens. Il a obtenu 2 milliards d'euros pour financer, par l'Agence de l'innovation industrielle (AII), des projets portés par des entreprises qui sont, pour plus de la moitié, aux mains d'actionnaires étrangers et qui ne créent plus d'emplois en France. On n'a pas demandé son avis au contribuable français, dommage ! Qu'il soit permis de douter de ce remède éternellement avancé. Fort heureusement, le nouveau président de la République est revenu sur la décision de son prédécesseur. Fin 2007, l'AII a été supprimée et invitée à rejoindre OSEO, l'établissement public chargé d'accompagner le financement et l'innovation des PME (et qui regroupe déjà l'ex-Anvar et l'ex-BDPME). Les États-Unis ne sont pas aussi performants qu'on le dit, à en juger par leur déficit extérieur abyssal ; ils vivent, grâce à leur rente impériale, bien au-dessus de leurs moyens et cela n'est pas durable. La France, contraire-

5. Le cabinet américain de conseil en stratégie Booz Allen Hamilton (2005) a même montré, en analysant les 1 000 premières entreprises mondiales, selon leur budget R&D, qu'il n'y avait pas de lien direct entre le montant des dépenses de recherche et développement engagé et le succès de ces entreprises, qu'il soit mesuré en termes de croissance du chiffre d'affaires, de rentabilité ou de retour sur investissements pour les actionnaires.

ment à l'Allemagne, investit déjà beaucoup trop dans les secteurs « recherchivores » (40 % des dépenses publiques de recherche sont concentrées dans le nucléaire, l'espace et le militaire et profitent d'abord à quelques grandes entreprises) et pas assez pour stimuler les recherches dans les secteurs de moyenne ou basse technologie et dans les PME ; ces dernières bénéficient de moins de 10 % de l'effort public de recherche. La France a, aussi, presque deux fois plus de diplômés de l'enseignement supérieur que l'Allemagne, cinq fois moins d'apprentis et son solde extérieur en biens d'équipement est trois fois plus faible ! Cherchez l'erreur !

Comparée à l'Allemagne, la France manque surtout de grandes PMI, en raison du coût capitalistique très élevé et des problèmes liés à la transmission du patrimoine quand plusieurs millions d'euros, voire quelques dizaines sont en jeu. Il n'y a, en France, que 2 000 entreprises industrielles de plus de 250 salariés. Elles comptent pour 65 % de la valeur ajoutée du secteur et assurent les quatre cinquièmes des exportations. Vingt-cinq pour cent de la valeur ajoutée revient aux 20 000 entreprises ayant entre 50 et 250 employés. Et il n'y a que 1 % des créateurs, soit 2 000 par an, qui se lancent dans l'industrie.

Ce message n'était, jusqu'ici, guère entendu, ni à Paris ni à Bruxelles, la stratégie de Lisbonne étant d'abord soucieuse d'investissements dans les technologies de l'information. La société de la connaissance est un beau défi, à condition de commencer par faire en sorte qu'il n'y ait plus 20 % des enfants qui entrent en sixième sans savoir correctement lire, écrire et compter[6].

6. *Cf. infra* chapitre III.

Comment expliquer la localisation des activités ?

En 2004, la Datar remettait au gouvernement un rapport sur *La France, puissance industrielle.* Ce rapport montrait qu'il n'y avait pas désindustrialisation généralisée et que la réponse aux défis du futur se situait dans l'innovation et la capacité des territoires à s'organiser en pôles de compétitivité. La Datar en a recensé une centaine dans toute la France, comme ceux de la vallée de l'Arve pour le décolletage, du Choletais vendéen pour le textile et l'agroalimentaire, de la Cosmetic Valley autour de Chartres, de la plasturgie autour d'Alençon ou, encore, de Sainte-Sigolène (en Haute-Loire) qui assure 30 % de la production française de films plastiques. Il apparaît que les entreprises organisées en réseau local sont plus dynamiques que les entreprises isolées, car elles mutualisent leurs compétences, s'unissent pour répondre à la demande, innover et conquérir des marchés. La vallée de la Bresle (autour de Dieppe) emploie 6 000 personnes dans l'industrie du verre au sein de 50 PMI (20 nouvelles entreprises ont été créées depuis 1990 et l'emploi a augmenté de 20 %). Mentionnons, aussi, le pays de Saint-Méen-le-Grand, situé entre Rennes et Saint-Brieuc, qui est devenu une plate-forme logistique pour toute la Bretagne.

L'ÉCONOMIE PRÉSENTIELLE DE CONSOMMATION NE SE DÉLOCALISE PAS

L'économie présentielle est une nouvelle approche de l'économie territoriale, développée notamment par Laurent Davezies (2003, 2004, 2008) et Christophe Terrier.

Elle part du constat, empirique, que la présence sur un territoire de résidents permanents ou temporaires induit des consommations de produits et de services et constitue, pour les territoires attractifs, une part importante, voire prédominante, de leur activité économique. Cette économie est fondée sur la production territorialisée, destinée à satisfaire la consommation des résidents et des touristes présents. Dans certains départements touristiques du sud de la France, les revenus des retraités comptent pour 30 % du revenu disponible sur le territoire, ceux des fonctionnaires pour 30 %, tandis que les revenus restants, issus de l'activité productive marchande, se répartissent pour moitié entre production destinée à la consommation locale et production exportée hors du territoire. C'est dire que les revenus issus de la production marchande, à vocation exportatrice et soumise aux risques de délocalisation en fonction de la concurrence internationale, ne représentent, en moyenne, que le cinquième des revenus distribués dans un territoire.

La majeure partie du revenu local ne dépend qu'indirectement de la production marchande. La plupart des grands pays européens, et notamment la France, voient plus de la moitié de la richesse créée annuellement faire l'objet de prélèvements et être redistribuée *via* les budgets publics : ces dépenses (prélèvements et déficit) représentent en moyenne 54 % du PIB et 70 % du revenu des ménages. La redistribution, ainsi opérée, transfère du revenu entre les ménages, mais aussi entre les agrégations particulières de ménages que sont les territoires. La particularité de ce mécanisme, principal moyen de réduction des inégalités spatiales, est qu'il n'est pas piloté par des politiques spatiales explicites, mais découle pour l'essentiel de mécanismes fiscaux et de dépenses publiques nationales, définies universellement sans référence aux territoires. C'est la richesse des individus et des entreprises qui sert de base aux prélèvements, alors que les transferts sont proportionnels au nombre d'habitants d'un territoire.

Les territoires dont le revenu s'accroît le plus rapidement, aujourd'hui, sont ceux-là mêmes dont on nous disait, encore récemment, qu'ils étaient les grands perdants de la mondialisation : le monde rural, les villes petites ou moyennes, le littoral atlantique, les villes dénuées d'avantages « métropolitains », etc.

Alors que la création de PIB tend à se concentrer dans les régions les plus développées, la péréquation du revenu des habitants se poursuit. Cette tendance, repérée ces dernières années par un nombre limité de chercheurs, va encore s'accentuer, en particulier parce que les habitants des régions à PIB élevé bougent : un Parisien passe deux mois par an ailleurs qu'en Île-de-France ; 15 à 20 % de son revenu tombent donc dans l'escarcelle des commerçants et artisans d'autres régions. Ce qui explique que l'Île-de-France produit 29 % du PIB français, mais ne retient que 22 % du revenu national. Le Limousin a un revenu net (après impôts et transferts) par habitant proche de la moyenne nationale, et même supérieur à celui de l'Aquitaine, alors que son PIB par habitant y est inférieur de près de 20 % à la moyenne nationale et de 10 % à celui de l'Aquitaine.

Dans une économie productive en compétition, la logique des firmes est de se localiser pour produire. Cette économie pèse moins, localement, que l'économie de la consommation, liée au revenu local plus qu'à la valeur ajoutée et qui détermine le niveau des activités des entreprises qui se localisent pour vendre. Ces dernières, qui produisent des biens et services vendus localement, peuvent, d'ailleurs, être des multinationales aussi bien que des entreprises familiales locales.

L'économie présentielle présente l'avantage de mieux absorber les chocs conjoncturels que l'économie traditionnelle. Cette différence de réaction aux chocs joue sur l'évolution des inégalités spatiales. Les territoires à effet d'accélérateur – ceux que l'on appelle « exportateurs », qui travaillent pour des marchés extérieurs – ont généralement un PIB par habitant supérieur à ceux à effet d'amortisseur. En période de croissance, ils enregistrent une accélération plus forte que les territoires pauvres, ce qui creuse les inégalités. En revanche, les phases de récession les pénalisent plus que leurs voisins, moins développés, ce qui réduit les disparités spatiales. En bref, la croissance renforce les inégalités territoriales, alors que la récession les atténue !

Une stratégie basée sur l'économie présentielle a toutefois ses limites : enrichissant un espace de taille réduite, elle ne peut permettre le développement économique à l'échelle d'un pays, qui a besoin de créer de la valeur « exportable », qui, elle, est assez correctement mesurée par le PIB. L'optimum national n'est pas, dans ce domaine, la somme des optimums locaux.

RENFORCER LES PÔLES DE COMPÉTITIVITÉ PAR DES PÔLES DE QUALITÉ DE VIE ET DE SERVICES

La plupart des élus ont tendance à surestimer les emplois productifs comme facteur de leur développement, alors que les revenus constituent un enjeu majeur pour les territoires. La production marchande « exportée » procure, en effet, en moyenne, à une aire urbaine ou à un bassin d'emploi français, 20 % de ses revenus. La production marchande présentielle, liée à la consommation locale des populations, compte autant dans les revenus – le reste étant des revenus de transferts publics (retraites et salaires des fonctionnaires) proportionnels à la population.

Les débats nationaux sur les pôles de compétitivité à visée exportatrice et sur l'attractivité pour la production ne doivent pas occulter ceux qu'il faudrait avoir sur les pôles de qualité de vie résidentielle et sur l'attractivité internationale de la France. Il est possible de développer l'activité et l'emploi dans une région ne brillant pas par ses performances industrielles. Il faut, pour cela, inciter les détenteurs de revenus venant d'ailleurs à y vivre et/ou à y consommer. La région la plus attractive de France, si l'on en croit les soldes migratoires, est le Languedoc-Roussillon, que son PIB par tête classe en 21e position, c'est-à-dire à la dernière place des régions de la France continentale.

On voit donc certaines forces, centripètes, concentrer la production, alors que dans le même temps d'autres forces, centrifuges, continuent à répartir les revenus de la consommation dans l'espace. Ce phénomène est renforcé par le vieillissement de la population. Les retraités aisés ne vont pas s'installer dans les régions de vieilles industries. Et les nouveaux entrepreneurs ont tendance à s'implanter dans les zones que le climat, l'environnement naturel et la richesse des équipements collectifs rendent attractives pour leur famille et leurs cadres. Ces critères sont plus importants pour eux que les aides aux entreprises.

Le retraité ou le créateur d'entreprise « vote avec ses pieds » ; il peut migrer en comparant les offres, et donc chercher à s'implanter là où la balance avantages-coûts est la plus conforme à son niveau de revenu et à sa carte de préférences.

Les élus, les responsables des collectivités territoriales doivent prendre conscience de ces phénomènes et apprendre à maîtriser cette économie en mettant en valeur les atouts de leur territoire, dans l'inévitable concurrence qui l'oppose aux autres. Certains territoires ont actuellement pris conscience des problèmes posés par le vieillissement, ainsi que de leurs forces et de leurs faiblesses. Ils ont mis au point des stratégies visant à attirer des retraités aisés, des jeunes actifs et à favoriser le développement d'activités, en jouant de leurs avantages concurrentiels. Ce seront les territoires gagnants dans les prochaines décennies.

De plus, la réduction de la durée du travail et les progrès considérables des moyens de communication et de transport permettent de mettre une distance croissante entre son lieu de travail et son lieu de résidence. Ce qui contribue à la spécialisation de certains territoires dans la création de richesse, tandis que d'autres se spécialisent dans la jouissance de revenus créés ailleurs.

L'homme est-il un obstacle au développement durable ?

Le développement durable est un sujet à la mode. L'origine est à la fois écologique et anglo-saxonne, puisqu'il s'agit d'une traduction approximative de *sustainable development*, où sont incluses les notions, souvent antagonistes, de « supportabilité » par l'environnement physique et d'acceptabilité sociale. Deux conceptions s'affrontent : celle des « écolos rétros », pour qui la croissance est néfaste dès lors qu'elle affecte les stocks, et celle des « écolos réalos », qui savent bien qu'il ne peut y avoir de création sans destruction. La première conception est prête à imposer une dictature verte, au nom de la protection de la nature et du retour à un idéal passé, d'autant plus mythique que la terre n'a jamais été figée. Le monde change, la terre aussi, et ses soubresauts climatiques et volcaniques ont des origines plus naturelles qu'humaines. La barbarie de la nature n'autorise en rien les hommes à jouer aux apprentis sorciers. Nous souscrivons donc à la vision « écolo réalo » du développement durable, mais nous y ajoutons un volet humain et social.

Ainsi, le développement des mégalopoles ne sera pas durable si la montée des tensions sociales, des stress et des déséquilibres de toute nature devait persister et s'accroître. En zone de concentration urbaine, la première espèce menacée est l'homme, dans sa dignité, son autonomie, son lien social et le sens qu'il peut donner à sa vie. L'espace pour vivre et jouer, la qualité de l'air, de l'architecture et des relations sociales font aussi partie du développement durable.

Ce qu'il faut condamner, ici, ce sont les pratiques de rentabilité économique à court terme, qui conduisent à déprécier les valeurs futures (positives et négatives) et à survaloriser le présent : autrement dit, à gonfler la croissance (les flux) au détriment du patrimoine (les stocks). S'il est normal de compter comme négligeable la valeur actuelle d'un avantage très lointain, aussi élevé soit-il, a-t-on le droit de traiter les risques majeurs de la même manière sous prétexte qu'ils sont lointains ?

Avec de telles pratiques, nous transmettons un héritage négatif aux générations futures : des villes et des paysages défigurés, des nappes polluées, des espèces exterminées, des déchets dangereux, etc. Nos enfants devront payer un lourd tribut pour réparer les dégâts de parents, mauvais citoyens, qui se comportent comme s'ils précédaient le déluge. Pourtant, comme le dit joliment Lester Brown : « La terre n'est pas un héritage de nos ancêtres, mais un emprunt à nos descendants. » Mais comment exercer cette responsabilité quand les inconnues en matière d'environnement sont telles qu'il est permis de douter tant des constats que des remèdes avancés ?

LES INCONNUES SUR L'ENVIRONNEMENT

Il convient de s'interroger sur la réalité, présente et future, des problèmes d'environnement, sur les angoisses et les controverses qu'ils suscitent de plus en plus dans l'opinion. Il s'agit certainement d'une retombée des accidents du type Seveso, Three Mile Island et, surtout, Tchernobyl. Les médias et les pouvoirs publics ont, en quelque sorte, préparé le terrain en entretenant l'angoisse à propos du trou de la couche d'ozone, ou encore sur le réchauffement de la planète en raison de l'effet de serre. S'agit-il d'un phénomène passager ou durable ?

La réponse n'est pas aisée. Souvenons-nous : au début des années 1980, on considérait que la plupart des problèmes d'environnement étaient solubles. Aujourd'hui, cette tranquille assurance n'est plus de mise, car plusieurs problèmes majeurs d'environnement ont fait irruption dans l'actualité et alimentent de multiples controverses. Ainsi, Haroun Tazieff estimait que le fameux trou de la couche d'ozone, dont l'existence et l'élargissement sont reconnus, évoluerait comme il l'a toujours fait, de manière aléatoire, en fonction des rythmes volcaniques.

À qui profite le doute ? Certainement aux chercheurs, qui voient ainsi se multiplier les crédits et les missions d'études. Mais, aussi, aux gouvernants, qui se donnent ainsi, à peu de frais, des allures de responsables planétaires, alors même qu'ils sont incapables de résoudre leurs problèmes nationaux et d'empêcher la montée des colères. Pourtant, les inconnues sur l'environnement sont plus fortes que les certitudes : on sait surtout que l'on ne sait pas. Ainsi, l'augmentation régulière de la teneur en CO_2 de l'atmosphère (plus de 10 % dans les vingt-cinq dernières années) devrait théoriquement entraîner un réchauffement de l'atmosphère (effet de serre) de plus de 2 °C, en moyenne, d'ici au milieu du siècle.

En réalité, la plupart des experts sont d'accord sur la tendance récente et forte du réchauffement, mais ils restent divisés en ce qui concerne l'horizon significatif du phénomène, ses causes réelles et l'ampleur de ses conséquences éventuelles. Il pourrait faire fondre la glace polaire du Groenland et engendrer, à plus ou moins long terme (les experts débattent de l'horizon), une élévation de plusieurs mètres du niveau de la mer. Cette perspective est douteuse car la glace de l'océan Arctique est pour l'essentiel flottante : quand elle fond, cela ne fait pas plus monter l'eau qu'un glaçon dans un verre. En outre, plus de 90 % des eaux gelées se situe dans l'Antarctique dont personne ne parle et pour cause : les glaciers y seraient plutôt en expansion. Rappelons que le réchauffement avéré tout au long du XXe siècle n'aurait engendré qu'une élévation de 10 à 20 cm. Mais ce que les rapports les plus sérieux taisent généralement, au-delà des perturbations catastrophiques annoncées, ce sont les effets positifs du réchauffement : il pourrait aussi accroître la pluviométrie dans certaines zones, comme la Méditerranée, faire reculer certains déserts, rendre cultivable et habitable, dans des conditions tempérées, l'immense Sibérie. Et certains pourraient avancer qu'un climat plus chaud en Bretagne renforcerait son attractivité touristique ! Naturellement, tout cela est discutable, d'autant que la fonte des glaciers pourrait affecter les courants marins et le Gulf Stream ne plus réchauffer l'Europe. De là à penser que le réchauffement pourrait se traduire par des refroidissements ! Arrêtons les questions ; on nage en pleine incertitude et, principe de précaution oblige, il faut certainement prendre des mesures conservatoires (le protocole de Kyoto en fait partie) et poursuivre les recherches et les études.

Mais il faudrait savoir raison garder et prendre, aussi, en considération les points de vue minoritaires, même s'ils avancent que la responsabilité de l'homme est secondaire par rapport à celle du rayonnement solaire ou de l'activité des volcans. À la conférence sur le climat, qui s'est tenue à Montréal à l'automne 2005, il a fallu bien du courage et de la conviction à Brigitte Van Vliet-Lanoë (2005), directrice de recherches au CNRS et pédologue avertie, qui a passé une partie de sa carrière à reconstituer l'histoire des sols du Grand Nord ; elle attribue aux variations de rayonnement du soleil la principale responsabilité du réchauffement actuel et pense que l'aridification du Grand Nord annonce plutôt une nouvelle ère glaciaire (Tourneur, 2005) !

Les voix de la controverse, comme celle de Claude Allègre (2007), ont du mal à se faire entendre face au crédit scientifique et à la toute-puissance médiatique du prix Nobel 2007, le Groupe d'experts intergouvernemental sur l'évolution du climat (GIEC). Dans certains milieux, il est presque impossible de citer le nom de ce membre éminent de l'Académie des sciences sans se faire qualifier d'irresponsable, ce qui est malsain scientifiquement, le doute et la réfutabilité étant les bases du raisonnement scientifique, comme l'a montré le philosophe des sciences Karl Popper. Pour y voir plus clair, nous invitons le lecteur à consulter la lettre d'avril 2007 de l'Académie des sciences, entièrement consacrée à cette question climatique[7].

Il y au moins un point qui rassemble tous les experts : responsable ou pas du réchauffement par effet de serre, l'augmentation du CO_2 est néfaste sur l'environnement et il faut mettre en place des systèmes de réduction (de la croissance) des émissions. Ils sont à nouveau très divisés sur les moyens d'y parvenir. Certains remèdes étant coûteusement inutiles, voire contraires à l'objectif recherché. La France étant déjà, grâce au nucléaire, exemplaire en termes d'émission – 6 tonnes de CO_2 par habitant, contre 10 pour les Allemands et 20 pour les Américains – ne peut guère faire mieux sans compromettre sa compétitivité. Christian Gérondeau (2007) montre que l'objectif européen de réduire de 20 % les émissions d'ici à 2020 ne représentera que 1 % des 3 000 milliards de tonnes de gaz carbonique présentes

7. Académie des sciences, 2007, « Évolution des climats », *La Lettre*, n° 21, printemps-été.

dans l'atmosphère. Dans ces conditions, se fixer un objectif de 20 % au lieu de 6 % pour la part des énergies renouvelables en 2020 est complètement irréaliste. D'autant que le bilan économique et écologique de l'éolien et du solaire sont catastrophiques. Christian Gérondeau a eu la bonne idée de chiffrer le coût des dispositifs existants par tonne de CO_2 évitée. Alors que l'Agence internationale de l'énergie avance qu'il ne faudrait pas dépasser 20 € par tonne de CO_2 évitée, on arrive à 200 € pour les véhicules hybrides, 300 € pour les pompes à chaleur, 500 € pour le solaire, 3 000 € pour le canal Seine-Nord, plus de 10 000 € pour la liaison Lyon-Turin. Seuls sont rentables le remplacement des véhicules de forte cylindrée par des plus petits, des centrales classiques par des centrales nucléaires, la généralisation des ampoules de basse consommation..., l'isolation des murs.

En France, le rapport cosigné par le Conseil économique et social, l'Académie des sciences, l'Académie des technologies et l'Académie des sciences morales et politiques (2006) sur le changement climatique relève que « l'amplitude du réchauffement récent dépasse celle des oscillations décennales ou séculaires, et les températures actuelles excèdent celles de l'optimum médiéval, lequel a représenté la période la plus chaude des mille dernières années de l'ère préindustrielle ». « Le bilan énergétique net de la perturbation due aux activités humaines est complexe. [...] Il n'en est pas moins assuré que l'effet de serre prédomine et une analyse statistique effectuée en 2001 par le GIEC attribue aux activités humaines l'essentiel du changement climatique de la seconde moitié du XXe siècle. » On imagine que chaque mot a été pesé. Et si le Giec se trompait, en toute bonne foi naturellement ?

C'est apparemment ce que pensait, en 2001, l'Académie des sciences américaine (Committee on the Science of Climate Change, 2001), en publiant un rapport, fruit de plusieurs années de travail sur le climat. Ce rapport fut repris par CNN, et d'autres médias, pour lui faire dire le contraire[8] de ses conclusions limpides : « L'élévation globale de la température a été d'un demi-degré depuis un siècle. L'augmentation du niveau de dioxyde de carbone depuis deux siècles contribue à l'effet de serre, mais moins que la vapeur d'eau et les nuages. Rien ne permet de rendre, avec certitude, le dioxyde de carbone responsable du réchauffement, ni même de prévoir ce que sera le climat dans l'avenir. D'autant qu'il y a trente ans, on craignait plutôt le refroidissement. »

Une fois de plus, le temps long de la prospective (l'histoire future) ne peut être compris que dans le temps long de l'histoire passée. Mais les hommes ont la mémoire courte et les historiens, passionnés par le passé, ne s'occupent pas assez d'interpeller le présent. Emmanuel Le Roy Ladurie (1993), dans son *Histoire du climat*, s'interroge bien sur la question de savoir « si les petites poussées des glaciers, récemment signalées çà et là, constituent simplement un sursaut passager, ou bien forment-elles le point de départ d'une nouvelle fluctuation séculaire, positive et inverse de la régression du dernier siècle ? ». Mais, il rejette immédiatement la question dans l'oubli en ajoutant en guise de réponse : « L'historien, peu concerné par la prospective, n'a pas vocation à décider de ce problème. » Cependant, dans ses écrits plus récents (2004), l'historien semble avoir changé d'avis et s'inquiète, lui aussi, de l'ampleur et de la rapidité du réchauffement annoncé par le GIEC. Espérons que ce revirement n'est pas la conséquence des fortes pressions exercées sur le vieux maître par ses collègues scientifiques.

---

8. Cette anecdote est racontée en détail par Jean-François Revel (2003). CNN déclarant, à propos de ce rapport : « Une conclusion unanime de l'Académie : le réchauffement est réel, s'aggrave et est dû à l'homme, il n'est plus possible de tergiverser. » Ceci a été repris par le *Wall Street Journal* du 12 juin 2001 dans lequel l'Académie opposait un démenti formel à ces conclusions contraires aux siennes.

Le climat n'est pas le seul domaine où, comme le relève Jean de Kervasdoué (1999, 2007), « la croyance écologique prend l'apparence d'un raisonnement scientifique qui serait empiriquement fondé », ce qui peut conduire à des décisions non fondées. Il en fut ainsi, à la fin des années 1970 et au début des années 1980, avec la question des pluies acides et la décision du pot catalytique, comme le rappelle Olivier Postel-Vinay (1994) : « La thèse dominante imputait le dépérissement des forêts, en Europe et en Amérique du Nord, au dioxyde de soufre dégagé par les usines. S'ensuivit une série de mesures prises au niveau international pour limiter la pollution soufrée. Cinq ans plus tard, la thèse dominante avait changé : il ne fallait plus incriminer les pluies acides, mais l'action nécrosante de l'ozone produite par la réaction entre le rayonnement solaire et la pollution automobile. Ce fut l'origine de la décision européenne d'imposer le pot catalytique. À peine cette décision prise, les experts étaient obligés de reconnaître l'impensable : les forêts allaient soudain beaucoup mieux, mieux même que dans les décennies précédentes ! Deux erreurs collectives, deux importantes décisions de politique industrielle. Les gagnants, dans les deux cas, furent les laboratoires spécialisés dans l'analyse de la basse atmosphère et ceux spécialisés dans l'analyse des forêts : crédits, notoriété, etc. C'était le début de la grande vague écologie-scientiste. »

Les inconnues portent, aussi, sur la réduction de la diversité biologique, en raison de la disparition à un rythme accéléré des espèces animales et végétales. Celles-ci ne doivent pas servir de prétexte au laisser-faire et laisser-aller, comme c'est notamment le cas dans les pays en développement.

À considérer le développement durable, il convient d'échapper aussi bien au risque de la dictature scientiste qu'à celui de la dictature verte. Il faut garder à l'esprit l'appel de Heidelberg, lancé à la clôture de la conférence de

Rio en 1992 par des centaines de scientifiques du monde entier : « Nous exprimons la volonté de contribuer pleinement à la préservation de notre héritage commun, la Terre. Toutefois, nous nous inquiétons d'assister, à l'aube du XXIe siècle, à l'émergence d'une idéologie irrationnelle qui s'oppose au progrès scientifique et industriel et nuit au développement économique et social. Nous affirmons que l'État de Nature, parfois idéalisé par des mouvements qui ont tendance à se référer au passé, n'existe pas et n'a probablement jamais existé depuis l'apparition de l'Homme dans la biosphère, dans la mesure où l'Humanité a toujours progressé en mettant la Nature à son service, et non l'inverse. »

PAS DE DÉVELOPPEMENT DURABLE SANS ENFANTS

Le développement ne sera durable qu'à la condition impérative qu'il y ait encore des hommes pour entretenir la diversité des lieux de mémoire et la variété des langues et des cultures. Il faudrait aussi, enfin, mettre l'homme au service de l'homme et de son avenir. Hélas, les effets du *baby-krach*, notamment en Europe du Sud, sont tels que cette variété et cette diversité sont menacées. La question du suicide de la vieille Europe par dénatalité n'est pas moins importante que celle, par exemple, du stockage des déchets radioactifs, mais il est difficile de la poser dans un monde dominé par le « politiquement correct ». Il faudra bien qu'un jour la « pensée unique » n'interdise plus que l'on défende les hommes aussi bien que les baleines. Certains déménageurs du territoire se réjouissent de voir des espaces entiers transformés en quasi-réserves naturelles et vides d'hommes, ces derniers étant condamnés au mal-être et au mal-vivre des concentrations urbaines anarchiques. Le développement ne durera pas si l'homme continue à être menacé dans sa diversité par les forces d'uniformisation et d'élimination des différences qu'il a, lui-même, mises en place.

Le développement durable est celui qui garde l'avenir ouvert pour les générations futures ! Il ne peut se faire en oubliant l'humanité. Il serait judicieux d'être aussi attentionné pour ses principaux acteurs qu'on entend l'être pour la nature. Le principe de précaution, qui consiste à prendre des décisions dures sur des informations molles, devrait s'appliquer aussi à l'économie et à la société, notamment en ce qui concerne la troublante corrélation entre croissance (récession) économique et dynamique (régression) démographique. Le lien n'est pas prouvé, mais, dans le doute, on devrait comme en matière écologique, stimuler les recherches et, en attendant, faire comme si la vitalité démographique était la première condition de la croissance durable.

Retenons que les dinosaures n'ont pas eu besoin des hommes pour disparaître. Mais n'oublions pas de nous poser de manière responsable la question du développement durable, sans pour autant considérer l'homme comme une espèce nuisible aux autres et à la nature, ainsi que sont tentés de le faire certains « intégristes verts ».

Le principe de précaution peut-il devenir dangereux ?

En raison même des inconnues sur l'environnement, il est souhaitable de cultiver le doute et la prévention pour ancrer durablement le long terme dans les préoccupations collectives. Naturellement, le doute ne doit pas paralyser l'action. Si nos ancêtres avaient appliqué le principe de précaution, ils auraient dû renoncer à chercher la maîtrise du feu en raison de ses dangers. En voulant éviter ses méfaits ils se seraient privés de ses bienfaits.

PAS D'ACTION SANS RISQUE, LE PLUS RISQUÉ ÉTANT DE NE PAS AGIR

L'histoire dira si l'inscription du principe de précaution dans la Constitution française, en 2004, fut une fausse bonne idée, comme le pense Claude Bébéar[9] (2007). On aurait pu en profiter pour étendre ce principe aux décisions financières, qui engagent les générations futures et hypothèquent leur avenir, ce qui est contraire à l'esprit du développement durable. Mais il est plus facile de se préoccuper des problèmes qui nous dépassent que d'agir là où il faudrait le faire en tant que responsable direct. La lumière sur le réchauffement climatique, ou les tensions internationales, crée une ombre bienvenue sur les déficits du management public.

Au vu d'événements récents, concernant les OGM, la sécurité alimentaire ou l'interdiction du fipronil soupçonné de provoquer la mort d'abeilles, il est permis de s'interroger sur les dangers d'une application maximaliste du principe de précaution. Il ne s'agit plus, lorsqu'un doute apparaît sur les effets négatifs d'un produit sur la santé ou l'environnement, de prendre des mesures conservatoires et de lancer des études pour vérifier. Avec l'aide de la justice, naturellement portée à défendre le faible contre les puissants, n'importe quel juge de France ou de Navarre, et en l'occurrence de Saint-Gaudens, peut, en s'appuyant sur une expertise locale, mettre en cause un produit et s'appuyer sur les relais médiatiques et politiques pour demander l'interdiction de son usage au nom du principe de précaution. Quand le pouvoir est faible, et sensible à l'environnement et à ses électeurs, qu'importe si le même produit est autorisé dans les autres pays européens et déclaré inoffensif sur

9. Claude Bébéar, « Non aux ayatollahs de la prudence », *Le Monde*, 25 octobre 2007.

la base d'expertises scientifiques reconnues. C'est ce qui s'est passé en 2005 avec l'interdiction du Regent TS (à base de fipronil) et du Gaucho (à base d'imidaclopride). Ces produits, respectivement fabriqués par les chimistes allemands BASF et Bayer, sont accusés, par certains apiculteurs, d'être responsables de la mort des abeilles et de la baisse de la production de miel, en France, observées depuis les années 1990. Il n'y a pourtant pas de fipronil au Canada et les abeilles meurent tout autant. En réalité, l'exploitation intensive des abeilles, associée à la « mal bouffe » des abeilles (pollen de faible qualité), est une cause bien plus crédible pour comprendre comment celles-ci sont devenues folles. D'autres causes peuvent également être avancées, telles que la chute de biodiversité florale, la sécheresse, asséchant les fleurs en été, et les problèmes sanitaires dans les ruchers (maladies et peu de médicaments vétérinaires efficaces). Il faudrait balayer devant les ruchers pour expliquer la présence avérée d'antibiotiques chez les abeilles mortes. Il se pourrait, aussi, que la responsabilité de la PAC de 1992 soit en jeu, puisque, en réduisant de 40 % en dix ans les surfaces cultivées de tournesol, on a réduit d'autant la ressource à butiner. Dans certaines régions, comme la Vendée, ce pourcentage a atteint 56 % entre 1994 et 2004. Or, dans ces régions, 70 % de la production de miel venait du tournesol, culture miracle. L'histoire n'est pas terminée ; les dirigeants de BASF Agro, en France, sont toujours mis en examen et les procédures sont longues. La vérité sera d'autant plus difficile à prouver qu'il n'existe pas, à la différence de tous les autres pays producteurs, de structure scientifique indépendante pour trancher entre les industriels et les syndicats apicoles.

Cette histoire marque un tournant dangereux dans l'application du principe de précaution ; son application maximaliste conduit au renversement de la charge de la preuve (Ewald, 2004). C'est à l'industriel de prouver que son produit n'est pas responsable, et non à l'accusation de faire l'inverse. Si on appliquait cette règle pour les produits nouveaux, aucun ne pourrait être lancé tant que la preuve ne serait pas apportée qu'il ne serait pas nuisible à terme. Par construction, cette garantie ne peut être apportée totalement ; les expérimentations cliniques sont là pour vérifier que les effets positifs l'emportent largement sur les effets négatifs. Mais il n'y a pas de médicament sans contre-indications et sans effets secondaires. Les industriels de la protection des plantes investissent quelques centaines de millions d'euros pour la mise en marché d'une matière active. L'exemple du fipronil a montré que, face à la tempête médiatique organisée par quelques détracteurs prédisant l'apocalypse, les dizaines de milliers de pages d'études du dossier d'homologation et l'intérêt incontestable de la technologie des traitements de semences pèsent peu... Cela pose la question de la capacité des gouvernements à pouvoir analyser sereinement la balance « risques/bénéfices » et montre clairement que, le risque zéro n'existant pas, l'application maximaliste du principe de précaution peut conduire à la remise en cause de l'innovation et de la recherche.

Attention donc à ne pas paralyser l'innovation par un usage intégriste et abusif du principe de précaution. C'est malheureusement ce que l'on est en train de faire avec les OGM. Avant d'examiner ce point, nous voudrions dire quelques mots de plus sur l'interprétation abusive des réglementations.

Bien souvent, la norme réglementaire qui s'impose sur le plan sanitaire est fixée par la limite des instruments de mesure et non par des considérations objectives de santé. C'est ainsi que l'eau est considérée comme « polluée » si la teneur en nitrates dépasse 50 milligrammes par litre. La conclusion de Kervasdoué (2007) est limpide comme de l'eau de roche : « En mangeant 25 grammes de laitue, on ingère autant de nitrates qu'en buvant un litre d'eau prétendument polluée. » C'est ainsi que, même si la listeria présente dans les fromages à haute dose peut être mortelle, à faible dose elle est salutaire pour l'équilibre de la flore intestinale. En protégeant trop les individus, on les fragilise : il est bien connu que les touristes américains sont les premiers affectés par la tourista. Même remarque pour les enfants qui avalent un peu de terre ; ils s'immunisent aussi comme cela. Trop, c'est toujours trop. Tous les produits sont dangereux à haute dose ; c'est vrai pour l'alcool, mais aussi pour l'eau : on peut mourir en buvant trop d'eau (c'était même un supplice au Moyen Âge).

DU BON USAGE DU PRINCIPE DE PRÉCAUTION : SÉCURITÉ ALIMENTAIRE ET OGM

Les agriculteurs ont su, dans le passé, avec l'aide de la PAC, s'organiser pour gagner les batailles de la productivité et de la modernisation. Cependant, en augmentant les hectares et les quintaux à l'hectare, ils ont aussi, en trente ans, perdu la moitié de leurs voisins et trop souvent oublié les pratiques des anciens. En effet, certaines ressources, comme le sol, l'eau ou les paysages, ne peuvent être traitées indéfiniment comme des flux qui se renouvellent, alors que les stocks se dégradent en quantité et en qualité.

L'artificialisation des pratiques agricoles est en cause, depuis le milieu des années 1990, par le jeu des multiplicateurs médiatiques comme la crise de la vache folle, l'émergence des OGM, sans oublier les élevages de poulets et de porcs suspects, en Belgique et ailleurs. Ces événements ont mis le thème de la sécurité alimentaire au cœur de l'actualité.

La course à la productivité a conduit à des pratiques déraisonnables, comme l'usage intensif des hormones de croissance, d'aliments contre nature ou frelatés. Il est excessif d'élever des poulets en moins de six semaines, alors que la nature demande le double ! Si la vache était restée au pré, elle ne serait pas devenue folle !

On a ouvert la boîte de Pandore et, dorénavant, il va falloir mettre tous les problèmes sur la table. Sinon, à chaque nouveau scandale révélé par la presse, la méfiance de l'opinion vis-à-vis de son alimentation va s'accentuer. Le précédent du sang contaminé devrait inciter les responsables à agir, et vite. Après le poulet à la dioxine, il pourrait un jour y avoir le « saumon fou », car ce qui est interdit aux animaux va parfois aux poissons d'élevage. Pour se prémunir de ce risque, des aquaculteurs responsables comme Cannes Aquaculture se sont engagés dans des procédures de certification et de traçabilité. L'emploi de désherbants, comme l'atrazine, est soumis à de fortes restrictions d'usage dans les champs en Allemagne, mais seulement, depuis peu, en France, où il a été longtemps répandu en énormes quantités sur les voies de chemins de fer et les bords de route, comme si le ruissellement n'existait pas ! Il y a aussi toutes ces « bonnes » terres qu'il faudra rayer de la carte, car elles sont contaminées durablement par l'épandage de déchets urbains, chargés de métaux lourds.

Il ne faut pas, pour autant, rejeter le progrès technique et prôner le retour aux produits naturels. Si l'espérance de vie augmente toujours, c'est aussi parce que notre alimentation est plus saine et plus équilibrée. L'état naturel n'est pas sans danger : autrefois, on mourait de l'ergot du seigle. Sans les pesticides, les hommes ne pourraient pas manger à leur faim, et la consommation de produits bio présente aussi des risques : si l'on ne traite pas les pommes contre certaines maladies, elles peuvent développer des toxines mortelles.

Mais l'usage intensif des engrais et des pesticides a aussi ses limites. Il convient de protéger les nappes phréatiques et d'optimiser l'usage des intrants avec une agriculture plus raisonnée. La technologie apporte de nouvelles réponses avec les OGM, qui ont, précisément, pour intérêt de modifier génétiquement les plantes pour éviter l'usage de pesticides. Mais ces réponses sont aussi chargées d'interrogations et d'angoisses. À force de manipuler la nature, l'homme pourrait en perdre la maîtrise, comme celle de la créature de Frankenstein.

L'attitude de l'homme vis-à-vis du risque est souvent paradoxale. Les OGM font peur et ceux qui les rejettent, au nom du principe de précaution, ont raison de refuser un risque, s'il n'apporte pas d'avantages tangibles en contrepartie. Les OGM n'ont encore tué personne, mais suscitent des oppositions, alors que le Viagra est socialement accepté malgré les morts à son actif, car son utilité est réelle pour ceux qui en consomment. Pour accepter les OGM, il faudra probablement attendre l'arrivée d'alicaments issus de modifications génétiques positives pour la santé, comme la modification génétique, par Limagrain, de la plante de tabac, pour produire un constituant du sang humain (l'hémoglobine).

Dans tous les cas, il restera justifié de laisser le choix au consommateur en développant des filières non OGM, à condition d'accepter les surcoûts correspondants. Cependant, le principe de précaution doit aussi conduire à garder l'avenir ouvert ; il faut donc poursuivre la production expérimentale d'OGM, ne serait-ce que pour rester dans la course technologique. Il est d'ailleurs illusoire de prétendre interdire la production de blé ou de maïs OGM en France, tout en continuant à importer massivement du soja, génétiquement modifié, pour l'alimentation animale. Si le danger était vraiment réel, c'est toute la filière du lait qu'il faudrait protéger !

La nouvelle donne a déjà été introduite par l'Agenda 2000. Non seulement les aides à la production sont appelées à diminuer, mais elles seront de plus en plus liées au respect de cahiers des charges agri-environnementaux. C'est bien dans cet esprit que s'inscrivaient, aussi, les contrats territoriaux d'exploitation et l'agriculture raisonnée, afin de préserver le potentiel de développement des générations futures, bref, de s'inscrire dans une trajectoire de développement durable.

Mais cette agriculture raisonnée n'est qu'une obligation de moyens ; elle ne garantit pas les résultats. La qualité et la sécurité passent par le développement dans l'agriculture, comme cela a été instauré avec succès dans l'industrie, de systèmes d'assurance et de certification qui, eux-mêmes, supposent la complète traçabilité des produits de la fourche à la fourchette. C'est au prix de cette transparence, et de cette cohérence de toute la filière agroalimentaire, que les agriculteurs retrouveront la confiance et l'estime de l'opinion, et du même coup la confiance en leur avenir.

Dans tous les cas, pour l'agriculture française, les avancées du Grenelle de l'environnement sont bel et bien des reculs. Comment réduire de 50 % les intrants (engrais et produits phytosanitaires) d'ici à 2018 sans réduire la productivité ? Pour Bernard Blum, le président de l'Association internationale des produits biologiques et de protection des plantes, l'objectif que la France s'est fixé dans le cadre du plan Ecophyto 2018 semble irréaliste : « Nous estimons que la réduction des pesticides ne pourra pas dépasser les 15 à 20 % d'ici à 2018 »[10]. Comment atteindre 20 % de la production issue de l'agriculture biologique alors que l'Autriche en pointe dans ce domaine n'arrive pas à dépasser les 10 % ?

Dans le même temps, on annonce que la production mondiale de céréales – pour l'alimentation du bétail et l'alimentation humaine – devrait passer de 2,1 à 3,1 milliards de tonnes entre 2007 et 2050, soit une augmenta-

10. Entretien dans *Réussir Céréales Grandes Cultures*, octobre 2008, n° 218.

tion de 0,9 % des gains de productivité à surface cultivée inchangée[11]. À ce propos, Olivier Reymondon souligne dans le même rapport que « l'offre de mondiale de céréales, qui avait crû au rythme de 2,8 % l'an de 1960 à 1990, n'a augmenté que de 0,7 % l'an de 1991 à 2007 ». Appliquer le Grenelle de l'environnement reviendrait, pour la France, à renoncer à l'un de ses derniers avantages concurrentiels. En sacrifiant l'agroalimentaire pour faire passer la pilule du nucléaire aux écologistes, on a pris le risque de ne plus avoir comme autre point fort que le tourisme et les loisirs : Disneyland et Paris-plage, ou l'éclairage de la tour Eiffel pendant les nuits blanches ou noires : c'est bien, mais forcément limité comme avenir.

En raison même des inconnues sur l'environnement, il est souhaitable de cultiver le doute et la prévention pour ancrer durablement le long terme dans les préoccupations collectives. Ceux qui sont aujourd'hui interpellés par certaines catastrophes naturelles ne devraient jamais oublier que les crues « sans précédent » ne le sont parfois que par oubli (Champion, 2000 ; Le Hir, 2001). D'ailleurs, les réchauffements antérieurs n'étaient-ils pas, récemment encore, qualifiés dans la littérature scientifique de petit ou grand optimum ?

Réchauffement climatique ou perte de mémoire ?

Que dirions-nous, aujourd'hui, si toute l'Europe passait l'été au coin du feu en raison de pluies incessantes comme en 1816 ? Ou si les deux tiers des noyers gelaient, comme lors de l'hiver 1709 ? Ou encore, si l'on connais-

11. COE-Rexecode, *Perspectives de l'économie mondiale à long terme 2008-2050*, juin 2008.

sait, comme entre 1313 et 1320, huit années consécutives au cours desquelles tout l'Occident avait les pieds dans l'eau (Le Roy Ladurie, 1993) ? Il serait tentant d'attribuer ces dérèglements des horloges de la nature à la folie des temps modernes.

Avec le thème du réchauffement de la planète, provoqué par les activités humaines, n'est-ce pas la grande anxiété millénariste qui resurgit ? Certes, les glaciers alpins ont perdu un tiers de leur surface depuis 1860, mais ce réchauffement, de moins de un degré en un siècle et demi, fait suite au refroidissement du petit âge glaciaire qui l'a précédé entre 1550 et 1850, avec une forte poussée entre 1600 et 1710. Nous sommes loin d'avoir retrouvé la température moyenne du petit optimum des années 800-1200. Il manque au moins un degré, sinon deux, et il en faudrait cinq de plus pour retrouver les conditions du Warmzeit d'il y a dix mille ans.

Ainsi, en l'an mille, la planète était plus chaude qu'aujourd'hui et le Groenland était cette terre verte, dépourvue de glaces sur ses côtes et colonisée par les Vikings. La terre est beaucoup plus froide aujourd'hui et le réchauffement, dont on parle tant, est perceptible depuis le milieu du XIXe siècle. Cependant, il pourrait bien n'être qu'une simple fluctuation mineure à l'intérieur de cycles séculaires qui ont connu plusieurs fortes amplitudes au cours des précédents millénaires (Le Roy Ladurie, 1993). D'ailleurs, la fluctuation n'est pas linéaire, puisqu'un léger refroidissement a été relevé entre 1955 et 1975, faisant même craindre un retour des glaces !

Essayons plutôt de rafraîchir notre mémoire en revenant sur deux épisodes classiques[12].

---

12. Chacun se souvient de la fameuse tempête de décembre 1999 où les arbres furent couchés comme une forêt d'allumettes. Le Vendômois, où je vivais à l'époque, n'a pas échappé à la tornade. Ce fut aussi l'occasion pour le journal local *Le Petit Vendômois* (n° 146, janvier 2000) de rappeler qu'au

Pierre Chaunu estime à 20 % la population sachant lire au temps de l'Empire romain et à moins de 1 % aux VIIe et VIIIe siècles en Gaule ! Il avance, aussi, une chute de moitié de la population de l'Empire romain entre le IIe et le IVe siècle de notre ère, de 60 millions à 30 millions d'habitants environ, et la Gaule, qui avait 10 à 12 millions d'habitants vers 150-180, n'en a plus que 3 millions au VIe siècle (Chaunu, 1979). Que s'est-il passé ? Comment en est-on arrivé là ?

Les historiens qui se risquent dans les tentatives d'explication, à partir des relevés de tendances et de leurs contradictions, avancent plusieurs hypothèses complémentaires. Il y a, tout d'abord, l'explication technologique : le modèle d'organisation et d'information de l'Empire romain était fondé sur la distance que pouvait parcourir, par jour, un homme à cheval et son extension géographique l'aurait rendu ingouvernable. Il y a, ensuite, l'explication sociologique : certains évoquent la décadence des mœurs et le délitement de la société, le peuple de Rome étant endormi par l'opium des jeux du cirque et du pain gratuit, l'État prélevant des céréales aux paysans et les redistribuant. La facilité et le relâchement des efforts préparaient mal à affronter l'adversité lorsque celle-ci se présenta avec les invasions barbares.

Une autre explication, curieusement absente des manuels proposés à nos écoliers, mérite d'être avancée. Pourtant, la plupart des historiens la relèvent, même s'ils ne le font pas tous avec la même conviction. À l'époque, la population dépend essentiellement des récoltes, et elles-mêmes varient en fonction des fluctuations cli-

---

cours des siècles précédents, on avait connu, à plusieurs reprises, des désastres encore plus impressionnants avec « des arbres de deux mètres de circonférence, brisés et tordus d'un coup, puis emportés comme volant dans le ciel ». Il en fut ainsi de la « tempeste » de 1580, de l'ouragan du 8 septembre 1828 et de celui du 30 juin 1895. Nos ancêtres ne sont plus là pour comparer, mais leurs récits sont bien vivants.

matiques. Derrière le déclin démographique et les invasions barbares, n'y aurait-il pas aussi un phénomène climatique ?

Au moment où la question du réchauffement climatique agite les esprits, les considérations précédentes montrent qu'il est, plus que jamais, nécessaire de resituer les relations des climats et des hommes au sein du temps long. C'est bien l'hypothèse que formule Pierre Chaunu : « Une grande période froide et humide de 900 à 300 avant J.-C. avait favorisé l'espace méditerranéen, en lui fournissant un supplément d'humidité et en reculant la frange des déserts. La cité est lancée et le miracle grec. [...] L'Empire romain supporte, sur la lancée de la civilisation antique, une période moins favorable pour lui parce que plus chaude et moins humide. De 300 à 700, le retour du froid et de l'humidité accompagne la descente des barbares vers le soleil. » L'Empire, à moitié vidé de sa population[13], ne résiste pas ; il intègre les invasions et s'y dissout en même temps. C'est le réchauffement, qui va suivre, qui explique l'aventure viking et permettra la prospérité du temps des cathédrales. Le nouveau refroidissement, qui intervient à partir du XIVe siècle, viendra « casser la route des Vikings et pousser les Mongols à l'aventure hors de la taïga devenue invivable ». Il n'aura pas les mêmes conséquences néfastes car il a lieu, cette fois, dans un monde plein, avec des villes constituées et une densité moyenne de plus de 40 habitants au km^2.

L'Europe connaît donc une décroissance économique et une paupérisation qui coïncident avec le refroidissement climatique entre 300 et 700. Il faut attendre le

13. Pierre Chaunu explique, notamment, ce déclin démographique par « l'illusion d'un monde plein, inépuisable, dont le souci du renouvellement n'incombe pas à ceux qui l'habitent, puisque les esclaves viennent d'ailleurs et qu'ils ont peu d'enfants ». Ces esclaves, déportés massivement de Gaule et des territoires conquis, ont représenté environ 40 % de la population. Mais, à force de prélèvements et de massacres, la réserve s'est épuisée.

milieu du petit optimum de réchauffement, de 800 à 1200 environ, pour que l'Occident connaisse un nouvel essor, marqué par une expansion du christianisme. Les conditions climatiques favorables – en même temps que les progrès des techniques agricoles au XIe (assolement triennal, charrues à roues munies de soc de fer, ferrage des chevaux), puis au XIIIe siècle (force des moulins à vent, utilisation de la brouette, collier rigide des chevaux, etc.) – vont permettre une croissance démographique et économique soutenue qui se traduira par les grands défrichements, la création de villes neuves, la construction des cathédrales, mais aussi les croisades.

C'est, apparemment, le même réchauffement qui est à l'origine de l'irruption des Vikings. Non seulement, ils colonisent le Groenland, mais descendent le long de la côte atlantique jusqu'en Méditerranée orientale et le long des grands fleuves russes. En effet, le développement démographique des pays nordiques a provoqué une remise en question du pouvoir politique par les jeunes générations. La seule manière de conquérir ce pouvoir est alors de partir avec des hommes et de revenir avec un butin, s'enrichir par le commerce, ayant échangé des fourrures, de l'ambre, des esclaves contre du blé et du vin.

Autre épisode classique, à la fin du XIIIe siècle, et tout au long du XIVe, l'Europe enregistra un refroidissement climatique qui eut des conséquences importantes sur l'évolution de la population. Il faut, cependant, relativiser le rôle du climat dans les évolutions économiques et démographiques. Comme le note Emmanuel Le Roy Ladurie (1993) : « À partir de 1348, en Occident, le grand responsable du marasme, de la dépopulation et de la crise économique subséquente, ce n'est pas le climat ; c'est, décidément, parmi quelques autres facteurs, le bacille de Yersin, et accessoirement, sur le continent, c'est la guerre, le brigandage, l'énorme vague de criminalité et de gangstérisme qui déferlent sur la France, au temps des guerres de Cent Ans, une vague par rapport à laquelle le Chicago des années 1920 fait figure d'un havre de paix, de concorde, de tranquillité. »

Au cours du bas Moyen Âge, aux XIVe et XVe siècles, on enregistra une chute de la démographie. La société se reconstitua à partir de matériaux plus pauvres. Il y eut une paupérisation forte de la société. Cette chute fut notamment causée par la dégradation de l'état sanitaire des populations. L'Europe continentale connut, au XIVe siècle, une série d'épidémies et de famines qui entraîna une chute d'environ 40 % de la population totale, mais mit aussi un coup d'arrêt à la déforestation excessive engendrée par la forte croissance démographique antérieure. En conséquence, alors que la France comptait 14 millions de Français en 1250, sous Saint Louis, elle n'en totalisait que 29 millions à l'époque de Napoléon, en 1800.

La question du développement durable est posée, notamment, par le réchauffement annoncé de la planète. Mais ce n'est pas la première fois que la terre se réchauffe ou se refroidit, et que les populations s'en ressentent ! C'est ainsi que les fluctuations climatiques et démographiques, du passé lointain et récent, ont été souvent liées et lourdes de conséquences. Même si le progrès technique nous a apparemment affranchis des effets des variations climatiques mineures, il est probable que les conséquences socio-économiques d'un changement de climat ne seraient pas moindres qu'elles l'ont été dans le passé. D'autant que le moral collectif reste très sensible aux conditions météorologiques, qui constituent l'une des principales informations quotidiennes. Le réchauffement actuel de la planète est-il lié aux activités humaines ? Cela reste à prouver ! Est-ce une mauvaise nouvelle ? Si des conséquences inquiétantes sont généralement avancées (chaleurs intenses, suivies de pluies diluviennes, élévation du niveau des mers, modification des courants marins), il y a aussi des perspectives bénéfiques pour certains territoires peu habitables aujourd'hui (la Sibérie, voire le Sahara qui était encore une mer aux rivages verdoyants au temps des Pyramides, quatre mille ans avant Jésus-Christ). Marianne Cornevin (1998) raconte cette histoire du Sahara, comme en témoignent ces villages de pêcheurs, avec leurs monceaux de coquilles vides de moules et d'huîtres, que l'on retrouve aujourd'hui en plein désert !

Les changements climatiques futurs auront, sans doute, des conséquences tempérées par la maîtrise de techniques qui n'ont plus rien à voir avec celles de l'Antiquité. Néanmoins, elles pourraient être aggravées par l'importance numérique des populations concernées. L'Europe, en dépression démographique, devrait, dans cette hypothèse de réchauffement, être confrontée à des pressions migratoires renforcées de la part des zones de haute pression démographique[14].

Le pétrole est-il trop cher ?
Va-t-on manquer d'énergie ?

L'ÉNERGIE CHÈRE EST ABONDANTE

L'évolution de la consommation d'énergie dépend d'abord du rythme de la croissance économique. La soif d'énergie des pays en développement rapide (Chine et Inde) va-t-elle épuiser la ressource ? Il est généralement

14. *Cf. infra* chapitre III.

admis que la planète ne pourra jamais assurer à ses habitants un niveau de consommation (de gaspillage ?) équivalent à celui des Américains. Ces derniers avancent que leur mode de vie n'est pas négociable. Il faudra bien que les pays développés repensent leur croissance dans un sens plus durable.

Le prix nominal du baril de pétrole ne doit pas faire illusion : en termes réels, au prix de 1973, le pétrole à 100 US$ le baril n'est plus qu'à 22 US$ le baril, soit un peu plus cher qu'en 1980 et trois fois plus cher qu'en 1974. Ce qui est nuisible à la croissance économique, ce sont les fluctuations fortes et brutales. Des renchérissements progressifs et planifiés jusqu'à 120 US$, voire au-delà, seraient plus propices au développement durable, à l'augmentation des réserves prouvées, au développement des énergies renouvelables, à la réduction des gaspillages et susceptibles de repousser de plusieurs décennies le spectre du fameux *peak-oil* (moment où la production de pétrole cesserait d'augmenter pour baisser inéluctablement en raison de l'épuisement des réserves) qui agite à tort les médias.

Les énergies fossiles – pétrole, gaz, charbon – représentent 90 % de la consommation énergétique mondiale (à lui seul le pétrole compte pour 40 %). Donnons la bonne nouvelle, suite aux renchérissements passés et récents : en 2003, les réserves prouvées de pétrole représentaient quarante-sept ans de consommation, contre trente en 1973 ; les réserves prouvées de gaz, soixante-dix ans, au lieu de quarante-quatre en 1973. Explication de Jean-Marie Chevalier, l'un des meilleurs spécialistes de l'énergie : le petit choc de 2003, le pétrole quittant la moyenne des 25 US$ pour se situer autour de 35 US$, a augmenté d'un coup les réserves prouvées de 18 %, l'exploitation des schistes bitumineux canadiens devenant rentable. À 100 US$ le baril, au lieu de 35 US$, les réserves prouvées pourraient doubler, voire tripler et sans doute dépasser le siècle[15].

Les réserves prouvées représentent ce qui, avec certitude, est immédiatement productible à partir des puits existants, aux conditions économiques et technologiques actuelles. On peut faire, à partir de cette définition, un certain nombre de remarques qui, toutes, accréditent la thèse de l'abondance de l'énergie chère. J'avançais, déjà, en 1978, que seule est rare l'énergie bon marché. Un quart de siècle après, l'argumentation reste inchangée.

Tout d'abord, les réserves prouvées, c'est-à-dire que l'on est certain de récupérer, sont systématiquement sous-estimées, dans la mesure où l'on ne compte pas ce qui est probable. En réalité, la loi des grands nombres jouant, « en moyenne presque deux fois plus de pétrole et de gaz qu'on ne l'estime *a priori* est finalement extrait des puits ». Ensuite, aux conditions techniques actuelles, en moyenne, seuls 35 à 40 % du pétrole existant dans un puits sont récupérés. Les progrès de la récupération secondaire et tertiaire permettraient d'atteindre des taux de 50 %, voire 60 % selon certains experts. De plus, environ 50 % des bassins sédimentaires mondiaux se situent dans les mers à plusieurs milliers de mètres de profondeur. Ce potentiel n'est pas, le plus souvent compté dans les ressources. Enfin, les conditions économiques risquent fortement de changer. En effet, le pétrole, même à 100 US$ le baril, reste relativement bon marché, alors que l'alignement sur le coût des substituts (les biocarburants) conduirait à un prix plus élevé.

Il est permis d'être optimiste sur les découvertes à venir. En septembre 2006, Chevron a annoncé sa découverte d'un gisement de pétrole contenant de 3 à 15 milliards de barils : si le nombre maximum était le bon, les

15. Pour en savoir plus sur les ressources d'énergie fossile, *cf.* Mark Jaccard (2006).

réserves des États-Unis s'en trouveraient accrues de 50 % ; la découverte a été faite dans le golfe du Mexique à une profondeur de près de 9 000 mètres, soit à une distance à laquelle, jusqu'à présent, on pensait que le gradient de température ne permettait que la présence éventuelle de gaz, mais pas de pétrole ; du coup, la thèse du pétrole des grandes profondeurs se trouve renforcée, ce qui représente un changement de paradigme pour la géologie pétrolière.

Autre découverte extraordinaire, celle annoncée en juin 2006 par les autorités norvégiennes : à l'issue de 700 forages exploratoires, il existerait, sous la mer de Norvège, un gisement de 3 000 milliards de tonnes de charbon (les réserves mondiales sont de l'ordre de 1 000 et les ressources de l'ordre de 5 000), gisement dont 30 % seraient exploitables par gazéification à un coût compatible avec un baril de brut à 50 US$.

L'agriculture se réjouit de la perspective du développement des biocarburants. Celui-ci est prometteur, mais son développement pose le redoutable problème des recettes fiscales, car les quatre cinquièmes du prix des carburants sont constitués de taxes. Sans oublier la redoutable indexation des matières premières agricoles sur le prix du pétrole, inévitable dès lors que des grands pays comme les États-Unis consacrent le quart de leur récolte de maïs à la production de bioéthanol. De son côté, la production agricole est subventionnée et avait conduit en 2005 à des aberrations : sur la base de l'équivalence énergétique, 2,5 kg de blé équivalent à 1 litre de fuel ; il coûtait ainsi en 2006 deux fois moins cher aux agriculteurs de se chauffer au blé subventionné : soit 500 € pour 1 000 litres de fuel taxés, et 220 € pour 2,5 tonnes de blé. Le comble est qu'il y a même eu des subventions communautaires pour l'achat de chaudières à grains ! La compétition avec les cultures alimentaires atteint très vite ses limites : « La production de biocarburants à partir de cultures dédiées occupe préférentiellement des terres arables et nécessite un apport d'énergie pour l'exploitation et la fabrication du carburant ; il faut aujourd'hui consommer environ un litre de produits pétroliers pour produire en moyenne deux litres de biocarburant[16] » (Conseil économique et social *et al.*, 2006).

Les perspectives de l'énergie nucléaire, considérée bien souvent comme le remplaçant naturel du pétrole, sont incertaines, limitées, voire, dans certains pays, compromises.

Les énergies fossiles pourraient succéder au pétrole et lui prêter longue vie, jusqu'à l'avènement des énergies inépuisables ! L'hypothèse de l'abondance de ressources fossiles ne suffit pas en soi à exclure l'éventualité d'une grave crise énergétique résultant, soit de facteurs politiques (embargo pétrolier), soit, surtout, de facteurs techniques : compte tenu des délais de mise en production des nouveaux gisements, liés aux difficultés croissantes d'extraction et de la masse des capitaux à mobiliser, l'attentisme d'aujourd'hui pourrait conduire à une grave crise de capacité après 2010. Certains se sont réjouis fin 2008 de voir le pétrole baisser à moins de 40 dollars le baril, soit un prix trois fois moindre que six mois auparavant. Cette baisse brutale, conséquence de la récession, ne rendra que plus douloureux les chocs futurs.

16. Pour le bioéthanol (produit à partir de la canne à sucre, de la betterave, du blé ou du maïs), le rapport est de un à deux (2,4 pour le blé selon l'étude de PricewaterhouseCooper en 2002 pour le compte de l'Ademe). Pour le biodiesel (à partir du colza ou du tournesol, par exemple), le rapport est plutôt de un à trois (3,4 selon l'étude de PricewaterhouseCooper en 2002). La même étude disponible en ligne sur le site web de l'Ademe montre que les émissions de gaz à effet de serre des biocarburants sont environ quatre fois moins importantes que celles des combustibles fossiles. Mais, pour parvenir à substituer 10 % de la demande mondiale en carburant en 2025, il faudrait y consacrer 410 millions d'hectares de terres cultivables, soit 29 % de la surface agricole utile de la planète. C'est dire que l'apport de l'agriculture à l'indépendance énergétique restera limité par les contraintes de l'indépendance alimentaire.

CHAPITRE III

Cinq questions sur la démographie, la croissance, la technologie et l'emploi

Peut-on avoir une croissance avec des ordinateurs et sans berceaux ?

À la Commission de Bruxelles, mais aussi dans la plupart des instances internationales et nationales, la question du lien entre démographie et croissance est rarement évoquée. Les rapports sur la technologie, l'innovation, la compétitivité sont légion. L'homme n'est abordé que comme capital humain, et sous l'angle de la formation, considérée, à juste titre, comme un investissement et un facteur de croissance à long terme. La démographie n'est traitée qu'à travers le vieillissement par le haut et les problèmes qui en découlent pour l'équilibre des systèmes de retraite, les dépenses de santé, la prise en charge de la dépendance, mais quasiment jamais relativement aux conséquences du vieillissement par le bas, sur la croissance et sur la place de l'Europe dans le monde.

En 2000, l'ambitieuse stratégie de Lisbonne pour la croissance et l'emploi misait essentiellement sur les technologies de l'information et l'économie de la connaissance pour assurer à l'Europe son avenir et sa puissance sur la scène internationale à l'horizon 2010. À presque mi-parcours, le rapport Wim Kok (2004) maintient le cap sur la société de la connaissance et un développement durable pour une Europe élargie et consacre, fait nouveau, une petite page au vieillissement de l'Europe. Ce dernier pourrait faire baisser le potentiel de croissance de l'Union de 1 point (autour de 1 % au lieu de 2 %) d'ici à 2040. Mais rien n'est dit des évolutions démographiques comparées de l'Europe avec les États-Unis. Oubli d'autant plus remarquable, que les mêmes comparaisons sont systématiques pour l'effort de recherche, l'innovation et la mesure de la productivité. Pourtant, ce gap démographique crève les yeux : la population des États-Unis, qui a augmenté de 80 % depuis 1950, devrait progresser encore de près de 40 % d'ici à 2050 pour dépasser celle de l'Europe des Quinze de près de 10 millions d'habitants, alors qu'en 1950, leur population était deux fois moindre !

	1950	2000	2050
États-Unis	158	284	395
Europe des Quinze	285	377	387
Japon	84	127	112

Tableau 3.1 – Évolutions démographiques comparées 1950-2050
(population, en millions)

Source : Population Division of the Department of Economic and Social Affairs of the United Nations Secretariat, *World Population Prospects : The 2004 Revision*, août 2006.

Comme le disait Alfred Sauvy (1980), les économistes « *refusent de voir* » le lien entre croissance économique et dynamique démographique et ne cherchent donc pas à le vérifier. Pourtant, les Trente Glorieuses et le *baby-boom* sont allés de pair, et l'essor des États-Unis s'explique sans doute, aussi, par une meilleure santé démographique. Depuis vingt ans, le taux de fécondité y est en moyenne de près de 2,1 enfants par femme, contre 1,5 dans l'Europe des Quinze ; la population, du fait aussi d'importants flux migratoires, continue d'augmenter fortement. La comparaison des taux de croissance entre l'Europe et les États-Unis fait généralement appel à la technique pour expliquer des différences sur le long terme. On peut se demander s'il n'y a pas aussi un effet de « multiplicateur démographique ». Cette hypothèse n'a pu, pour le moment, être approfondie[1]. Si elle était vérifiée, on pourrait mieux comprendre pourquoi la croissance et, surtout, les gains de productivité des années 1950 et 1960 ont été, en moyenne, deux fois plus élevés que dans les années 1980 et 1990, marquées pourtant par les révolutions techniques, sources théoriques de gains de productivité.

Cette question n'est pas ignorée des économistes, qui font toujours référence au fameux paradoxe de Solow : « Je vois des ordinateurs partout sauf dans les statistiques de productivité. » Avec la nouvelle économie, la question paraissait résolue, les États-Unis connaissant une période de forte croissance économique avec des gains de productivité (apparente du travail) bien supérieurs à ceux de l'Europe. N'était-ce pas la preuve du décrochage technologique de l'Europe par rapport aux États-Unis ? On peut douter de cette explication, mainte-

---

1. Mais les analyses de l'évolution du PIB montrent que le facteur démographique est essentiel dans la croissance des pays développés. Certaines recherches tendraient à montrer cette relation : *cf.* notamment Doliger (2003).

nant que l'on connaît les statistiques validées pour le passé. Dans les années 1980, la croissance du PIB par actif était comparable dans les deux zones (autour de 1,7 %) avec un léger avantage pour l'Europe dans les années 1980. Cependant, les premiers résultats pour la période 2000-2007 semblent montrer un net décrochage entre les États-Unis, dont la productivité apparente augmenterait de près de 1,4 %, celle de l'Europe des Quinze passant en dessous de 1 % par an. La question est donc posée : faut-il attribuer cet écart au gap technologique ou au gap démographique ? Nous avançons l'hypothèse que ce dernier facteur joue un rôle déterminant, car le fossé démographique se creuse plus que jamais.

Taboue dans certains pays comme l'Allemagne, l'Espagne et l'Italie, où elle rappelle des périodes historiques de dictature, la question de la politique familiale, en France même, souffre d'une image de droite conservatrice, alors que ses promoteurs à la Libération, comme Alfred Sauvy, étaient plutôt d'inspiration socialiste[2]. Espérons que l'appel à un « Pacte européen pour la jeunesse », lancé par quatre dirigeants européens depuis Paris, Berlin, Madrid et Stockholm, réveillera l'Europe tout entière[3]. En effet, si le vieillissement par le haut est inévitable et constitue une bonne nouvelle (nous vivons plus longtemps), le vieillissement par le bas (non-renouvellement des générations) n'a rien de fatal, mais est lourd de conséquences pour l'avenir qui paraît compromis et déséquilibré faute de relève suffisante.

Malgré sa relative bonne santé démographique (au royaume des aveugles) comparée à ses voisins, la France

---

2. En 1939, la Chambre qui vote le Code de la famille est issue du Front populaire, qui continue le « combat » commencé dès 1898 avec la création de l'alliance Population et Avenir, initiée par des laïcs républicains, à l'époque où Émile Zola publie son livre *Fécondité*.
3. *Cf. infra.*

n'est pas épargnée par ce phénomène d'effondrement de la base jeune de la population : en 2007, il y avait près de 1,7 million de jeunes de moins, dans la tranche des 0-19 ans, qu'en 1975 ! Avec un indicateur conjoncturel de fécondité proche de 1,5, l'Europe des Vingt-Cinq aura, demain, des générations de jeunes actifs un tiers moins nombreuses que celles d'aujourd'hui. C'est la relève qui n'est pas assurée.

Les pays européens sont comme des vergers dont les arbres, en plein rendement pendant quarante ans, arrivent à maturité sans que l'on ait prévu leur remplacement par de jeunes pousses. Or, pour investir et consommer, il faut avoir confiance en l'avenir et besoin de s'équiper, autant de caractéristiques qui, malheureusement, régressent avec l'âge.

Les ressorts du dynamisme sont les mêmes dans les domaines économique et démographique : le goût de vivre s'exprime à la fois par l'initiative économique et par l'accueil des enfants. L'esprit d'entreprise est cousin de l'esprit de famille !

L'Europe va devoir ouvrir ses frontières à une forte immigration de manière plus choisie (comme aux États-Unis) et s'attacher à réussir l'intégration par des politiques publiques et familiales plus volontaristes. Cette dernière se fera d'autant mieux qu'il y aura brassage et mixité, notamment dans les écoles. D'où la nécessité d'une relance de la natalité dans les vieux pays européens où, d'après Eurobaromètre, une femme sur deux voudrait un enfant de plus, mais doit y renoncer en raison des difficultés à concilier vie familiale et vie professionnelle (Commission européenne, 2002 ; 2004). Le vieillissement par le haut est une bonne nouvelle pour les Européens, qui vivent plus longtemps en bonne santé ; cela devient un problème quand la relève des générations n'est pas assurée. C'est bien le vieillissement par le bas de la pyramide des âges qu'il faut éviter. Il ne servirait à rien d'avoir sauvé les baleines s'il n'y avait plus d'enfants pour les observer.

DU REFUS DE VOIR À LA FIN DE L'OMERTA DÉMOGRAPHIQUE

Le développement économique du présent est peu soucieux des générations futures, ce qui est contraire à la définition même du développement durable. La solidarité intergénérationnelle ne consiste pas à faire systématiquement payer aux jeunes les erreurs de gestion et de prévision des anciens. Si ces derniers ont des problèmes de retraite, c'est d'abord parce qu'ils ont eu moins d'enfants (d'après le « théorème » de Sauvy, « les enfants d'aujourd'hui font les retraites de demain »). Gérard Calot (2002), dans son testament intellectuel, rappelait qu'« une chute de naissances est, pour un pays, l'équivalent de ce qu'est pour une entreprise une diminution d'investissement ; cela permet de bénéficier, pendant un certain temps, d'une trésorerie plus confortable ; au prix de problèmes graves ultérieurs ; la politique familiale, c'est un investissement pour le long terme. [...] Une basse fécondité est accueillie de la manière la plus favorable par tous les acteurs de la société : moins de dépenses d'éducation, moins d'interruptions d'activité pour les femmes, plus de revenu disponible pour les ménages ».

Les dirigeants politiques savent que la question du vieillissement par le bas (effondrement de la jeunesse) est grave, mais préfèrent ne pas l'aborder car, à court terme, il y a toujours des échéances électorales plus importantes et l'on ne gagne pas des voix en annonçant des mauvaises nouvelles ou en demandant des efforts.

Les dirigeants européens ont déjà pris conscience du vieillissement par le haut. Ils savent que l'équilibre de nos systèmes de retraite et de santé nécessitera des mesures douloureuses. Il faudra aussi assurer le financement de la dépendance des personnes âgées de 80 ans et plus, dont le nombre doublera en France d'ici à 2035 pour dépasser les 6 millions de personnes ! On prétendra que l'on peut vivre « jeune », bien portant et autonome jusqu'à 80 ans. Néanmoins, au-delà de 85 ans, la dépendance augmente sensiblement. On peut reculer les échéances, mais il faudra que les plus jeunes, encore actifs mais moins nombreux, paient pour les anciens.

Comment relancer la politique familiale sans se heurter aux intérêts des « panthères grises » ? Dans l'Europe vieillissante de cette fin de siècle, la jeunesse est devenue minoritaire. C'est toute la différence avec 1968 : les jeunes de moins de 20 ans étaient deux fois plus nombreux que les plus de 60 ans, alors qu'en 2050, cela pourrait être l'inverse.

Pendant trente ans, la question de la jeunesse n'a jamais été portée à l'ordre du jour des sommets européens des chefs d'État, et le même silence prévaut au Parlement de Strasbourg où, pourtant, l'on parle de tout. Il a fallu attendre que la Suède arrive en 2001 pour la première fois à la présidence de l'Union pour voir aborder clairement la question taboue : « La faible natalité européenne a des incidences négatives sur la croissance et donc la prospérité. L'intervention des pouvoirs publics est nécessaire pour permettre une meilleure articulation entre vie professionnelle et vie familiale. » L'Allemagne, aussi, où il y a désormais plus de cercueils que de berceaux, a redécouvert la question démographique : en 1999, une couverture célèbre du *Spiegel*, montrant un couple avec un deuxième enfant en pointillé, témoigne de cette prise de conscience. Le chancelier Gerhard Schröder s'est autorisé un long article à la une du journal *Le Monde* en 2001 mettant la famille au cœur des enjeux du futur et a lancé ensuite un ambitieux programme de crèches pour 2010.

La conjoncture économique défavorable, traversée par les pays de l'Union, de 2002 à 2004 n'a guère permis d'entendre le message. L'Europe continentale avait à réussir le passage à l'euro et l'élargissement à dix nouveaux pays. Le rendez-vous manqué du référendum sur la Constitution européenne en 2005 a mis l'Europe en panne. Dommage, car on pouvait espérer que la question à l'ordre du jour en Europe ne soit plus le soi-disant gap technologique vis-à-vis des États-Unis, mais le gap démographique. Il n'empêche, la lettre commune signée par quatre chefs d'État ou de gouvernement européens (le président Chirac, le chancelier Schröder, le président Zapatero et le Premier ministre de la Suède Göran Persson), et adressée le 29 octobre 2004 au président du Conseil européen, fera date et marquera la fin de l'omerta démographique qui régnait jusqu'ici en Europe.

Cette lettre est passée complètement inaperçue en France (Graff, 2004). Elle fait référence à la nécessité pour l'Europe de compléter les objectifs de Lisbonne (centrés sur l'activité, l'emploi, la technologie et la formation) par ce qu'il est convenu d'appeler « un pacte européen pour la jeunesse ». L'Europe vieillissante ne doit, en effet, pas oublier sa jeunesse en se préoccupant uniquement des problèmes de retraite, de santé et de dépendance des anciens. Elle doit permettre à celle-ci de s'insérer plus facilement dans le monde du travail et la société (logement) ; elle doit aussi « engager des actions nouvelles pour soutenir la démographie européenne et améliorer la conciliation entre vie professionnelle, personnelle et familiale, afin de permettre en particulier aux couples d'avoir autant d'enfants qu'ils le souhaitent ». La messe n'est pas encore dite, mais presque. La France ne pouvait prendre seule l'initiative : sa politique familiale, historiquement marquée par sa vocation nataliste, n'a jamais été appréciée par ses voisins qui se méfient de ses rêves de grandeur. En revanche, si nos voisins se posent eux-mêmes la question, la France a un rôle éminent à jouer, car sa bonne santé démographique interpelle et son modèle assez unique de politique familiale peut donner à réfléchir, même s'il reste très imparfait et à compléter en s'inspirant aussi de ce que font les autres en matière de politiques de conciliation des vies familiale et professionnelle.

LE VIRAGE DE MARS 2005 : L'EUROPE S'ATTAQUE ENFIN AU DÉFI DÉMOGRAPHIQUE

Pour relever le défi démographique souligné dans le rapport de Wim Kok (2004), la Commission des Communautés européennes convient, dans son « Livre vert » de mars 2005, de l'urgence de mettre résolument en œuvre la stratégie de Lisbonne. Il s'agit de mettre l'accent sur :

— des politiques visant une plus forte participation à l'emploi des jeunes actifs, des femmes et des plus âgés, l'innovation et la hausse de la productivité ;

— des mesures novatrices de soutien à la natalité et un recours maîtrisé à l'immigration pour créer de nouvelles opportunités d'investissement, de consommation et de création de richesses ;

— le renforcement des solidarités entre les générations dans la répartition des fruits de la croissance, dans l'équilibre de la prise en charge des personnes très âgées, dans la répartition des besoins de financement liés au système de protection sociale et des retraites ;

— la promotion d'une nouvelle organisation du temps de travail et la définition de politiques de formation tout au long de la vie.

Encadré 3.1 – Le Livre vert de la Commission européenne (extraits)

« L'Europe connaît aujourd'hui des changements démographiques sans précédent par leur ampleur et leur gravité. Le taux de fertilité est partout inférieur au seuil de renouvellement des générations (environ 2,1 enfants par femme) [...]. On n'a jamais vu dans l'histoire une "croissance sans berceaux". [...]

[...] les Européens n'ont pas le nombre d'enfants qu'ils désirent. [...] Les enquêtes montrent l'écart qui existe entre le nombre d'enfants que les Européens désirent et le nombre d'enfants qu'ils ont en réalité : 2,3 enfants contre 1,5. [...] En effet, des contraintes [...] pèsent sur les choix privés : accès tardif ou instable à l'emploi, logement coûteux, manque de dispositifs incitatifs (allocations familiales, congés parentaux, offre de garde d'enfants, égalité de rémunération). Ces dispositifs peuvent en effet avoir une influence positive sur la natalité tout en favorisant la hausse de l'emploi, notamment des femmes, comme le montrent certains pays. [...]

Mais c'est aussi le signe que les familles, dont les structures sont variées mais qui forment une composante essentielle de la société européenne, ne profitent pas d'un environnement qui les incite à élever davantage d'enfants. Si l'Europe veut renverser la tendance au déclin démographique, les familles devraient être davantage encouragées par des politiques publiques permettant aux femmes et aux hommes de concilier vie familiale et vie professionnelle. De surcroît, la famille continuera à jouer un rôle important dans la solidarité entre les générations. »

Source : Commission des Communautés européennes (2005).

L'Union européenne entend ainsi développer une approche globale du cycle de vie active, facilitant des transitions nouvelles entre les âges et les temps.

L'ensemble des questions rassemblées dans ce « Livre vert » a été débattu dans le cadre d'une conférence organisée au mois de juillet 2005 et elles sont venues, en particulier, alimenter l'initiative du « Pacte européen pour la jeunesse ». La Commission (2005) place les enfants et la famille au cœur des solutions pour retrouver les chemins de la croissance : « Nous devons nous poser deux questions simples : quelle priorité attachons-nous aux enfants ? Souhaitons-nous donner aux familles, quelle que soit leur forme, la place qui leur est due dans la société européenne ? »

Comment va évoluer la tectonique démographique ?

Les pays développés détiennent plus des deux tiers de la richesse mondiale, alors que leur population compte pour moins du cinquième. En 2025, leur part dans la richesse aura certainement un peu diminué, pour une population réduite à 16 % du total. L'Europe, devenue une zone de basse pression démographique, toute proche géographiquement des zones de haute pression du bassin méditerranéen et de l'Afrique, et culturellement de celles d'Amérique latine, ne devrait pas connaître les conséquences de l'hiver démographique, en raison des flux migratoires importants qui viendront remplir les creux de population active et sauver les retraités de l'effondrement des régimes de protection sociale. L'élargissement de l'Europe, à l'Est, ne fera qu'accentuer l'ampleur du déficit démographique Même la Pologne pourrait voir sa population régresser. La question du plombier polonais ne se posera plus, faute de Polonais. On regrettera, bientôt en France, de ne pas avoir accueilli ceux qui se présentaient. L'Italie et l'Espagne qui devaient, selon les projections, voire progressivement leur population diminuer, connaissent d'importants flux migratoires et des régularisations qui se font au rythme de 500 000 à 700 000 par an. C'est ainsi que l'Espagne, qui comptait moins d'un million d'étrangers avant l'an 2000, en comptait, semble-t-il, plus de quatre millions en 2007, dont la moitié originaire d'Amérique latine.

HAUTES ET BASSES PRESSIONS DÉMOGRAPHIQUES

À l'horizon 2050, les projections font peur. D'après l'ONU, la population mondiale dépasserait les 9 milliards d'habitants et augmenterait de 2,5 milliards entre 2008 et 2050. Pour la même période, comme le relève Jean-Michel Boussemart dans le rapport COE-Rexecode, « l'augmentation sera équivalente à ce qu'était la population mondiale en 1950 et en 2030 la population des moins avancés égalera celle des pays développés ». La population de tout le continent africain pourrait doubler et s'accroître d'environ 1 milliard de personnes. Le point le plus crucial est la pression qu'exercera cette croissance démographique sur les terres arables disponibles. Par hectare de terre arable, on compterait 10 habitants en Afrique en 2050, contre moins de 5 en 2008. Mais les projections lointaines sont plus incertaines que celles plus rapprochées à l'horizon 2025 sur lesquelles nous allons concentrer notre attention.

Au cours de la période 2005-2025, selon les projections de l'ONU, les grandes masses démographiques seront les suivantes : l'Afrique, au sud du Sahara, passerait de 750 millions à 1,1 milliard d'habitants ; l'Inde de 1,1 milliard à près de 1,4 milliard ; la Chine de 1,3 milliard à plus de 1,4 milliard ; le Pakistan de 158 millions à 229 millions ; et l'Amérique latine de 560 millions à près de 700 millions, avec une bonne part pour le Brésil (de 186 à 228 millions). Il est frappant aussi de rapprocher les perspectives en

Méditerranée, où l'Europe du Sud[4] stagnerait à 149 millions, alors que les rives sud et est, de tradition musulmane, passeraient de 267 millions à 351 millions !

Les mêmes projections, pays par pays, ne sont pas moins impressionnantes. Reprenons les plus notables : pour l'Algérie de 33 à 43 millions ; l'Égypte de 74 à 101 millions ; le Maroc de 31 à 40 millions ; la Turquie de 73 à 91 millions. Si l'on s'intéresse à certaines zones de tension au Proche-Orient, il est intéressant de noter qu'Israël passe de 7 à 9 millions, talonné par les territoires palestiniens (de 4 à 6 millions). Dans le même temps, l'Irak passe de 29 à 45 millions d'habitants et la Syrie de 19 à 28 millions. Comme on peut aisément le constater, les zones de conflits actuels, ou potentiels, du globe ne sont pas en train de se dépeupler, bien au contraire – comme si les conflits engendraient un réflexe de survie.

Du côté des pays développés, les États-Unis font figure d'exception et continuent leur expansion séculaire en augmentant encore de 52 millions d'habitants dans les vingt prochaines années, alors que l'ancienne Europe des Quinze n'augmenterait que de 9 millions.

Parmi les pays développés, la Russie, les pays de l'Est et le Japon connaîtront une situation démographique plus dégradée que celle de l'Union européenne actuelle. Pour la période 2005-2025, la dynamique démographique des États-Unis (+ 52 millions) devrait être supérieure en valeur absolue à celles du Brésil (+ 42 millions) ou de l'Indonésie (+ 50 millions) et contraster avec la régression du Japon (– 3 millions) et de la Russie (– 14 millions).

La population du Japon passerait de 128 à 125 millions d'habitants en 2025, puis à 112 millions d'habitants en 2050 La population en âge de travailler (15-64 ans)

4. La France est rattachée à l'Europe occidentale, contrairement à l'Espagne et à l'Italie, qui font partie de l'Europe du Sud.

En millions d'habitants		2005	2025	var.
Chine		1 316	1 441	126
Inde		1 103	1 395	292
Pakistan		158	229	71
Afrique subsaharienne		751	1 140	388
Rives sud et est Méditerrannée		267	351	84
dont	Algérie	33	43	10
	Maroc	31	40	9
	Égypte	74	101	27
	Syrie	19	28	9
	Turquie	73	91	17
Amérique latine		561	697	135
dont	Brésil	186	228	42
États-Unis		298	350	52
Japon		128	125	– 3
Russie		143	129	– 14
Union européenne		385	394	9
dont	France	60	63	3
	Royaume-Uni	60	64	4
	Allemagne	83	82	– 1
	Espagne	43	44	1
	Italie	58	56	– 2
Europe du Sud		149	149	– 1
Irak		29	45	16
Palestine		4	6	3
Israël		7	9	2

Tableau 3.2 – Variation de la population entre 2005 et 2025

Source : Population Division of the Department of Economic and Social Affairs of the United Nations Secretariat, *World Population Prospects : The 2004 Revision*, juillet 2006.

baisse de près de 2 millions entre 2000 et 2005, et de 12 millions supplémentaires entre 2005 et 2025, alors que, dans la même période, le nombre des 65 ans et plus explose et passe de 25 à 36 millions. Comment imaginer une sortie de la crise économique pour ce pays qui risque de perdre presque 15 % de sa population d'ici à 2050 ? Le Japon est enfoncé dans la crise depuis le début des années 1990 et, curieusement, personne n'a fait le lien avec son vieillissement accéléré[5]. La récente reprise de l'économie japonaise est d'abord expliquée par le formidable bond en avant de la demande en provenance de Chine.

L'Europe de l'Ouest a ainsi un avant-goût de ce qui l'attend. D'ici à 2025, la population des « Quinze » augmenterait cinq fois moins que celle des États-Unis (9 millions d'habitants contre 52). Elle ne doit cette progression qu'aux flux migratoires.

La France, moteur de la croissance démographique européenne

Avec un indicateur conjoncturel de fécondité voisin de 2, la France peut se vanter d'être, après l'Irlande, le champion de l'Union pour la fécondité. En 2006, son excédent naturel atteignait près de 300 000 personnes ; sans cette contribution, l'Union européenne aurait eu son solde naturel réduit des quatre cinquièmes. L'Allemagne a 150 000 cercueils de plus que de berceaux et l'Italie a un déficit de 50 000 ; seuls le Royaume-Uni avec + 240 000, les Pays-Bas avec + 50 000 et l'Irlande avec + 36 000 font bonne figure. L'effondrement est particulièrement sensible dans les pays de l'Est : la Roumanie détenant un déficit record de – 40 000. La France se réjouit, à juste titre, de voir sa population augmenter encore de 3 millions

5. Nous avions, dès 1987, mis en évidence cette « japanosclérose » liée au vieillissement très rapide de la société japonaise (Giraud, Godet, 1987).

d'habitants d'ici à 2025 et est même fière d'avoir, depuis 2000, plus de naissances que l'Allemagne, qui en avait deux fois plus qu'elle en 1939 et risque de voir sa population stagner d'ici au prochain quart de siècle ! Il y a heureusement des flux migratoires croissants qui viennent combler les vides de la population européenne. En France, sans les apports de fécondité des immigrés, l'indicateur conjoncturel serait seulement de 1,7 au lieu de 2. On verra cependant que cette médaille a son revers : c'est une chance à condition d'intégrer ces jeunes issus de l'immigration en réussissant leur éducation.

Aussi, la France devrait s'inquiéter, et surtout s'alarmer, des perspectives concernant ses principaux voisins, qui sont aussi ses premiers clients. Grâce aux migrations et aux importantes régularisations de clandestins de ces dernières années, l'Espagne verra sa population augmenter de 1 million d'habitants, au lieu de baisser. L'Italie ne baisserait que de 2 millions. La Grande-Bretagne affiche une perspective comparable à celle de la France et pourrait même devenir la première puissance économique de l'Union (Dumont, Zaninetti, 2005) du fait d'un vieillissement moindre combiné aux importants flux migratoires enregistrés ces dernières années, notamment en provenance de l'Est[6].

Ces perspectives de déclin démographique de l'Europe sont connues depuis longtemps ; l'ONU avait même publié un rapport provocant, en 2000, annonçant une baisse de 40 millions d'habitants d'ici à 2050, ainsi que la nécessité, pour éviter un tel vieillissement, de faire venir plusieurs centaines de millions de personnes. Il va sans dire que ces calculs de simple arithmétique n'ont

---

6. Une étude récente a montré que 600 000 immigrants, provenant des nouveaux entrants de l'Est, se sont installés en Grande-Bretagne en 2004 et 2005, représentant 2 % de la population active. L'immigration aurait ainsi contribué à hauteur de 0,5 à 1 % de la croissance économique du pays en 2005 et 2006 (Grice, Brown, 2006).

aucun caractère prédictif. Il n'empêche que, sans un recours massif à l'immigration, il y aura moins d'actifs pour assurer la production des richesses.

L'Union européenne ne doit guère compter sur l'Europe de l'Est, dont la population va connaître un effondrement à la japonaise : la Russie passant de 143 à 129 millions, l'Ukraine de 47 à 37 ; même la très catholique Pologne pourrait perdre près de 1,5 million d'habitants entre 2005 et 2025 Au-delà des chiffres en valeur absolue, c'est surtout le vieillissement par le haut (plus de personnes âgées) et par le bas (moins de jeunes) qui va affecter la dynamique productive, entrepreneuriale et compétitive. Le Vieux Monde n'aura jamais autant mérité son nom dans l'histoire.

Le vieillissement de la population active va être particulièrement sensible pour l'Union européenne dans la période 2005-2050. Entre 2010 et 2030, les actifs de 25 à 54 ans pourraient baisser de 25 millions, voire de 45 millions d'ici à 2050. La relève ne sera pas assurée par les jeunes travailleurs de 15-24 ans, dont le nombre devrait continuer de baisser de près de 7 millions entre 2010-2030. Il faudra certainement augmenter le taux d'emploi des travailleurs plus âgés (55-64 ans), mais cela ne suffira pas à compenser les déficits précédents, puisque leur nombre augmentera de moins de 9 millions sur la même période. Ces perspectives de baisse de la population active en Europe annoncent des pénuries de main-d'œuvre dans les métiers les moins recherchés et renforcent la nécessité d'une immigration choisie.

Dans le même temps, les jeunes retraités, qualifiés par Eurostat de « seniors » (65-79 ans) vont augmenter de plus de 20 millions, et les personnes âgées de 80 ans et plus vont augmenter d'environ 30 millions. La question de la prise en charge de la dépendance et de la solidarité intergénérationnelle se posera d'autant plus que ces géné-

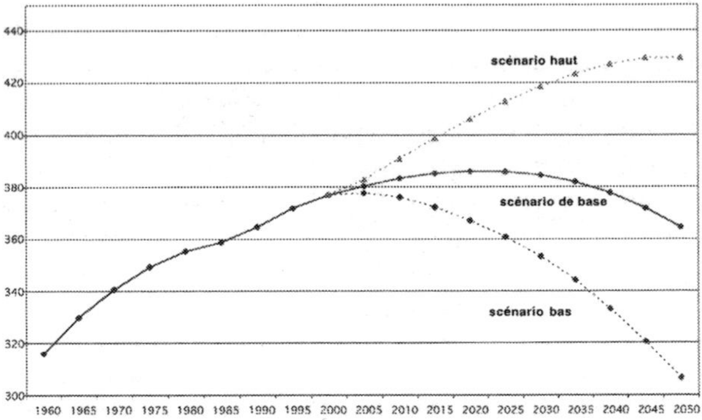

Figure 3.1 – L'implosion démographique de l'Europe des Quinze
(population de 1960 à 2050, en millions d'habitants)

Source : Eurostat, 2005 pour les données rétrospectives ; 1995 révision 1999 pour les projections. Les trois scénarios résultent de différences d'estimation de l'indicateur conjoncturel de fécondité, de l'espérance de vie et du solde migratoire pour la zone de l'Europe des Quinze. Le scénario de base est fondé sur un indice de fécondité qui progresse lentement jusqu'à 1,6 en 2050 avec un solde migratoire net de 0,6 million par an et une augmentation de cinq ans de l'espérance de vie. Le scénario bas reste à 1,4 de fécondité, suppose 0,3 million de solde migratoire et avec une augmentation de seulement trois ans de l'espérance de vie. Le scénario haut quant à lui table sur une progression de la fécondité à 1,9 à l'horizon 2050, fait l'hypothèse d'un solde migratoire de 0,9 million par an et d'une augmentation de huit ans de l'espérance de vie.

rations, plus nombreuses, ont eu moins d'enfants que les précédentes.

Dans un tel contexte, l'immigration apparaît nécessaire, mais problématique car la concentration des migrants dans les mégalopoles se révèle source de tensions et d'apartheid urbain. On sait que l'intégration des populations venues des terres d'islam est moins facile que celle des migrants venus d'Europe. Or l'Est, qui se vide, ne peut constituer un réservoir. Il serait peut-être temps de redécouvrir le potentiel de l'Amérique latine dont la

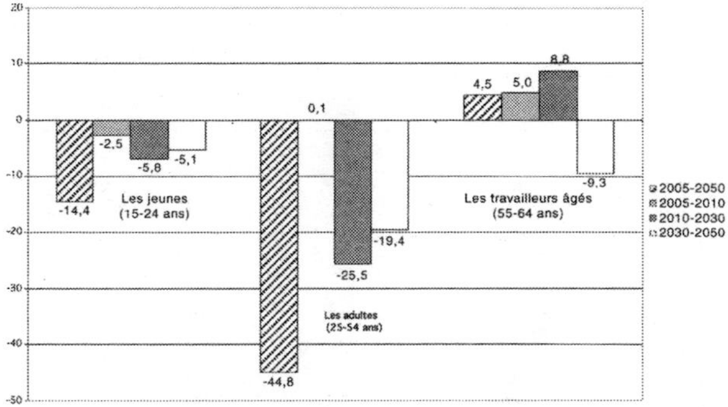

Figure 3.2 – Évolution de la population par structure d'âge de l'Europe des Vingt-Cinq
(variation sur la période, en millions)

Source : Eurostat, 2005.

population devrait augmenter de près de 140 millions entre 2005 et 2025.

L'Europe des Vingt-Cinq voit son solde migratoire augmenter d'année en année : 1,3 million en 2001, 1,7 million en 2006, dont 600 000 pour l'Espagne, 400 000 pour l'Italie et 210 000 pour le Royaume-Uni ; l'Allemagne, qui en était à + 80 000 ces dernières années, est retombée aux environs de + 30 000, au même niveau que l'Autriche. La France a été longtemps, officiellement, attachée au chiffre officiel de 50 000 étrangers supplémentaires par an, maintenant porté à 100 000. La réalité, compte tenu des arrivées clandestines et périodiquement régularisées, est sans doute plus proche de 150 000 à 200 000, comme ses principaux voisins. Ces flux devraient augmenter fortement, en raison des pénuries de main-d'œuvre dans le riche Nord vieillissant et de la jeunesse nombreuse et inemployée dans le Sud pauvre. Il y a déjà plus de jeunes de moins de 20 ans en Algérie qu'en France

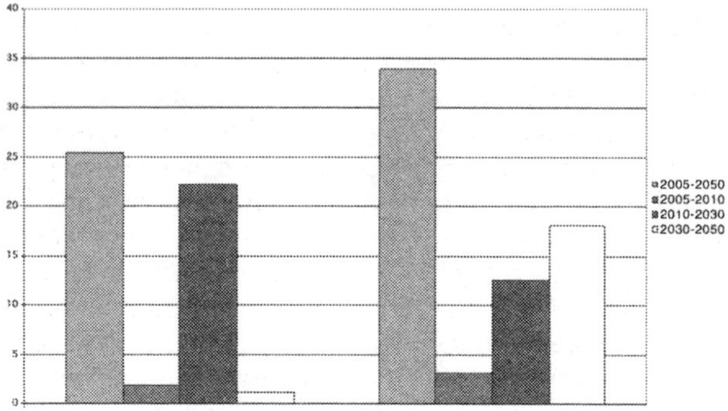

Figure 3.3 – Vieillissement de la population par structure d'âge de l'Europe des Vingt-Cinq
(variation sur la période, en millions)

Source : Eurostat, 2005.

(15 millions) et deux fois plus en Égypte ! Les 8,5 millions d'Espagnols de moins de 20 ans contrastent avec les 14 millions que compte son voisin marocain. Comment ne pas être tenté par l'Eldorado d'un travail au Nord ? On se souvient de la prédiction du président de l'Algérie, Houari Boumédiène, à la tribune des Nations unies, en 1974 : « Un jour, des millions d'hommes quitteront les parties méridionales pauvres du monde pour faire irruption dans les espaces relativement accessibles de l'hémisphère Nord, à la recherche de leur propre survie. »

Le recours à l'immigration pose plusieurs questions, rarement abordées parce que politiquement sensibles. La première concerne l'immigration sélective et choisie en fonction de quotas par origine et par métiers. L'Amérique du Nord, la Grande-Bretagne et certains pays nordiques y procèdent largement ; d'autres, comme la France, accueillent ceux qui parviennent à entrer sur le territoire. Résultat : les deux tiers des immigrés arrivant en

France ont un niveau d'éducation inférieur au premier cycle des collèges, contre 30 % seulement pour la Grande-Bretagne et 22 % pour les États-Unis (OCDE, 2001). La deuxième concerne l'accueil et l'intégration des populations étrangères : le laisser-faire en la matière conduit à l'apparition de phénomènes nouveaux, pour l'Europe, d'apartheid urbain et de concentration dans des quartiers où les conditions de vie se dégradent et que leurs habitants d'origine fuient (Maurin, 2004). La dernière concerne l'éthique du développement : a-t-on le droit de piller le capital humain des pays pauvres en attirant chez nous les mieux formés et les plus entreprenants d'entre eux ? En la posant ainsi, on induit la réponse négative qui s'impose : ce n'est pas comme cela que ces pays se développeront.

La France manque-t-elle d'immigrés ?

Le fait même de poser cette question paraîtra provocant aux yeux de ceux qui pensent qu'avant d'ouvrir en grand les portes de l'immigration, il faudrait d'abord intégrer correctement ceux qui sont déjà là. Il est vrai que les jeunes Français issus de l'immigration, et vivant dans les banlieues sensibles, n'ont pas donné à l'automne 2005 la meilleure image de notre modèle d'intégration. Il n'empêche qu'en raison de l'allongement de l'espérance de vie, de l'augmentation du nombre de retraités et du non-renouvellement des générations, la France va manquer de bras et de cerveaux.

C'est l'Europe tout entière qui est concernée par ce double vieillissement. Sans les apports migratoires de plusieurs centaines de milliers d'individus chaque année, l'Allemagne, l'Italie, et bientôt l'Espagne, verraient leur population diminuer puisque, dans ces pays, les berceaux ne compensent plus les cercueils. Et l'Europe s'est élargie avec une baignoire qui se vide : l'Europe de l'Est va régresser démographiquement d'ici à 2025. L'Europe des Vingt-Cinq disposerait dorénavant d'un solde migratoire nettement supérieur à celui des États-Unis. Les projections de population active sont connues : il va manquer à l'Europe au moins 25 millions d'actifs. Les perspectives sont claires : les jeunes seront incités à travailler plus tôt, les anciens à partir à la retraite plus tard, et il faudra bien ouvrir massivement les frontières pour répondre aux besoins non satisfaits du marché du travail. C'est ce que font nos voisins d'Europe du Sud, l'Espagne et l'Italie, qui ont réussi à intégrer, économiquement et socialement par le travail, chacun plusieurs millions d'étrangers depuis l'an 2000.

En Espagne, il s'agit d'une immigration jeune et masculine (avec un taux d'emploi des étrangers supérieur de 7 points à celui des nationaux, alors qu'il est inférieur de 20 points en France). En Espagne toujours, il peut y avoir des travailleurs non déclarés par les entreprises, mais il n'y a pas d'étrangers en situation clandestine, car ils sont tous inscrits auprès des municipalités pour obtenir les droits sociaux de base (couverture médicale et scolarisation des enfants). Rien de tel chez nous, où la tenue des registres municipaux rappelle les mauvais souvenirs de Vichy. De tels registres existent toujours en Alsace, sans que personne n'y trouve à redire. Le rapport de la Commission d'enquête du Sénat sur l'immigration clandestine (Othily, Buffet, 2006), rendu public le 13 avril 2006, rappelle « qu'on ne bâtit rien sur l'ignorance ». C'est ainsi que la migration clandestine a été estimée, par Nicolas Sarkozy, lors de son audition, entre 200 000 et 400 000 ! Ce constat rejoint celui de la Cour des comptes qui, en 2004, relevait qu'« un quasi-statut de l'immigrant en situation irrégulière » a été mis en place en matière de protection sociale, de droit à la scolarisation, d'emploi et d'aides au retour. La France préfère payer et ne pas savoir : les lignes budgétaires consacrées aux migrants étrangers (aide médicale d'État) ajoutées à l'allocation d'insertion des demandeurs d'asile ont coûté 740 millions d'euros en 2004, soit deux fois plus que prévu.

En raison de sa meilleure santé démographique, la France aura, peut-être, moins besoin de travailleurs migrants que ses voisins ; mais elle est aussi concernée par la saignée des 25-54 ans, dont le nombre devrait baisser de 1,6 million entre 2000 et 2025. Il lui faudra donc ouvrir les frontières à une immigration choisie en fonction des besoins du marché du travail, comme entend le faire la nouvelle loi 2006.

QUELLE IMMIGRATION CHOISIR ?

Pour éclairer le débat sur l'immigration choisie, il faut commencer par ne pas confondre les immigrés, personnes nées étrangères à l'étranger, ayant connu la migration et vivant en France, et les étrangers[7]. En 2005, la France comptait 5 millions d'immigrés (Borrel, 2006), contre 4,3 millions en 1999, dont, à l'époque, 2,7 millions d'étrangers et 1,6 million ayant acquis la nationalité française[8]. Notre république accorde assez généreusement la nationalité à 140 000 étrangers chaque année. C'est la raison pour laquelle la question du droit de vote des immigrés n'est pas un enjeu véritable : il suffit de devenir français. Assez exemplaire sur l'insertion juri-

7. Une personne ayant acquis la nationalité française depuis son arrivée en France est comptée comme immigrée. Inversement, une personne née française à l'étranger n'est pas immigrée. Une personne étrangère est une personne ayant déclaré une nationalité autre que la nationalité française.
8. En 1999, la population d'origine étrangère (les immigrés ainsi que leurs enfants de première et de deuxième génération) comptait 13,4 millions de personnes, soit 23 % de la population métropolitaine française (Tribalat, 2004).

dique, la France l'est moins sur l'insertion économique et sociale. Rappelons quelques chiffres clés.

Ces dix dernières années, le flux d'entrées officielles a quasiment doublé, passant de 120 000 à 220 000. Les ressortissants de l'Union européenne ont vu, dans le même temps, leur nombre régresser à un flux annuel de 43 000, contre 48 000 au début des années 1990.

Le taux de chômage des étrangers non UE est trois fois plus élevé que celui des Français. Sur les 2,9 millions d'étrangers en âge de travailler, à peine un tiers de femmes ont un emploi et un peu plus d'un homme sur deux. Au total, sur cinq étrangers adultes présents sur le territoire, moins de la moitié a un emploi. Les Maghrébins représentent 30 % des travailleurs étrangers, mais près de la moitié des chômeurs de cette catégorie.

Les Asiatiques, dont les flux annuels d'immigration régulière ont triplé depuis le début des années 1990 pour dépasser les 30 000, soit trois fois moins que les 100 000 Africains du Nord et du Sud, ont un taux de chômage deux fois plus faible que celui des Maghrébins.

Par contraste, les Portugais, qui étaient aussi nombreux que les Algériens ou que les Marocains dans la population active étrangère (24 %), ne représentent que 7 % des chômeurs. Les Portugais ont même un taux de chômage deux fois plus faible que celui des Français. Dommage que tous les Français ne soient pas d'origine portugaise !

Il est classique d'expliquer cette différence de taux de chômage par les niveaux de qualification insuffisants. On gagnerait certainement à rendre notre immigration plus sélective mais, surtout, à rendre la douce France plus attractive pour les plus éduqués des candidats à l'immigration. En attendant, force est de constater que nous subissons une immigration trop centrée sur l'Afrique et le regroupement familial, et peu ciblée sur le travail : en 2005, il n'y a eu que 11 500 cartes de séjour délivrées au titre de l'emploi, soit 7 % des flux. Le gouvernement a sans doute raison de vouloir encadrer les mariages mixtes, qui représentent aujourd'hui près de 18 % du total des mariages en France. On peut douter de l'utilité de la « carte des talents et des compétences », censée attirer une immigration qualifiée et utile à l'économie. Mais il faudrait aller plus loin dans le courage de poser les questions qui dérangent. Alors que les immigrés de première et deuxième génération seraient de l'ordre de 8 à 10 millions de personnes en France, dont une bonne moitié d'origine africaine et nord-africaine, il faut s'interroger sur notre incapacité à les intégrer par le travail, sans doute en raison de leur trop forte concentration régionale : l'Île-de-France accueille 40 % des étrangers, Rhône-Alpes, 11 % et PACA, 8 %. La carte scolaire concentre et renforce les handicaps liés aux origines et à l'insuffisante mixité sociale, au lieu de les diluer. Il est certainement plus facile pour un enfant d'immigrés maghrébins de s'intégrer en Bretagne ou dans les Pays de Loire. Mais cette analyse ne suffit pas à expliquer pourquoi le taux de chômage des ressortissants du Maghreb ayant suivi des études supérieures (24 %) est quatre fois plus élevé que pour l'ensemble des actifs du même niveau (6 %). Au-delà des discriminations, il y aurait donc d'autres facteurs, jusqu'ici mal identifiés, liés aux structures familiales, aux valeurs fondamentales, au statut de la femme et, sans doute, aux religions, qu'il faudrait intégrer dans l'analyse pour mieux comprendre le chômage différencié des migrants en fonction de leurs origines démographiques et ethniques.

Certains immigrés au chômage sont victimes d'un racisme latent qui leur ferme l'accès à de nombreux métiers. D'autres sont enclins à tirer le meilleur parti d'un système de protection sociale qui traite tous les résidents sur un pied d'égalité. Il est difficile de faire la part des choses. Le taux de chômage des femmes immigrées est encore plus fort. À se demander si l'indemnisation du chômage n'est pas considérée par certaines populations comme une aide sociale : le statut de chômeur immigré en France étant le plus souvent plus avantageux que celui de travailleur avec ou sans emploi dans le pays d'origine.

Qu'on le veuille ou non, de par notre histoire, nous continuerons à avoir une immigration subie plus ou moins clandestine. Pour la maîtriser, nous pourrions utilement nous inspirer de nos voisins, à commencer par l'Espagne qui a régularisé 700 000 travailleurs, dont la moitié provenait d'Amérique latine. La population de cette zone va augmenter de 135 millions d'habitants d'ici à 2025, soit une fois et demie plus que l'ensemble des pays du sud et de l'est de la Méditerranée. Il n'y a plus assez de Portugais pour répondre aux immenses besoins de professionnels dans le bâtiment et les travaux publics, mais il y a des millions de Brésiliens et de Latino-Américains prêts à se tourner vers l'Europe, leur deuxième patrie !

Comment améliorer les conditions d'intégration ?

Compte tenu de la tension et des violences qui règnent dans les quartiers où l'on concentre les populations d'origine étrangère, on peut s'interroger sur les conditions d'intégration. Si l'on veut que le creuset républicain empêche certains jeunes Français issus de l'immigration de siffler *La Marseillaise* et de renier le drapeau tricolore, il faut certainement revoir les règles d'acquisition de la nationalité. On a commencé à en faire l'expression d'un choix supposant une démarche personnelle.

Mais il faudrait aller plus loin et fixer des bornes, comme le proposait naguère le regretté Jacques Ellul (1989), en demandant « une déclaration solennelle d'adhésion aux lois fondamentales de la République, à l'âge de 18 ans, à tout enfant d'étranger choisissant la nationalité française[9] ». Ces lois fondamentales concernent, évidemment, le statut de la femme, les conditions du mariage, la séparation des pouvoirs spirituel et temporel. Ellul proposait une autre règle, classique en diplomatie : appliquer le principe de réciprocité, c'est-à-dire ne pas accorder en France des droits à des étrangers qui sont refusés aux Français qui vivent dans le pays d'origine. Il est urgent de respecter ces bornes, alors que la liberté de penser et de choisir sa religion fait partie, pour nous, des droits fondamentaux. Il n'est pas conforme au principe d'égalité entre les citoyens de légaliser implicitement la polygamie en accordant, à certains étrangers, des prestations sociales où il est fait masse de la famille élargie à plusieurs épouses, y compris pour l'attribution de logement ! Ce qui serait refusé à un Français de souche est toléré, au nom du droit à la différence. On le comprend, si certaines discriminations positives sont provisoirement nécessaires et souhaitables, pour atténuer les handicaps et faciliter l'intégration, elles ne doivent pas conduire, à l'inverse, à un renforcement des pratiques et des réglementations communautaristes. Sinon, l'on assistera au retour du système de la « personnalité des lois », dont la France de l'Ancien Régime a tant souffert.

Il n'y a pas de droits sans devoirs et cela vaut aussi pour la République, qui ne pourra imposer sa loi qu'en donnant aussi aux migrants de meilleures conditions d'accueil et d'intégration. Le laisser-faire en la matière conduit à la concentration, à l'apartheid urbain et sco-

9. Le projet de contrat d'intégration s'inscrit dans cette perspective.

laire. La France est une terre de mélange. Elle a longtemps su intégrer des migrants de tous pays ; et leurs enfants, mêlés aux autres Français, à l'école, à la paroisse et au service militaire, se sont fondus dans la masse. Aujourd'hui, le service militaire a disparu, la religion a muté[10] et l'école ne joue plus ce rôle. Dans une classe où la proportion d'enfants d'origine étrangère atteint les 80 à 90 %, comme c'est souvent le cas en Île-de-France où maintenant 40 % des naissances sont issues de l'immigration, on ne facilite pas l'intégration, bien au contraire. On concentre certaines spécificités et on renforce le sentiment d'exclusion et de différence communautaire. Comment progresser en français, là où personne ne le parle correctement ? En clair, pour que le ciment prenne dans le creuset républicain, il ne faut pas y mettre trop de sable en même temps.

Alors, que faire ? Les autruches politiques, dont les enfants fréquentent de bonnes écoles où les étrangers issus de milieux défavorisés sont minoritaires, ferment les yeux et laissent se développer dans les cités ce que j'ai appelé la « Seine-Saint-Denisation ». Le développement du *busing* (transport d'enfants) est une solution partielle, mais symbolique, qui donnerait au moins des chances plus sérieuses aux enfants des quartiers les plus doués et les plus travailleurs. Les bourses d'internat[11], pour permettre la réussite scolaire[12] à ceux qui n'ont pas des conditions familiales ou d'environnement favorables, ne

10. Il faudra bien tenir compte du fait que l'islam pourrait, à terme rapproché, devenir la première religion pratiquée de France. On estime qu'il y a aujourd'hui plus de quatre millions de musulmans et six millions de catholiques pratiquants, dont un million seulement participent au denier du culte. Il y a aussi 330 000 protestants.

11. *Cf. infra* chapitre IV.

12. Aussi incroyable que cela paraisse. Il est courant que les enfants qui travaillent bien et sont studieux se fassent « tabasser par d'autres à la récré, comme lèche-bottes ». Certains bons élèves font ainsi des fautes pour ne pas subir de brimades de la part des autres !

suffiront pas. Il faudrait une politique beaucoup plus volontariste, consistant à fermer les écoles où la proportion d'enfants d'origine étrangère dépasserait un certain seuil, afin de mieux les répartir. Comme le suggérait le président de SOS Racisme, Malek Boutih (2002) : « Les anciennes cités populaires sont devenues des cités ethniques, la proportion d'immigrés y est de plus de 80 %, ils ne rencontrent plus de Français menant une vie normale mais presque uniquement des cas sociaux. [...] La masse des immigrés est concentrée dans huit cents cités où une existence moralement et matériellement décente devient de moins en moins possible. [...] Pour les "cités", une seule solution : les détruire pour reconstruire autrement. » Il ajoutait : « Il est indispensable de mettre fin à une logique d'assistance, [...] de remercier un certain nombre de bureaucrates inefficaces et de démonter cette usine à gaz qui vit de la dégradation de la ville. » Il prônait enfin une « politique de nombre et de quotas ». Il n'y a rien à ajouter, ni à enlever à ces propos. Que ceux qui refusent de suivre cette voie se mettent à la place de ceux qui vivent dans les cités ou y passent au moins quelques heures. Depuis mon adolescence, je suis retourné aux Mureaux. Malek Boutih a raison ! Il faut détruire ces cités et disséminer la population qui y vit sur tout le territoire. Mais qui aura le courage de cette audacieuse « stratégie anticités » qu'il appelle de ses vœux ?

S'il y a des quartiers difficiles, c'est d'abord en raison de l'incivilité de quelques caïds qui font la loi dans les cités et paradent en toute impunité dans des voitures décapotables. Comment, toutefois, faire respecter la loi quand on sait que moins de 5 % des délits aboutissent à une condamnation et encore moins à la prison effective ? La question de la « tolérance zéro » est posée. En attendant, c'est l'impunité qui règne dans 95 % des cas. Ainsi, « les banlieues sont terrorisées », comme l'a écrit Jacques

Gaillard (2002), « la violence s'est communautarisée » et les tournantes (viols collectifs) font partie de ces rituels barbares décrits par certains journaux de façon purement anthropologique et exotique, en oubliant qu'il s'agit de graves délits commis sur notre territoire. Et Jacques Gaillard de conclure : « Toute entreprise de reconstruction d'un lien civique a pour préalable nécessaire que l'on casse l'oppression dont sont victimes les parents, les voisins, les plus jeunes. [...] C'est d'abord dans les "quartiers" qu'il faut rétablir la sécurité en l'imposant au nom de la liberté. » Ce diagnostic rejoint celui de Charles Hadji (2002) : « Le seul vrai handicap subi par les jeunes dans les quartiers "difficiles" n'est-il pas dans l'impossibilité, où les place l'action destructrice et terrorisante de quelques violents, d'utiliser en toute sécurité les transports en commun, de bénéficier en toute liberté des équipements collectifs, d'apprendre en toute sérénité à l'école ? » À qui la faute ? Ces jeunes violents sont, eux-mêmes, les victimes d'un manque de repères et d'interdits. Sans éducation et discipline, l'enfant reste un animal sauvage et, comme le souligne Charles Hadji : « Le sauvageon est celui qui n'a pas eu la chance de rencontrer l'interdit qui le fera passer de l'état sauvage à l'état humain. »

La conclusion s'impose : ce n'est pas en dépensant toujours plus pour les villes et les cités que l'on résoudra les problèmes, mais en changeant de politique. En prônant la tolérance zéro, l'apprentissage de règles et de la discipline à l'école, mais aussi et d'abord à la maison. Les problèmes posés par la délinquance juvénile sont graves dans les zones urbaines sensibles (ZUS), mais il ne faut pas pour autant les aborder de manière alarmiste. Ce n'est pas la première fois dans l'histoire que la société française est confrontée à ce phénomène. Michel Winock (2002) rappelle qu'au début du XXe siècle, la criminalité juvénile explosait en même temps que se développait le fléau des bandes. « Des adolescents et de jeunes adultes, le plus souvent sans travail ou rétifs à l'usine, habitant la "zone" (les fortifs) ou la proche banlieue terrorisent les populations par leurs agressions, leurs chapardages, leur violence sur les passants et aussi par des batailles rangées qu'ils se livrent au couteau et au revolver, bande contre bande. On les appelle les apaches. » Rétrospectivement, on peut expliquer ce phénomène par l'urbanisation trop rapide, Paris passant de 500 000 habitants en 1800 à 3 millions en 1914. Les mêmes causes ont, sans doute, produit les mêmes effets dans les mégalopoles d'aujourd'hui. On peut espérer qu'ils se dissoudront, à leur tour, avec le temps.

On l'a dit, il s'impose sans doute de raser certaines cités et de répartir les populations étrangères sur le territoire. Mais, pour les diluer, il faudra aussi assurer un meilleur brassage social, afin que les enfants, dont les parents maîtrisent mal le français, se retrouvent avec une majorité d'autres n'ayant pas ce handicap en classe comme en cour de recréation. Et donc, faire en sorte qu'il y ait un maximum d'enfants nés au pays dans les écoles. Bref, si le vieillissement de l'Europe impose l'ouverture des frontières, il devrait aussi inciter à une politique familiale plus volontariste, ne serait-ce que pour faciliter l'intégration des enfants d'immigrés.

Comment expliquer les écarts de croissance entre l'Europe et les États-Unis[13] *?*

Le produit intérieur brut (PIB) d'un pays correspond très exactement à la somme des valeurs ajoutées produites dans ce pays. Le PIB est donc un indicateur de niveau de production. Faute de mieux, il sert aussi à mesurer le niveau de vie lorsqu'il est rapporté aux habitants (PIB par habitant). En effet, la valeur ajoutée produite dans un pays n'est pas totalement redistribuée sous forme de revenus dans ce même pays ; une partie fait l'objet de transferts vers l'étranger. On estime, ainsi, que le revenu par habitant de l'Irlande est inférieur de 20 % environ à son PIB par habitant. Afin de permettre les comparaisons internationales, la mesure du PIB est généralement exprimée en US$ constants d'une année de référence et en PPA (parité de pouvoir d'achat). Les conventions qui régissent ces calculs font l'objet de débats, car la mesure est très sensible aux définitions, et une simple modification d'année de référence est susceptible d'entraîner des changements significatifs.

La variation annuelle moyenne du PIB donne la mesure de ce que l'on appelle la croissance économique. La croissance du PIB est égale à la somme de la croissance du PIB par habitant et de celle de la population. Nous avons montré que, depuis 1980, l'écart de croissance économique entre les États-Unis et l'Europe s'explique pour l'essentiel par la moindre dynamique démographique.

---

13. Ce texte reprend une partie d'un article rédigé avec Philippe Durance et Michel Martinez (2006). Que le lecteur nous pardonne son caractère un peu technique. Mais il faut parler latin pour se faire entendre dans certains milieux.

Le niveau de PIB par habitant, quant à lui, est égal à la productivité horaire (le PIB rapporté au nombre d'heures travaillées) multipliée par le nombre d'heures travaillées par habitant. À partir de ces éléments, nous avons montré que les écarts de richesses produites par habitant ne s'expliquent pas par des niveaux de productivité (horaires ou par actif) différents, mais tout simplement par la quantité de travail fournie par les habitants de chaque pays. C'est bien l'activité qui crée la richesse. Ce constat est valable seulement pour les pays développés, la qualité du capital humain y étant comparable. Dans les sociétés avancées, les différences de niveau de vie résultent presque exclusivement de la mobilisation quantitative de ce capital humain : le nombre d'heures travaillées par habitant. Le constat est limpide : si la France recule par rapport à la Grande-Bretagne, c'est simplement parce qu'elle travaille 26 jours de moins par habitant ! Ce constat est d'autant plus difficile à admettre que, par ailleurs, nous nous vantons d'avoir un niveau de productivité horaire, ou par actif employé, supérieur à celui des États-Unis ! Nous n'avons pas lieu d'être fiers de cette performance[14].

LES ÉCARTS DE TAUX DE CROISSANCE ENTRE LES ÉTATS-UNIS ET L'EUROPE S'EXPLIQUENT ESSENTIELLEMENT PAR LA DÉMOGRAPHIE

Dans la période 1980-2007, la population des États-Unis a augmenté de 30 % et celle de l'Europe de moins de 10 %[15]. Depuis vingt-cinq ans, le taux de croissance démographique est deux à trois fois plus élevé aux États-

14. *Cf. infra* chapitre V.
15. En ne tenant pas compte de la réunification de l'Allemagne.

Unis qu'en Europe (*cf.* tableau 3.7). Cet écart implique, toutes choses égales par ailleurs, un différentiel de croissance économique équivalent. C'est essentiellement pour cette raison démographique que la croissance du PIB des États-Unis est supérieure à celle de l'Europe. En effet, l'écart de croissance du PIB par habitant est très faible (0,2).

Dans ce paysage, la France se distingue : globalement, son taux de croissance annuel de la population n'est inférieur que de 0,3 point à celui des États-Unis sur la période 2000-2007. Sur la même période, la France a une croissance moyenne annuelle du PIB par habitant inférieure de 0,3 point à la moyenne européenne. Cette moindre performance n'apparaît pas si fortement dans les comparaisons portant sur la seule croissance du PIB, en raison de sa meilleure dynamique démographique.

Ainsi, l'Espagne et la Grande-Bretagne nous ont rattrapés, avec des taux de croissance du PIB par habitant supérieurs au nôtre de 1 point par an, en moyenne, depuis un quart de siècle. La Grande-Bretagne nous a même dépassés : son niveau de PIB par habitant était de 10 % plus élevé que le nôtre en 2007 ; c'était l'inverse en 1980. Ne parlons pas des États-Unis, dont le PIB par habitant est maintenant de 40 % supérieur au nôtre, contre 20 % en 1980. Si la France recule, en niveau de vie par rapport à ses principaux partenaires, à l'exception de l'Allemagne et de l'Italie, ce n'est pas pour des raisons démographiques, mais du fait d'un nombre d'heures travaillées par habitant le plus faible des pays développés.

Avant d'examiner ce point, retenons un premier message : la variable « croissance de la population » semble bien expliquer l'essentiel des différences de croissance du PIB entre les États-Unis et l'Europe depuis un quart de siècle. Le faible écart constaté dans les années 1980 et 1990 en matière de croissance du PIB par habitant s'expliquait, peut-être, par de nombreux facteurs : amélioration de l'efficacité productive des facteurs, accumulation du capital, augmentation du nombre d'heures travaillées par habitant, voire effets multiplicateurs de la demande finale portée par cette dynamique démographique. Les économistes pointent généralement leur analyse sur la productivité apparente du travail, conséquence du changement technique et du processus d'accumulation du capital. Ce point nous paraît discutable.

LES DIFFÉRENCES DE RICHESSES PRODUITES S'EXPLIQUENT D'ABORD PAR LA QUANTITÉ DE TRAVAIL

La piètre performance de la France s'explique d'abord par un taux d'emploi trop faible (près de 10 actifs occupés en moins sur 100 personnes en âge de travailler pour la France par rapport aux États-Unis en 2007) et par des actifs, dont l'excellente productivité, comparable à celle des États-Unis, ne suffit pas à compenser une durée de travail réduite : un actif américain travaille 17 % de plus qu'un Français, comme d'ailleurs les Japonais et les Italiens ainsi que, dans une moindre mesure, les Espagnols et les Anglais.

Dans certains pays, le nombre moyen d'heures travaillées par habitant a baissé depuis vingt-cinq ans (une diminution de la part des actifs, du taux d'emploi et de la durée du travail ayant conjugué leurs effets). Cinq pays font exception à cette règle : l'Espagne (+ 19 %), les États-Unis (+ 7,5 %), l'Italie (+ 9 %), les Pays-Bas (+ 4,2 %), le Royaume-Uni (+ 1,6 %) ; ils ont vu leur nombre d'heures travaillées par habitant augmenter depuis 1980. Dans la plupart de ces pays, le chômage a aussi fortement baissé dans les années 1990.

	Nombre moyen d'heures travaillées par an			
	par habitant		par actif occupé	
	1980	2007	1980	2007
États-Unis	808	868	1 810	1 794
Europe (15)	744	737	1 807	1 610
Japon	1 063	901	2 121	1 785
France	**743**	**620**	**1 845**	**1 533**
Allemagne	767	693	1 753	1 433
Royaume-Uni	789	802	1 773	1 670
Italie	704	774	1 859	1 824
Espagne	629	751	1 912	1 635
Pays-Bas	702	732	1 668	1 392
Danemark	815	822	1 646	1 573

Tableau 3.3 – Nombre moyen d'heures travaillées par an par habitant et par actif occupé en 1980 et en 2007

Source : OCDE, base de données sur la durée annuelle effective du travail, 2008.

La France est de loin le pays où l'on travaille le moins, par habitant dans une année : 620 heures en 2007, contre 693 en Allemagne, 751 en Espagne, 802 au Royaume-Uni et 868 aux États-Unis Autrement dit, l'Américain d'aujourd'hui travaille 40 % de plus, en moyenne, que le Français, l'Allemand 11 % de plus, l'Espagnol 21 % de plus et l'Anglais 29 % de plus. En 2007, l'écart de PIB par habitant entre les États-Unis et la France était de l'ordre 12 500 US$ (43 200 US$ par tête aux États-Unis contre 30 700 US$ en France).

	1980	1990	2000	2007
États-Unis	25,6	32,1	39,4	43,2
Europe (15)	18,9	23,4	28,2	31,3
Japon	18,6	26,0	28,6	31,7
France	20,3	24,3	28,3	30,7
Allemagne	20,2	25,0	29,7	32,2
Royaume-Uni	18,1	23,1	28,6	33,2
Espagne	15,3	19,7	25,0	28,4
Italie	18,7	23,5	27,5	28,5

Tableau 3.4 – PIB par habitant (en milliers d'US$ et en PPA 2002)

Source : COE-Rexecode, 2008.

	1980	1990	2000	2007
États-Unis	126	159	194	213
Europe (15)	93	115	139	155
Japon	92	128	141	156
France	100	120	140	152
Allemagne	100	123	147	159
Royaume-Uni	89	114	141	164
Espagne	75	97	123	140
Italie	92	116	136	141

Tableau 3.5 – PIB par habitant, base 100, France 1980 (en PPA 2002)

Source : COE-Rexecode, 2008.

	Nombre équivalent jours ouvrés travaillés par an			
	par habitant		par actif occupé	
	1980	2007	1980	2007
États-Unis	115	124	259	256
Europe (15)	106	105	258	230
Japon	152	129	303	255
France	106	89	264	219
Allemagne	110	99	250	205
Royaume-Uni	113	115	253	239
Italie	101	111	266	261
Espagne	90	107	273	234
Pays-Bas	100	105	238	199
Danemark	116	117	235	225

Tableau 3.6 – Nombre d'équivalents jours ouvrés travaillés par an par habitant et par actif occupé en 1980 et 2007

Source : OCDE, base de données sur la durée annuelle effective du travail, 2008

On constate que la France, prise comme base 100 en 1980, était à l'époque à 7 points au-dessus de la moyenne européenne. Depuis, elle n'a cessé de voir sa position relative se dégrader et est même passée, pour la première fois, juste en dessous en 2007. Elle se trouve devancée de cinq points par l'Allemagne, qui a pourtant dû absorber l'Allemagne de l'Est, et de 12 points par le Royaume-Uni. De son côté, l'Espagne pourrait nous rattraper avant 2020 (elle n'a plus que sept ans de retard sur nous).

Retenons un deuxième message : pour des populations données, ayant des niveaux de productivité comparables, la richesse produite par habitant chaque année dépend d'abord du nombre d'heures travaillées. De ce point de vue, la France est largement en dessous de son potentiel. C'est ainsi que, malgré une croissance de sa population systématiquement supérieure à la moyenne communautaire, elle accuse un retard de croissance de PIB par habitant. S'il existe un effet multiplicateur de la démographie, la France n'en profite pas : elle se contente de faire aussi bien que l'Europe en termes de croissance du PIB en volume et beaucoup moins bien que ceux qui la dépassent en mobilisant plus intensément leur force de travail.

La richesse produite par habitant, assimilée au « niveau de vie », dépend du nombre d'heures travaillées par habitant et de la productivité horaire. La différence de 12 500 US$ de PIB par habitant (soit environ 9 000 €) est l'exacte mesure de la valeur ajoutée que nous ne créons pas en travaillant moins que les Américains.

LA PRODUCTIVITÉ DÉPENDRAIT MOINS DE LA TECHNOLOGIE QUE D'UN MULTIPLICATEUR DÉMOGRAPHIQUE

Aux États-Unis, la croissance économique est restée identique dans les années 1980 et les années 1990 : 3,3 % par an. Le rythme d'accroissement du PIB par habitant est quant à lui passé de 2,3 % par an à 2,1 % par an. L'effet des TIC sur la productivité, que de nombreuses études ont identifié comme ayant joué un rôle majeur aux États-Unis dans la seconde partie des années 1990, n'a donc pas permis d'augmenter la croissance du niveau de vie par rapport aux rythmes observés dans les années 1980.

Ce constat pose plusieurs questions : où est l'impact de la nouvelle économie ? Ne peut-on y voir d'autres facteurs, comme un effet bénéfique de la dynamique démographique des années 1980 sur la croissance de ces deux périodes ? Dans quelle mesure les gains ou les pertes de

	Population			PIB (*)			PIB/habitant			PIB/actif occupé (*)		
	1980/1990	1990/2000	2000/2007	1980/1990	1990/2000	2000/2007	1980/1990	1990/2000	2000/2007	1980/1990	1990/2000	2000/2007
États-Unis	0,9	1,2	1,0	3,3	3,3	2,4	2,3	2,1	1,3	1,6	1,7	1,4
Europe (15)	0,3	0,4	0,5	2,4	2,3	2,0	2,2	1,9	1,5	1,7	1,7	1,0
Japon	0,6	0,3	0,1	3,9	1,2	1,6	3,4	1,0	1,5	3,0	1,1	1,8
France	0,5	0,4	0,7	2,4	2,0	1,8	1,8	1,5	1,2	2,1	1,3	1,1
Allemagne	0,1	0,3	0,0	2,3	2,1	1,2	2,2	1,8	1,2	1,3	1,9	0,9
Royaume-Uni	0,2	0,3	0,5	2,6	2,4	2,6	2,5	2,1	2,1	1,9	2,2	1,8
Italie	0,1	0,0	0,6	2,4	1,6	1,1	2,4	1,5	0,5	1,8	1,5	– 0,3
Espagne	0,4	0,4	1,6	2,9	2,8	3,4	2,6	2,4	1,8	1,8	1,0	0,1
Pays-Bas	0,6	0,6	0,4	2,2	3,2	1,9	1,7	2,5	1,5	1,1	1,2	1,2
Danemark	0,0	0,4	0,3	1,6	2,3	1,7	1,5	1,9	1,4	1,2	1,9	1,2

(*) en parité de pouvoir d'achat (PPA) de 2002, en US$

Tableau 3.7 – Population, PIB, PIB par habitant et PIB par actif occupé
(taux de croissance moyen annuel sur la période, en %)

Source : AMECO pour la population active occupée, Coe-Rexecode pour la population et le PIB. Prévisions Coe-Rexecode pour l'année 2007.

productivité (PIB par actif) d'un pays s'expliquent-ils par les variations de taux d'emploi ? Nous allons tenter de répondre à cette dernière question.

L'évolution du PIB par actif, qui mesure la productivité apparente du travail, est beaucoup plus contrastée que celle du PIB par habitant. Malgré une croissance du PIB supérieure à celle de l'Europe (3,3 % contre 2,4 %), les États-Unis, avec 1,6 % de gains annuels moyens de productivité au cours des années 1980, étaient à la traîne, mais créaient beaucoup plus d'emplois que l'Europe avec ses 1,7 % de productivité. Dans les années 1990, les États-Unis ont renforcé leur avance d'un point de croissance du PIB, avec des gains de productivité comparables. Pour la période la plus récente (de 2000 à 2007), les États-Unis sont loin devant avec une croissance de productivité de 1,4 %, proche de celle des années 1990, alors que l'Europe décroche à 1 % ! Faut-il voir dans ces performances de productivité les effets bénéfiques de l'avance américaine dans les TIC ? La réponse à cette question est plutôt négative pour les années 1980 et 1990.

En effet, la comparaison de la productivité apparente du travail entre pays est un exercice délicat. Dans tous les cas, il ne peut être fait à partir de simples chiffres bruts ; le niveau de PIB par actif, c'est-à-dire de productivité apparente du travail, est étroitement lié au taux d'emploi du pays concerné : une baisse de ce taux se traduit donc généralement par une hausse de la productivité, et inversement, par effet de sélection des plus productifs. La comparaison des PIB par actif entre pays doit donc prendre en compte les différences de niveau de taux d'emploi.

Il est aisé de comprendre qu'à taux d'emploi comparable, il vaut mieux avoir une productivité plus élevée ; inversement, à productivité comparable, il vaut mieux avoir un taux d'emploi élevé. Tous les habitants ne sont pas actifs, mais le nombre d'heures travaillées explique l'essentiel de la différence de niveau de productivité apparente du travail, puisque les Américains travaillent 40 % de plus que les Français par an. S'ils travaillent, c'est qu'il y a une demande solvable à satisfaire, peut-être aussi plus soutenue qu'ailleurs pour cause d'expansion démographique.

Nous avançons l'hypothèse d'un multiplicateur démographique qui serait à l'origine d'une part importante des gains de productivité plus élevés aux États-Unis qu'en Europe. Généralement, les économistes (se référant à la fameuse fonction de production de Cobb-Douglas) expliquent la croissance par trois facteurs : le capital, le travail et le progrès technique. Revenons aux sources : la productivité est le résidu de croissance supplémentaire, qui ne s'explique pas par l'augmentation des facteurs de production (capital et travail). Faute de mieux, on attribue ce surcroît de croissance du PIB par actif au progrès technique (en l'occurrence la diffusion des technologies de l'information), ce qui est une manière positive de désigner le résidu non expliqué.

La croissance du PIB dépend de deux facteurs : le PIB par actif occupé et le nombre d'actifs occupés. L'augmentation du PIB par actif occupé est de fait plus forte aux États-Unis qu'en Europe depuis le milieu des années 1990. Mais alors, comment expliquer la productivité et la croissance économique des années 1960, en moyenne deux fois plus élevées que dans les années 1990, aux États-Unis comme en Europe, alors qu'il n'y avait pas d'ordinateurs ?

En réalité, la variation du PIB par actif est d'autant plus significative que le nombre d'actifs occupés et les débouchés augmentent, dans une population en expansion. Le progrès technique, l'apprentissage et les économies d'échelle conjuguent leurs effets pour baisser les coûts unitaires, améliorer la qualité, bref, augmenter la valeur ajoutée, c'est-à-dire le PIB par actif. Le multiplicateur de la dynamique démographique joue encore en faveur des États-Unis, certes moins que dans les années 1960, mais plus du tout pour l'Europe vieillissante. Les économistes ne trouvent pas ce multiplicateur démographique parce qu'ils ne le cherchent pas. Cette hypothèse éclairerait pourtant mieux le décrochage de croissance du PIB par actif, constaté depuis le début des années 2000 entre les États-Unis et l'Europe, que le seul retard dans les technologies de l'information et de la communication. La croissance à long terme des pays développés serait commandée par la démographie. La vraie question pour nos entreprises est celle des débouchés : l'Europe absorbe 90 % de ce que la France produit, sa population devrait stagner d'ici à 2025 (celle des pays de l'Est va baisser de plus de 20 millions), alors que celle des États-Unis continue à augmenter de plus de 50 millions. Le recul du Japon dans les années 1990 s'explique, quant à lui, par un vieillissement plus rapide.

Selon l'hypothèse du multiplicateur démographique, les différences démographiques expliqueraient la majeure partie de l'écart constaté entre les pays développés en termes de création d'emplois, dans le dernier quart de siècle[16]. Les aspects qualitatifs, liés à l'apprentissage plus facile des nouvelles techniques par des populations jeunes, contribuent certainement à ce multiplicateur. Dans une étude comparative s'appuyant sur un modèle de croissance endogène, Baudry et Green (2000) montrent comment les pays à forte croissance démographique diffusent plus rapidement les techniques modernes et créent plus d'emplois : un test réalisé sur dix-huit pays de l'OCDE

16. Naturellement, cette comparaison ne vaut que pour les pays développés dans lesquels l'investissement en capital humain est élevé et ne s'applique pas aux pays en développement où la relation entre la dynamique démographique et la croissance économique peut s'avérer négative si les conditions favorables à la croissance (niveau d'éducation, climat de confiance) ne sont pas réunies.

fait apparaître une corrélation positive et significative entre la croissance démographique et l'emploi pendant les années 1975 à 1997, période où précisément se diffusent les nouvelles technologies de l'information. Cette hypothèse revient toujours comme une question ; elle mériterait des recherches spécifiques sur l'hypothèse d'un multiplicateur démographique de la croissance que nous appelons de nos vœux.

CHAPITRE IV

Quatre questions sur l'éducation, la formation et l'emploi

De quoi souffre notre système éducatif ? Comment le réformer ?

Voici une petite histoire vraie, dont j'ai été le témoin, et qui commence comme un conte de fées. Un beau jour, du début des années 1980, un haut fonctionnaire français, major du corps des mines, visitant les usines automobiles Honda, apprend que 90 % des ouvriers japonais travaillant sur les chaînes automobiles sont allés à l'école jusqu'à l'âge de 18 ans ; il entend aussi « année terminale » et comprend « baccalauréat ». Il faut dire que la conversation se passe en anglais et que les Français parlent mieux l'anglais que les Japonais, ce qui donne une idée de la précision de l'échange ! De retour à Paris, il déclare à son ministre Jean-Pierre Chevènement : « Eurêka ! Si les Japonais sont plus performants que nous en matière automobile, c'est qu'ils mettent des bacheliers sur les chaînes alors que nous faisons appel à des OS sans diplôme. » Ainsi est né le slogan des 80 % d'une génération au niveau du bac.

La réalité est tout autre. Au Japon, tout le monde va effectivement à l'école jusqu'à l'âge de 18 ans mais, pour préserver la cohésion des groupes, il n'y a pas de redoublements. La véritable sélection commence après l'année de terminale, avec de féroces concours pour entrer dans les universités réputées, équivalents à ceux de nos grandes écoles. L'entraînement débute dès le plus jeune âge, par des cours du soir et d'été, et ceux qui travaillent sur les chaînes, dès l'âge de 18 ans, sont précisément ceux qui ont échoué.

La bonne question qu'il aurait fallu se poser à l'époque était la suivante : comment font nos amis allemands pour fabriquer des Mercedes avec des immigrés turcs ? La réponse se tient dans l'apprentissage et nulle part ailleurs. En fermant leurs écoles de formation, les grandes entreprises industrielles françaises ont créé un handicap supplémentaire par rapport à leur voisin d'outre-Rhin où cette responsabilité est partagée entre le monde du travail et le système éducatif. Je me souviens d'avoir demandé en 1987 à René Monory comment lui, le garagiste sans diplôme, avait pu reprendre cette idée des 80 % d'une génération au niveau du bac ? Sa réponse m'afflige encore : « Je ne pouvais pas démentir mon prédécesseur ! »

LA MALADIE DU DIPLÔME ET SES EFFETS PERVERS[1]

La maladie du diplôme s'est répandue en France telle une épidémie car, moins un diplôme vaut, plus il est

1. Nous reprenons ici les idées avancées, en vain, il y a déjà une vingtaine d'années (Godet, 1988a).

nécessaire de l'avoir, et si l'avoir ne donne pas grand-chose, ne pas l'avoir empêche tout. Ainsi, paradoxalement, plus les diplômes universitaires ressemblent à une monnaie de singe, plus ils sont recherchés. En bonne logique, chacun cherche à se prémunir du chômage par des études de plus en plus longues. Cette tendance marque le pas depuis quelques années et devrait s'inverser avec le retournement démographique et la pénurie de jeunes.

Si, comme l'a bien montré le Centre d'études et de recherches sur les qualifications (Cereq) (2004), le taux de chômage des jeunes diminue avec un niveau de formation générale plus élevé, il ne faut pas en conclure que le problème serait résolu si tous les jeunes devenaient docteurs de l'Université. C'est là une illusion d'optique, car multiplier le nombre de diplômés ne fera que dévaluer les diplômes. La demande des entreprises ne fait que s'adapter à l'inflation de l'offre. Bref, si la course au diplôme est toujours rentable à court terme sur le plan individuel, elle conduit aussi à un gaspillage des ressources financières et engendre à long terme de multiples frustrations individuelles et collectives.

Certes, nous avons réussi à doubler le nombre de bacheliers en vingt ans, mais au prix d'effets pervers qui n'ont pas fini de coûter cher à la société. On connaît les frustrations des surdiplômés, notamment dans les administrations[2], qui ne facilitent ni la motivation des agents ni une réforme en profondeur des services publics. Ces derniers sont, plus que d'autres, attachés à un système qui leur permet de valoriser leur assignat universitaire.

---

2. Certains y voient une « bombe à retardement pour l'administration » : pour les concours externes de la fonction publique d'État organisés en 1998, 52 % des reçus en catégorie C et 61 % en catégorie B étaient surdiplômés et 15 % des reçus en catégorie C étaient même doublement surdiplômés (Bordarier, Doroszczuk, 2001).

Plus grave encore, les enfants d'ouvriers, d'employés ou d'immigrés ont, à juste titre, le sentiment d'avoir été floués car l'ascenseur social ne fonctionne plus grâce au seul bac.

La confusion des sens et des mots dans le domaine de la formation entretient le mirage que le savoir vaudrait compétence ou qualification, alors que ces derniers passent par l'expérience. Or les enseignants, pour la plupart, n'ont pas d'autre expérience de la vie que l'école ou l'université et continuent à privilégier les filières d'enseignement général au détriment de l'enseignement professionnel. Cette évolution n'est pas fatale et dépend aussi des choix des parents et des élèves. Rien ne leur interdit de jouer gagnant avec l'alternance qui, là encore, concerne cinq fois plus d'adolescents en Allemagne que chez nous. Outre-Rhin, le taux de chômage des jeunes est aussi trois fois moins élevé qu'en France, car l'apprentissage, placé surtout sous la responsabilité des entreprises, facilite l'insertion professionnelle des deux tiers d'une génération. Un nombre croissant de bacheliers de l'enseignement général se tourne vers cette solution. Soixante pour cent des apprentis dans les banques sont bacheliers et l'apprentissage n'est pas, comme trop souvent dans notre pays, une structure de relégation. Encore faut-il bien distinguer, au sein de l'enseignement technique dans l'Hexagone, les filières secondaires des tertiaires. Le contenu professionnel de ces dernières reste souvent insuffisant.

Réhabiliter l'image, le statut social et financier de certains métiers dévalorisés, mal rémunérés, s'impose en conséquence. Ce qui a été fait pour les éboueurs de la Ville de Paris pourrait l'être pour le bâtiment, les services de restauration, d'hôtellerie ou de nettoyage. Au Danemark, les maçons sont aussi bien considérés et presque aussi bien payés que les avocats. Conclusion : on ne manque pas de maçons et l'on n'a pas trop de juristes ! On a certainement eu tort de supprimer le certificat d'études : gage de savoir lire, écrire et compter. Mon grand-père, d'origine plus que modeste, l'avait obtenu en 1907 à l'âge de 12 ans. Il sut écrire sans une faute jusqu'à ses 93 ans ! Proposons aux prochains ministres de l'Éducation un objectif pour 2015 : que 80 % des bacheliers sachent lire, écrire et compter correctement !

Ainsi, la société française est atteinte de « diplomosclérose », c'est-à-dire rigidifiée par la hiérarchie des diplômes, comme l'était l'Ancien Régime par les titres de noblesse, comme l'avait bien relevé en 1985 le Collège de France dans son rapport au président de la République : « Un incapable scolairement garanti et un compétent scolairement démuni sont séparés à vie tel le noble et le roturier. » En 1988, Jacques Lesourne remettait à René Monory son rapport : « Éducation et société pour demain ». Rapporteur de son groupe de travail, je publiai deux articles où je reprenais ce qui était dit souvent entre les lignes et n'avait pu être développé dans le rapport. Le premier sur « La France malade du diplôme » dans *Le Monde de l'éducation* (1988a) et en même temps « Défis et crise mondiale des systèmes éducatifs » dans la revue *Futuribles* (1988b). Dans ce dernier article, je m'appuyais notamment sur un rapport remarquable de l'OCDE, *L'Enseignement dans la société moderne,* qui datait de 1985. C'est sans doute en raison de son titre anodin que ce rapport, aussi explosif que méconnu, avait pu être publié. J'en ai conservé deux copies pour mémoire. Rédigé par Mark Blaug (1982), le directeur, réputé très à gauche, de l'Institut d'éducation de Londres, ce rapport avançait notamment que :

— « le recours au diplôme outil de sélection n'est qu'une des formes de discrimination statistique. Peu coûteux, il est le seul socialement acceptable. [...] L'important est que chaque travailleur accepte le principe selon lequel certains seront mieux payés que d'autres, en bref, le filtrage (scolaire) est rentable, non parce que les "bons" élèves sont toujours de bons travailleurs mais parce que cette utilisation des certificats et diplômes évite le conflit d'intérêts inhérent au rapport entre travailleurs et employeurs. » ;

— « pour un métier donné, le savoir cognitif censé être indispensable se compose fréquemment de techniques très générales de communication et de résolution des problèmes, et non de compétences propres à ce métier » ;

— « la plupart des employeurs, qu'ils appartiennent au secteur public ou privé, s'intéressent moins à ce que les travailleurs éventuels savent qu'à la façon dont ils vont se comporter » ;

— « les marchés du travail sont capables d'absorber continuellement des travailleurs de plus en plus instruits : il leur suffit pour cela d'ajuster les critères actuels de recrutement » ;

— « aucun argument réellement valable ne permet d'affirmer que la population active d'un pays doit avoir un certain niveau d'instruction pour que ce pays parvienne à un niveau donné de croissance économique ».

C'est à partir de son rapport, et de celui du Collège de France, que j'ai compris le rôle de ségrégation sociale que pouvaient jouer les diplômes, comme l'âge, le sexe, la religion ou la couleur de peau. Ces dernières formes étant proscrites, il reste l'âge et le diplôme. J'ai compris que, dans une société hiérarchisée par les diplômes de formation initiale, l'allongement de la scolarité accentuait le poids des inégalités sociales et favorisait la reproduction des classes dominantes avec la complicité active des enseignants. On le comprend, dans une société où seuls 5 % d'une génération accédaient au baccalauréat comme dans la France de 1950, l'égalité des chances était finalement meilleure, puisque les 95 % restants allaient pouvoir progresser par la formation continue ouverte en fonction des compétences réelles prouvées sur le terrain. C'était le (bon) temps où, dans les banques, par exemple, l'on pouvait commencer sa carrière au guichet et la finir comme directeur !

Pour bien illustrer une fois de plus que le monde change et les problèmes demeurent, reprenons quelques développements de cet article de *Futuribles*, écrit il y a une vingtaine d'années : « Il est généralement admis que l'éducation est un facteur de développement essentiel. Cette thèse est pourtant farouchement contestée par ceux-là mêmes qui pourraient prétendre témoigner de son bien-fondé (comme la Corée), [...] l'éducation ne suffit pas pour déclencher la croissance, il faut bien d'autres conditions, [...] lorsqu'elles font défaut, il est tentant d'attribuer le retard de développement au gap éducatif face aux nouvelles contraintes de la compétitivité économique et technologique internationale. [...] Les gouvernements y voient un moyen commode pour expliquer l'impuissance de leur politique économique ; d'autant que la formation est un slogan garanti d'adhésion collective (en phase avec la forte demande sociale en éducation). [...]

Malheureusement, la question du contenu de cette formation est rarement posée. [...] Dans le nouveau contexte technologique, il y aurait de moins en moins de place pour les gens peu formés. Curieusement, cette hypothèse conduit à des politiques qui généralisent l'enseignement secondaire (où la place faite à la culture technique est très faible) et à ouvrir plus grandes les portes de l'enseignement supérieur (où généralement les filières techniques et professionnelles sont minoritaires, [...] le remède à la crise du système éducatif et l'adaptation aux exigences de la troisième révolution industrielle ne passent pas par un surcroît d'éducation mais par de nouvelles relations entre l'éducation et le monde du travail.

[...] Un autre lieu commun consiste à attribuer le chômage des jeunes aux insuffisances du système éducatif. Cette thèse ne résiste pas à l'épreuve des faits : au Japon comme aux États-Unis, les systèmes éducatifs sont en crise et pourtant le chômage des jeunes y est faible. La clé du chômage des uns (les jeunes) s'expliquerait en grande partie par la protection excessive dont jouissent les autres (leurs aînés) détenteurs d'un emploi garanti par des conventions collectives héritées des années faciles [...].

Ce que l'entreprise demande à l'école, ce n'est pas nécessairement de produire des gens plus formés, mais de faire en sorte que tous les producteurs et consommateurs de demain soient capables de lire, écrire et compter correctement, ce qui est loin d'être le cas. Si en plus l'école a appris à travailler en équipe dans un esprit de saine collaboration où chacun se sent bien à sa place, c'est encore mieux pour les entreprises. De son côté, la société civile attend de l'école qu'elle forme des citoyens responsables et épanouis dans leur personnalité. C'est à peu près le rôle que joue le système éducatif dans les pays nordiques. Ce n'est manifestement pas le cas en France où il est presque entièrement polarisé sur la sélection des élites. »

Vingt ans après, cette analyse n'a pas pris de rides : ce que veulent les entreprises, c'est toujours la maîtrise des savoirs de base et du savoir-être (des gens bien dans leur peau, pas des victimes de l'échec scolaire ou des surdiplômés). Le savoir-faire s'apprend sur le tas !

LA RESPONSABILITÉ DES CONFLITS FAMILIAUX DANS L'ÉCHEC ET LA VIOLENCE À L'ÉCOLE

Notre système de sélection par l'échec et les conflits familiaux sont en grande partie responsables de la violence exprimée par certains jeunes à l'école. Ce qui ressort est d'abord entré. Une question est souvent passée sous silence : la responsabilité déterminante des conditions familiales dans le comportement social et dans le parcours scolaire des enfants. Il y a naturellement l'origine sociale, appréciée par la profession du père, mais aussi le niveau d'études supérieures ou non de la mère qui jouent. Aux deux extrêmes : 3 % seulement des enfants d'ouvriers qui vivent avec leurs deux parents, et dont la mère est sans diplôme, obtiennent un diplôme de niveau bac + 3 ou plus, contre 45 % pour les enfants avec un père cadre et une mère diplômée. Soit un écart de un à quinze expliqué par l'origine sociale et le niveau éducatif des parents. Tout cela est bien connu ; ce qui l'est moins, c'est l'impact très négatif des conflits qui conduisent à la séparation et au divorce sur la réussite scolaire des enfants : les chances d'atteindre ce même niveau bac + 3 sont alors divisées par deux ou par trois pour toutes les catégories sociales.

Certains jeunes violents à l'école ne font que ressortir ce qu'ils subissent : comment ne pas se sentir exclu quand, entrant en sixième, on ne comprend quasiment rien de ce qui se dit dans une langue et des références que l'on ne connaît pas ! Et il suffit d'un faible pourcentage d'élèves agités pour empêcher l'ensemble de la classe d'apprendre normalement. Ces blessés de l'enfance porteront toute leur vie les stigmates de la violence de l'échec qu'ils ont subi. Cette souffrance de l'enfance vient souvent se conjuguer et se multiplier avec des carences affectives subies dans des familles désunies. La délinquance, puis la prison, est trop souvent au bout de ce chemin de croix.

La mésentente, puis la séparation mal vécue des parents ne sont pas sans conséquences pour l'avenir des enfants. À l'âge de 16 ans, près de 70 % des enfants ont leur père et mère qui vivent ensemble et bénéficient d'une structure familiale intacte. Mais les 30 % restants (contre seulement 7 à 8 % dans les années 1960) vivent dans la déchirure avec un seul des deux parents. Une séparation ou un divorce sont rarement vécus comme une promenade de santé, et si les parents peuvent reconstruire leur existence sur des bases nouvelles, les enfants se retrouvent comme orphelins d'un noyau familial éclaté. Environ 2,5 millions d'enfants sont marqués aujourd'hui par le vécu de la séparation de leurs parents. Une proportion croissante des pères et des mères séparés recompose de nouveaux ménages. Mais du point de vue de l'enfant, sa famille reste dissociée, décomposée : son père est d'un côté, sa mère d'un autre.

Quel est l'impact des séparations, beaucoup plus fréquentes quand les couples ne sont pas mariés ? Les études montrent une corrélation apparente plus forte entre réussite scolaire, bonne santé des enfants et entente avec leurs parents au sein d'une famille « intacte » dans son union. Au-delà de cette apparente corrélation, y a-t-il un lien de causalité ? Les travaux sur cette question de Paul Archambault et Thomas Piketty font autorité.

Lorsque Paul Archambault (2002) s'interroge dans sa thèse sur les conséquences sur la réussite scolaire de la séparation et du divorce, il conclut que « la dissociation intentionnelle du couple parental avant 18 ans est systématiquement associée à une réduction des chances scolaires et de la durée des études ». Pour les enfants de cadre dont la mère est diplômée de l'enseignement supérieur, « le taux d'échec double en cas de séparation ; 15 %

au lieu de 7 % ». Pour les enfants d'ouvriers, l'impact négatif de la séparation se mesure par le fait qu'un « enfant sur deux quitte le système scolaire sans diplôme contre seulement un sur trois lorsque les parents sont ensemble ».

Au travers de ses analyses, on retiendra que :

— l'écart de réussite scolaire entre enfants issus de familles « intactes » et enfants issus de familles désunies est assez important (à niveau social et héritage culturel donnés) ;

— cet écart subsiste en milieu favorisé, mais il est reporté plus tard dans la scolarité, au-delà du bac ;

— en famille monoparentale ou recomposée, le départ des enfants est plus précoce qu'en famille intacte, l'incertitude scolaire n'en est que plus forte ;

— après le bac, l'écart se creuse dans le sens d'une meilleure réussite scolaire chez les familles monoparentales par rapport aux familles recomposées, où les enfants quittent plus tôt le foyer.

Thomas Piketty (2003) avance, quant à lui, que, si les enfants de parents divorcés ou séparés réussissent moins bien à l'école, il est difficile d'en déduire une relation causale. Il peut exister un fort biais de sélection : les parents qui se séparent sont ceux qui ne s'entendent pas. Enfin, rien ne dit que des enfants grandissant dans une famille fortement conflictuelle avec deux parents réussissent mieux que les enfants avec des parents séparés.

En appuyant son analyse sur le retard scolaire des enfants, mesuré par différentes enquêtes, il montre que les enfants dont les parents vont se séparer sont tout autant en retard que ceux dont les parents se sont déjà séparés ; c'est le conflit parental qui compte, pas la séparation en tant que telle. L'impact causal de la séparation serait donc exclu. Par contre, il est possible que la perspective de la séparation ait un impact.

On retiendra de l'analyse de Thomas Piketty que l'effet de la « préséparation » est aussi fort que si les parents étaient déjà séparés. Il relève aussi que « les enfants des couples non mariés réussissent moins bien (8 points d'écart environ) que ceux de parents mariés : 33 % à l'âge normal pour les premiers *versus* 42 % dans le second cas ». Faut-il en conclure que les parents mariés sont plus soucieux de l'éducation de leurs enfants que ceux qui ne le sont pas ? L'auteur pose la question, mais se garde bien de conclure, en raison du risque de « biais de sélection ». La question mériterait pourtant d'être suivie et regardée de plus près.

Lors des auditions menées dans le cadre du rapport sur *La Famille, une affaire publique* (2005), j'ai pu constater que le risque de biais de sélection était systématiquement évoqué comme esquive par les économistes statisticiens dès qu'un résultat pouvait donner lieu à une interprétation politiquement incorrecte. Les mêmes, à qui je posais certaines questions sensibles, cherchaient à l'éviter en m'interpellant d'un air accusateur : pourquoi posez-vous cette question ? Il fallait une grande patience, beaucoup de ténacité et justifier de ses bonnes intentions pour obtenir un début de réponse.

Finalement, il y a bien une causalité forte entre la mésentente des parents, qui conduit à la séparation, et les moindres résultats scolaires des enfants. Lorsque ses parents se déchirent, l'enfant vit mal sa relation avec ses deux parents, il culpabilise souvent, ses parents relâchent leur attention et leur autorité. Ses comportements de laisser-aller scolaire ou personnel sont autant d'appels au secours qui ne sont pas perçus. Une fois la séparation instaurée et stabilisée, il peut recouvrer le chemin normal des enfants de familles intactes s'il retrouve avec chacun de ses deux parents une relation d'entente et de confiance. Relevons cependant que, pour la plupart des analystes, la fragilité et l'échec scolaire des enfants de familles recomposées paraissent être plus forts que pour les enfants de familles monoparentales. Les enfants de parents séparés sont bien des blessés de la route familiale. Ils peuvent s'en remettre à condition de ne pas nier leurs blessures et de les panser comme elles le méritent.

On l'a compris, la mésentente et le conflit des parents ne sont pas sans conséquence pour l'avenir des enfants. Heureusement, près des trois quarts des enfants ont leurs deux parents qui vivent ensemble et bénéficient d'une structure familiale stable. Mais il est quand même temps de redécouvrir la responsabilité des familles dans les échecs éducatifs et la violence de certains jeunes.

SEPT PROPOSITIONS DE BON SENS POUR FAIRE AVANCER LE MAMMOUTH

Quand les profs sont dans la rue et brûlent des livres en s'opposant à toute idée de réforme de l'Éducation nationale, on se dit que l'école publique est bien malade ! Il était pourtant remarquable, ce petit livre blanc offert par le ministre Luc Ferry, joliment intitulé *Lettre à tous ceux qui aiment l'école. Pour expliquer les réformes en cours* (2003). Le diagnostic était limpide et consensuel. Mais les enseignants en grève déclaraient n'y avoir rien appris ! Pourtant le réquisitoire était sévère et confirmait que la solution des problèmes de l'éducation n'était pas dans les moyens. Ainsi le budget du ministère de l'Éducation nationale a augmenté de 10 milliards d'euros entre 1997 et 2002, alors que la démographie scolaire ne l'exigeait pas, bien au contraire, et l'on n'a rien résolu. Les enseignants devraient s'interroger sur leur part de responsabilité et sur les réformes pour adapter le mammouth aux temps modernes. Il y a régulièrement 30 à 40 % d'irréductibles à faire grève dans le public, mais, dans le secteur privé sous contrat, le service public est assuré à 100 % avec des classes plus nombreuses en effectifs et des enseignants moins bien lotis que ceux du public pour les salaires nets et les retraites. Les enseignants du privé ont l'avantage de s'insérer dans des établissements plus autonomes dans leur pédagogie et plus soudés dans un projet collectif où les parents jouent un rôle actif.

Il n'est plus possible de gérer de manière centralisée l'Éducation nationale comme une immense armée rouge de plus de 1,3 million de personnes. L'Éducation peut rester nationale dans ses objectifs stratégiques (programmes, orientations, qualifications des enseignants) et devenir régionale dans la gestion des moyens humains et matériels. La centralisation stratégique, pour être efficace, doit être complétée par une décentralisation opérationnelle. Si l'Éducation nationale est en crise, c'est d'abord parce qu'elle n'est pas assez décentralisée, expérimentale et soumise à évaluation. Rappelons le constat de Jack Lang : si les résultats scolaires sont nettement meilleurs en Bretagne, c'est certainement parce que l'émulation entre le privé et le public y est plus forte qu'ailleurs !

Va pour le diagnostic, dira-t-on, mais quelles sont les prescriptions ? Très concrètement, on peut formuler les sept propositions que voici.

1° Instaurer dans le collège unique des voies différenciées à dominante générale, technique ou professionnelle, mais avec des passerelles souples. Au lycée, placer la voie professionnelle sous la coresponsabilité pédagogique des entreprises et de l'Éducation nationale. La formation en entreprise est le vecteur principal de l'acquisition d'un savoir professionnel : il faut insérer pour former, et non pas seulement former pour insérer. On pourrait assurer l'excellence en ouvrant les grandes écoles aux meilleurs éléments de chaque filière. La pluralité des élites serait ainsi renforcée, tant dans la nature de la formation que dans les origines sociales. L'idée serait d'instaurer des passerelles, à tous les niveaux, entre les filières afin d'éviter l'exclusion par la hiérarchisation. Pour les meilleurs de chaque filière toutes les portes resteraient ouvertes – quitte à élargir le spectre de recrutement de nos écoles les plus prestigieuses.

2° Recruter massivement des professeurs associés et des orienteurs ayant une longue expérience professionnelle. Et imposer un minimum de trois ans d'expérience professionnelle autre aux jeunes diplômés voulant devenir enseignants à vie. L'enseignement et l'orientation du collège au lycée, puis dans l'enseignement supérieur, sont trop coupés des réalités du monde du travail et il est vraiment paradoxal de prétendre préparer des jeunes à changer plusieurs fois de métier au cours de leur vie par des enseignants qui ne sont jamais sortis de l'école. Pour ces enseignants associés à temps partiel ou à temps plein, je songe notamment aux cadres et techniciens de plus de 50 ans dont il faudrait aménager les systèmes de retraite en conséquence. Ces recrutements de professionnels à temps partiel parmi les cadres expérimentés seraient particulièrement bienvenus pour enseigner la comptabilité, le droit civil et des affaires que nul citoyen ne devrait ignorer, sans oublier le *globish*, cet anglais de communication internationale. Ce dernier nécessite 1 500 mots et un peu de syntaxe et nos bacheliers ne le maîtrisent toujours pas après sept ans d'anglais enseignés par des professeurs recrutés d'abord sur leur connaissance de la langue de Molière et de ses équivalents dans celle de Shakespeare ! Qu'attend notre pays pour concrétiser en confiant l'enseignement des langues à ceux qui les maîtrisent comme langue maternelle ?

Autre avantage de ces recrutements de professeurs associés, ils permettraient d'assurer un renouvellement plus fréquent du corps enseignant et une meilleure adaptation des effectifs aux évolutions démographiques, le nombre de jeunes de moins de 20 ans ayant baissé de près de 1,7 million depuis 1975 !

3° Promouvoir l'alternance et l'apprentissage comme filière d'excellence, ce que permet la loi de 1987. Il faudrait aussi recourir aux décrets d'application de la loi de juillet 1992, renforcée par celle de 2001, qui permet de valider, à tous les niveaux de l'enseignement supérieur, les acquis professionnels. Le pari sera gagné lorsque les jeunes considéreront que la meilleure garantie pour l'emploi réside dans la formation supérieure par l'apprentissage et la validation des acquis de l'expérience tout au long de la vie.

4° Créer des bourses d'internat pour corriger les inégalités sociales, souvent renforcées et exacerbées par des concentrations excessives d'enfants en situation difficile, qu'ils soient de milieux défavorisés, de familles éclatées ou déstructurées, ou encore en échec scolaire, comme c'est le cas dans ces banlieues qui explosent. Un enfant dont la famille connaît trois générations au chômage, et qui vit dans un quartier où 80 % des enfants sont issus de l'immigration, doit pouvoir trouver ailleurs de meilleures chances d'intégration dans la société française. Ces bourses devraient être attribuées aussi en fonction des mérites scolaires. L'investissement ne devrait pas être considérable, puisque la plupart des internats de province sont à moitié vides. Cette politique, menée dans les années 1960 au profit des enfants d'agriculteurs, a été bénéfique. Il s'agirait de la réactualiser pour les enfants des cités en difficulté. En réhabilitant l'internat dans son rôle d'ascenseur social, on pourrait aussi contribuer à corriger les fortes inégalités géographiques qui subsistent dans l'offre éducative des territoires.

5° Donner les professeurs les plus motivés et expérimentés aux élèves en difficulté. Il n'y a pas de fatalité.

Tous les directeurs de collège savent que la moins bonne de leurs classes de sixième peut devenir la meilleure des cinquièmes si on la confie aux meilleurs professeurs. À cette fin, il conviendrait de lier les promotions et les rémunérations des enseignants aux conditions d'exercice de leur métier et à leurs performances. C'est en partie ce qu'a mis en place le ministère de l'Éducation nationale en offrant aux professeurs, exerçant dans les quartiers difficiles cinq années de suite, des possibilités de mutation facilitée. Mais dans cette perspective, il faudrait donner aussi aux chefs d'établissement une plus grande autonomie dans le recrutement avec un droit de veto sur les affectations et une possibilité d'influer sur les rémunérations. La prime de 1 000 € par an n'est sans doute pas assez incitative ; elle pourrait être complétée, à l'initiative des municipalités, avec l'appui des collectivités territoriales.

6° Réintroduire la notion de groupes de niveau avec des passerelles entre eux, afin de stimuler et d'encourager l'effort. Pour cela, il faut une tête de classe suffisante et plutôt 30 élèves ou plus, que 20 ou moins. Dans certains cas, ne pas hésiter à donner le maximum d'élèves aux meilleurs professeurs qui le souhaitent, quitte à mieux les rémunérer. Enfin, instaurer plus d'évaluation, de liberté de choix des parents et donc expérimenter avant de généraliser.

7° Responsabiliser les familles, c'est-à-dire d'abord les parents, sur l'importance de leur rôle en matière éducative. L'école et la famille sont complémentaires. L'école devrait plus tenir compte des inégalités sociales de départ pour les corriger par une plus grande sensibilisation des parents sur les filières, les capacités et les lacunes de leurs enfants. Mais, c'est aussi aux parents de prendre conscience des blessures infligées à leurs enfants par les mésententes de la vie familiale ou, tout simplement, leur absence ou leur démission.

Faut-il continuer à augmenter les moyens pour baisser les effectifs par classe ?

L'éducation est, depuis toujours et à juste titre, considérée comme la priorité des priorités. La dépense intérieure dans ce domaine représente 7 % du PIB, dont 80 % à la charge du budget de l'État. Elle a été multipliée par deux depuis 1975. La dépense publique d'éducation représente 6,1 % du PIB, soit 1,1 point de plus que la moyenne européenne. Il y a un gisement de 18 milliards d'économies à exploiter dans le primaire et le secondaire, la France étant plutôt en retard pour l'investissement dans le supérieur. Chaque élève ou étudiant coûte environ 6 000 € par an à la collectivité. Quant au budget du ministère de l'Éducation nationale, il a augmenté de plus de 10 milliards d'euros depuis 1997, soit l'équivalent de deux fois le budget total du ministère de la Justice. Près de 1,3 million de personnes, dont 950 000 enseignants, sont mobilisées, véritable armée de fonctionnaires ou assimilés, avec des moyens de plus en plus importants, mais qui n'ont pas suivi l'évolution démographique des classes d'âge. Entre 1980 et 1998, les enseignants du primaire ont augmenté de 13 % en nombre, alors que les effectifs baissaient de 8 %, et les enseignants du secondaire de 26 % pour une croissance de 9 % seulement du nombre d'élèves. Ces quelques chiffres nous permettent de resituer le débat dont les six points suivants donnent matière à réflexion.

À UN BON PROFESSEUR, DONNER LE MAXIMUM D'ÉLÈVES

Il en va de l'éducation comme de la santé : elle n'a pas de prix ; elle a cependant un coût croissant pour une efficacité qui est, de plus en plus, mise en question. Et les comparaisons internationales – pour autant que l'on accepte de les suivre jusqu'au bout[3] – ne sont pas meilleures que celles concernant l'espérance de vie. La France se situe ainsi au treizième rang pour ce qui est des performances mathématiques des collégiens. En réalité, comme le note Jacques Marseille (2002), « la relation est relativement faible entre dépenses éducatives et performances scolaires. Ainsi, les élèves français et tchèques obtiennent des résultats voisins alors que les dépenses par élève sont deux fois plus élevées chez nous. À l'inverse, les Américains dépensent plus que nous et ont des résultats catastrophiques : 24 % des jeunes Américains sont incapables de comprendre un texte ».

Dans ces conditions, la solution aux problèmes de l'Éducation nationale ne peut guère tenir aux moyens. En augmentant massivement les effectifs d'enseignants, alors que la démographie scolaire ne l'exigeait pas, bien au contraire, on n'a rien résolu. D'ailleurs, le Haut Conseil de l'évaluation de l'école, sous la direction de Christian Forestier et de Claude Thélot (2007), s'est montré sans illusions à ce propos : « S'il semble exister un effet positif relativement faible de la réduction des effectifs des classes, c'est uniquement dans les petites classes de l'enseignement primaire et seulement pour les enfants

3. En 1996, la France s'est retirée d'une enquête internationale sur la base de tests, car les performances de nos écoliers étaient calamiteuses. On s'en est sorti en disant que ces tests à base de QCM n'étaient pas dans la culture de nos élèves. Curieusement, l'on ne se pose pas la question en médecine et nos bacheliers s'y prêtent fort bien !

des milieux défavorisés. » Le Haut Conseil précise qu'« un élève de moins en moyenne par division représente un coût de près de cinq mille emplois ». Si l'on revenait aux effectifs par classe d'il y a vingt ans, on pourrait, rien que pour les collèges, gagner 15 000 emplois. Dans le primaire, des milliers d'emplois pourraient être aussi gagnés où redistribués au profit des zones d'éducation prioritaire.

Le diagnostic est clair. L'argent dépensé pour réduire les effectifs moyens de 26 % en élémentaire (de 28 à 22 élèves) et de 14 % au collège (de 27 à 24 élèves) a servi à réduire le stress des professeurs dans les classes difficiles et à alléger la tâche des autres. Si l'on comprend pourquoi les enseignants revendiquent toujours plus de moyens pour la baisse des effectifs, on est en droit de se demander pourquoi les associations de parents d'élèves en font autant.

Autre source d'économie potentielle de 2 milliards d'euros, rappelée par le Haut Conseil : renoncer aux redoublements qui sont « inefficaces, voire nuisibles, [et qui] démotivent les élèves coupés de leur classe et les stigmatisent. » Nos voisins y ont renoncé alors que chez nous il a déjà touché un jeune sur cinq à la fin du primaire et deux sur cinq à la fin du collège.

Le Haut Conseil de l'évaluation de l'école aurait pu aller plus loin dans ses investigations. Dans le primaire et au collège, la réduction des effectifs n'a-t-elle pas, au contraire, des effets négatifs, comme l'a relevé depuis longtemps l'OCDE pour les autres pays développés ? L'explication est simple : la distribution gaussienne des individus fait qu'en moyenne un élève sur cinq sort du lot ; aussi, pour tirer le peloton d'une classe vers le haut et faire jouer l'émulation, faut-il une tête de classe suffisante d'au moins cinq ou six élèves. Lorsque celle-ci est inférieure en nombre, l'émulation est plus faible. C'est ainsi qu'à composition comparable, les classes de 25 ou

30 élèves ont, dans l'ensemble, de meilleurs résultats que les classes de 15 ou 20 élèves.

On l'a compris, à un bon professeur, il faudrait donner le maximum d'élèves, à un mauvais professeur, pas d'élèves du tout. Comme il n'y a pas de contrôle de qualité dans les classes, la seule chose que vous pouvez faire, c'est ce que j'ai dit à mon fils : « Tu suis la fille du proviseur ! »

Comment l'école de la République renforce les inégalités ?

« Liberté, égalité, fraternité » ; cette devise républicaine inscrite sur le fronton de nos écoles publiques est un idéal très éloigné de la réalité. Chaque enfant est différent par son caractère, ses talents potentiels, et dispose en principe des mêmes droits de protection et d'éducation de la part de la collectivité. Mais, très vite, le hasard du lieu et de la famille de naissance va créer la différence entre ceux qui seront accueillis dans un environnement familial propice à l'épanouissement individuel, dans des conditions de vie confortables et dans des écoles de qualité. L'inégalité des chances commence par cette différenciation de l'environnement familial dès le cours préparatoire, lequel s'avère déterminant pour le parcours de réussite ou d'échec scolaire, personnel et professionnel tout au long de la vie.

LES DÉSILLUSIONS DE L'ÉCOLE COMME ASCENSEUR SOCIAL

L'inégalité des chances liée au contexte familial se renforce fortement au travers des phénomènes de pauvreté, de ségrégation urbaine (concentration des ménages au chômage, de faible qualification, immigrés ou isolés dans les zones urbaines sensibles qui comptent 5 millions d'habitants), d'éclatement des structures familiales et finalement d'échec scolaire, reflet de la concentration géographique de handicaps qui se cumulent.

Les élites de la société française, de droite comme de gauche, se sont jusqu'ici refusées à regarder la réalité en face. Il est vrai que la statistique entretient la confusion et le doute sur la nature des problèmes. La massification de l'accès au bac et à l'enseignement supérieur n'est-elle pas la preuve que l'égalité des chances s'est renforcée ? En réalité il n'en est rien, et les enfants des milieux les plus favorisés accaparent plus que jamais l'accès aux filières les plus prestigieuses de l'éducation, avec la complicité objective des enseignants, puisque leurs enfants sont les premiers à profiter de dérogations qui permettent à plus de 40 % d'entre eux d'échapper à la carte scolaire en Île-de-France. Les enfants issus de l'immigration, même diplômés, restent soumis à un risque beaucoup plus élevé de chômage et de pauvreté.

Les handicaps ou les avantages liés aux origines familiales ne s'effacent pas avec l'école, ils se renforcent plutôt. La récente tendance à encourager, au nom de l'équité, des discriminations positives pour rattraper symboliquement quelques individus à bon potentiel, ne change rien à la tendance globale de notre société : l'inégalité croissante des chances éducatives des enfants défavorisés, notamment ceux qui vivent dans les zones urbaines sensibles (les ZUS) et les quartiers populaires.

Notre système éducatif a connu des évolutions considérables : depuis les années 1960, le nombre d'étudiants a été multiplié par sept. Comment ne pas se réjouir de voir entrer à l'université le tiers des enfants d'ouvriers ! Mais cette massification de l'enseignement général (près de

70 % des jeunes accèdent au niveau du bac, soit deux fois plus qu'en 1980) et supérieur s'est-elle accompagnée d'une véritable démocratisation ? Cette bonne nouvelle ne masque-t-elle pas une réalité inchangée en profondeur ?

Si l'accès à l'enseignement supérieur apparaît lui aussi moins inégalitaire, les enfants d'ouvriers entreprenant des études supérieures n'en restent pas moins minoritaires, par rapport à ceux de cadres, deux fois moins nombreux. Les enfants d'ouvriers représentaient en 2000 32 % du total des enfants contre 18 % pour les enfants de cadres, mais seulement 11 % des bacs scientifiques contre 41 % ; 6 % des inscrits en troisième cycle d'université contre 46 % ; 5 % des classes préparatoires aux grandes écoles contre 54 %. Des écarts sociaux très prononcés subsistent en matière de réussite et d'obtention de diplômes supérieurs : c'est le cas de 80 % des enfants de professeurs ou professions libérales, de 20 % seulement des enfants de personnel de service ou d'ouvriers les moins qualifiés.

Dans les années 1950, les enfants d'origine moyenne ou supérieure avaient 24 fois plus de chances d'entrer dans l'une des quatre grandes écoles les plus prestigieuses que les enfants d'origine populaire. Au début des années 1990, ce ratio était toujours de 23 ! Ce constat a conduit Claude Thélot (1995) à écrire : « L'examen du haut de la pyramide scolaire est révélateur de l'ampleur persistante des différences sociales. »

Le plus grave est cependant que, si le système scolaire reste orienté sur la sélection des champions olympiques de l'intelligence, il continue à laisser au bord de la route scolaire ceux qui sont éliminés par l'échec et qui seront d'autant plus exposés au risque du chômage que ce dernier n'épargne plus les diplômés.

En effet, depuis quelques années, la rentabilité marginale des études (mesurée par le risque moindre de chômage) baisse et devient même négative : le taux de chômage des bac + 2 est devenu inférieur à celui des bac + 4. La meilleure insertion et l'accès à l'encadrement restent le fait de seulement deux catégories de diplômés : ceux des grandes écoles et des troisièmes cycles universitaires.

Les premiers affectés par cette désillusion sont les enfants de milieux modestes qui se sont égarés, sans information ni préparation adéquates, dans des filières non sélectives et sans débouchés. Leurs parents étaient fiers d'avoir un premier bachelier, puis licencié dans la famille ; ils se sont souvent « saignés » pour financer ses études et voilà que l'ascenseur social n'est pas au rendez-vous. Quand un diplôme est dévalué, ce qui fait la différence, c'est l'université d'obtention (parisienne ou périphérique) et les relations familiales pour obtenir des stages valorisants et mieux accéder au marché du travail.

Une réduction importante des inégalités a été obtenue pour les enfants d'agriculteurs : en 2007, ils représentaient 2 % des enfants qui entraient en sixième, la même proportion dans les classes préparatoires aux grandes écoles et 2,4 % de l'ensemble des étudiants, ce qui montre l'effet positif des politiques publiques d'attribution systématique de bourses et de places en internat à cette catégorie sociale que l'on voulait accompagner dans son exode rural. Le même volontarisme public au profit des enfants (méritants ?) des milieux défavorisés serait possible et payant à condition d'y mettre les moyens. Sinon, l'ascenseur social par le mérite scolaire restera en panne.

Quand le laisser-faire et le laisser-aller conduisent au renforcement de l'inégalité des chances, la collectivité se doit d'intervenir et ne pas se contenter de mesures de discrimination positive intéressantes, comme à l'Institut d'études politiques (Sciences-Po) de Paris où l'on a ouvert l'accès à quelques candidats très brillants issus de certains lycées en ZEP, mais sans effet structurel. (D'ailleurs, pourquoi ces établissements et pas d'autres ou plutôt tous les autres ?) À terme, ces politiques de ciblage sur certaines catégories sont aussi source d'effets pervers à commencer par l'atteinte au principe d'universalité des droits des citoyens. La ghettoïsation de la société française par le haut, relevée par Éric Maurin (2004), conduit les différentes classes sociales à vivre entre soi et à se regrouper dans les mêmes quartiers. Dans ce contexte d'apartheid urbain, la carte scolaire qui entendait favoriser la mixité sociale produit exactement le contraire.

LA CARTE SCOLAIRE RENFORCE L'APARTHEID URBAIN

La carte scolaire, qui visait la mixité, n'a pourtant pas empêché la concentration sociale des enfants de milieux aisés et cultivés dans les mêmes quartiers, ainsi que la concentration des enfants les plus défavorisés dans les ZEP (zones d'éducation prioritaires). C'est le prix du mètre carré qui fait la différence. De même, les meilleurs enseignants sont aussi dans les collèges et lycées de ces quartiers résidentiels du centre et de la périphérie, là où vivent les cadres et les professions supérieures, alors que les enseignants moins expérimentés sont envoyés faire leurs armes dans les zones plus défavorisées, notamment dans les ZEP.

La ségrégation urbaine est moins visible et plus émergente en province, mais elle est criante en Île-de-France où le marquage social des quartiers est à un stade avancé. Le voisinage, les fréquentations, les exemples de réussite ou d'échec autour de soi sont autant d'éléments qui conditionnent fortement les comportements et les trajectoires scolaires des jeunes. L'ascenseur social de l'école républicaine ne fonctionne plus, moins en raison du système scolaire qu'en raison de l'apartheid urbain. Les élites, bien que divisées sur le plan des idées, partagent les mêmes pratiques, ce qui n'est pas sans poser problème. Ce sont toujours des responsables ayant réussi à l'école qui réfléchissent à l'échec scolaire et des habitants de beaux quartiers qui décident des politiques à mener pour des zones urbaines sensibles où ils n'ont jamais vécu.

La concentration, dans les ZUS, des enfants de familles pauvres de biens, de liens et handicapées par les origines sociales et la situation familiale est un facteur multiplicateur des inégalités de réussite : 80 % des établissements publics situés en ZUS sont classés en ZEP. Les statistiques disponibles ne permettent pas de savoir quelle proportion d'enfants des ZUS va dans les ZEP, ni de mesurer d'éventuelles stratégies d'évitement des familles.

Le rapport du ministère de l'Éducation nationale sur l'état de l'école de 2004 révèle que 20 % des écoliers et collégiens du secteur public sont concentrés dans les ZEP : près des deux tiers d'entre eux sont des enfants d'ouvriers et d'inactifs (soit le double de la proportion nationale). On est plus que jamais « entre soi », comme le dit joliment Éric Maurin. Pourtant, ces jeunes bénéficient d'un encadrement plus important (10 % d'heures de cours supplémentaires par rapport aux autres élèves des collèges) et, s'ils « présentent en début de collège des acquis scolaires plus faibles qu'ailleurs », ils sont au moins deux fois plus en difficulté : « 35 % ne maîtrisent pas les compétences de base à la fin de l'école élémentaire, 13 % les maîtrisant bien ou très bien [...]. Les proportions sont pratiquement inverses dans le reste de l'enseignement public. » Pour l'Éducation nationale, ces écarts reflètent essentiellement les différences de recrutement social. Et de conclure que, pour les ZEP, « il n'y a pas de dégradation relative des acquis des élèves, alors que les conditions sociales s'y sont, elles, dégradées ». Cette conclusion est terrible : ce qui est en cause, c'est bien la concentration des handicaps dans les mêmes quartiers. Faut-il les raser, comme le suggérait naguère Malek Boutih (2002) ?

Les pouvoirs publics ne sont pas désarmés face à cette situation. Ils peuvent jouer sur la politique du logement, renforcer encore plus les moyens en incitant les professeurs les plus chevronnés à se consacrer à ces établissements par des primes incitatives et des accélérations de carrière plus fortes. Actuellement, les enseignants mutés dans ces zones sont moins expérimentés et restent moins longtemps à leur poste. La politique du logement est beaucoup plus délicate à manœuvrer, car elle rencontre les obstacles des comportements des familles. Les plus aisées fuient. Quel Français, né en France ou immigré, conscient de ces handicaps liés au milieu scolaire, peut laisser son enfant dans une école où une majorité d'enfants n'est pas de langue maternelle française et accuse des retards importants ? Nous avons posé la question à Jean-Pierre Duport, ancien préfet de la Seine-Saint-Denis. Sa réponse est sans appel : « Personne. » Évoquant la situation de l'école primaire « Pavé neuf » à Noisy-le-Grand, où 100 % des enfants ne sont pas de langue maternelle française dans le primaire et 75 % au collège, il ne voit qu'une seule solution : « Geler progressivement cent logements vacants et les attribuer d'un coup à cent jeunes ménages de langue maternelle française ayant des enfants en bas âge. » Cette idée est concrète et séduisante, mais il faudrait pour cela une forte volonté de la puissance publique en concertation avec les élus locaux.

En attendant, l'apartheid urbain et scolaire se renforce au détriment de la santé des enfants : les problèmes de surpoids, d'obésité et de caries dentaires y sont plus fréquents (problèmes d'accès aux cantines scolaires), les retards scolaires persistent (problèmes de soutien scolaire) et l'intégration républicaine par l'école ne fonctionne plus guère (utilisation de plus en plus fréquente de leur langue d'origine par les habitants). Tout se passe comme si la ghettoïsation de la France par le haut développait le communautarisme des populations immigrées reléguées dans les quartiers sensibles. Il n'y a pas trop d'étrangers en France : ils sont seulement mal répartis sur le territoire. La proportion d'élèves d'origine étrangère est de 20 % pour l'académie de Paris, de 10 % pour l'académie de Lyon et de moins de 1,5 % pour les académies de Nantes, Rennes ou Poitiers ! Un surinvestissement dans le capital humain répondrait aux attentes des parents immigrés, dont la volonté de mobilité sociale est souvent à l'origine du projet migratoire, et qui se distinguent des autres parents de même niveau de vie nés en France par des ambitions scolaires plus élevées pour leurs enfants.

Alors, que faire pour redonner à l'école sa vocation de creuset républicain et son rôle d'ascenseur social ? Certainement supprimer la carte scolaire et multiplier les possibilités de bourses d'études et d'internat, et les accorder plus généreusement aux enfants de familles défavorisées, souvent nombreuses et d'origine étrangère. Il faut parvenir à ce que les enfants de milieux défavorisés maîtrisent mieux les compétences de base indispensables. Il s'agit pour l'école de concentrer davantage encore de moyens dans les ZEP : ce qui renvoie à la politique des ZEP (dont les résultats, certes inégaux, sont remarquables malgré des conditions très défavorables). Si les études montrent que les enfants de milieux homogènes et favorisés obtiennent de meilleurs résultats dans les classes de 30 élèves que dans les classes de 15, l'apprentissage des savoirs de base pour les élèves en difficulté ne peut être amélioré qu'au travers d'un enseignement plus personnalisé dans des classes à petits effectifs.

LE CHÔMAGE DES JEUNES EST D'ABORD UN PROBLÈME D'ÉCHEC SCOLAIRE

Rien n'est plus choquant et révoltant que de voir près du quart des jeunes au chômage dans une société vieillissante, par ailleurs inquiète du manque de bras et de cerveaux. Avant de chercher à comprendre ce qui se cache derrière ce chiffre, il faut relativiser sa signification. Comme on l'a vu dans le premier chapitre, le taux de chômage des jeunes Allemands est beaucoup plus faible (14 %) pour un taux d'activité de près de 50 %, soit 7 jeunes sur 100 effectivement au chômage dans la tranche des 16-25 ans pour un peu moins de 9 en France. Bref, le taux de chômage des jeunes doit toujours être rapproché de leur taux d'activité. Ce dernier remonte en France, depuis bientôt une dizaine d'années, alors qu'il avait chuté de moitié entre 1975 et 1995 passant de 50 % à 25 % ; il était de 37 % en 2006.

Le rapport du ministère de l'Éducation nationale sur l'état de l'école de 2004 relève que : « Cinquante mille jeunes, soit 7 % des sortants de formation initiale, ont quitté l'école sans qualification, c'est-à-dire sans avoir atteint au moins une classe terminale de CAP ou BEP, ou une seconde générale et technologique, [...] en ajoutant ceux qui possèdent au mieux le brevet, on atteint le total de 150 000 ; 20 % des sortants se trouvant ainsi dépourvus de diplôme de second cycle : CAP, BEP ou baccalauréat. » Les sortants sans qualification sont majoritairement issus des milieux populaires et sont les principales victimes du chômage avec des taux de 30 à 50 % suivant les catégories de jeunes concernées (sans diplôme, origine sociale, situation familiale, lieu de résidence, nationalité des parents). Les handicaps se cumulent plus souvent qu'ils ne se compensent.

Selon le même rapport, il n'y a qu'un tiers des élèves qui, à l'entrée en sixième, « ont des performances qui permettent de considérer qu'ils maîtrisent de façon satisfaisante toutes les compétences ». C'est certainement ceux-là qui réussiront dans les études supérieures les plus valorisantes. L'enquête du Cereq sur les sorties du système éducatif de la génération 2004 révèle que 37 % des jeunes sont diplômés du supérieur, dont 17 % au niveau bac + 2 avec un taux de chômage de 7 % inférieur de 3 point à celui des bac + 4 et d'un point à celui des docteurs. Cette différence explique sans doute une grande partie de la désaffection pour l'enseignement supérieur long.

Le chômage des jeunes : une conséquence de l'échec scolaire ?

État de l'école : 20 % en échec scolaire ; 50 % suivent à peu près ; 30 % suivent normalement

Chômage des jeunes
— 30 % à 40 % pour les jeunes en échec scolaire
— 14 % à 17 % pour les diplômés du secondaire
— 7 % pour les Bac + 2
— 10 % pour les Bac + 4
— 6 % pour les Master 2
— 4 % pour les GE (Grandes Écoles)
— 8 % pour les docteurs

Source : Cereq (suivi de la génération 2004)

Reste une bonne moitié d'élèves qui « ont des compétences mal assurées donc fragiles, mais devraient pouvoir profiter du collège, pour peu qu'on tienne compte de leurs performances effectives ». Au risque d'un nivellement par le bas du collège unique, ceux-là savent lire, écrire et compter et s'en sortiront. De fait, 45 % des sortants de la génération 2001 étaient diplômés du secondaire et leur taux de chômage se situe entre 11 et 14 %.

Le taux de chômage élevé des moins de 25 ans provient essentiellement des 15 à 20 % de jeunes qui vivent l'école comme un lieu d'échec et d'exclusion : près de 40 % de ces jeunes qui sortent de l'école sans acquis minimum, et que la société ne sait pas intégrer, sont au chômage. La lutte contre le chômage des jeunes devrait commencer par tarir sa source : l'échec scolaire et l'incapacité de notre société (parents, enseignants, éducateurs sociaux) à transmettre les savoirs, les valeurs et les comportements élémentaires indispensables pour l'autonomie, l'épanouissement, mais aussi la sociabilité et l'employabilité des individus.

Les laissés-pour-compte de l'échec scolaire

Mais le sort des plus démunis de parchemin est sans doute plus critique aujourd'hui qu'hier. D'après le rapport sur l'état de l'École, « cela est particulièrement vrai pour les 15 % d'élèves de CM 2 qui ne maîtrisent pas ou mal les compétences en compréhension écrite et orale qui seraient nécessaires pour l'entrée en sixième. Pourcentage que l'on retrouve en classe de troisième, pour des collégiens aux compétences insuffisantes quand il s'agit d'exploiter des textes complexes ou comprenant un vocabulaire peu courant ».

Ne faudrait-il pas imaginer pour ces jeunes des parcours adaptés, comme l'étaient les classes de transition, afin de mieux préparer et réussir leur insertion dans le monde professionnel qui peine ensuite à intégrer des jeunes arrivant avec les stigmates de l'échec et du retard scolaire ? Comment rattraper ces handicapés de la route scolaire qui vont ensuite nourrir la cohorte de jeunes au chômage ?

À quoi bon les maintenir dans l'échec jusqu'à la fin de la scolarité obligatoire ? Leur rejet de et par l'école les met au ban de la jeunesse et la bande de la rue devient la principale école de vie. Ces mêmes jeunes sont difficilement employables par les entreprises, qui n'ont pas vocation à remplacer des éducateurs (parents, enseignants, travailleurs sociaux) sinon défaillants, du moins impuissants.

La clé du chômage des jeunes passe certainement par des systèmes d'alternance école-entreprise, le plus tôt possible pour ceux qui, de toute façon, quittent le système scolaire traditionnel sans rien. D'autres trajectoires et parcours de succès sont possibles, mais restent limités en nombre et bridés dans leur développement. Nous songeons, par exemple, aux Compagnons du devoir ou aux Maisons familiales rurales. Ces modèles performants commencent, d'abord, par s'intéresser à la personnalité du jeune, à ses talents et à ses aspirations, afin de mieux transmettre des valeurs de comportement (le respect de l'autre) et de vie sociale (des droits et des devoirs). Ils intègrent le jeune dans une communauté de pratiques professionnelles fondées sur l'effort, l'ouverture (le tour de France) et la qualité (le souci du bel ouvrage). Le jeune est accueilli dans une véritable deuxième famille qui va l'éduquer et lui donner la compétence et la confiance indispensables pour réussir sa vie.

Quelles formations pour quels emplois demain ?

LES MÉTIERS CHANGENT, LES COMPÉTENCES DEMEURENT

Les qualités individuelles requises par la croissance et la compétitivité des entreprises, dans un contexte de changement technique rapide, ne seront pas nécessairement plus élevées en termes de savoirs, mais certainement plus exigeantes du point de vue des attitudes et des comportements : capacité d'apprendre à apprendre, comportement ouvert au travail en équipe, esprit de créativité et d'initiative, souci de qualité dans l'application des savoirs et des savoir-faire... Certes, les métiers changent, mais les compétences requises pour les exercer demeurent. Ces qualités individuelles seront d'autant plus nécessaires que les métiers de demain s'exerceront de plus en plus dans des petites unités de service aux personnes et aux entreprises.

La formation et l'emploi sont des domaines liés qui font appel à de multiples concepts, souvent utilisés à tort et à travers, et qui s'apparentent à des mots valises. Il n'est donc pas inutile de rappeler quelques définitions. Commençons par l'instruction, simple acquisition de savoirs, qu'il ne faut pas confondre avec l'éducation, acquisition de savoirs mais aussi de comportements individuels (épanouissement des talents) et collectifs (formation des citoyens). L'éducation ne suffit pas à donner une formation valorisante sur le plan professionnel. La formation est un mélange d'acquisition de savoirs, de savoir-faire et de comportements. Ce sont surtout ces derniers que recherchent les entreprises, avec un minimum de savoirs de base. On parlera ainsi de « formations qualifiantes » pour désigner celles qui débouchent sur des certificats de qualification, en général des diplômes. Mais cela ne doit pas faire oublier que la qualification n'est que la reconnaissance, à un moment donné, d'acquis de ladite formation, ouvrant généralement à des droits statutaires, dont les grilles de rémunération et les conventions collectives.

C'est ici qu'apparaît la notion de professionnalisme, comportement individuel consistant à bien faire ce que l'on a à faire, en montrant un esprit de réactivité, de ténacité et de solidarité.

Le professionnalisme ainsi défini est l'une des principales composantes de ce que l'on appelle, de façon plus générale, la compétence, concept plus englobant et donc un peu fourre-tout, défini par le *Petit Robert* comme « l'aptitude à traiter un problème grâce à la connaissance approfondie d'un domaine ». Il n'y a pas nécessairement correspondance entre le domaine de connaissance et la nature du problème. Ainsi, se former soi-même, former les autres, les animer pour résoudre les problèmes sont autant de compétences. Autrement dit, il y va aussi de la capacité à tirer parti de ses talents pour apprendre à savoir, à diriger et à communiquer.

Rien de surprenant, par conséquent, si, visitant les ateliers de Daimler-Benz au début des années 1990, je constatai que les apprentis débutaient par le travail à la lime : l'essentiel étant l'acquisition de comportements. C'est au nom du même principe qu'à l'Université, l'on vante les mérites de la formation par la recherche, même si celle-ci concerne la reproduction des libellules. Le fait de se fixer un projet, de s'y tenir et de développer des capacités d'investigation et de synthèse se suffit à lui-même.

Le concept de métier survient naturellement dès que l'on parle de compétences. Le *Petit Robert* en avance une définition très ouverte : « Tout genre de travail déterminé, reconnu ou toléré par la société et dont on peut tirer ses moyens d'existence » à partir de l'exercice de ses compétences. C'est ainsi qu'Albert Camus pouvait dire : « J'ai fait mille métiers pour gagner ma vie. » Aujourd'hui, certains les qualifieraient peut-être de petits boulots, alors que pour nos anciens, il n'y avait pas de sot métier !

Ces définitions montrent que la prospective des métiers passe par une prospective des compétences suffisamment rares pour être susceptibles de valorisation sur le marché du travail, sous la forme d'activité indépendante ou d'emploi. Il convient donc de relativiser cette notion. En effet, chaque individu est le produit d'une trilogie faite de volonté (l'équation personnelle des talents), de hasard (les circonstances, les rencontres) et de nécessité (les contraintes). En réalité, la compétence est doublement contingente, car mille et un profils sont susceptibles d'occuper efficacement un métier donné.

Au mieux, le bilan individuel de compétences, instauré par la loi, révélera des choses sur un passé, qui aurait pu être autre. Il ne doit donc pas hypothéquer un avenir, par définition ouvert, libre et indéterminé. Le bilan de compétences est aussi illusoire que la soi-disant gestion prévisionnelle de l'emploi et des compétences (GPEC) qui a été la grande mode du tout début des années 1990. L'idée sous-jacente était que nombre de licenciements seraient évités si les entreprises anticipaient mieux leurs besoins de qualifications par métiers et formaient le personnel en conséquence. Les directeurs de ressources humaines y ont vu une occasion inespérée de redonner à leur fonction un rôle central dans la stratégie des entreprises. Des consultants ont fait fortune en mettant en place, dans des sociétés réputées, des groupes de travail chargés de recenser et de codifier les métiers et les compétences. Ils ont ainsi créé une attente qui ne pouvait qu'être déçue, car ces travaux ont le plus souvent conduit à de véritables usines à gaz, inapplicables et rejetées par les services où l'on a essayé de les implanter. Les résistances humaines sont parfois salutaires !

L'illusion était dangereuse, car on ne peut faire rentrer les individus dans des moules universels. La prétention des responsables de ressources humaines était aussi excessive, car, pour apprécier les besoins futurs d'emplois, il faudrait d'abord connaître, lorsqu'elles existent, les stratégies à long terme des entreprises et ne pas se tromper sur l'évolution des techniques de production, des produits et des marchés. Il y a quand même un aspect positif dans cet engouement excessif : il est toujours utile de réfléchir aux compétences critiques qui pourraient manquer dans le futur (anciennes à conserver, nouvelles à développer).

LES ILLUSIONS SUR LES EMPLOIS DE DEMAIN

Où seront les emplois de demain ? Quelles seront les qualifications et les compétences requises pour les exercer ? La réponse à ces questions est encombrée par des clichés non fondés : ainsi, par exemple, il fallait d'abord préparer les enfants aux métiers de l'intelligence et aux emplois qualifiés de la nouvelle économie !

Erreur et illusion collective ! La course aux diplômes de formation générale est d'autant moins justifiée que les emplois de demain ne seront pas là où on le croit. Cela fait des années que nous tirons la sonnette d'alarme sur le risque de surabondance de diplômés et de pénurie de professionnels. Aujourd'hui, l'on manque de jardiniers, de cuisiniers, de bouchers, d'infirmières, d'employés de services aux particuliers et de l'hôtellerie, d'ouvriers non qualifiés du bois, de conducteurs d'engins. Selon l'ANPE, pour les jardiniers, le déficit serait de deux offres d'emplois sur trois non satisfaites !

Pour l'emploi, les perspectives sont claires : les jeunes seront incités à travailler plus tôt, les anciens à partir à la retraite plus tard. Des pénuries importantes de personnels qualifiés sont prévisibles, notamment dans les services aux personnes âgées, la restauration, les professionnels du bâtiment et des travaux publics.

Dans un tel contexte, les emplois de demain seront d'abord dans les services, qui représentent déjà 70 % des emplois existants et 80 % des emplois créés chaque année. Les travaux de la commission Seibel de la Dares et du Plan (2005) permettent d'établir un palmarès instructif : celui des métiers les plus *offreurs* d'emplois d'ici à 2015. La somme des besoins nouveaux et du renouvellement pour compenser les départs à la retraite donne 7,5 millions de postes à pourvoir entre 2005 et 2015. Il faudra ainsi trouver d'ici à 2015 : 1,2 million de personnes pour les services aux particuliers, dont plus de 400 000 assistants maternels et aux personnes âgées ; 840 000 personnes pour les tâches de gestion et d'administration ; 750 000 personnes pour la santé et l'action sociale ; 670 000 pour le transport et le tourisme ; 650 000 pour le commerce et la vente ; 530 000 pour le BTP et 450 000 pour l'enseignement. Avec environ 200 000 recrutements, les informaticiens, la banque et les assurances ainsi que les métiers de la communication, de l'information et du spectacle viennent loin derrière et sont à peu près au même niveau que l'hôtellerie, la restauration et l'alimentation. Pour ces emplois, le plus souvent du tertiaire et nécessitant beaucoup de convivialité, il ne faut peut-être pas beaucoup de qualification sanctionnée par un diplôme, mais certainement un haut professionnalisme et des gens bien dans leur peau.

Dans un contexte de générations moins nombreuses qui se présentent sur le marché du travail (la chute d'environ 20 % des naissances date de 1975), on peut penser que les jeunes normalement éduqués, et qui voudront travailler, n'auront que l'embarras du choix. Ils devraient être incités à poursuivre des études moins longues et à s'insérer plus tôt dans la vie active. La tendance nouvelle est déjà perceptible, d'autant, qu'au-delà d'un certain seuil, le diplôme protège de moins en moins contre le chômage. La concurrence pour l'embauche des jeunes devrait accentuer les pénuries dans les professions dévalorisées par leur image (métiers manuels, services à la personne) ou par des conditions de travail pénibles pour des rémunérations peu attractives. La tension et les pénuries seront d'autant plus accentuées dans les métiers où le besoin de renouvellement va être considérable : songeons aux centaines de milliers d'ouvriers qualifiés du bâtiment, d'assistantes maternelles et aux personnes âgées qu'il faudra trouver d'ici à 2015 pour répondre aux besoins nouveaux et compenser les départs !

CHAPITRE V

Dix questions sur l'emploi, le chômage et le modèle social français

À qui profite le crime du chômage d'abondance ?

Le chômage se perpétue alors que la croissance n'a jamais cessé. C'est bien d'un crime organisé qu'il s'agit, et le silence complice de ses auteurs nous conduit à les dénoncer à voix plus haute que jamais. Où est la crise, sinon dans la mauvaise gestion d'une abondance toujours plus forte ? Comme le disait François Dalle, l'ancien patron de L'Oréal : « Nous sommes tous coupables. »

Il faut appeler un chat un chat. La crise est dans nos têtes. Nous produisons plus en travaillant moins. La richesse des Français n'a jamais été aussi élevée (le gâteau du PIB a doublé depuis 1975), alors que le chômage a quadruplé. Nous vivons une crise de mentalités, de comportements et d'organisation. Elle vient du fait que nous sommes entrés dans le XXIe siècle avec les institutions et les habitudes héritées de l'après-guerre. Il faut donc s'intéresser à ceux qui profitent du crime : les mauvais gérants de l'abondance.

LE CONSENSUS SUR LE CHÔMAGE DES MAUVAIS GÉRANTS DE L'ABONDANCE

Le chômage se perpétue, car trop d'acteurs puissants (État, entreprises, syndicats) y trouvent leur compte. De multiples rigidités (fiscalité, pratiques patronales et syndicales restrictives, protections sociales) poussent les entreprises à substituer le capital au travail : le capital se met facilement au rebut et ne fait jamais grève. Elles favorisent aussi l'émergence d'un secteur informel, plus flexible, plus autonome, où ces contraintes sont moindres (production pour soi, mais aussi travail au noir). Le consensus sur le chômage et le partage du butin entre les acteurs les plus puissants de l'oligopole social a été trop longtemps masqué par la crise.

J'accuse, en premier lieu et sans hésiter, ceux que le sociologue Pierre Bourdieu (1964) appelait les « héritiers » ou la « noblesse d'État ». La tête de l'État et des grandes entreprises est, quasi exclusivement, entre les mains des grands corps (essentiellement l'ENA et Polytechnique) où se retrouvent, depuis des générations, les enfants issus des mêmes familles. En réalité, il y a dans la sélection des élites un véritable délit d'initiés – la connaissance des filières et des critères de sélection sociale –, profitant, aussi, aux enfants d'enseignants, qui représentent plus de 50 % des admis dans les grandes écoles. Ce qui explique que les enseignants de gauche et de droite soient complices d'un système permettant à la classe sociale dominante de se reproduire en vase clos, de manière légitime par méritocratie interposée.

Au départ, la course est en principe ouverte à tous, mais certains reçoivent un meilleur entraînement et connaissent mieux les règles du jeu que d'autres. Pour déclarer ses enfants champions olympiques de l'intelligence, la noblesse républicaine n'hésite pas à plonger une grande partie de la jeunesse française dans le sentiment d'échec et à la dégoûter définitivement du sport éducatif.

J'accuse aussi, en second lieu, les syndicats corporatistes de travailleurs et d'employeurs. Les partenaires sociaux sont complices pour empêcher la révolte des laissés-pour-compte, quitte à acheter leur silence. Certains syndicats se comportent comme des associations de quasi-propriétaires de l'emploi, qui défendent les statuts et les privilèges corporatifs de leurs mandants avant toute autre considération.

Ainsi, le chômage peut être compris comme la partie apparente d'un iceberg de rigidités, dont les quatre cinquièmes sont immergés dans les profondeurs du jeu social.

Le marché du travail est figé par des statuts, trop protecteurs pour certains, et pas assez pour d'autres. Les entreprises et les syndicats entendent, avant tout, ne rien lâcher des positions acquises, et les gouvernements, par tradition ou par manque de courage politique, se refusent à imposer la négociation ou le changement des règles du jeu social. Bref, à court terme, il est plus facile de se réfugier dans le *statu quo*. Tel est l'accord non écrit, qui équivaut à un consensus implicite sur le chômage.

LE JEU DES QUATRE COINS : LA SÉCURITÉ DES UNS SE NOURRIT DE L'INSÉCURITÉ DES AUTRES

Dans une société centralisée, et à chômage élevé, les mieux placés pour changer la répartition des revenus à leur profit sont ceux qui contrôlent les secteurs clés (énergie, transports, communications) et qui bénéficient, par leur statut, de la sécurité de l'emploi. Or le temps n'est plus où ce qui était obtenu par les uns finissait par être accordé aux autres. En période de croissance faible, l'effet d'entraînement disparaît. Les avantages acquis se transforment en privilèges abusifs : réclamer, pour ceux qui travaillent, des augmentations ou une plus grande sécurité d'emploi, c'est signifier pour ceux qui sont à la recherche d'un emploi une chance moindre d'en trouver un.

Ce qui est gagné par ceux qui sont dans un rapport de forces favorable est perdu par d'autres, plus exposés aux lois du marché et, par conséquent, moins bien placés. La sécurité des uns se nourrit de l'insécurité des autres. Dans ces conditions, plus on accroît les effectifs et les avantages du secteur protégé, plus on augmente l'insécurité et l'inégalité nouvelle qui pèsent sur les travailleurs du secteur exposé et sur les chômeurs.

Pour illustrer ce propos, il suffit de prendre l'image du jeu des quatre coins dans une cour de récréation. Cela signifierait une personne sur cinq au chômage (soit un taux de chômage quasi double de celui d'aujourd'hui[1]), mais ce n'est pas un problème, si chacun tourne autour des quatre coins d'emploi, car ce n'est pas toujours le même qui est au milieu : le passage au milieu peut être mis à profit pour se consacrer à une autre activité (formation, éducation d'enfants, loisirs...).

Cessons de nous chamailler sur la nature des contrats de travail : la meilleure des sécurités, c'est la compétence, et celle-ci passe par l'insertion professionnelle réussie. Quand, à l'issue de sa formation, un

1. Ce qui est proche de la réalité si l'on calcule le taux de chômage par rapport aux 15 millions d'emplois marchands, les seuls qui tournent vraiment, à l'entrée comme à la sortie ; soit un taux de 20 %, si l'on considère qu'il y a trois millions de chômeurs (en comptant une partie des RMIstes qui ne sont plus inscrits au chômage).

apprenti n'est pas assez payé, il se place ailleurs. Le marché du travail n'est pas assez ouvert au profit de ceux qui veulent travailler, alors que d'autres sont intouchables, quelle que soit leur performance.

TOUJOURS PLUS POUR CEUX QUI PEUVENT PRENDRE LES AUTRES EN OTAGES

L'égoïsme des corporatismes est, sans doute, sans limite : toujours plus pour ceux qui ont déjà ! Et tant pis pour les jeunes et les chômeurs qui sont à la porte ! C'est bien le paradoxe : en protégeant trop l'emploi, on tue le travail. En augmentant les contraintes qui pèsent sur l'emploi salarié, on incite les employeurs à automatiser et à sous-traiter plus qu'ils ne le feraient autrement.

D'un côté, rien n'est fait pour véritablement insérer les chômeurs de longue durée ou les 1,2 million de bénéficiaires du RMI[2] et, de l'autre, au nom de la défense des acquis, on n'hésite pas à négocier avec les partenaires sociaux la paix dans les entreprises publiques. En fin de compte, c'est toujours la collectivité qui finance le « traitement social » : il y a quinze ans, chaque docker a ainsi coûté l'équivalent de 150 000 € à la société française. On accepte, aussi, que quelques centaines de conducteurs de la RATP ou de la SNCF paralysent la capitale, alors qu'il ne s'agit pas des travailleurs les moins privilégiés de la société française.

Jusqu'en 2007, les pouvoirs publics ont quasi systématiquement cédé au chantage des groupes de pression, et c'est finalement le citoyen contribuable qui a fait les frais de l'opération. De telles politiques ont depuis long-

2. L'expérimentation, par Martin Hirsch, du revenu social d'activité en 2007 (visant à ne pas perdre d'argent quand on reprend un travail) pourrait changer la donne et l'on ne peut que se réjouir de sa généralisation si elle s'avère efficace.

temps cessé pour l'électricité ; il est vrai que l'énergie, c'est la vie. Mais, surtout, les syndicats sont conscients que les coupures de courant sont devenues socialement inacceptables et qu'une telle éventualité remettrait certainement en cause la position dominante d'EDF plus rapidement que ne le fera, de toute façon, l'ouverture progressive des marchés de l'énergie au jeu de la concurrence. Engagements européens obligent, la France devra s'aligner sur les règles communautaires. L'ouverture du capital d'EDF montre que la France s'y prépare, mais il lui a fallu pour cela en payer le prix : des augmentations de salaires de plus de 6 % en 2004, des achats d'actions à des conditions très avantageuses pour le personnel. La concurrence n'est pas contraire au service public ; elle peut même, sous certaines conditions, contribuer à l'améliorer.

Chaque corporation de l'oligopole social prend, tour à tour, en otage une partie de la population pour améliorer sa position relative. Il suffit de quelques taxis, ambulanciers ou routiers, pour bloquer la circulation et faire céder le pouvoir.

Des relations sociales gouvernées par les seuls rapports de forces

Nous avons depuis longtemps dénoncé cet état de fait (Godet, 1994) : l'on donne toujours plus à ceux qui ont déjà et qui profitent des rapports de forces pour obtenir encore plus ! Si le président Sarkozy veut vraiment rompre avec les politiques antérieures, il doit briser le consensus social sur le chômage d'abondance.

Les chômeurs, qui sont faiblement représentés, et peu organisés en groupes de pression pour se faire entendre, constituent ici le maillon faible. Dans la surenchère sociale, leur situation contraste singulièrement avec celle des employés des entreprises publiques de transport qui, en raison de leur monopole, peuvent prendre les citoyens usagers en otage. Le pouvoir, faible en de telles circonstances, préfère sauver les meubles et donner des avantages supplémentaires à la minorité qui s'agite et bloque l'économie. Avantages qui seront, finalement, d'une manière ou d'une autre, un peu payés par tout le monde. Ce phénomène d'« oligopolisation » de la vie sociale avait été relevé, dès les années 1980, par Jacques Lesourne (1985). L'État n'est plus ce qu'il était. Arbitre et garant de l'intérêt général, il est devenu prisonnier des sondages et des groupes de pression qui sont les mieux placés pour faire entendre leurs intérêts.

Beaucoup de Français participent à ce petit jeu en se disant : « Notre tour viendra, et tant mieux si le pouvoir cède aux autres, il cédera aussi pour moi ! » C'est ainsi que l'on a vu, ces dernières années, se succéder les cortèges d'infirmières, d'électriciens, d'enseignants, de retraités, d'agriculteurs, de médecins, de chauffeurs de bus, de gardiens de prison, de douaniers, de policiers et, même, de gendarmes en uniforme – imitant par là les policiers civils, ce qui facilitera peut-être le rapprochement entre ces deux corps. Alors que l'armée se contente, pour l'instant, du 14 Juillet[3] ! Les oubliés de la RTT sont aussi, très souvent, les absents des défilés. Il en va ainsi des ouvriers et des salariés des petites entreprises, du commerce et de l'artisanat – qui demeure, pourtant, le premier employeur de France. On l'a compris, les chômeurs ne sont pas les seuls à se sentir exclus, et des millions de travailleurs ont l'impression de ne recevoir que des miettes en compensation de leur sueur !

Il faudrait que les chômeurs s'organisent en groupes de pression et prennent, à leur tour, la population en

3. La grande Muette aurait, pourtant, bien des raisons de manifester contre le sort qui lui est fait depuis des lustres !

otage pour que cesse leur exclusion du banquet. Mais, parions que, si quelques chômeurs se prenaient à vouloir bloquer le périphérique pour attirer l'attention sur leur sort, ils seraient vite délogés.

LE SILENCE DES CHÔMEURS CONTRE LES MIETTES DU BANQUET

Combien sont-ils ? Qui sont-ils ? Comment vivent-ils ? Il faut tenter de répondre à ces questions pour expliquer l'incroyable silence des chômeurs dans une société où, pour se faire entendre, il est d'usage de se rassembler pour manifester. Ils sont pourtant entre 2 et 3 millions, selon les définitions, dont plus d'un tiers de longue durée. À l'exception de quelques mouvements fin 1997, vite retombés, les chômeurs ne se rassemblent pas, ne manifestent jamais en masse. En général, on ne les entend pas, on ne les voit même pas. À croire que, le plus souvent, ils ont honte et se cachent. Les chômeurs subissent leur sort dans leur coin, en silence, et ne font guère parler d'eux en tant que groupe de pression organisé, prêt à tout. Tant que le rapport de forces ne leur sera pas favorable, les syndicats continueront à défendre les acquis des salariés en place. Les patrons continueront à acheter la paix sociale, qui fait aussi le bonheur de la noblesse gouvernante.

Qui sont-ils ? Plutôt des femmes, des jeunes et des personnes sans diplôme. Le taux de chômage des femmes rapporté à la population active est près d'un tiers plus élevé que celui des hommes. Plus d'un jeune actif sur cinq est demandeur d'emploi. Enfin, le taux de chômage des personnes sans diplôme, ou n'ayant que le certificat d'études, est près de deux fois plus élevé que celui des bac + 2. La durée moyenne du chômage est de l'ordre de seize mois. Ceux qui retrouvent vite un emploi n'ont pas le temps de s'organiser pour protester. Ceux qui s'installent dans l'exclusion du marché du travail le font de manière dispersée. Les chômeurs, le plus souvent démunis de parchemin, n'ont plus que les miettes du banquet de la croissance, une grande table où ils n'ont pas leur place, comme en témoigne la proportion élevée de chômeurs de longue durée (plus de 40 % des chômeurs le sont depuis plus d'un an). Ainsi, d'un côté, la société française paie grassement ses régisseurs et, de l'autre, elle est incapable d'assurer à plusieurs millions de citoyens le travail et le revenu minimum nécessaires à leur dignité. Il est vrai que ces miettes ne sont pas toujours négligeables (la moitié du SMIC). Ainsi, tous avantages confondus, un RMIste pourra vivre mieux qu'un smicard payant ses transports et ses impôts locaux.

Le RMI concerne 1,2 million de Français et coûte plus de 5 milliards d'euros à la collectivité (sans compter le coût de sa gestion). La majorité des allocataires a moins de 35 ans et n'a pas d'enfant. Même si plus de la moitié d'entre eux s'en sortent en moins de deux ans, il semble que près du quart des bénéficiaires, en grande difficulté sociale, soient installés dans un RMI de longue durée. Dans les départements d'outre-mer, le RMI concerne entre 30 à 40 % de la population active, c'est-à-dire presque autant que la fonction publique sur place. La place de l'emploi marchand étant inférieure à 30 %, on peut avancer que, compte tenu des pensions de retraite, 80 % des revenus de ces territoires proviennent de transferts publics.

Pour que les seuls rapports de forces ne commandent plus les relations sociales, il faudrait, d'abord, que cesse la culture de la grève, la « gréviculture », de certaines entreprises publiques, et donc changer la grève dans ses pratiques.

Comment changer la grève dans les services publics ?

La grève est un droit, mais en aucun cas un devoir. Hélas, dans les services publics, comme l'avait remarqué Georges Elgozy (1981), « le droit de grève est devenu le droit de quelques-uns à disposer de tous », quitte à le faire au nom de l'intérêt général pour mieux satisfaire des revendications corporatistes ! Les conducteurs de TGV ont ainsi obtenu, à la fin des années 1990, une « prime spéciale de congé » pour compenser la perte de « primes de conduite » pendant leurs congés ! Cela n'a pas empêché la SNCF, en 2001, de représenter 10 % du total de jours de grève en France pour 1 % des salariés !

Pourtant, comme l'avait rappelé, justement, Louis Gallois, son président d'alors : « La SNCF n'a pas pour vocation de faire le bonheur du cheminot, mais de transporter des voyageurs. » Il manquait, peut-être, le mot « seulement » dans sa remarque, au demeurant fort judicieuse. La grève ne devrait intervenir qu'en dernier recours, après négociation et comme signe d'échec du dialogue social et non, avant, comme une prise du public en otage, visant à peser dans le marchandage pour obtenir une plus forte rançon. Hélas, les transports publics n'ont pas le monopole des prises d'otages ! Les routiers sont aussi très efficaces dans ce domaine. Même si les revendications d'une infime minorité de citoyens paraissent légitimes, est-ce une raison suffisante pour s'attaquer aux libertés fondamentales de tous, à commencer par celle de se rendre librement à son travail ?

En France, on confond trop souvent service public et statut public des agents qui en sont chargés. Dans bien des cas, le service du public serait mieux assuré par des

Encadré 5.1 – Quelle contrepartie au financement public du chemin de fer ?

En France, nous avons le TGV, c'est vrai et l'on peut en être fier, il est rentable et c'est heureux car les tarifs sont élevés. Ce qui n'est pas le cas des réseaux secondaires et des trains de banlieue largement déficitaires en raison de tarifs en dessous du coût de revient. Au final pour le train en Île-de-France, comme pour la RATP, c'est le contribuable national qui paie, qu'il en profite ou non. La facture est salée : l'économiste Rémy Prud'homme (1997) avançait il y a dix ans un montant de 10 milliards d'euros par an à la charge de la collectivité. En effet, les recettes de voyageurs et de fret couvraient seulement les salaires. Toutes les autres dépenses, telles que les achats, les investissements ou les intérêts, étaient payées par des contributions publiques. Des calculs plus récents, du même auteur, confirment ces chiffres si l'on consolide les bénéfices de la SNCF avec le déficit de RFF[3].

La dette de Réseau ferré de France (RFF) n'est que de l'impôt différé et les calculs ci-dessus devraient être majorés du coût, pour la collectivité, du régime spécial de retraite : 2 à 3 milliards d'euros supplémentaires. Jusqu'en 2001, on a continué à recruter des agents avec la bénédiction d'un ministre des Transports communiste et ancien cheminot. Jean Bergougnoux, prédécesseur de Louis Gallois, avait pourtant momentanément réussi à faire baisser d'importants sureffectifs. Les choses changent avec la régionalisation des coûts et les efforts incontestables de modernisation dans la gestion et le management de la SNCF. Des efforts de productivité sont encore nécessaires, mais pour résorber le déficit, il faudrait supprimer de nouvelles lignes et augmenter fortement les tarifs du train quotidien, ce que les citoyens ne souhaitent pas.

3. On trouve les chiffres pour 2004 (en milliards d'euros) dans les *Faits & Chiffres, statistiques du transport en France*, édition 2005, publiés par l'Union routière de France (URF) : recettes commerciales = 8,8 ; dépenses = 19,5 ; différence = concours publics, soit près de 11 milliards d'euros. Les chiffres résultent de la consolidation des comptes SNCF et RFF.

Le déficit du chemin de fer est, au final, payé par la collectivité, c'est-à-dire par le citoyen contribuable, même s'il ne prend pas le train. Cela ne serait pas choquant si, en contrepartie, la SNCF contribuait beaucoup plus qu'elle ne le fait à des missions de service public et d'intérêt général, comme l'aménagement du territoire ou le transport des familles nombreuses (nous reviendrons sur cette question dans le chapitre VII sur les propositions de réformes).

entreprises qui seraient en concurrence, et qui répondraient à un cahier des charges précis avec une obligation de service minimum vital. Le transport public, c'est aussi vital que l'électricité : on ne coupe pas le courant dans les hôpitaux. Si les coupures générales d'électricité sont devenues symboliques et éphémères, ce n'est pas seulement parce que les agents d'EDF sont équipés de congélateurs, mais aussi parce que cela serait socialement inacceptable !

Lorsque j'étais client quotidien de la SNCF, pendant treize ans, de 1991 à 2004, sur la ligne TGV Paris-Vendôme, j'avais pris l'habitude de faire grève de la présentation de mon titre de transport (bien sûr, j'étais en règle) dans les jours qui suivaient la fin d'une grève. D'autres n'hésitaient pas à porter un brassard avec la mention « client en colère ». De telles attitudes étaient comprises par les contrôleurs, qui généralement passaient leur chemin la tête basse et, parfois, engageaient la conversation, et découvraient ainsi qu'il y a de moins en moins d'usagers passifs et de plus en plus de clients actifs. Les sondages sur la soi-disant popularité des grèves devraient distinguer les réponses des personnes concernées de celles qui ne le sont pas.

LÉGALISER LES GRÈVES POSITIVES
POUR LE CITOYEN ET GÊNANTES POUR L'ÉTAT PATRON

Comment exercer le droit de grève dans un service public ? Le droit de grève est là pour gêner le patron et ce dernier n'est pas nécessairement l'État si la gestion du service public a été concédée. Gêner le patron pourrait, par exemple, dans le domaine des transports, consister à faire voyager les usagers gratuitement. De telles grèves positives seraient forcément populaires et n'entraveraient pas le service public. Mais les syndicats sont contraints de s'y opposer, car la « grève de la pince » est, d'après les textes, considérée comme une faute professionnelle, alors qu'il est légal d'empêcher les citoyens de se déplacer pour travailler !

C'est donc bien les textes qu'il faut revoir, pour légaliser le principe des grèves positives et interdire les prises d'otages, en imposant un service minimum. S'il y a service public, c'est le client citoyen qui doit être prioritaire : le service minimum est la contrepartie naturelle du monopole de service public. En général, dans le système concurrentiel, le client n'est pas otage des grèves, car il a le choix. C'est bien ce qui force les patrons à négocier, et les salariés à ne pas abuser du droit de grève. Si le service public était concédé, avec un cahier des charges précis, à plusieurs entreprises privées, celles qui ne rempliraient pas leur contrat de service public et de service minimum, du fait de grèves, perdraient leur concession. Dans ce cas, la grève serait bien une sanction pour les entreprises, révélatrice d'un défaut interne de management social de ses dirigeants.

Les conséquences économiques et sociales des grèves des monopoles de service public sont démesurées par rapport à des revendications souvent catégorielles. Les grèves de ceux qui ont l'avantage d'avoir la retraite à 50 ans ou 55 ans, qui travaillent à peine 30 heures par semaine (26 heures à la SNCF pour les roulants) et qui bénéficient d'un grand nombre d'avantages, y compris la garantie de l'emploi, me paraissent indécentes. Il y a des règles d'éthique à respecter et les positions dominantes de monopole sont justifiées, à condition de ne pas en abuser et d'accepter en contrepartie des astreintes supplémentaires, comme le service minimum.

La situation était bloquée jusqu'à la fin 2007. À qui la faute ? Certainement à un système qui fait et défait les dirigeants en Conseil des ministres, ce qui tétanise même les plus compétents et élimine les plus entreprenants. La fréquente lâcheté du pouvoir politique a ainsi contribué à accentuer le retard dans la modernisation du management et des relations sociales de certaines entreprises publiques. Pour ne rien arranger, le syndicalisme en France est moribond avec moins de 10 % des salariés syndiqués, soit trois à quatre fois moins que chez nos voisins européens !

Ils sont surtout concentrés dans les grandes entreprises publiques, telles la RATP, EDF et la SNCF. Les syndicats défendent naturellement ces derniers bastions et se battent bec et ongles pour les préserver ; il en va de leur survie. Ceci dit, les syndicats évoluent et certains, comme la CFDT, sont plus ouverts que d'autres, et prêts à se remettre en cause. C'est bien ce qui s'est passé à l'automne 2007 sur la réforme des régimes spéciaux où la CGT, au niveau de ses instances nationales, est apparue aussi réformiste que la CFDT de 2003. Il est vrai que la perspective d'une réforme du système de représentativité et de financement des syndicats a changé la donne. Ces derniers devront élargir leur base de représentativité et, de ce fait, devenir moins corporatistes et plus préoccupés de l'intérêt de l'ensemble des salariés.

De toute façon, la construction européenne va contraindre les services publics à la française à s'adapter dans un sens plus responsable, concurrentiel et libéral, au service, d'abord, des intérêts du citoyen consommateur et contribuable. Ce qui s'est passé pour le transport aérien et les télécommunications va concerner, bientôt, l'énergie, les transports terrestres, l'éducation... La concurrence sauvage est certes condamnable, mais tout monopole est facteur de sclérose : un juste milieu est possible avec une flexibilité à visage humain.

Les Français commencent à découvrir que d'autres pays ont un service public assuré par des entreprises concurrentielles, avec un cahier des charges précis. Le droit de grève y est alors exercé de manière plus normale, c'est-à-dire moins irresponsable et égoïste au détriment du service du public. Quand le client devient roi, l'usager n'est plus pris en otage et le droit de grève ne s'exerce plus que de manière positive !

Quelles sont les inégalités les plus fortes : les revenus ou les statuts ?

Dans un monde qui change, ne serait-ce que par l'augmentation de l'espérance de vie (nous gagnons un an tous les quatre ans !), les règles, aussi, doivent changer. Certains pensent qu'il ne faut pas toucher aux acquis car ils font partie de notre héritage social. Avec le même raisonnement, on n'aurait jamais aboli les privilèges de la noblesse en 1789 !

LA GALÈRE INÉGALE DES QUATRE FRANCE : CELLE QUI SE PÂME, CELLE QUI BRAME, CELLE QUI RAME ET CELLE DU DRAME

En se promenant vingt-quatre heures autour de la place de la Bastille, on peut sans difficulté observer, à des heures différentes, les quatre France : la France qui rame, la France qui brame, la France qui se pâme et la France du drame. Cette dernière, comme une dame digne, cache sa misère en faisant semblant de se mêler aux autres.

La France qui rame vient de lointaines banlieues et commence tôt le matin. Ce sont, d'abord, les soutiers du système, travaillant dur, sans statut protecteur et, malgré cela, souvent mal payés. On trouve, parmi eux, un fort contingent d'étrangers, en situation régulière ou non, mais aussi des nationaux qui s'épuisent à la tâche, du matin au soir, leur vie durant. C'est dans cette catégorie que l'espérance de vie est la plus faible. La France qui rame, c'est aussi celle des cadres moyens qui aspirent à grimper dans l'échelle sociale. Pour la plupart, ils n'y parviendront pas, faute des titres et des relations nécessaires au départ de la course. Peu de ces capitaines accéderont à la position d'officier supérieur, celle des seigneurs de la noblesse d'État.

La France qui brame est occupée, principalement, par les clercs, c'est-à-dire par l'armée des employés, pas toujours bien payés, mais jouissant d'un statut protecteur. Ce sont les premiers à manifester pour la défense ou l'augmentation de leurs avantages. Dans l'ensemble, les clercs ajustent « correctement » leur travail à leur niveau de salaire. Leur temps de travail comprend des plages de loisir et de passivité plus ou moins occultes, dont certains tirent profit pour améliorer l'ordinaire par une seconde activité au noir. Les fonctionnaires et les employés des organismes publics et parapublics constituent la masse des clercs. Les cadres et les techniciens des grandes entreprises publiques participent, aussi, à la France qui brame et augmentent ainsi régulièrement leurs avantages (songeons aux aiguilleurs du ciel). Les mieux placés pour accroître leur part du gâteau sont ces clercs organisés en syndicats corporatistes.

La France qui se pâme comprend tous ceux qui sortent de chez eux bien après 9 heures du matin ou se rendent à l'Opéra le soir. Elle rassemble les seigneurs de la noblesse républicaine, ceux qui occupent le sommet de la pyramide sociale, perçoivent des salaires toujours plus élevés et règlent leur vie au rythme des jets et des réceptions. Elle compte, aussi, une proportion croissante de retraités ; ils ont du temps et, généralement, de l'argent.

Pour chacune de ces France, l'existence d'une autre, considérée comme inférieure, est déjà, en soi, une forme de satisfaction et de valorisation. Au bas de l'échelle, on trouve la France du drame ; elle se cache dans la foule par souci de dignité et bien malin celui qui la reconnaîtra !

Cette France du drame est celle des exclus du marché du travail ; on y retrouve les chômeurs de longue durée, les jeunes sans qualification et, aussi, des jeunes vieux de plus de 50 ans. Ils sont, dans l'ensemble, incapables de se mobiliser pour obtenir quoi que ce soit ; psychologiquement affaiblis, socialement rejetés du banquet de la croissance, dont ils ne peuvent espérer que les miettes.

Une telle stratification sociale est d'autant plus stable qu'il subsiste des passerelles entre les niveaux et que chacun peut garder l'espoir d'y accéder un jour ou l'autre, ne serait-ce que par procuration au travers de ses enfants.

Le mérite scolaire et la compétence professionnelle ont été, pendant longtemps, des visas suffisants pour l'ascension sociale. Mais tel n'est plus le cas aujourd'hui, en raison des effets pervers de la course aux diplômes[5].

Naturellement, cette vision caricaturale des quatre France souffrira toujours des exceptions, mais elle concernera un nombre croissant d'individus. Les structures rigides sont plus fragiles que les structures souples :

5. *Cf. supra* chapitre IV.

elles cassent facilement. Mais la majorité des acteurs veille au grain : la France des seigneurs qui se pâme peut compter sur l'appui des retraités et des clercs pour défendre l'ordre établi. La France qui rame n'a guère le temps de fomenter des complots. La révolte pourrait naître chez les jeunes en colère s'ils parvenaient à entraîner dans la rue la France des fourmis qui en a assez de ramer pour les cigales qui se pâment et brament tour à tour. Il n'y a jamais de grèves pendant les congés scolaires : de ce point de vue, l'étalement des congés par académie est une grande mesure favorable à la paix sociale. De même, les jours de grève nationale sont forcément des mardis ou des jeudis. Donnons un conseil aux organisateurs de congrès professionnels à l'échelle nationale ou internationale : choisissez un lundi, un mercredi ou un vendredi, et vous éviterez ainsi les risques associés aux grèves nationales de transport ferré et aérien. Mais les possibilités sont limitées car, le mercredi, c'est le jour des enfants ou des matchs de football, et le vendredi, c'est déjà le début de la fin de semaine pour beaucoup de salariés. Il reste le lundi qui pose, aussi, problème, car c'est le jour privilégié des réunions de service. Il faut bien que les personnels se rencontrent et se parlent une fois par semaine. Voilà pour les semaines ouvrées ; en ce qui concerne les périodes de congés scolaires, peu risquées pour les grèves, c'est la participation qui fera défaut.

LES INÉGALITÉS DE STATUTS, DE RETRAITES ET D'ESPÉRANCE DE VIE SONT LES PLUS FORTES ET LES PLUS MÉCONNUES

Le débat sur la facture économique des 35 heures a un peu occulté celui qui émerge sur les fractures sociales. La première est bien connue : il y a, d'un côté, ceux qui en bénéficient dans les grandes entreprises et les administrations, avec 11, voire 12 ou 13 semaines de congés payés et, de l'autre, les oubliés de la RTT (artisans, commerçants et salariés des petites entreprises familiales). Tout se passe comme si, en durée annuelle de travail, un employé d'assurance avait l'équivalent de 12 semaines de congés de plus par an qu'un employé de l'hôtellerie ! La valeur du travail et de l'effort est ébranlée, et les fourmis ont l'impression d'être moins encouragées que les cigales. Nous reviendrons, par la suite, sur cette question qui révèle, aussi, une deuxième fracture sociale, beaucoup plus profonde, et qui s'est accentuée, entre ceux qui prennent plaisir au travail et ceux qui le vivent mal dans le stress.

Les inégalités de traitement des Français, en matière de statut de l'emploi plus ou moins protégé, de temps libre et de retraites, sont bien plus choquantes que celles de revenus. Est-il normal que certains, parmi ceux qui vivent le plus longtemps, soient aussi ceux qui partent le plus tôt et aient les pensions les plus élevées ? Ainsi, les fameux « régimes spéciaux » ont un taux de remplacement plus élevé (85 % pour EDF-GDF), un âge de départ plus avancé (58,5 ans pour EDF) et une espérance de vie de plusieurs années supérieure à la moyenne. À 60 ans, l'espérance de vie d'un cadre du public ou d'un instituteur est de cinq ans supérieure à celle d'un ouvrier ou d'un employé du privé[6] !

Nul besoin d'avoir été longtemps aux écoles pour comprendre que, si le nombre d'actifs diminue, alors que le nombre de retraités augmente, il faudra relever les cotisations et, pour un même gâteau à partager, en plus des parts, diminuer la taille de chacune. La loi Fillon a permis de faire quelques petits pas dans la bonne direc-

6. L'écart est encore plus élevé à l'âge de 35 ans : 9 ans. S'il s'est réduit, c'est tout simplement parce que, entre-temps, beaucoup d'ouvriers sont morts.

tion, mais rendez-vous est pris pour 2008, car l'on sait que cela ne suffira pas. Les durées de cotisation du privé et du public ont bien été alignées sur quarante ans, mais plusieurs inégalités subsistent :

— pour les salariés du secteur privé, il faut dorénavant quarante ans de cotisations pour toucher une retraite à taux plein, sur la base des vingt-cinq meilleures années, au lieu des dix meilleures. Le contraste avec le secteur public subsiste puisque, dans ce dernier, l'on continue à partir à taux plein (75 %) sur la base des six derniers mois !

— les retraités du secteur public reçoivent, en moyenne, 25 % de plus que ceux du privé, alors que les artisans et les commerçants touchent en moyenne 30 à 40 % de moins. Dans ces conditions, on imagine mal que, pour une durée de cotisation équivalente, les salariés du public gardent un taux officiel de remplacement de 75 % contre bientôt 60 %, voire moins de 50 %, pour le privé ;

— il était depuis longtemps prévu en 2008, de remettre à plat les systèmes de retraite pour faire le grand pas qui s'impose si l'on veut vraiment sauver la répartition. Il faudra bien, à cette occasion, corriger les inégalités de traitement des Français selon qu'ils travaillent dans le public ou le privé. Le tableau ci-après ne tient, certes, pas compte des régimes complémentaires du privé, mais il révèle la principale iniquité de notre système : la fonction publique (civile et militaire) reçoit 31 % des prestations légales pour 12 % des bénéficiaires. C'est dire que la réforme des régimes spéciaux qui s'impose ne suffira pas ; il faudra aussi aligner les fonctionnaires sur le régime général. Les gouvernants de demain auront-ils le courage de le faire ? Espérons-le !

— à 35 ans, un ouvrier a neuf ans d'espérance de vie de moins qu'un cadre ! Ne faudrait-il pas, aussi, dans les systèmes de retraite, tenir compte de l'inégalité devant la mort ? Tout se passe comme si la répartition effectuait un transfert des ouvriers et des employés vers les cadres. La « neutralité actuarielle », comme disent les assureurs, devrait conduire à donner, proportionnellement plus, chaque mois, à l'ouvrier, parce que, statistiquement, il touchera sa pension moins longtemps. Cette idée, simple et de bon sens, fait son chemin en Europe, et notamment en Suède avec des pénalités et des majoration de pension tenant compte des années de cotisation et de l'espérance de vie au moment de la retraite. Il est vrai que le sujet est délicat car, au nom du principe de parité, il faudrait, aussi, tenir compte de l'espérance de vie des hommes, inférieure de sept ans à celle des femmes, pour calculer les pensions de manière équitable. Vaste débat !

Les inégalités de statut de retraite et d'espérance de vie affectent naturellement plus la France du drame et des exclusions, celle qui rame et galère pour de faibles revenus (les ouvriers et certains artisans et commerçants), mais aussi, et cela est moins souvent évoqué, ces petits patrons qui se tuent au travail pour faire tourner la boutique et assurer les échéances et les salaires des employés. Le témoignage suivant est révélateur de cette nouvelle forme moderne d'héroïsme économique, certains patrons sacrifiant leur vie pour les autres.

UNE FEMME, PETIT PATRON, VICTIME DE HARCÈLEMENT TEXTUEL

Les petits patrons, qui travaillent deux fois 35 heures par semaine, sont étranglés par les grands donneurs d'ordre de l'industrie et de la distribution, et moins bien armés que ces derniers pour se défendre contre le harcèlement administratif. Écoutons ce que dit Valérie Tellier (cette fille de contremaître), qui se bat pour sauver les

	Prestations légales vieillesse et veuvage	Nombre de cotisants vieillesse	Nombre de bénéficiaires vieillesse*
	%	%	%
Régime général	47,8	67,5	52,9
Régime agricole	8,5	5,1	20,1
Fonction publique	31,0	17,7	12,2
Régimes spéciaux	8,1	1,9	5,1
Régimes de non salariés non agricoles	4,3	7,8	9,4
Autres régimes de base	0,3	–	0,3
Total (en %)	100	100	100
Total	158,6 milliards €	24,8 millions de pers.	21 millions de pers.

* Droits directs + droits dérivés.

Tableau 5.1 – Comptes de la Sécurité sociale (répartition en %)

Source : Commission des comptes de la Sécurité sociale, septembre 2006. Les prestations légales vieillesse et veuvage ont représenté, pour l'année 2006, un total de 158,6 milliards d'euros, pour un nombre total de cotisants de 24,8 millions et un nombre total de bénéficiaires de 21 millions.

soixante-dix emplois en CDI de Val Laquage, l'entreprise de façonnage de flacons qu'elle a créée, en 1998, à Ouville-la-Rivière (76) : « Le marché est difficile, mais il l'est d'autant plus qu'un grand donneur d'ordre verrier, ayant investi massivement dans mon activité, en me tenant un discours de sous-traitant partenaire, me supprime des commandes prêtes à être produites sur ligne, alors qu'il s'agissait de commandes fermes représentant 50 000 €. »

Valérie Tellier ne pouvait pas attendre les trois jours légaux pour convoquer le comité d'entreprise, et encore moins les vingt jours pour que l'inspection du travail donne son accord à l'inévitable chômage technique. Elle a réuni l'ensemble du personnel, expliqué la situation, ils ont accepté à l'unanimité de prendre des congés pour sauver leur emploi ! Nos champions nationaux (verriers, constructeurs, distributeurs), par ailleurs si prompts à donner dans les discours sur la responsabilité sociale des entreprises, devraient s'interroger : si les emplois de leurs fournisseurs disparaissent, leur développement ne sera pas durable, faute de consommateurs solvables !

Mais le harcèlement textuel vient s'ajouter aux malheurs de Valérie : « Je dois en permanence justifier et expliquer ce que je fais dans l'entreprise. Pendant ce temps, les autres pays avancent. Les contraintes sont les mêmes que pour les groupes, mais avec des moyens bien différents. Nous devons subir un taux d'absentéisme avoisinant les 10 %, avec des arrêts de travail de six semaines pour une petite coupure au doigt. Il y a aussi les contrôles de la Direction régionale de l'industrie, de la recherche et de l'environnement (Drire) dans la perspective des accords de Kyoto, pour répondre aux nouvelles normes. Il faudrait des investissements très lourds que je ne peux financer, il me faut donc réduire l'activité. Il y a enfin les contrôles fiscaux et l'Urssaf, sans oublier l'inspection du travail… Pour eux, je suis un patron et je n'ai qu'à me plier aux règles, le reste n'est pas leur affaire ! » On comprend mieux, après ce témoignage, pourquoi l'idéal, pour certains chefs d'entreprise, c'est d'avoir le moins de personnel possible et de sous-traiter tout ce qui peut l'être ! On ne peut plus demander à nos entreprises de courir dans la compétition internationale avec des semelles de plomb et des corsets réglementaires. C'est bien le modèle social français qui ne va plus !

Retraites qui va payer ? vers quelles réformes ?

L'équation démographique pourra être manipulée dans tous les sens, on ne sortira pas des limites du système de répartition. Nul besoin d'avoir été longtemps aux écoles pour saisir que, si le nombre d'actifs diminue alors que le nombre de retraités augmente, il faudra augmenter les cotisations, et pour un même gâteau à partager en de plus nombreuses parts, diminuer la taille de chacune. Ajoutons, comme ne cesse de le rappeler Jacques Bichot (2003), en digne héritier d'Alfred Sauvy, que les cotisations vieillesse que nous versons dans le cadre de la répartition ne sont pas stockées, mais immédiatement reversées à nos ayants droit, ceux à qui nous devons le financement de notre éducation et de notre jeunesse. Ce que nous acquittons n'est que le remboursement de notre dette vis-à-vis des générations précédentes, et ce que nous toucherons dépend du nombre d'enfants existant aujourd'hui – qui auront, demain, une dette à notre égard – et de leur bon vouloir à la payer. Il y a donc bien deux manières de cotiser pour la retraite dans une société : la première pour rembourser les anciens de ce qu'ils ont fait pour nous, la seconde pour investir dans les générations suivantes et en attendre un égal retour. Il serait légitime de distinguer l'une de l'autre, la cotisation jeunesse tenant compte de l'effort consenti par chacun pour préparer la relève. Hélas ! Le système est ainsi fait que ceux qui contribuent le plus pour la relève sont, dans l'ensemble, aussi ceux qui auront les droits à la retraite les moins avantageux.

Les actifs accepteront-ils longtemps de payer toujours plus pour les retraités ? Je ne le pense pas et leur pression, alors qu'ils seront convoités sur un marché du travail marqué par la pénurie dans de multiples métiers, sera accrue par la conscience que leur retraite ne saurait être dorée. Il est difficile de demander aux gens de cotiser plus pour espérer toucher encore moins lorsqu'ils seront à la retraite. La guerre des âges est annoncée, comment l'éviter ?

La capitalisation, bien que nécessaire, ne permettra pas de résoudre la question collective des retraites dont les causes démographiques déterminent les solutions à long terme : relance de la natalité et ouverture raisonnée des frontières. Mais cela ne suffira pas, il faudra aussi cotiser plus longtemps.

LA CRISE DU FINANCEMENT ET SES ISSUES

Les retraités d'aujourd'hui vivent bien mieux que leurs prédécesseurs et c'est tant mieux ; aussi bien que les actifs mais cela ne va pas durer ; et mieux que ceux qui vont suivre car l'indexation sur les prix et non sur les salaires va progressivement creuser l'écart entre les actifs (dont le nombre n'augmente plus guère) et les non-actifs, dont le nombre va quasiment doubler en quarante ans.

Lionel Jospin n'avait pris que le risque de la réflexion lorsqu'il a demandé, en 1998, au commissaire au Plan de « rechercher l'équité entre retraités ». Jean-Michel Charpin (1999) concluait à la nécessité d'allonger à 42,5 années la durée de cotisation ! L'ancien Premier ministre s'était alors décidé à créer le Conseil d'orientation des retraites (COR), tout en annonçant la création d'un fonds de réserve, censé accumuler 150 milliards d'euros d'ici à 2020 ! Ce fonds, créé en 2002, n'a reçu que 4 milliards d'euros par an depuis. Seule une partie de la privatisation des autoroutes lui a été affectée. Début 2007, son capital était de l'ordre de 30 milliards d'euros.

Tout a changé depuis 2006 avec l'arrivée à l'âge de la retraite des générations du *baby-boom* – alors que le remplacement n'est plus assuré par les moins de 20 ans. – À cela viendra s'ajouter l'augmentation de l'espérance de vie à la naissance d'environ 7,5 ans pour les hommes, et d'un peu moins pour les femmes, d'ici à 2040. Ce qui veut dire qu'un homme de 60 ans verra son horizon de vie passer de 20 à 26 ans et une femme de 25 à 31 ans. Le poids des 60 ans et plus par rapport aux 20-59 ans (ratio de dépendance démographique) passerait d'environ 40 % en 2000 à environ 70 % en 2050. Si l'on considère l'âge de 65 ans plus réaliste comme âge moyen de départ à la retraite dans le futur, ce rapport s'établit alors à 38 % en 2020, 50 % en 2040 et 52 % en 2050.

La charge des pensions pour le budget de l'État devrait doubler entre 2000 et 2020, pour passer de 30 milliards d'euros à 60 milliards, puis tripler à l'horizon 2040, pour frôler les 90 milliards d'euros, soit 6 points du PIB d'aujourd'hui. Au final, la part des dépenses de retraites dans le PIB devrait passer de 12 % en 2000 à 14 % en 2020, puis 16 % en 2040.

Il y a plus de dix ans, face à ces perspectives, Gérard Calot, dans son rapport sur le vieillissement en Europe à l'horizon 2050 (1997), aboutissait à quatre actions possibles pour équilibrer les retraites par répartition en France :

— augmentation de 50 % des cotisations vieillesse des actifs ;

— baisse de 44 % des ressources des retraités/actifs ;

— recul de l'âge de la retraite de dix années ;

— augmentation de 75 % de la population active (cette dernière hypothèse étant peu vraisemblable).

L'auteur considérait que le plus probable serait « une combinaison de ces mesures par augmentation des cotisations et baisse de pouvoir d'achat des actifs et des retraités et nécessité, pour ces derniers, de maintien d'une activité partielle, ainsi que l'ouverture des frontières ». Il ajoutait qu'il faudrait aussi prévoir une augmentation de 50 % de la cotisation maladie pour les actifs ! À moins de solliciter un peu plus les retraités qui sont les principaux bénéficiaires du système de santé, mais ne contribuent guère à son financement, alors que leurs revenus sont comparables. La loi d'août 2003 a engagé des réformes certes nécessaires, mais qui sont loin de tout régler. En 2008, pour bénéficier d'une pension optimale, les salariés du régime général et les fonctionnaires devront avoir cotisé 40 ans à temps plein, 41 ans en 2012. Toutes les pensions seront indexées sur les prix et non plus sur les salaires et les carrières incomplètes donneront lieu à pénalisation. Ces trois mesures combinées auront pour conséquence une baisse sensible des pensions, et le gouvernement en attend une économie égale à la moitié du déficit annoncé pour 2040, qui serait de l'ordre de 40 milliards d'euros. Depuis, ces perspectives de déficit semblent avoir été révisées à la hausse.

Dans les derniers travaux du COR (2007), à l'horizon 2020, on retrouve les trois leviers d'action crédibles envisagés dès 1997 : prélèvements, niveau de pension et âge de la retraite.

Au total, le gouvernement de 2020 se retrouvera devant des enjeux financiers identiques à ceux de 2003, et devra trouver des solutions pour rendre supportable l'échéance de 2040.

En % du PIB	2006	2015	2020	2030	2040	2050
Masse des cotisations	12,9	13,0	13,0	13,0	13,0	13,0
Dépenses de retraite	13,1	13,7	14,1	14,7	14,9	14,7
Besoin de financement	– 0,2	– 0,7	– 1,0	– 1,6	– 1,8	– 1,7
Besoin de financement en milliards d'euros 2006	– 4,2	– 15,1	– 24,8	– 47,1	– 63,4	– 68,8

Dans l'hypothèse centrale du COR, le besoin serait de 1 point de PIB en 2020, et de 1,8 point de PIB en 2040. Il commencerait ensuite à redescendre : 1,7 point de PIB en 2050. Les variantes (encadrantes) sont, pour 2020, de 0,9 à 1,2 point de PIB et pour 2050 de 0,7 à 2,7. Tout cela est assez mécanique, et ni l'Insee ni le COR ne donnent de marge d'erreur, puisqu'on est dans la projection plus que dans la prévision.

Tableau 5.2 – Besoin de financement du système de retraites

Source : COR (2007).

RETRAITES : QUE FONT NOS VOISINS[7] ?

Afin de donner un avant-goût de ce qui nous attend, il n'est pas inutile de dire un mot de ce qu'ont fait nos partenaires : ils ont, quasiment tous, entrepris des réformes structurelles pour se préparer au vieillissement, à commencer par le report de l'âge légal de la retraite à 65 ans, voire à 68 ans aux États-Unis. Ils ont pour la plupart, au tournant du XXe siècle, instauré de longues périodes de transition (sur vingt-cinq ans en Allemagne, sur quinze en Suède, sur trente ans en Italie) et ont repoussé l'âge légal de la retraite avec des pénalités pour les départs anticipés et des majorations pour les départs

7. Laurent Vernière, *Panorama des réformes des systèmes de retraite en Europe*, Rapport de l'Institut de l'entreprise, 2002 et COR (2007).

retardés. Le tout étant favorisé par un système d'acquisition de points dont la transformation en capital rente annuelle dépend de l'espérance de vie attribuée à chacun en fonction de sa catégorie socioprofessionnelle.

L'Italie a supprimé les régimes spéciaux très avantageux des fonctionnaires. Et tous ces pays se sont attachés à limiter les cotisations à leurs niveaux actuels afin de ne pas pénaliser les actifs et de ne pas augmenter les charges qui pèsent sur le coût du travail et la compétitivité des entreprises.

Les Pays-Bas ont ainsi instauré un fonds de réserve qui devrait représenter 15 % du PIB d'ici à 2020 afin de faciliter le passage d'un système de rétribution, avec des retraites versées en fonction du dernier salaire et des avantages catégoriels, à un système de contribution où chacun perçoit en fonction de ce qu'il a cotisé réellement. Aucun pays n'a été jusqu'à instaurer la neutralité actuarielle pour tenir compte non seulement des années de cotisation mais de l'espérance de vie par catégorie socioprofessionnelle ou par genre.

La Suède fait seulement varier la valeur des points au cours du temps et le nombre de points tient compte de décotes ou de surcotes en fonction des âges de départ et du nombre d'années de cotisations. Il y a enfin, dans la plupart de ces réformes, l'introduction d'une dose de capitalisation (obligatoire en Suède, sur la base du volontariat en Allemagne), afin de compenser la baisse programmée du taux de remplacement des salaires par les retraites.

En Allemagne, et en Grande-Bretagne à l'horizon 2030, on partira à la retraite à 68 ans après quarante-cinq ans de cotisation. Il y a de fortes chances pour que nos réformes à venir nous rapprochent de cette situation.

LES INJUSTICES DE LA RÉPARTITION

L'avenir des retraites inspire des soucis. Face à des difficultés prévues depuis longtemps, certains plaident – d'une manière qui n'est peut-être pas totalement désintéressée – en faveur d'un remplacement, total ou partiel, de la répartition par la capitalisation. On le pressent : c'est techniquement une fausse piste. Mais prendre la défense de la répartition ne signifie pas souhaiter que rien ne change ! Les régimes qui fonctionnent selon ce principe doivent se réformer pour être davantage capables d'affronter les orages à venir ; ils n'ont pas moins besoin de se remettre en question sur le plan de l'équité.

La répartition telle qu'elle fonctionne actuellement engendre tellement d'inégalités que ceux qui sont au courant peuvent, pour des raisons civiques, hésiter à prendre sa défense. Promouvoir un système équitable et solidaire est une noble cause ; se battre pour que perdurent des privilèges et l'exploitation des uns (les malchanceux et ceux qui ne sont pas « aux normes ») par les autres (ceux qui ont bénéficié de carrières complètes et ascendantes) est une tout autre affaire. Autrement dit, si l'on a un certain sens de l'équité et de la solidarité, ce n'est pas la répartition telle qu'elle est qu'il convient de défendre ; c'est une répartition fortement réformée de manière à la rendre beaucoup plus juste qu'elle ne l'est aujourd'hui.

Depuis, la fin des années 1970, le système favorise les catégories socioprofessionnelles supérieures, en raison de leur plus grande longévité. En un mot, la retraite par répartition sert à effectuer un transfert des ouvriers et des employés vers les cadres. Or imaginons deux personnes qui liquident leur pension à 60 ans, un cadre et un ouvrier spécialisé. La neutralité actuarielle conduit à donner proportionnellement plus chaque mois à l'ouvrier parce que statistiquement il touchera sa pension moins longtemps. Pour l'heure cette idée, simple et de bon sens, qui consiste à calculer les droits à la retraite en fonction non seulement du nombre d'années de cotisations, mais aussi de l'espérance de vie qui varie fortement d'une catégorie sociale à l'autre, a mauvaise presse car on l'oppose à la solidarité.

Deuxième anomalie, le régime général des salariés du secteur privé pénalise les personnes dont les carrières sont incomplètes, en leur refusant le « taux plein » à 60 ans auquel ont droit celles qui ont un nombre suffisant d'années de cotisation ; 61 % des femmes et 15 % des hommes sont dans ce cas. Malheur à ceux et à celles qui ont eu des trous dans leur carrière, qui ont galéré, qui se sont arrêtés pour élever leurs enfants ou pour s'occuper de parents âgés ! Étrange conception de la solidarité. De gros efforts seront à réaliser pour que les retraites par répartition continuent à tenir la première place. Ce sont ces injustices, ces inconséquences, et quelques autres, auxquelles il faudrait porter remède pour pouvoir pleinement les justifier.

Ces réformes sont indispensables car la capitalisation ne peut constituer qu'un appoint intéressant. D'ailleurs, le revenu des retraités est constitué actuellement à 25 % en moyenne, avec une très grosse dispersion, du produit de leurs capitaux, mais cela ne saurait suffire. On a montré, depuis longtemps, qu'il n'existe pas assez de capital pour remplacer la répartition par la capitalisation. Même si les fonds de pension possédaient toutes les actions, toutes les créances, tous les biens immobiliers, cela ne suffirait pas ! À cet argument macroéconomique s'ajoute un argument de justice sociale : les fonds de pension, dans les pays où ils sont développés, sont très inégalitaires et aussi porteurs d'illusions.

LES ILLUSIONS DE LA CAPITALISATION

Certains individus peuvent souhaiter travailler plus intensément dans la première partie de leur vie active et il faudrait instituer, comme c'est déjà le cas dans certaines entreprises, des comptes épargne temps à valoir sur le départ en retraite. Il faudra bien laisser chacun libre de travailler, de prendre sa retraite à la carte et de répartir comme il l'entend les 70 000 heures qu'il est censé consacrer au travail au long de sa vie (quarante ans à 1 750 heures par an pour prendre la moyenne européenne). C'est à chacun de décider en connaissance de cause s'il veut travailler plus et cotiser directement ou travailler moins, en se consacrant, par exemple, à l'éducation de ses enfants ou à l'accompagnement d'un parent âgé ou handicapé. Ces deux manières d'investir pour l'avenir devraient être comptées comme des cotisations solidarité, jeunesse et vieillesse, et donner des points de retraite à valoir sur la dette éducative et sociale des générations montantes.

C'est aussi à chacun de prendre, dès maintenant, ses précautions pour l'avenir en épargnant un peu plus. C'est ainsi que se justifie la création des fonds de pension. Remarquons que la capitalisation est aussi une manière d'augmenter les prélèvements obligatoires. L'objectif de la capitalisation est sain. Il s'agit de développer l'épargne pour financer plus aisément les investissements publics et privés afin de récolter, demain, une croissance plus soutenue. Mais, pour faire fructifier cet argent, il faut aussi des actifs. Car, il ne faut jamais l'oublier, en répartition comme en capitalisation, ce sont toujours eux qui paient la pension des inactifs.

La retraite par capitalisation peut être un complément individuel justifié, mais ne résout pas le problème collectif. Elle présente par ailleurs des risques pour l'épargnant eu égard à l'évolution des valeurs boursières. Or la croissance molle des cheveux gris ne laisse présager rien de bon sur ce plan.

La capitalisation, comme la répartition, est d'abord un système de « droits de tirage sur la production future ». Celle-ci dépend à son tour du nombre d'actifs et de leur productivité. La valeur de chaque droit de tirage dépend enfin du nombre de droits (points) distribués. Cependant, grâce au développement de la capitalisation, l'Europe échapperait au moins à la fatalité qui frappe une place boursière comme Paris, où près de la moitié des actifs sont entre les mains des fonds de pension étrangers qui gèrent notamment les retraites des salariés américains !

D'après le théorème de Sauvy : les enfants d'aujourd'hui font les retraites de demain. Un système dans lequel le moyen d'obtenir le revenu maximal, à la fois durant sa vie active et pendant sa retraite, est de ne pas avoir d'enfants, de façon à tout miser sur sa carrière professionnelle, est en porte-à-faux avec cette réalité. Pour que la jeunesse et la famille ne soient plus sacrifiées, il faudrait qu'elles bénéficient de ces discriminations positives qui ont justement été inventées pour protéger les minorités menacées. Il faut lever les tabous démographiques et dénoncer, comme Jean-Claude Chesnais (1995), « ce consensus implicite, absurde et suicidaire, sur lequel s'accordent aujourd'hui les partenaires sociaux : la socialisation croissante du coût de la vieillesse, la privatisation croissante du coût de la jeunesse ». Si la jeunesse devait rester minoritaire, on la condamnerait à une vieillesse solitaire ! Verra-t-on les retraités s'opposer aux bébés ou finira-t-on par comprendre que les bébés d'aujourd'hui feront aussi les retraites de demain ? Afin de ne pas être contraints de verser celles-ci par répartition sous conditions de ressources.

DES INÉGALITÉS CROISSANTES ENTRE RETRAITÉS

Il y a quelques années encore, un ménage de retraités vivant en couple avait, compte tenu des revenus du patrimoine, environ 10 % de plus de revenu disponible par unité de consommation qu'un ménage d'actifs. Supérieur jusqu'en 2002, le niveau de vie des retraités a décroché en 2003. De 2003 à 2005, il a baissé régulièrement de 0,5 % par an (en raison de l'indexation des retraites sur les prix et non plus sur les salaires).

En 2005, le niveau de vie de près de 11 millions de ménages dont la personne de référence a plus de 65 ans était de 6 % inférieur à celui des autres ménages. Le COR considère qu'on est encore au voisinage de la parité des niveaux de vie.

L'évolution du niveau de vie des retraités est une question de première importance pour l'économie d'un pays dont les plus de 60 ans représenteront dans un quart de siècle près d'un tiers de la population. Leurs revenus vont diminuer sensiblement d'ici à 2030 suite au coup de frein donné par les lois Balladur et Fillon à l'accroissement de la masse des retraites.

Cependant, en faisant l'hypothèse que ces nouvelles réformes ne réduiront que progressivement les pensions de retraite (ce qui fait courir le risque d'augmentation des prélèvements sociaux), on peut compter sur la bonne tenue des revenus d'une majorité des retraités, due notamment à l'élévation des qualifications au cours de la seconde moitié du vingtième siècle. Cadres et professions intermédiaires se sont multipliés alors que les agriculteurs et les ouvriers se faisaient plus rares. Elle sera également due dans une large mesure à la biactivité des ménages.

A contrario, les solitaires, les ménages ayant toujours eu un seul salaire (notamment les ouvriers et employés ayant élevé des familles nombreuses), ceux qui n'ont pas eu des carrières stables et des salaires réguliers, risquent une paupérisation relative.

De plus, un autre risque plane sur les futures veuves (une femme vivant en couple a une « espérance de veuvage » de neuf à dix ans, puisque les hommes ont une espérance de vie inférieure de sept ans, et qu'ils épousent des femmes de trois ans plus jeunes qu'eux) : comment évolueront, lors des prochaines réformes des retraites, les pensions de réversion, qui pourraient être remises en question devant les difficultés des caisses de retraite et la relative amélioration de la condition économique de la majorité des femmes ?

Même pour les retraités dont les revenus vont continuer à croître, soulignons que l'augmentation s'entend en valeur absolue, et qu'ils connaîtront, par rapport aux actifs, une diminution relative. Vers 2020 ou 2025, les retraités subiront pleinement les effets des décisions qui auront été prises en 2008-2013, et qui ne leur seront guère favorables. Pour échapper à un nouveau tour de vis sur le niveau des pensions, il faudrait une bonne tenue de la démographie, et surtout que la croissance économique revienne durablement à un niveau satisfaisant (supérieur à 3 % par an). En revanche, si, comme probable, l'économie française continue de ne croître que de 2 % par an, les arbitrages risquent d'être douloureux pour les « anciens ». En effet, compte tenu du vieillissement et des perspectives de productivité, la croissance économique potentielle de la France et de l'Europe d'ici à 2030 devrait plutôt se situer aux environs de 1 % au lieu de 2 %. C'est la croissance molle des cheveux gris.

Faut-il être fier de notre productivité élevée ?

Les tenants de la compétition par l'innovation technologique et la course à la productivité s'opposent à la baisse des charges pour les emplois de services aux particuliers, car cela ferait baisser la productivité moyenne de l'économie. Cette thèse, régulièrement développée dans certains rapports publics, nous paraît contestable, car fondée sur une définition illusoire de la productivité.

LA PRODUCTIVITÉ, UN INDICATEUR D'EXCLUSION

Le coq gaulois est fier de sa productivité horaire, qui, d'après les calculs les plus sérieux (Artus, Cette, 2004 ; Debonneuil, Cahuc, 2004), serait supérieure de 8 % à celle des États-Unis et de 16 % à celle de l'Union européenne. Pourtant, les mêmes sources rappellent que le PIB par habitant, en France, est à peine supérieur à la moyenne européenne et, surtout, inférieur de 30 % à celui des États-Unis. Qu'en conclure ? Comment s'y retrouver ?

Une première idée vient à l'esprit : les Français qui travaillent sont, en moyenne, « meilleurs » que les Américains qui en font autant, mais ces derniers ont un taux d'emploi de 10 points supérieur à celui des Français (sur cent personnes en âge de travailler, en France, dans la tranche 15-64 ans, seulement 64 % ont un emploi, contre plus de 73 % aux États-Unis et 67 % pour l'Union européenne). Bref, on est tellement bon que l'on peut travailler moins (les 35 heures) en produisant autant que les autres. Il suffirait que plus de compatriotes retroussent leurs manches et jouent de leur cerveau pour que nous devenions les champions du monde ! Pour augmenter le PIB par habitant, en France, il faut remettre les Français au travail (en nombre et en durée). Si le PIB par habitant est plus élevé de 40 % aux États-Unis, c'est d'abord parce qu'ils ont un taux d'emploi plus élevé et qu'ils travaillent l'équivalent de sept semaines de plus que nous et de quatre semaines de plus que la moyenne européenne[8].

Il est temps de dégonfler la baudruche et de dénoncer les illusions collectives sur la productivité, savamment entretenues par les économistes les plus réputés.

Ils devraient systématiquement rappeler que cette productivité « apparente » est en réalité « le résidu non expliqué » de la croissance (ni par l'augmentation du facteur du travail fourni ou du capital investi). Ce supplément n'est pas tombé du ciel, la main invisible d'un éventuel dieu n'a pas sa place en économie ; on attribue donc à la technologie cette productivité apparente du travail. Le qualificatif « apparente » était sagement là pour rappeler que la productivité se mesure de manière très grossière, en divisant le PIB par le nombre d'actifs. On a gommé le mot « apparent » ; le concept paraît plus robuste, il est seulement plus trompeur. Pour comprendre, prenons l'image des élèves d'une classe d'école, engagés pour un 100 mètres. S'ils participent tous à la course, leur vitesse moyenne sera inférieure à celle que l'on obtient en ne faisant courir que les 50 % plus rapides. Ainsi s'éclaire le paradoxe de notre productivité apparente élevée : il y a peu de coureurs, mais ils sont très productifs, car on ne garde que les meilleurs ; les autres sont remplacés par des machines, ou bien leur emploi est délocalisé et ils se retrouvent au chômage. Arrêtons donc de nous glorifier de notre productivité apparente du travail ; celle-ci est d'abord la conséquence statistique de la mise au rebut

8. *Cf. supra* chapitre III.

des moins productifs, compte tenu du coût trop élevé du travail. Si l'on veut augmenter le taux d'emploi, il faut accepter une baisse provisoire de productivité moyenne. L'insertion au travail est, en soi, formatrice et constitue le meilleur levier pour développer la compétence des individus et améliorer, à terme, leur productivité. C'est comme cela que l'ensemble de la société augmentera sa richesse en réduisant l'exclusion.

Ce qui compte dans la course à la productivité, comme dans le sport, ce n'est pas de sélectionner les champions pour éliminer ceux qui n'ont pas les normes olympiques, mais de faire en sorte que chacun entre dans la course et progresse par rapport à lui-même. Dans cette perspective, il faut insérer plus qu'assister, éviter les revenus sans contrepartie d'activité et relancer l'offre de temps partiel, qui a baissé en France et reste de 2 points inférieure à la moyenne communautaire. Si tout le monde participe à la course, les champions comme les moins véloces, la distance totale parcourue (la richesse produite) sera plus élevée (et, donc, le gâteau à se partager plus important).

Retenons aussi que l'on ne sait pas trop ce qu'est la productivité, sinon la capacité de chacun à valoriser ses compétences au travers de la valeur des produits et services sur un marché, où les prix dépendent des raretés relatives. Quand un conférencier augmente le tarif de ses interventions en raison de sa réputation croissante, sa productivité apparente s'améliore d'autant. Il n'y a pas de miracle lié à la technologie, mais simplement un effet d'équilibre par le prix d'une demande croissante face à une offre limitée. C'est ainsi encore qu'un plombier à Paris (à 80 € de l'heure) a une productivité apparente deux fois plus élevée qu'un plombier en Corrèze (à 40 € de l'heure). La belle affaire ! Cette différence révèle simplement les imperfections de notre marché du travail.

Ce qui devrait être recherché, c'est d'abord la réponse aux besoins du marché en ayant plus de plombiers disponibles à meilleur coût. On est loin de cet optimum !

Combien ont coûté les 35 heures ? Qui en a profité ?

Tous les Français sont d'accord sur les 35 heures ; ce qui les divise toujours, c'est de savoir combien de fois par semaine. Le président Jacques Chirac n'avait pas eu le courage de remettre en cause les 35 heures considérées comme une « avancée sociale », alors que le recul économique était déjà patent : ce n'est pas en ramant moins que l'on avance plus vite ! Son successeur a entrepris d'en sortir par le haut en invitant les Français à travailler plus.

Avec une croissance du PIB par habitant devenue supérieure, chaque année, de 1 point à la nôtre, les Britanniques ont rattrapé, et même largement dépassé, notre niveau de vie. Si, par un coup de baguette magique, les Français travaillaient autant que les Américains, en gardant la même productivité, ils auraient 8 000 € de plus de grain à moudre par habitant et par an[9] !

À force de détricoter les 35 heures, on finira par en faire table rase. Il était paradoxal de réduire la durée hebdomadaire et annuelle du travail et d'augmenter, ensuite, le nombre d'années de cotisations pour la retraite à taux plein ! Il faudra bien, un jour, calculer le temps de travail globalisé tout au long de la vie, avec le maximum de souplesse pour l'individualisation des horaires à la carte en fonction des capacités et des contraintes de chacun. Il s'agirait de répartir, comme on l'entend, les

9. *Cf. infra* chapitre III.

70 000 heures que l'on est censé consacrer au travail. Qui dit souplesse, dit possibilité de travailler 45 ou 50 heures par semaine à l'âge de 30 ans et 25 heures à temps partiel à 60 ans et au-delà.

La montée des tensions internationales imposa, en 1939, d'abandonner les 40 heures de 1936 pour revenir à 45 heures, y compris dans l'administration. Cette fois, la rupture annoncée n'est plus la guerre, mais le retournement démographique de 2006 : les jeunes qui arrivent sur le marché du travail sont moins nombreux que ceux qui partent à la retraite. Il va bien falloir garder les travailleurs plus longtemps en activité et tenir compte de l'âge dans les conditions et la durée du travail, en permettant à ceux qui le souhaitent de faire en 40 heures ce qui pourrait être fait dans la précipitation et le stress des 35 heures. La RTT ne répondait pas à la variété des besoins et des aspirations des actifs. Ces derniers veulent travailler à leur rythme, variable tout au long de la vie ; ils refusent de marcher, tous ensemble, au même pas cadencé. Sans oublier que la réduction du temps de travail a eu des effets collatéraux destructeurs du plaisir au travail, car il faut des temps morts pour vivre le lien social.

Il n'est pas trop tard pour que les responsables, de gauche, reconnaissent tout haut ce qu'une majorité d'entre eux pense tout bas : l'erreur collective des 35 heures. La bonne foi arithmétique de ses promoteurs n'est pas en cause, ni même la tendance historique à la baisse du temps de travail dans la durée de vie des citoyens, qui s'allonge. L'erreur est de nature malthusienne : ils pensaient, à tort, que la quantité de travail était limitée et qu'il fallait donc la partager.

La facture des 35 heures s'élèverait, déjà, à presque 20 milliards d'euros par an pour, au mieux, 400 000 emplois créés par le partage malthusien (soit quatre fois moins que les emplois nouveaux créés par le regain de croissance de la fin des années 1990). Une simple division montre que cela fait quand même plus de 50 000 € par emploi créé. Avec la même somme, on aurait pu créer trois fois plus d'emplois payés au SMIC, charges comprises, et augmenter d'autant la richesse à se partager. Il faut travailler plus pour s'enrichir collectivement. Ces calculs sont devenus caducs depuis le rapport de Pierre Cahuc et André Zylberberg (2007) qui est venu enterrer définitivement les illusions sur les 35 heures. (nous avons développé ce point dans le chapitre I).

Les deux tiers des 24 millions d'actifs étaient aux 35 heures (dont 10,4 millions de salariés du secteur marchand sur 15,4 millions) et la totalité des 6 millions de fonctionnaires. N'en bénéficiaient pas les 2,7 millions d'indépendants et le tiers des salariés du secteur marchand.

LES 35 HEURES ONT-ELLES AMÉLIORÉ LA VIE DES FAMILLES AVEC ENFANTS ?

La réponse à cette question dépend des situations. Dans l'ensemble, la réduction du temps de travail a augmenté le stress et le rythme au travail (on a réduit les temps morts et la qualité des liens au travail, pour se concentrer sur la production de biens). Les cadres du privé, et l'ensemble des employés de la fonction publique, sont reconnus comme les grands gagnants de la réforme ; ils ont multiplié par deux, au moins, le nombre de semaines de congés annuels. Les ouvriers et les employés du privé paraissent moins satisfaits ; ils ont vu leurs salaires bloqués. Le temps libéré n'a pas été consacré au partage des tâches, ni à l'engagement collectif dans la cité.

Les retombées positives pour la vie familiale doivent être relativisées : seules 3,8 millions de familles ont, au moins, deux enfants de moins de 17 ans, dont presque la moitié avec, au moins, un enfant de moins de 6 ans !

C'est sur ces catégories qu'il aurait fallu concentrer l'effort de la collectivité, pour mieux concilier vie familiale et vie professionnelle. Le coût des 35 heures représente 1 % du PIB et un tiers des prestations familiales. Avec la même somme, mieux ciblée sur les femmes voulant reprendre une activité, l'accompagnement des jeunes femmes souhaitant concilier études et maternité, les jeunes couples en mal de logement ou, tout simplement, les jeunes en difficulté d'insertion, on aurait pu activer des leviers autrement plus importants pour l'avenir que la réduction du temps de travail uniforme pour tous !

IL FAUT DES TEMPS MORTS AU TRAVAIL POUR VIVRE LE LIEN SOCIAL !

Ce que l'homme cherche dans son travail, c'est d'abord du lien social, c'est-à-dire quelqu'un à qui parler. On se souvient de la revendication des jeunes agriculteurs : on a moins besoin d'hectares que de voisins ! Hélas, avec les 35 heures, on a chassé les temps morts dans l'entreprise !

En réalité, 35 heures, ce n'est pas assez pour un temps plein, mais trop pour un temps partiel. Certes, 40 % des travailleurs à temps partiel voudraient passer à temps plein, mais le nombre de ceux qui sont à temps plein, et souhaiteraient bénéficier du temps partiel, est deux ou trois fois plus important en nombre. On l'a compris, pour beaucoup, 35 heures c'est trop et surtout trop dur. À quoi bon faire, en 35 heures de travail posté, ce que l'on faisait auparavant en 39 heures, si c'est pour augmenter le stress en réduisant les temps de pause au détriment de l'aménité ? Dans certaines usines, on a ainsi réduit, comme une « peau de chagrin », le temps du déjeuner et du casse-croûte, et les travailleurs ont perdu des revenus et de la chaleur humaine. Ils se retrouvent, souvent, épuisés, le soir, devant leur petit écran, à regarder passivement le *Maillon faible* ou un autre opium du peuple. Le sociologue Joffre Dumazedier avait relevé, dès les années 1950, qu'à un travail pauvre ne pouvait correspondre qu'un loisir pauvre. La réduction du temps de travail s'est faite au détriment du lien social au travail, avec les collègues, mais aussi les clients et les fournisseurs. Ainsi, les employés de banque ont moins de relations avec la clientèle. Et cette dernière doit traiter l'essentiel de ses opérations avec des automates ! Où est le progrès ? Les cadres, financièrement plus aisés, tirent apparemment mieux leur épingle du jeu de la RTT que les ouvriers. Ces derniers, faute de moyens, partent moins en vacances qu'il y a dix ans !

Le vieillissement de la population active devrait conduire à de nouvelles revendications du type : travailler librement à son rythme en fonction de ses besoins et de ses possibilités, prendre le temps de son temps et pouvoir faire en 40 heures tranquillement, au pas de sénateur, ce qui est actuellement exigé en 35 heures dans le stress ! Le phénomène est déjà perceptible chez nos partenaires européens, où l'on parle de droit au *slow business*.

Il faut donc redécouvrir que l'activité, rémunérée ou non, représente une socialisation et répond à un besoin, de moins en moins satisfait par ailleurs. Coller des millions de personnes, seules, devant la télé, n'est pas la réponse appropriée à la soif de contact humain. La production de biens doit être aussi source de liens. Il faut retrouver le plaisir des temps morts au travail pour mieux vivre !

Comment créer des centaines de milliers d'emplois marchands ?

Un taux de chômage de moins de 5 %, c'est possible : la Grande-Bretagne (en travaillant plus) et les Pays-Bas (en développant le temps partiel) y sont parvenus ces dernières années. Les comparaisons internationales montrent que, outre la croissance, le cocktail idéal pour un chômage faible est fait d'un taux d'emploi élevé, d'actifs qui travaillent beaucoup, ou qui sont nombreux en emploi grâce au temps partiel. L'emploi dépend de trois leviers, qui varient d'un pays à l'autre : la croissance, le coût du travail et l'incitation à l'activité.

AGIR SUR LES TROIS LEVIERS DE L'EMPLOI (CROISSANCE, COÛT DU TRAVAIL ET INCITATION À TRAVAILLER)

En ce qui concerne le premier levier pour l'emploi, les perspectives sont claires : compte tenu de son vieillissement, l'Europe ne peut guère espérer plus de 2 % de croissance du PIB par habitant. S'interrogeant sur l'impact du vieillissement sur la croissance, les experts de l'OCDE ont cependant calculé qu'à partir de 2010 le revenu moyen par habitant progressera deux fois moins vite, en moyenne, que par le passé. Et la France serait en progrès si elle faisait aussi bien, en moyenne, que ses partenaires : depuis vingt ans, la croissance du PIB par habitant y est inférieure (l'écart se creuse, passant de 0,3 point par an dans les années 1980, à 0,4 point dans les années 1990 et 0,5 point depuis le début des années 2000) et le taux de chômage supérieur de 2 points à la moyenne communautaire. Nos voisins avancent plus vite, car, si leurs actifs sont moins « productifs », ils sont beaucoup plus nombreux en emploi et avec des durées annuelles de travail plus élevées. On le sait, la France se distingue par l'un des plus faibles taux d'emploi de la population en âge de travailler : moins de 64 %, soit 4 % de moins que la moyenne communautaire, et 10 points de moins que les États-Unis ou la Grande-Bretagne.

Deuxième levier pour l'emploi : rendre la croissance plus créatrice d'emplois en baissant le coût du travail. La croissance nécessaire pour créer des emplois est passée de 2,3 %, en moyenne, dans les années 1980, à 1,3 %, dans les années 1990. En 2004, malgré une croissance soutenue de 2,5 %, seuls 5 000 emplois marchands nouveaux ont été créés, soit deux ou trois fois moins qu'on ne pouvait l'espérer pour un tel taux ; il est vrai que la croissance produit ses effets avec retard, puisqu'en 2005, 2006 et 2007 l'emploi marchand a augmenté respectivement d'environ 70 000, 160 000 et 260 000 pour une croissance voisine de 2 %. Pour comprendre, il faut revenir au fonctionnement du marché du travail et expliquer comment le salaire minimum, avec ses lourdes charges, peut constituer une barrière à l'emploi des travailleurs les moins qualifiés, dont la planète surabonde.

L'homme n'est pas une marchandise, mais le marché du travail, malheureusement, fonctionne, aussi, comme un marché : ce qui est rare est cher, ce qui est abondant est modique et la baisse des prix suscite la demande. On peut le regretter, mais il serait coupable de l'ignorer : pour une croissance donnée, la création d'emplois dépend, d'abord, du coût complet du travail et ce dernier ne se limite pas aux salaires et aux charges, mais intègre aussi le coût des contraintes réglementaires liées au droit en matière de recrutement et de licenciement. Plus le coût complet du travail est faible, plus les employeurs embauchent ; plus il est élevé, plus les entreprises automatisent, sous-traitent ou délocalisent.

Les gouvernements successifs, confondant politique économique et politique sociale, ont été immanquablement tentés de donner un « coup de pouce » au SMIC en l'augmentant. L'intention est généreuse et honorable : il s'agit de penser à ceux qui sont en bas de l'échelle des revenus et de tenir les promesses électorales. Les économistes keynésiens, qui les conseillent, ne manquent pas de voir, dans cette distribution de pouvoir d'achat, l'occasion d'une relance par la demande et d'un rééquilibrage dans la répartition de la valeur ajoutée entre salaires et profit. Quand l'équité et l'efficacité sont réunies, sous la même bannière, pour lutter contre le chômage, il est difficile de ne pas être séduit. Ainsi, pendant des décennies, ce choix a prévalu, notamment pour le SMIC qui, sans ces fameux « coups de pouce », serait aujourd'hui deux fois moins élevé qu'il ne l'est. Il représente, désormais, plus de 50 % du salaire moyen, contre moins de 40 % au début des années 1970.

Or la finalité des entreprises n'est pas de créer des emplois, mais de la richesse. La compétitivité internationale impose de rémunérer les facteurs de production à leur valeur internationale. Ce constat n'a, d'ailleurs, pas échappé aux gouvernants de notre pays. En effet, les fortes créations d'emplois marchands, de l'ordre de 1,8 million entre 1997 et 2001, peuvent, en France comme ailleurs, s'expliquer simplement par le regain de la croissance économique et le développement des emplois les moins qualifiés, en raison de la baisse des charges sur les bas salaires. L'Insee a montré que cette baisse a porté ses fruits depuis 1993. En 2007, il y avait près de 1,4 million d'emplois aidés, dont 1,1 million emplois marchands. Le total des allégements de cotisations sociales dépassait les 19 milliards d'euros. Il y avait, aussi, plus de 240 000 demandeurs d'emploi en formation, et près de 420 000 personnes en retrait d'activité. Au final, la dépense pour l'emploi représentait 57 milliards d'euros, dont la moitié pour l'indemnisation passive du chômage, soit 3,1 % du PIB, et 4,3 % du PIB en ajoutant les 20 milliards d'allégements de charges. On relèvera aussi, à la lecture des statistiques officielles de l'Insee, que plus de 1,5 milliard d'euros sont consacrés à l'incitation au retrait d'activité, soit deux fois plus que pour l'incitation à l'activité.

Ce n'est pas aux entreprises d'assurer la redistribution sociale, c'est à la collectivité de corriger la répartition des richesses, par des transferts négatifs et positifs, et de permettre à chacun, sous condition, d'obtenir un revenu minimum au moins équivalent à celui du SMIC actuel. Avec la « prime à l'emploi », on a commencé à lever ce tabou ; l'idée d'un impôt négatif, versé en complément du salaire perçu de l'entreprise, se répand. L'on en arrive, ainsi, à tordre le cou à une idée fausse : si, en France, la part des profits dans la valeur ajoutée a augmenté, dans le passé, au détriment des salaires, ce n'est pas parce que les salaires étaient trop bas, mais simplement parce que les salariés n'étaient pas assez nombreux. Bref, augmenter les charges des entreprises ou créer des emplois, il faut choisir !

Troisième levier pour l'emploi : l'incitation au travail et l'insertion des plus démunis. L'offre d'emploi, seule, ne suffit pas à sa création. Il lui faut aussi rencontrer un demandeur prêt à travailler au prix proposé. Hélas, l'indemnisation passive du chômage n'incite guère au travail. Malgré la prime à l'emploi, l'écart entre le soutien au chômage et le revenu d'un bas salaire n'est pas encore suffisamment incitatif. Les dispositifs récents, tels que le Pare, voulus par les partenaires sociaux, vont dans le bon sens pour corriger ce biais. La solidarité collective ne doit pas détruire la responsabilité individuelle. Il ne devrait pas y avoir de revenu, ou d'indemnisation, sans contrepartie d'activité ou d'insertion (c'est cela aussi le modèle danois). C'est une question de dignité pour les individus, et d'efficacité pour la société. Il faut cesser d'assister de manière passive et encourager l'initiative. Le meilleur remède contre l'exclusion sociale, c'est la dynamique de projet et d'accompagnement. Et la responsabilité solidaire doit prendre le pas sur l'assistance passive.

Le chemin d'une flexibilité à visage humain invite à remplacer le salaire minimum par le revenu minimum d'activité (RMA). La mise en place d'un RMA, en 2004, fut une occasion manquée car, pour en profiter, il fallait attendre d'être exclu du marché du travail depuis deux ans et le temps de travail des bénéficiaires était limité à 20 heures par semaine ! Voilà comment une bonne idée s'est transformée en mauvaise application ! Quitte à réinsérer, autant le faire à temps complet. En 2009, avec le RSA (revenu de solidarité active) mis en place par Martin Hirsch, on ne va pas régler le problème mais plutôt l'aggraver en créant des trappes à temps partiel et de coûteux effets pervers (*cf.* chapitre 1).

Faute d'un traitement actif du chômage, tout se passe comme si la société, se sentant coupable vis-à-vis des chômeurs, se comportait de manière irresponsable : un couple de RMIste avec deux enfants a, « tous comptes faits », avec l'aide personnalisée au logement, l'exonération de taxe d'habitation, l'aide sociale, etc., un revenu disponible plus élevé qu'un couple de smicards dans la même situation familiale. Il faut vraiment avoir envie de se lever le matin et d'avoir un patron sur le dos pour aller travailler ! Ainsi, les écarts entre les revenus du travail et ceux du non-travail ne sont pas incitatifs ; ils sont même négatifs, entre le smicard et le RMIste qui travaille au noir.

Pour attirer suffisamment de professionnels dans les métiers et territoires peu attractifs, il serait opportun d'instaurer des primes spécifiques à l'emploi. Ce qui serait une voie de plus pour transformer les dépenses passives du chômage en dépenses actives pour l'emploi. On inciterait, ainsi, les actifs disponibles à mieux répondre aux 300 000 offres d'emplois non satisfaites, alors qu'il y a officiellement 1,8 million de chômeurs inscrits à l'ANPE. Faute de trouver les compétences, et compte tenu des rigidités du marché du travail, ces entreprises avancent à voile réduite : elles pourraient, pourtant, créer des centaines de milliers d'emplois si les vents redevenaient favorables et incitaient les entrepreneurs à réveiller les projets qui dorment dans leurs tiroirs.

En résumé, pour retrouver le cercle vertueux d'une croissance fortement créatrice d'emplois et un faible chômage, il faudrait, tout à la fois, réduire les dépenses publiques, pour baisser les charges, et transformer les dépenses passives du chômage en dépenses actives pour l'emploi.

Les politiques publiques oublient trop souvent une évidence : l'entreprise n'embauche que si elle a un besoin ; une aide à l'embauche, quelle qu'elle soit, ne déclenche rien par elle-même. L'embauche se fait souvent par le bouche à oreille, à partir des salariés de l'entreprise, ou par l'intérim. Et cette embauche dépend du coût du travail et de l'incitation à travailler au grand jour. De ce point de vue, les mesures, telles que le chèque emploi service, restent dans la logique de l'emploi payé au noir ! Avec un minimum d'heures déclarées, et un maximum payé sous la table, l'employeur s'assure contre les risques de non-couverture en cas d'accident du travail, et le salarié ne perd pas la totalité de ses autres droits aux revenus sociaux. Ainsi, le chèque emploi service crée moins d'emplois qu'il ne révèle une partie des flux de revenus, jusqu'alors souterrains, quitte à minorer cette dimension essentielle qu'est le contrat de travail définissant les droits et obligations entre deux parties. Or le gouvernement devrait viser à créer des activités créatrices d'emplois marchands, et pas seulement des revenus d'emplois publics, financés par l'impôt, ce qui, finalement, décourage les fourmis.

En cette période de croissance molle, où le gouvernement en est réduit à subventionner l'emploi public au lieu d'aider l'emploi marchand à se développer, il reste à relancer une voie délaissée depuis l'instauration des 35 heures : encourager le temps partiel (de 2 points inférieur à la moyenne communautaire) pour augmenter le taux d'emploi. L'offre d'emploi à temps partiel est insuffisante : le temps plein subi (2,4 millions d'actifs) concerne trois fois plus de Français que le temps partiel subi. C'est bien ce que proposent Michèle Debonneuil et Pierre Cahuc (2004) : des primes à l'emploi orientées sur le temps partiel.

RÉVEILLER LES PROJETS DORMANTS

Le gouvernement rêverait de pouvoir ramener le chômage autour de 5 %, comme y sont parvenus nos voisins britanniques, danois ou hollandais, et d'y parvenir sans remettre en cause notre modèle social. Donnons-lui une bonne nouvelle : ce miracle est déjà une réalité en France même, puisque le taux de chômage de la Mayenne, du pays de Vitré ou du Choletais vendéen, est deux fois plus faible que la moyenne nationale. À défaut d'essayer ce qui marche à l'étranger et qui n'est, pour l'heure, pas transposable, on pourrait reproduire à grande échelle ce qui a fait ses preuves chez nous.

Comment font ces bassins de vie pour réussir, localement, une telle performance qui paraît inaccessible au niveau national ? Les facteurs endogènes locaux peuvent corriger ou amplifier l'impact des contraintes nationales et internationales. Tout dépend de la capacité des hommes et des organisations à se battre ensemble, autour de projets communs, pour développer l'activité, plutôt que les uns contre les autres. C'est d'abord dans les petites entreprises de moins de 20 personnes que se situent les gisements d'emplois : elles représentent 96 % des 2,5 millions d'entreprises (dont 900 000 artisans) et près de 40 % de l'emploi marchand ; ce dernier y a augmenté de 20 % depuis 1998.

Le chômage baisse, dit-on, mais, pour l'instant, l'emploi marchand n'augmente guère. Pourtant, un tiers des entreprises des travaux publics se déclarent prêtes à embaucher et désespèrent de trouver des candidats. Surabondance de diplômés, pénurie de professionnels et indemnisation trop passive du chômage conjuguent leurs effets pour expliquer qu'il y ait plusieurs centaines de milliers d'offres d'emplois insatisfaites. C'est l'activité qui crée l'emploi et il y a des centaines de milliers de projets d'activités nouvelles qui dorment dans les tiroirs de nos petites entreprises. Faute de trouver les compétences, et compte tenu des rigidités du marché du travail, elles avancent à voile réduite.

Il est plus efficace d'activer la dynamique des entreprises saines, en mettant à leur disposition un cadre, ou un technicien, au chômage, pour réveiller des projets dormants et développer des activités nouvelles. Le Centre national de l'entrepreneuriat (CNE) du Conservatoire national des arts et métiers (CNAM) a, précisément, pour mission de développer le dispositif Ardan (Action régionale pour le développement d'activités nouvelles). Plus de 7 000 entreprises ont été ainsi accompagnées depuis quinze ans, dans douze régions, et le coût par emploi créé, par réveil des projets dormants, est de 6 000 à 8 000 €, soit deux à trois fois moins que n'importe quel dispositif public. Il suffirait d'organiser la contagion de cette initiative, dans les territoires et dans les entreprises, pour créer des centaines de milliers d'emplois. Renforçons la bonne nouvelle : le réveil des projets dormants valorise les compétences et favorise l'employabilité : 90 % des chômeurs impliqués retrouvent un emploi. L'insertion économique par la dynamique de projet est le meilleur remède contre l'exclusion sociale. Depuis 2002, j'ai soumis ce projet aux plus hautes autorités de l'État : à l'Élysée, à Matignon, à Bercy et aux ministres du Travail successifs. Ils ont toujours prêté une oreille attentive, mais les responsables, et leurs conseillers, ont changé de poste avant de pouvoir faire sauter les verrous qui empêchent le déploiement de cette initiative à grande échelle. Depuis septembre 2007, tel Sisyphe roulant son rocher, nous avons contacté Bercy et l'Élysée à ce propos. L'accueil paraît à nouveau intéressé ; ne désespérons pas, il faudra peut-être des années, comme pour la défiscalisation des heures supplémentaires pour que l'idée passe. Espérons qu'elle ne reviendra pas déformée !

LIBÉRER ET VALORISER LES ACTIVITÉS DE SERVICE

On le sait, les emplois de demain seront d'abord dans les services et ils représentent déjà 70 % des emplois existants et 90 % des emplois qui se créent chaque année. Parmi eux, l'on compte, naturellement, beaucoup de services aux entreprises, y compris les industries, qui externalisent les fonctions non stratégiques en les soustraitant, et les services à la personne, qui correspondent, notamment, aux fameux emplois de proximité dans l'hôtellerie, la restauration et le commerce. Il y a déjà quelques années, nous avions montré (1993a), comme le fera plus tard Thomas Piketty, que, si la France enregistrait le même nombre d'emplois par habitant que les États-Unis, elle aurait 5 millions d'emplois de plus, car

« près de 90 % de ces 5 millions d'emplois supplémentaires se trouveraient dans les services, dont 60 % dans les deux sous-secteurs que sont le commerce et l'hôtellerie-restauration » (Piketty, 1997). Le même constat pourrait être fait pour la Grande-Bretagne qui, avec une population en âge de travailler équivalente à la nôtre, a 4 millions d'emplois supplémentaires ! Les services à la personne sont trop souvent dévalorisés dans notre pays, comme s'ils impliquaient de déroger à la dignité : service, serviteur, serf, *servus*, esclave[10]. Cette dévalorisation, ainsi que celle des métiers manuels dans la société française, est un héritage de l'Ancien Régime, où la noblesse avait le sentiment de perdre son rang et de se salir les mains en occupant certains métiers du commerce.

Il est bon de rappeler que les gains de productivité dans l'industrie ne seraient pas un problème pour l'emploi si le déversement de la richesse produite s'effectuait normalement en faveur des services aux particuliers et aux entreprises. Alfred Sauvy rappelait, ainsi, que les besoins sont sans bornes et extensibles, mais que la demande solvable ne s'exprime que si les conditions d'offre sont favorables. Les comparaisons internationales montrent qu'il y a bien, en France, des spécificités qui brident la création d'emplois dans ces secteurs. Le potentiel de créations s'élèverait à plusieurs centaines de milliers si l'on parvenait à libérer les activités de service.

Si l'on veut ajuster l'offre réelle de services, en quantité et en qualité, à la demande potentielle, il faudra lever ces obstacles structurels à la croissance que le général de Gaulle avait fait recenser, dès 1960, avec le fameux rap-

10. Il y a des mots qui ont un passé plus chargé de sens que d'autres. Il en est d'ailleurs ainsi du mot « travail », qui vient de *trepallium* qui, en latin, signifie « torture » ; il n'est donc pas étonnant que certains n'y voient que de la souffrance.

port Rueff-Armand[11]. Les professions fermées sont toujours les mêmes : il y a toujours 10 000 taxis de moins aujourd'hui qu'en 1925. Le cas des taxis est révélateur : la réglementation est faite pour satisfaire le *lobby* des professionnels ; leur nombre n'est pas fixé pour répondre aux besoins du marché, mais pour maintenir un prix artificiellement administré de revente de la licence (120 000 €). Il en résulte des files d'attente et une régulation indirecte par le prix, puisque seuls ceux qui acceptent de payer plus cher, en réservant aux heures de pointe, peuvent être servis ; les autres attendent ou renoncent. Il reste alors seulement le métro, car on a empêché la création du service de motos taxis pour les particuliers. Ce dernier reste confidentiel et réservé aux usages professionnels.

En 2005, Pierre Cahuc et Francis Kramarz ont remis un rapport, à Nicolas Sarkozy et à Jean-Louis Borloo, qui montre que, depuis 1960, on n'a rien fait pour lutter contre la fermeture des professions. Bien au contraire, la maladie du diplôme aidant, il faudra bientôt un certificat de technicien de surface pour avoir le droit de gagner de l'argent avec un balai. Pierre Cahuc et Francis Kramarz relèvent qu'il faut sept ans pour devenir expert-comptable chez nous, contre trois ans, en général, dans les autres pays européens. Ils rappellent que les obstacles à l'exercice de certaines professions (coiffeurs, vétérinaires, etc.) font monter les prix (concurrence insuffisante), freinent les innovations et diminuent les gains de productivité, ce

11. À l'automne 1959, avait été constitué, à la demande du général de Gaulle, un comité chargé d'« examiner les situations de fait ou de droit qui constituent d'une manière injustifiée un obstacle à l'expansion ». Ce comité, présidé par Jacques Rueff et Louis Armand, remit son rapport en juillet 1960. En France, près d'un demi-siècle après, le diagnostic du rapport Rueff-Armand reste d'une étonnante actualité. Rien ou presque n'a changé. Ce qui montre que les auteurs ont eu à la fois raison (l'inventaire des rigidités s'est avéré très complet) et tort (ces rigidités n'ont pas empêché la croissance forte des années 1960).

qui est mauvais pour l'emploi. Au contraire, une déréglementation peut « faire des miracles », comme cela a été le cas pour le transport routier de fret, l'État accordant désormais les licences sans restriction, tandis que la tarification routière obligatoire a été supprimée : les prix ont diminué, l'activité s'est développée et « l'emploi a explosé ». On l'a compris, il faudrait avoir le courage politique de faire sauter ces verrous réglementaires qui brident l'offre et ne satisfont pas la demande autrement que par des files d'attente ou des renoncements. La commission présidée par Jacques Attali, mise en place à l'automne 2007, s'inscrit dans le droit fil de ces propositions.

Quand, dans la plupart des villes de province, le soir on ne sert plus à dîner, ou difficilement, après 21 heures (pour des contraintes de personnel), c'est autant de besoins qui ne peuvent s'exprimer et de valeur ajoutée en moins pour l'économie. Il faudra, aussi, certainement, rendre ces métiers de service plus attractifs en revalorisant les conditions de travail et de rémunération. Dans l'hôtellerie et la restauration, le gouvernement aurait très bien pu instaurer une prime à l'emploi spécifique à ce secteur, plutôt que des réductions de charges, dont les employés ne verront pas toujours la couleur. Ne parlons pas des pompistes qui ont disparu de nos stations d'autoroute, et ailleurs. Plus c'est cher, moins il y a de service. Le consommateur doit travailler pour fournir le service indispensable à l'achat du produit. Je me souviens d'avoir été pompiste de nuit, durant mes études, et de m'être fait de l'or en barre rien qu'avec les pourboires liés à mes services : faire le plein, vérifier la pression des pneus, les niveaux d'huile, de lave-glace ou, tout simplement, nettoyer le pare-brise. Je n'arrive pas à comprendre pourquoi ces métiers et ces services ont disparu, alors, qu'aujourd'hui, je serais prêt, comme beaucoup, à donner un ou deux euros pour les retrouver quand je m'arrête en costume cravate dans une station sans service. Est-ce parce que, en France, servir les autres est considéré comme peu valorisant, voire dégradant ?

Certainement, et cela fait, aussi, partie des aspects nuisibles de l'exception française, dont nous ferions bien de nous débarrasser. Mon grand-père me disait qu'il n'y a pas de sot métier, mais seulement des sottes gens dans chaque métier. Les perspectives sont claires : le besoin de services aux personnes (aide à domicile, soins personnels, bricolage, jardinage) va exploser en raison du vieillissement. Si la demande est croissante, et que l'offre reste limitée pour des raisons d'image, de rémunération ou de fermeture de certains métiers, alors la régulation du marché se fera par le prix et les conditions d'offre. Aujourd'hui, sur la Côte d'Azur, ou à l'île de Ré, il faut souvent compter 15 € de l'heure pour un jardinier ou une femme de ménage. Les plus professionnels dans leur comportement (on ne laisse pas ses clés à n'importe qui) sont aussi en position de force : c'est au noir ou sinon je ne prends pas ! Un moyen de contourner ces pratiques serait de subventionner (directement ou indirectement) la demande, en contrepartie de la transparence de sa relation avec l'offre. Cela a été fait avec les réductions d'impôt pour frais de garde d'enfants. Mais tout le monde n'est pas assujetti à l'impôt, et il faut donc imaginer d'autres dispositifs, inspirés du chèque emploi service.

Ainsi, la politique des pouvoirs publics est déterminante pour libérer et valoriser les activités de service. Elle doit s'attaquer à de multiples résistances sociales et culturelles, et aussi éviter certaines erreurs, commises en raison de la confusion des genres entre politique de développement des services de proximité et objectifs d'insertion sociale. La promotion des emplois de proximité a peu de chances de réussir, si l'on continue à rechercher l'insertion avant le service : « Les emplois de proximité, ce sont des activités à créer et non des travailleurs à insérer » (Beaumont, Singer, 1996). Souvent peu qualifiés, ils ne nécessitent pas de diplômes très conséquents. Cependant, ils exigent un haut professionnalisme, assurant la ponctualité, la propreté, la discrétion. Bref, des savoir-être spécifiques à tous ceux qui travaillent chez autrui, même si l'activité peut être la même que chez soi. L'objectif de baisse du coût du travail ne doit pas empêcher d'assurer des revenus décents à ces salariés que l'on souhaite être des « pros ». On ne confie pas spontanément son enfant à quelqu'un sans référence et sans garantie. Est-il raisonnable de prétendre structurer un secteur d'activité sur la base de rémunérations faibles, souvent bien inférieures au SMIC, en se contentant d'organiser des situations de précarité ? Or le marché des services aux particuliers à domicile est nouveau, par la relation « client » qui s'instaure avec l'« acheteur », et il serait préférable de recourir à des professionnels avérés pour que les règles du jeu se stabilisent autour de la qualité des réponses et ce, afin que le client admette que ces services ont un coût. Aucun industriel raisonnable n'accepterait de lancer un produit nouveau sur un marché nouveau. On ne peut gagner en cumulant les risques d'échec. Au lieu de cela, on fait appel à des salariés en réinsertion et à droits sociaux réduits. Nous organisons, ainsi, la précarité sociale, un second marché de l'emploi en quelque sorte.

Qui sont les entrepreneurs ?

Chercheurs et entrepreneurs sont encore moins synonymes qu'innovation et technique. En effet, le palmarès revient, en la matière, aux chômeurs, qui représentent près du tiers des créateurs. Par ailleurs, 30 % seulement ont un niveau supérieur au bac et, tout au plus, 5 % sont diplômés des grandes écoles. Quant aux chercheurs entrepreneurs, il faut un microscope pour les identifier, tant ils sont statistiquement insignifiants : sur les 30 000 chercheurs que compte le domaine public, quelques dizaines à peine se lanceraient chaque année dans l'aventure. Il faut comprendre que la motivation d'un chercheur, c'est d'abord la reconnaissance de ses pairs. Son ambition est de publier et communiquer ses travaux. Il faut donc avoir des chercheurs de haut niveau, naturellement bien informés des travaux de leurs collègues, et aptes à capter les bonnes idées des autres pour les transformer en innovations répondant aux besoins du marché. Quel que soit l'effort de recherche d'un pays ou d'une entreprise, cela ne représente au mieux que quelques pour-cent de la recherche mondiale dans le domaine. Il suffit de bien investir quelques centièmes, ou millièmes, de la R&D d'un domaine pour avoir accès à la majeure partie de la R&D mondiale correspondante. Les chercheurs de haut niveau sont indispensables : pour copier, il faut savoir lire ; mais leur nombre est moins important que leur qualité et leur reconnaissance internationale dans leur domaine. En outre, ce ne sont pas les mêmes compétences qui sont requises pour trouver et entreprendre. D'où la nécessité d'associer les chercheurs créateurs aux managers et aux commerciaux, afin de transformer les brevets en innovations rentables.

LES CHÔMEURS, BEAUCOUP PLUS SOUVENT QUE LES CHERCHEURS

En France, c'est bien le paradoxe, les entrepreneurs qui se jettent à l'eau ne sont pas ceux qui ont reçu le plus de leçons de natation. Et ceux qui trouvent des idées adaptées au marché ne sont pas chercheurs de métier. Dommage. Car, aux États-Unis, deux emplois sur trois sont de source *high-tech*. Il y a, sans doute, des progrès à faire dans le capital-risque, quoiqu'un bon projet, bien accompagné, trouve la plupart du temps un financement. De surcroît, la moitié des créateurs investissent moins de 10 000 €.

Cependant, une telle situation ne s'explique pas, seulement, par un effort insuffisant de recherche. La France se situe au quatrième rang des dépenses de R&D par habitant, derrière les États-Unis, le Japon et l'Allemagne, mais loin devant la Grande-Bretagne et l'Italie. L'explication se trouve, sans doute, dans une mauvaise répartition des aides, trop souvent captées par les grands groupes, plus aptes au *lobbying*, alors que les créateurs proviennent pour moitié d'entreprises de moins de dix salariés et, pour les trois quarts, de moins de cinquante salariés.

Ainsi, si l'on veut vraiment stimuler l'innovation et la création, il ne faut pas se focaliser sur les chercheurs qui n'ont pas envie d'entreprendre, mais mieux accompagner ceux qui en prennent le risque. Si près d'un entrepreneur sur deux échoue dans les cinq premières années, l'Agence pour la création d'entreprises (APCE) a montré que cette moyenne cache de profondes disparités, la moitié d'entre eux ne dépassant pas, en fait, les deux ans. De plus, les créateurs qui se lancent seuls dans l'aventure, sans salarié, ont des chances de survie beaucoup plus faibles, comme les jeunes inexpérimentés et les plus anciens : 8 % seulement ont moins de 25 ans et 25 % plus de 45 ans. En d'autres termes, la moyenne d'âge des créateurs est de 37 ans, et les deux tiers d'entre eux ont entre 25 et 44 ans.

Mais la mortalité précoce n'est pas une fatalité. Si l'entrepreneur a été accompagné, dans l'évaluation de son projet, le lancement et le suivi, le taux de survie atteint les 80 %. Hélas, l'encadrement ne progresse guère. Seulement 55 % des porteurs de projet ont réalisé une étude financière et un tiers une étude de marché (Rieg, 2003).

En analysant le profil des créateurs, l'APCE a donc constaté que 40 % étaient déjà chefs d'entreprise ou cadres, que 30 % seulement avaient un niveau égal ou supérieur à bac + 2, que la moitié d'entre eux avait démarré avec moins de 5 000 €, qu'ils avaient un proche entourage entrepreneurial, que les deux tiers étaient déjà expérimentés dans le même métier et, qu'enfin, la moitié n'avait sollicité ni formation ni conseil. Il convient donc d'élargir ce profil, afin de mieux comprendre les conditions de succès et d'échec. Les créateurs sont des solitaires puisque, comme on l'a vu, sept entreprises sur dix débutent leur activité sans aucun salarié : cinq ans après leur création, seulement une sur deux existe encore, mais plus de la moitié de ces survivantes compte au moins un salarié.

En France, un million de personnes auraient un projet de création prêt à éclore, dans un futur plus ou moins proche. Bonne nouvelle ! Une mesure devrait les inciter à sauter plus facilement le pas. En effet, les salariés qui démissionnent pour créer leur entreprise seront couverts par l'assurance-chômage.

Au beau milieu de l'année 2000, les entreprises liées aux TIC représentaient moins de 3 % du total des entreprises, et seulement 5 % des créations. On le voit, les magiciens de la croissance ne sont pas les enfants naturels des nouvelles technologies, et les entrepreneurs s'en servent comme un outil de progrès et d'innovation parmi d'autres, dans les domaines où une demande solvable latente cherche à s'exprimer. Ce constat, bien connu des entreprises, ne les empêche pas de céder régulièrement au déterminisme technologique qui, dans les sociétés modernes, a remplacé le fatalisme religieux d'antan et dont le dernier avatar a pris le nom de « nouvelle économie ».

Comment remettre les seniors au boulot ?

Avec le choc démographique, la population active augmente de moins en moins et va bientôt stagner, puis baisser. Dans ce contexte, il va falloir faire travailler les jeunes plus tôt et cesser de mettre à la casse sociale les travailleurs âgés de plus de 55 ans, dont le taux d'emploi est, en France, de 38 %, soit 5 points de moins que la moyenne de la zone euro.

DÉVELOPPER LE TEMPS PARTIEL ET LE CUMUL EMPLOI RETRAITE

Au moment même où l'âge de la retraite est repoussé au-delà des 65 ans chez la plupart de nos voisins, l'âge moyen de départ, dans la France de 2007 était de 59 ans ! Tous les moyens sont bons pour continuer à partir plus tôt. Les travailleurs qui ont cotisé plus de quarante ans sont les premiers à vouloir partir avant 60 ans et cela pèse sur le déficit de l'assurance vieillesse. Les préretraites financées par les entreprises ont la vie dure. Les licenciements « consensuels » pour faute sont légion et les pensions d'invalidité explosent. Toutes ces ruses, auxquelles il faut ajouter la dispense de recherche d'emploi (traitement statistique du chômage oblige) font que, finalement, moins de la moitié de ceux qui partent effectivement à la retraite est en situation d'emploi.

Les mesures récentes vont dans le bon sens : majoration de surcote pour les années supplémentaires au-delà de 60 et 65 ans, retraite progressive à temps partiel, possibilités élargies de cumul emploi-retraite pour les bas salaires, dans la limite cumulée de 1,6 SMIC. Mais la question reste posée : pourquoi tant de timidité dans le pas des réformes ? Nous allons devoir tous travailler plus longtemps, car nous vivons jeunes de plus en plus vieux et allons gagner encore cinq ans d'espérance de vie en bonne santé d'ici à 2030 !

Cessons donc de discriminer les individus en fonction de l'âge, qu'ils soient jeunes ou anciens. Ainsi, on n'en finit pas de lutter contre les effets pervers de la loi Delalande, qui pénalisent les entreprises licenciant des travailleurs de plus de 50 ans (on sait que cela n'empêche pas les licenciements, mais est dissuasif à l'embauche des plus de 45 ans). Pourquoi attendre 2010 pour abroger un dispositif, que même son auteur ne défend plus !

Des entreprises comme Vinci, le Groupe Caisse d'Épargne ou Axa, après avoir longtemps « mis à la casse » des salariés encore en pleine santé à 55 ans par l'intermédiaire des mesures de préretraite, ont montré que le maintien au travail des seniors passe par leur mobilité professionnelle. Elles ont adapté les conditions de travail, supprimé les discriminations liées à l'âge, et allongé l'horizon de l'âge de départ à la retraite. Toutes ces démarches ont été menées en associant le personnel. Vinci a mis l'accent sur le tutorat et la formation interne, offrant ainsi aux seniors des perspectives et une reconnaissance nouvelles. Axa a décidé que l'âge ne devait pas être un critère de segmentation, comme peuvent l'être la compétence ou la motivation. La diversité est avant tout une richesse et le coût des préretraites est excessif pour la collectivité. Axa considère que le changement au sein de l'entreprise est possible à tout âge. Elle a édicté certains principes, comme la garantie de l'emploi et l'accompagnement permanent des salariés qui souhaitent évoluer. Résultat : un tiers de l'effectif a changé de poste entre 2002 et 2005 et, en 2004, 50 % des mobilités ont été à l'initiative des plus de 45 ans ! On a toujours l'âge de ses projets et l'on peut être jeune à plus de 50 ans !

En attendant, depuis la mi-2005, le chômage baisse fortement et le taux d'activité des 55-64 ans continue de baisser.

Comment expliquer les fluctuations du chômage depuis 2006[12] ?

Il est légitime de s'inquiéter de la dégradation du marché de l'emploi depuis l'été 2008 qui devrait s'accentuer avec la récession attendue pour 2009, et le gouvernement fait tout ce qu'il peut pour endiguer la marée montante du chômage. Il sait pourtant que l'emploi ne se décrète pas plus que la croissance et qu'il faut surtout créer les conditions propices à son développement lorsque la croissance reviendra : baisse des charges, flexisécurité, accompagnement plus efficace et responsable par un service public de l'emploi plus cohérent (la fusion Assedic-ANPE va dans le bon sens) ; il sait aussi que les emplois non marchands aidés chargent la barque des dépenses publiques sans conduire à l'insertion. Il en a rajouté 100 000 de plus au budget de 2009, en plus des 230 000 déjà prévus. Impuissant à changer la réalité, le politique de droite, comme de gauche, ne peut rester indifférent et il a recours à toutes les manettes possibles de traitement statistique du chômage. Hélas, ces placebos coûtent cher et creusent les déficits. Sur le long terme, le remède est pire que le mal.

12. Nous remercions Denis Ferrand et Jacques Anas de Coe-Rexecode, de nous avoir fourni les données qui ont permis de clarifier ce point.

Ce retournement, on l'espère, cessera avec la sortie de crise. En attendant, il faut saluer la bonne nouvelle : le nombre de demandeurs d'emplois (au sens du BIT, c'est-à-dire en recherche d'emplois et immédiatement disponibles) a reculé de plus de 160 000 personnes en 2006, puis de 230 000 en 2007. Début 2008, le nombre de chômeurs était revenu sur la ligne de 2 millions de personnes pour la France métropolitaine. On n'avait plus connu de telle décrue depuis l'année 2000. Le taux de chômage, au sens du BIT, est redescendu mi-2007 sous la barre symbolique des 8 %[13] pour atteindre 7,2 % mi-2008, soit le taux le plus bas depuis 1983. Comment expliquer ce recul, alors que l'emploi public est censé ne plus croître[14] et que, selon l'Insee, l'emploi salarié du secteur marchand n'a augmenté que de 370 000 personnes sur un total de 627 000 emplois créés en 2006 et 2007. Y a-t-il un mystère ? Un tour de passe-passe ? Un miracle ?

Un premier constat : les chiffres de l'emploi et du chômage sont une véritable jungle, dans laquelle les experts peinent à s'aventurer. À quels chiffres de l'emploi doit-on se fier ? Ainsi, l'estimation des créations d'emplois salariés marchands par l'Insee et l'Urssaf varie de plusieurs dizaines de milliers selon les sources. De même, il faut être bien malin pour mettre la main sur une donnée, essentielle à la compréhension de la baisse du chômage : celle de l'évolu-

13. Au sens du BIT, un chômeur est une personne en âge de travailler (15 ans ou plus), qui 1) n'a pas travaillé au cours de la semaine de référence, 2) est disponible pour travailler dans les deux semaines, 3) a entrepris des démarches effectives de recherche d'emploi ou a trouvé un emploi qui commence dans les trois mois. L'Insee s'est rapproché de la définition de recherche d'emploi utilisée au niveau européen. La définition de la recherche d'emploi est devenue plus restrictive. Le simple renouvellement de l'inscription à l'ANPE n'est plus considéré comme une démarche active de recherche d'emploi. Il l'est s'il s'accompagne d'un contact avec un conseiller du service public de l'emploi au cours du mois précédent l'enquête.

14. Ce qui est faux puisque si l'emploi de la fonction publique nationale baisse de quelques dizaines de milliers par an, celui des autres fonctions publiques, territoriale et hospitalière, augmente deux fois plus.

tion naturelle de la population active. L'Insee lui-même a bien du mal à s'appuyer sur des projections fiables : en 2001, il pensait que la population active commencerait à diminuer lentement mais sûrement au tournant de 2006. Les projections de 2006 sont venues repousser le point d'inflexion de plusieurs années. Il n'y aurait qu'une pente doucement déclinante qui amènerait à un recul de la population active à partir de 2015.

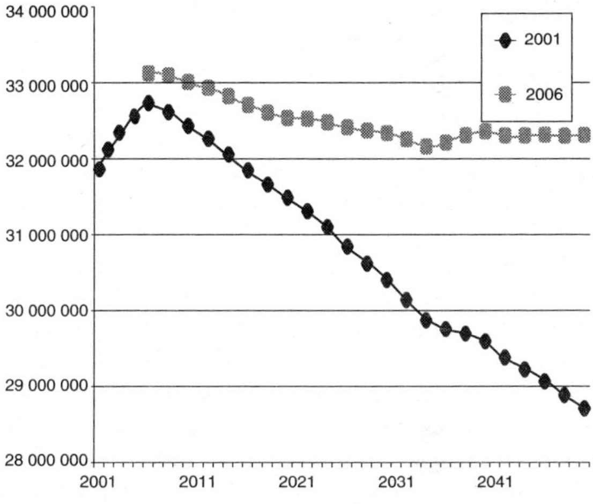

Figure 5.1 – Projections d'évolution de la population d'âge actif (20-59 ans), en 2001 et en 2006, en millions de personnes

Source : Insee, 2006.

Il faut peut-être voir dans ces révisions la prise en compte tardive de la sous-estimation des flux migratoires et des erreurs de mesures dans les recensements successifs (estimées à près de 1 million d'habitants) et que l'on réintègre peu à peu dans les chiffres de la population française (*cf. supra*).

L'EXPLICATION PAR LA DÉMOGRAPHIE ET LA CROISSANCE, MAIS PAS SEULEMENT

Pour lever le mystère du recul du chômage, il faut se tourner d'abord vers l'évolution de la population active. En raison du choc démographique de 2006, l'augmentation de la population en âge de travailler n'aurait été que de 55 000 personnes en 2005, et seulement de 20 000 par an depuis 2006. Pour mesurer l'ampleur du choc, il suffit de rappeler que cet accroissement était, en moyenne, de 200 000 dans les années 1990. En conséquence du *baby-krach* intervenu après 1975, il y a des dizaines de milliers de jeunes en moins chaque année sur le marché du travail. Les départs à la retraite des *baby-boomers* sont massifs : 640 000 en 2005, plus de 700 000 par an depuis, soit 300 000 départs de plus qu'en 2000. Ce flux de départs a été accentué par une des mesures de la loi Fillon sur les retraites, qui entendait, à juste titre, nous faire travailler plus longtemps : en contrepartie de sa signature, la CFDT a obtenu que ceux ayant commencé leur carrière avant 16 ans et cotisé 42 ans puissent partir avant 60 ans. Cette mesure, légitime, car elle concerne une France qui a beaucoup ramé et à l'espérance de vie moindre, est passée quasiment inaperçue en 2003, alors qu'elle est responsable de centaines de milliers de départs supplémentaires depuis 2004. Si, comme probable, ces tendances se poursuivent, il suffira de créer quelques dizaines de milliers d'emplois supplémentaires par an pour stabiliser le chômage. Les créations massives de 800 000 emplois entre 2005 et 2007 expliquent sa décrue.

Autre conséquence moins glorieuse : l'âge moyen de départ effectif à la retraite est toujours inférieur à 59 ans en France, soit deux ans de moins que la moyenne européenne. Le taux d'emploi des 55-64 ans est faible (38 %) et stagne, comparé à nos voisins (43 % dans la zone euro) où il a progressé de cinq points depuis 2004. Les prochaines pilules d'allongement des retraites, après celles de 2003 et de 2008, risquent d'être dures à avaler. En tout cas, on est loin des objectifs de Lisbonne de 50 % de taux d'emploi pour cette tranche d'âge.

Rappelons que la moitié de ceux qui partent ne sont plus en situation d'emploi. Ils étaient, sans doute, déjà depuis quelques mois, voire plus, dispensés de recherche d'emploi par l'ANPE pour un peu plus de 400 000 d'entre eux (ce nombre est quasiment stable depuis environ deux ans). Les entreprises continuent à faire partir les anciens par tous les moyens, y compris les licenciements « consensuels », c'est-à-dire négociés pour faute, d'autant plus attractifs que l'indemnité n'est pas imposable. Les entreprises, et certains employés, y trouvent leur compte ; pas la collectivité.

Si le chômage a diminué, c'est aussi grâce à l'amélioration de la gestion administrative de l'ANPE. La part des radiations administratives dans les sorties de l'ANPE est passée de 5 %, en moyenne, au début des années 2000, à 11 % aujourd'hui. Il y a environ 70 000 radiations administratives par an de plus qu'en 2000. Relevons que, chaque mois, l'ANPE reçoit près de 300 000 offres d'emplois, raye environ 90 000 chômeurs qui ont trouvé un emploi et en radie 370 000 autres, notamment pour absence au contrôle. C'est dire que, si le taux de chômage bouge lentement, sa nature et sa structure peuvent changer très vite : en moyenne, un chômeur sur deux retrouve un emploi dans les six mois.

Le vrai problème, rarement abordé, est celui du chômage de longue durée : un peu plus de 40 % des chômeurs le sont depuis plus d'un an, dont la moitié depuis plus de deux ans. Pour ces catégories, en difficulté d'insertion, il faut d'abord reconstruire l'employabilité. Les emplois aidés figurant dans le plan de cohésion sociale lancé par Jean-Louis Borloo répondent à cet objectif. Les méthodes de traitement social du chômage du gouvernement Jospin, que la droite avait récusées après 2002 ont été reprises, à la manière de Jean-Louis Borloo, en les simplifiant et avec de nouveaux sigles. Fin 2007, 250 000 personnes bénéficiaient de dispositifs de contrats aidés dans le secteur non marchand et à peu près autant dans le secteur marchand. Ces dispositifs, subventionnés, en moyenne, à 70 % par l'État, offrent, à des publics en difficulté ou titulaires de minima sociaux, un emploi dans les associations ou les collectivités locales. Il y a, aussi, certains chômeurs en fin de droits qui accèdent au RMI et ne sont plus nécessairement inscrits à l'ANPE. Ils ont tout simplement renoncé à l'emploi, pour s'installer dans l'assistance. Tout cela fait autant de chômeurs en moins.

À ces dispositifs, dont certains seulement sont discutables, il faut ajouter ceux plus vertueux tournés vers le secteur marchand. Tout d'abord, il y a les contrats aidés dont bénéficiaient 242 000 personnes fin 2007 : il y avait, en 2007, 130 000 contrats « jeune en entreprise » (CJE) dont le potentiel d'insertion dans l'emploi durable est plus important que celui des contrats aidés dans le secteur non marchand[15]. Ensuite, il faut rajouter la montée

15. Un document de la Dares a souligné récemment que « l'insertion dans l'emploi durable (emploi en CDI, en CDD de plus de six mois, de titulaire de la fonction publique, de travailleur indépendant) des salariés sortis en 2006 d'un contrat aidé du Plan de cohésion sociale est globalement plus favorable pour ceux qui sont passés par un contrat du secteur marchand. 48 % des salariés sortis de contrat initiative emploi (CIE) [dispositif propre au secteur marchand] en 2006 sont en emploi durable six mois après leur sortie, contre 24 % pour ceux sortis de contrat d'accompagnement dans l'emploi (CAE). Au sein des contrats destinés spécifiquement aux allocataires de minima sociaux, le taux d'insertion à six mois dans l'emploi durable est de 26 % pour les salariés ayant bénéficié d'un contrat insertion-revenu minimum d'activité (CI-RMA), hors RMI, contre 16 % pour ceux ayant bénéficié d'un contrat d'avenir (CAV) », in « Le devenir des salariés sortis de contrat aidé du Plan de cohésion sociale six mois après la fin de l'aide de l'État », *Premières synthèses*, n° 35-1, août 2008.

en puissance de l'apprentissage : 417 000 contrats fin 2007, contre 360 000 quatre ans plus tôt. Enfin, il y avait aussi la question sensible du CNE (contrat de nouvelle embauche). Cette innovation administrative, passée en force en septembre 2005, a été enterrée en 2007. Ce dispositif avait pourtant permis de créer 40 000 emplois marchands qui autrement n'auraient jamais vu le jour ! Jamais mesure de politique de l'emploi, sans coût pour les finances publiques, n'aura été aussi efficace. L'effet positif du CNE sur l'emploi suffisait à lui seul à éponger la majeure partie de l'augmentation annuelle de la population active[16].

Dommage que le gouvernement de Dominique de Villepin n'ait pas étendu ce dispositif aux entreprises de moins de 50 personnes, et se soit lancé dans l'aventure du CPE avec le résultat que l'on sait. Les partenaires sociaux ont préféré jeter le bébé CNE avec l'eau du bain CPE. Ces dispositifs paraissaient cousins, ils étaient pourtant étrangers. Le CPE était une mesure destinée aux jeunes, avec tous les effets pervers du ciblage sur un individu. Alors que le CNE visait à encourager le développement d'activités nouvelles, en rendant les embauches moins risquées pour l'entrepreneur individuel. L'entrepreneur peut, souvent, être tenté de renoncer à une embauche s'il doute que le marché ne réponde pas à ses espoirs ou que le futur collaborateur ne fasse pas l'affaire. Rappelons que, sur les 2,5 millions d'entreprises recensées en France, les entreprises sans salariés en

16. En outre, les CNE semblent avoir joué un rôle positif en faveur de l'employabilité des personnes ayant bénéficié de ce type de contrat : « Près d'un salarié sur trois embauchés en CNE à l'automne 2005 travaillait encore dans la même entreprise en novembre 2007, soit juste après la période de consolidation de deux ans [...]. Les salariés recrutés en CNE sont restés plus longtemps dans l'entreprise que ceux recrutés en contrat à durée déterminée (CDD), mais moins longtemps que ceux embauchés en CDI », in « Du contrat nouvelle embauche au CDI », *Premières synthèses*, n° 39-1, septembre 2008.

représentent près de la moitié et les moins de dix personnes, 93 %. Il y a toujours là un véritable gisement de créations d'emplois.

Tout cela va dans le bon sens, au moins en ce qui concerne les statistiques du chômage. Mais, les coûts direct et indirect des politiques de l'emploi ne cessent de croître : entre 2000 et 2006, les dépenses pour l'emploi sont passées de 51 milliards à 57 milliards d'euros, dont plus de la moitié (51 %) pour les dépenses passives, auquel il faut ajouter les exonérations générales de charges passées de 11 milliards à 21,2 milliards en 2007 : la pilule de la RTT aura coûté cher ! Tout en consacrant plus de 4 % de son PIB à la dépense pour l'emploi, notre pays ne s'est pas attaqué aux racines du mal : on a soigné les symptômes. La France avait déjà le dispositif d'intervention sur le marché du travail le plus éclaté d'Europe. Au lieu d'introduire une véritable réforme du service public de l'emploi, de diminuer le nombre d'intervenants, on en a rajouté avec les Maisons de l'emploi créées par Jean-Louis Borloo : cette vitrine cache, dans l'arrière-cour, des tuyauteries compliquées et paperassières qui font vivre ceux qui les gèrent. En 2008, on a enfin, et non sans mal, décidé de fusionner l'ANPE et les Assedic, comme le suggérait la Cour des comptes. Pour que la France cesse d'avoir un chômage de deux points plus élevé que la moyenne de l'Europe des Quinze, il lui faudrait continuer d'assouplir la réglementation du marché du travail et agir, en même temps, sur les trois leviers de l'emploi déjà évoqués.

Retenons quand même la bonne nouvelle : quand reviendra la croissance, grâce aux réformes incitant à l'activité (heures supplémentaires défiscalisées, revenu social d'activité, libéralisation des marchés...), au choc démographique et à la meilleure gestion administrative des dispositifs publics, le chômage devrait à nouveau baisser dans les années qui viennent. D'autant qu'une autre bonne nouvelle doit être relevée : l'emploi non salarié, qui n'avait cessé de baisser dans le passé (100 000 entre 1997 et 2002 du fait de la diminution du nombre d'agriculteurs de 5 000 à 10 000 par an) a augmenté d'autant depuis 2004 et retrouvé en 2008 le niveau atteint dix ans auparavant : 2,3 millions d'actifs. On compte ainsi 900 000 entrepreneurs individuels dans les services et 270 000 dans la construction et leur nombre ne cesse de croître au rythme de 20 000 à 30 000 par an ! Autre bonne nouvelle : le nombre d'agriculteurs ne baisse plus que de quelques milliers par an (en 2006, ils étaient encore 480 000 exploitants et le secteur agriculture, sylviculture, pêche comptait plus de 330 000 salariés). Ces bonnes performances ne doivent pas faire oublier que le travail non salarié reste moins développé en France que dans le reste de l'Europe : les travailleurs indépendants sont 1,5 fois plus nombreux au Royaume-Uni.

Mais rien n'est gagné d'avance. Même en levant ses rigidités, la France subira toujours, comme ses partenaires, les refroidissements de la conjoncture économique internationale. Pour éclairer l'avenir, il est toujours utile de se pencher sur le passé et, en l'occurrence, sur la relation entre l'emploi et la croissance en France depuis 1970.

PERSPECTIVES DE CROISSANCE ET D'EMPLOI À LA LUMIÈRE DU PASSÉ

Le graphique ci-après, dont la présentation peut dérouter, est très révélateur de ce qui s'est passé depuis 35 ans, en France, en matière de croissance et d'emploi.

Premier constat : la croissance fluctue fortement, autour d'une tendance qui se situe, en moyenne, à un taux deux fois plus faible que celui des années 1960 et 1970, si l'on fait abstraction de l'année 1975 (suite au premier

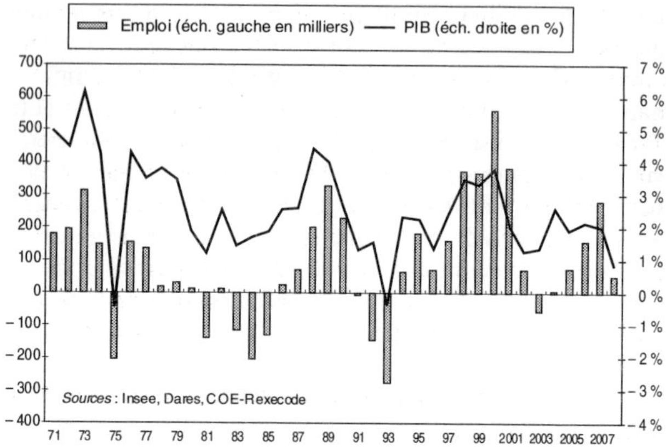

Figure 5.2 – Évolutions annuelles du PIB et de l'emploi marchand non agricole

Lecture : en 2007, la croissance du PIB (la courbe en trait continu mesurée sur l'échelle de droite) a été de 2,2 % et l'emploi marchand (les bâtonnets en centaines de milliers sur l'échelle de gauche) a augmenté de 289 000. Les chiffres pour 2008 sont provisoires.

choc pétrolier). La croissance potentielle de la France se situe autour de 2,2 % par an, avec des gains de productivité de 1,6 %, en moyenne annuelle. C'est dire qu'en dessous de ce seuil la croissance économique ne crée pas, en théorie, d'emplois marchands.

Deuxième constat : les gouvernements de gauche, à la fin des années 1980 et 1990, ont bénéficié d'une meilleure conjoncture économique que ceux de droite, en 1993-1995 et 2002-2003. Cela s'est ressenti sur l'augmentation de l'emploi marchand. Michel Rocard n'oubliera jamais qu'en 1989, alors qu'il était Premier ministre, la croissance a frôlé les 4 % et l'emploi marchand a augmenté de plus de 300 000 personnes. Et Lionel Jospin ne manque pas de rappeler, à juste titre, que dix ans après, en pleine euphorie de la nouvelle économie, se sont créés plus de 1,8 million d'emplois marchands supplémentaires, avec une croissance moins soutenue que dix ans auparavant et un record historique de 550 000 emplois marchands en plus pour une croissance de 4 % en l'an 2000. Si la croissance a créé plus d'emplois, c'est aussi parce que l'on avait, depuis les décisions du gouvernement Balladur de 1993, continué de baisser les charges des emplois les moins qualifiés. Ceux qui pensent voir, dans ces performances, l'effet des 35 heures, doivent aussi se rappeler que, dans la même période, nos voisins européens ont, avec une croissance comparable, créé encore plus d'emplois.

Retenons seulement que, pour des raisons démographiques, la croissance fluctue autour d'une tendance molle, qui devrait s'accentuer dans les années à venir, pour l'ensemble de l'Europe. La politique peut lisser ces fluctuations, ou les accentuer par ses mesures ; elle peut, aussi, rendre la croissance plus ou moins créatrice d'emplois (baisse du coût du travail et flexibilité du marché de l'emploi). Bref, les gouvernements qui attendent la reprise devraient toujours se poser la question : pour combien de temps ? Et se rappeler que, dans les marchés saturés, la demande de renouvellement est capricieuse et sensible au moral de la population. La reprise n'étant souvent que la force de rappel des chutes excessives des récessions antérieures. Naturellement, la demande internationale, c'est-à-dire les exportations, peut prendre le relais de la croissance ; encore faudrait-il, pour cela, des actifs plus entreprenants et plus compétitifs. La France a malheureusement reculé sur ce point ces dernières années, contrairement à l'Allemagne.

CHAPITRE VI

Six questions sur la famille, le vieillissement, les inégalités et la pauvreté

Les campagnes électorales passent généralement sous silence les questions démographiques, et surtout familiales, pourtant à la racine de la plupart des problèmes de violence, d'insécurité et du système éducatif qui font régulièrement la une des journaux. Pour la gauche, la famille est un thème conservateur. Le centre n'en parle pas de peur de paraître trop à droite. Quant à la droite, elle laisse ses extrêmes s'en accaparer. Comme l'avait relevé en 2001 le chancelier allemand Gerhard Schröder : « La plupart des problèmes auxquels nous sommes aujourd'hui confrontés sont liés, d'une façon ou d'une autre, à la famille. » Toutes les enquêtes sur les jeunes à l'école, la santé des adolescents et les adultes en prison montrent l'importance des structures familiales et affectives stables pour la réussite ou l'échec scolaire, l'épanouissement ou le mal-être individuel et finalement l'intégration ou la déviance sociale.

Au moment où la socialisation de la vieillesse se renforce, il serait judicieux que l'on cesse de considérer la famille comme une affaire privée. Quand elles sont dépendantes, les personnes jeunes méritent autant de prise en charge collective, à travers leurs parents, que les personnes âgées bénéficiant d'allocations. Ceux qui font des enfants préparent l'avenir de notre protection sociale collective. Il faut les y aider et non pas les décourager. Les familles avec enfants investissent à moindre coût que ne peut le faire la société dans l'éducation et le renouvellement du capital humain. Sans enfants en nombre suffisant aujourd'hui, on ne pourra garantir le maintien des solidarités intergénérationnelles demain. Mais, avant d'aborder ces questions sur le sujet tabou qu'est la famille, il est utile de les replacer dans le cadre du recensement de la population et de l'explication de la bonne tenue de la fécondité en France qui suscite, aussi, bien des questions. La famille est également au cœur des questions posées par l'impact du vieillissement sur le maintien des solidarités intergénérationnelles et des inégalités qui perdurent, souvent au détriment des familles. La paupérisation des familles avec enfants est avérée ; la bonne nouvelle, c'est que l'on sait ce qu'il faut faire pour la réduire. La mauvaise nouvelle, c'est que ce diagnostic, inquiétant pour l'avenir de notre développement et de ses équilibres, n'intéresse quasiment personne, sauf en privé. Faire de la famille et des enfants une affaire publique, tel est notre principal combat !

Combien la France compte-t-elle réellement d'habitants[1] *?*

Les résultats de l'enquête de recensement 2005 (Richet-Mastain, 2006) donnaient, pour la France métropolitaine, une population de 61 millions d'habitants au 1er janvier 2006, contre 58,5 au 1er janvier 1999. Cette dynamique démographique s'explique, pour les trois quarts par un excédent naturel (1 631 000 habitants), par un solde migratoire de 610 000 et par un « ajustement » positif de 307 000 sur la période. D'où viennent ces 307 000 habitants, que l'on rajoute pour faire coller les nouvelles estimations de population avec le résultat du recensement de 1999 ? À l'époque, il avait fallu, au contraire, procéder à un ajustement négatif de 480 000 personnes, réparti annuellement, pour se raccorder avec les estimations de 1990. Curieux pays que le nôtre, où l'on recense les vaches à l'unité près et où l'on compte les humains avec une grande marge d'erreur !

ON COMPTE MIEUX LES VACHES QUE LES HUMAINS

Comme le reconnaît l'Insee, sur son site Internet, à propos du recensement de 1999 : « Doubles comptes moins fréquents, omissions plus nombreuses : le taux d'omission nette serait plus élevé en 1999 qu'en 1990. » Après le recensement de 1990, l'enquête postcensitaire de contrôle qui avait été conduite avait conclu à un taux d'omission nette de 1,1 %, soit 620 000 personnes.

---

1. Nous remercions Jean-Paul Sardon, directeur de recherches à l'INED, de nous avoir aidé à actualiser l'article que nous avions signé ensemble sur ce thème (2005).

Aux presque 500 000 oubliés du recensement de 1999 (le chiffre de 1999 est inférieur de 480 000 à celui auquel on parvient en partant du recensement de 1990 et en rajoutant chaque année le solde naturel – peu discutable – et le solde migratoire officiel), dont la moitié seulement est justifiée par l'Insee, il faut ajouter les 620 000 omissions reconnues par l'enquête postcensitaire de 1990. Compte tenu des correctifs apportés par l'Insee, ramenant les omissions de 1999 à 260 000, cela ferait quand même près de 900 000 habitants oubliés (620 000 + 260 000) en cumul par les deux recensements successifs ! Les deux derniers recensements, de 2004 et de 2005, en retrouvent 300 000 par des ajustements positifs ; il en restait alors 580 000 en réserve pour les ajustements futurs. La série ne devrait pas pour autant s'arrêter là, car l'Insee précise que « le recensement étant optimisé sur cinq années, il a été jugé préférable de ne tenir compte que d'une partie de la hausse indiquée par les enquêtes de recensement... » (Richet-Mastain, 2006).

Ainsi, petit à petit, par ajustements successifs, l'Insee a fini par retrouver un peu plus de personnes que son estimation du recensement de 1999. Cette opération de redécouverte des oubliés de 1999 et 1990 va sans doute se poursuivre.

Il est tentant d'imaginer qu'une bonne partie de ces populations non comptées vit dans les zones urbaines sensibles (ZUS) qui pourraient, ainsi, compter 5,5 millions d'habitants, au lieu des 4,5 millions estimés. Mais cette hypothèse ne cadre pas avec le résultat du recensement de 1999 qui révélait, qu'apparemment, la population totale des ZUS avait diminué (4,5 millions, au lieu de 4,7 millions en 1990), soit une baisse de 5,7 %, alors que celle des agglomérations dont elles font partie a augmenté de 2,6 % dans la même période. La baisse de population s'expliquant par le départ massif (– 300 000) du nombre de « Français de naissance » qui compteraient pour les trois quarts des populations des ZUS. La création de l'Observatoire des zones urbaines sensibles, créé en 2004, répondait à un vrai besoin : il est urgent de comprendre ce qui se passe dans ces zones de ségrégation urbaine, où l'intégration sociale et républicaine est en péril.

Le nouveau recensement, qui porte chaque année sur un échantillon de 14 % de la population[2], est sans doute plus fiable et précis que les précédents. On peut donc admettre que, normalement, les migrants présents légalement sur le territoire ont été correctement recensés. On vient d'ailleurs de voir que, dans ses nouvelles estimations, l'Insee n'a pas jugé nécessaire de revoir à la hausse le solde migratoire constaté sur la base des nouveaux échantillons mesurés. Mais il reconnaît la sous-estimation antérieure, en annonçant que la population immigrée avait augmenté de 20 % en cinq ans, depuis 1999, et même de 50 % pour l'Afrique au sud du Sahara, pour se situer au niveau de 5 millions d'habitants (Borrel, 2006).

Il n'en est pas de même des migrants dont la présence sur le territoire est illégale. Aux 580 000 individus qui restent en réserve, d'après nos analyses, il faut donc ajouter les migrants clandestins, dont on peut penser que le stock augmente chaque année de plusieurs dizaines de milliers de personnes depuis 1999 (un stock de 250 000 clandestins pouvant être considéré comme une évaluation basse[3]). On aurait donc, dans la France d'aujourd'hui, environ 830 000 habitants de plus qu'estimé au 1er janvier 2006 (580 000 + 250 000) ! C'est dire que

2. Le recensement porte chaque année sur 20 % des villes de moins de 10 000 habitants (50 % de la population) et 8 % des villes de plus de 10 000 habitants (autres 50 %).
3. Dont une trentaine de mille avec des enfants en scolarité, comme on l'a vu au cours de l'été 2006 avec les demandes de régularisation.

l'indicateur conjoncturel de fécondité réel des femmes de France serait plus proche de 1,9 que de 2 (le nombre d'enfants est connu, mais le nombre de femmes en âge de procréer serait plus élevé de plusieurs centaines de milliers) !

La France ne fait pas exception en matière d'erreur de la mesure démographique. Les États-Unis estiment que 11 millions de clandestins vivent sur leur territoire (Hoeffer, Rytina, Campbell, 2006) ! La population espagnole a été réévaluée de 291 000 personnes en 2000 et plus de 500 000 clandestins ont été régularisés en 2005. L'écart entre les populations attendues et recensées s'élève à… 1 million en Italie et au Royaume-Uni. Il est vrai que ces pays ont enregistré des soldes migratoires nets de 200 000 à 300 000 personnes ces dernières années. Finalement, la France, terre d'immigration plus ancienne, n'a aucune raison de faire moins en matière de regroupement familial que des pays nouvellement concernés par le phénomène. En Europe, dans la plupart des pays, à l'exception de la France et de la Grande-Bretagne, on est tenu de déclarer en mairie les changements de résidence sur des registres de population. Cela conditionne l'accès à l'école et à la protection sociale. Marqués par notre histoire et ses rafles honteuses, nous préférons, sauf en Alsace[4], ne pas savoir ! Ce qui facilite le maintien des illusions.

4. La déclaration du changement de domicile est encore obligatoire en Alsace. Cette législation, mise en place sous l'empire allemand, n'a jamais été abolie et les élus alsaciens ne le souhaitent apparemment pas. Faut-il attendre l'harmonisation européenne pour se poser la question en France ?

Comment expliquer la (relative) bonne fécondité française ?

La France est fière de sa fécondité qui, bien qu'inférieure au seuil de renouvellement de 2,1, est proche de de 2 et fait figure de record dans une Europe à Vingt-Cinq où le nombre d'enfants par femme est tombé à 1,5. Comment expliquer une telle performance, alors que le taux d'activité des Françaises est l'un des plus élevés d'Europe ? Est-ce grâce à notre politique familiale, comme on l'admet généralement ? Certainement, dans la mesure où la politique de la petite enfance (crèches, écoles maternelles) permet une meilleure conciliation entre la vie familiale et la vie professionnelle. En effet, les femmes veulent d'abord travailler avant d'avoir un enfant et continuer après. Le travail féminin progresse, quel que soit le nombre d'enfants. Les plus diplômées sont les premières à mettre l'emploi en priorité, quitte à renoncer à la vie de couple et à l'enfant. Il ne faut pas oublier aussi les bienfaits démographiques des naissances hors mariage ! L'impact de ces dernières est beaucoup plus conséquent sur la fécondité que l'apport des populations immigrées.

LES NAISSANCES HORS MARIAGE COMPTENT PLUS QUE LES IMMIGRÉS

La fécondité est-elle meilleure en France grâce aux immigrés ? Cette question revient systématiquement dans les débats sur la relative bonne fécondité de la France. Une autre question, plus essentielle, est de son côté souvent ignorée : le rôle salutaire des naissances hors mariage.

La France, fidèle à son exception, occupe une position singulière en Europe par un niveau de fécondité plus élevé que celui de ses partenaires. Ce résultat s'explique, en partie seulement, par la fécondité des immigrées : celle des Françaises de naissance s'établissant à 1,65 et celle des immigrées à 2,5. Mais ces dernières ne représentent que 8,5 % des femmes en âge de procréer et 13 % des naissances. Il semble, par ailleurs, que leur fécondité se rapprocherait très vite de celle des Françaises. En tenant compte de l'âge d'arrivée en France et de la durée du séjour, Laurent Toulemon (2004), de l'Ined, avance un indice proche de 2,2 enfants par femme immigrée !

Les clés de notre bonne fécondité sont connues. D'abord, une forte tolérance sociale vis-à-vis des naissances hors mariage (plus de 60 % des premières naissances et plus de 40 % des deuxièmes) ; à tel point que dorénavant c'est l'enfant qui pousse au mariage et non l'inverse. Ensuite, les femmes de plus en plus éduquées ont choisi d'avoir l'emploi d'abord et l'enfant après ! Même avec deux enfants les trois quarts continuent à travailler grâce aux crèches[5], à l'allocation parentale d'éducation, aux réductions d'impôts pour frais de garde, aux allocations familiales et au quotient familial. Bref, le désir d'enfant est, plus chez nous qu'ailleurs, compatible avec le travail féminin. Lorsque leurs enfants sont scolarisés, 78 % des mères âgées de 18 à 49 ans et ayant un ou deux enfants exercent une activité professionnelle, contre 65 % de celles ayant trois enfants et 47 % de celles qui en ont quatre ou plus.

5. Attention cependant aux idées reçues en la matière. Les crèches ne sont pas la panacée ; elles ne prennent pas les enfants en charge lorsqu'ils sont malades et elles coûtent très cher à la collectivité : si les parents payent « seulement » 400 € en moyenne par mois, le coût pour la collectivité est de 1 200 € par mois ! C'est dire qu'il serait beaucoup plus économique pour la collectivité de rémunérer les parents qui garderaient un ou deux enfants de moins de trois ans à domicile. Curieux pays que le nôtre où c'est un vrai métier d'être payé pour garder des enfants, à condition que ce soient ceux des autres !

Relevons que les pays développés où la fécondité est la plus basse sont aussi ceux où la proportion de naissances hors mariage est la plus faible. L'hiver démographique que connaissent le Japon et les pays d'Europe du Sud s'explique, en partie, par une évolution des mœurs et de la société en retard sur l'évolution économique et l'aspiration des femmes à trouver leur indépendance et leur épanouissement par le travail. Dans nombre de pays du Sud et en Allemagne, les naissances hors mariage ne sont guère acceptées ; et, quand il y a une naissance, les pressions sociale et familiale à s'arrêter de travailler sont très fortes. C'est ainsi que nombre de femmes renoncent au mariage et à la maternité pour continuer à travailler.

FÉCONDITÉ, LE REVERS MÉDAILLE

La médaille a son revers car il n'est de richesses que d'hommes éduqués. Ces enfants qui naissent plus nombreux en France qu'ailleurs seront-ils assez nombreux et bien éduqués pour assurer la relève de la population active ? La réponse quantitative est négative : il faudra ouvrir plus largement les portes de l'immigration pour répondre aux besoins du marché du travail.

La réponse qualitative est loin d'être sûre. En effet, le rapport annuel sur l'immigration et la présence étrangère en France en 2005 de la Direction des populations et migrations contredit le discours officiel de l'Ined : en 2004 sur 800 000 naissances, 150 000, soit 19 % des naissances en France, étaient d'au moins un parent étranger, contre 120 000 en 2000, soit 13 % des naissances de l'époque. Les anciennes propositions de Michèle Tribalat sur les origines des familles ont été mises au placard en même temps que son auteur, chercheur à l'Ined, et l'on ne sait toujours pas officiellement (seules des estimations circulent sous le manteau) combien d'enfants nés chaque année sont issus de l'immigration. La peur de savoir et l'idéologie sont là pour masquer la réalité : il y a près de 5 millions d'immigrés en France, dont 2 millions sont devenus français par acquisition (un million depuis 2000) et 2,9 millions qui sont des étrangers nés à l'étranger. Tous les immigrés ne sont pas étrangers et tous les étrangers ne sont pas immigrés. L'illusion mensongère est entretenue sur l'intégration en marche, mesurée par les mariages mixtes (18 % des mariages avec au moins un étranger) alors que, le plus souvent, il s'agit de deux immigrés dont l'un est devenu français par acquisition. On l'a compris, la réalité c'est qu'environ 25 % des naissances de 2006 sont issues de deux parents immigrés. Sans cet apport, bienvenu, l'indicateur de fécondité aurait été en 2006 de 1,7 au lieu de 2 !

Tout irait bien pour l'intégration dans les écoles si cette population était uniformément répartie sur le territoire. Tel n'est pas hélas le cas en Île-de-France qui concentre 40 % des étrangers et autant des immigrés. La population des immigrés y représente 20 % de la population totale et 40 % des naissances. En raison de l'apartheid urbain et scolaire, cette concentration conduit à des écoles où la mixité fait défaut et où échec scolaire et communautarisme vont de pair. Ne nous voilons pas la face : faute d'intervenir vigoureusement sur la mixité scolaire et l'éducation des jeunes issus de l'immigration, le surcroît de naissances d'aujourd'hui apportera plus de problèmes que de solutions (les étrangers représentent 1/4 des chômeurs de l'Île-de-France pour 8 % de la population).

LA FÉCONDITÉ BAISSE AVEC LE NIVEAU DE FORMATION

Dans tous les pays développés, les femmes ont un taux d'activité qui augmente avec le niveau de formation. Les arbitrages économiques et individuels sont clairs : les femmes de plus en plus éduquées privilégient d'abord l'épanouissement et l'autonomie par le travail et ses revenus, et renoncent de moins en moins à ces derniers pour avoir des enfants. Il en résulte deux conséquences majeures :

— si les conditions du marché du travail ne sont pas compatibles avec la vie de famille, les plus valorisées par l'emploi mettent leur désir d'enfant entre parenthèses et, au mieux, repoussant l'âge de la première maternité, attendent plusieurs années d'union avant de concrétiser celle-ci ;

— un nombre croissant de femmes, notamment parmi les plus diplômées, reste célibataire et arrive à l'âge de 40 ans sans enfant. Dans certains pays comme la Grande-Bretagne, il en résulte une certaine spécialisation : les moins diplômées, souvent à la tête d'une famille monoparentale, font plus d'enfants, alors que les plus diplômées se consacrent à leur carrière professionnelle.

En France, la situation est moins contrastée, mais on y retrouve le même phénomène : en moyenne, le taux d'activité des plus diplômées est de 24 points supérieur à celui des femmes sans diplôme (88 % contre 64 %) et avec trois enfants l'écart se creuse à 27 points (79 % contre 52 %), avec cinq enfants ou plus il reste de 20 points (47 % contre 27 %). C'est dire que dans l'arbitrage entre vie professionnelle et vie familiale, celles qui ont les revenus les plus élevés font le choix de continuer à travailler. Les autres, naturellement, disposent de moins de moyens pour financer les systèmes de garde et y renoncent d'autant plus facilement que des allocations de parents au foyer compensent les coûts de garde qu'il faudrait défalquer d'un deuxième salaire, de toute façon modeste.

Les femmes très diplômées font en moyenne moins d'enfants : 0,5 et 0,3 de moins que les titulaires du certificat d'études primaires (CEP) ou d'un BEPC. Elles restent aussi plus souvent sans enfant : près de 24 % pour les diplômées de l'enseignement supérieur, contre respectivement 8 et 10 % pour les titulaires d'un CEP ou d'un BEPC. Le célibat des femmes diplômées en France s'explique aussi par la tendance des hommes à se mettre en union avec des femmes plus jeunes (deux à trois ans) et surtout moins diplômées qu'eux : le taux de célibat des femmes cadres et de professions libérales supérieures (20 %) est deux fois plus élevé que celui des ouvrières (10 %).

Toutefois, ces chiffres ne portent que sur les générations anciennes ayant déjà achevé leur période de fécondité. Ce phénomène pourrait s'accentuer avec la montée du niveau éducatif des jeunes filles : les femmes très qualifiées pourraient être amenées à sacrifier leur vie familiale pour réussir leur carrière professionnelle à hauteur de leurs espérances. Les comparaisons avec certains pays européens, sur ce point, sont très préoccupantes : en Allemagne, comme en Suisse, 40 % des femmes diplômées de l'enseignement supérieur n'ont pas d'enfant à 40 ans !

La société doit-elle se mêler des questions familiales ?

La société devrait intervenir au moins autant sur la conduite des familles qu'elle le fait pour la conduite automobile, car les blessés de la route familiale ne comptent pas moins que ceux de la route classique. Ils supposent les mêmes politiques de prévention et de sanction que pour les chauffards : songeons que 80 à 90 % des personnes ayant subi des violences sexuelles ou le sentiment d'être mal aimées ou abandonnées dans leur enfance déclarent ne jamais s'en être remises (Bissuel, 2002) !

LES BLESSÉS DE LA ROUTE FAMILIALE

Les problèmes d'éducation, de santé, de sécurité renvoient tous à des solutions où les moyens matériels et financiers pour corriger les inégalités sont peu appropriés, pour réparer ce que l'on pourrait prévenir autrement et de façon plus efficace en redécouvrant le rôle structurant des conditions familiales. Les blessés de la route sociale sont d'abord des blessés de la route familiale. La cicatrice de la famille mal vécue se ferme d'autant moins qu'elle n'est pas reconnue. Ainsi se crée le handicap de ceux qui partent dans la vie avec un bagage affectif, comportemental et scolaire déficient.

Rappelons la principale conclusion de Paul Archambault (2002) dans sa thèse, déjà évoquée, sur le devenir des enfants des familles dissociées : au-delà des différences liées aux inégalités sociales, le divorce, ou la séparation des parents, divise par deux ou trois les chances de réussite scolaire. Il n'y a pas que l'école, il y a aussi la santé et les comportements. On sait aussi, depuis l'enquête *Santé jeunes* (Subtil, 1998) que la variable « environnement familial » est encore plus déterminante que l'origine sociale : les comportements de mal-être et de déviances (drogues, alcool, tabac, violence, dépressions, suicides...) sont deux fois plus importants dans les familles dissociées que dans les familles stables.

La recomposition des familles est souvent heureuse, mais ce n'est pas une raison pour refuser de voir le traumatisme des enfants lorsque leur père et leur mère se séparent. Avant d'être recomposée, la famille a d'abord été décomposée, et certains enfants s'en remettent d'autant moins que la question a été collectivement niée et individuellement refoulée. La perte du père, c'est aussi la perte du repère d'autorité, quelqu'un qui va permettre de se poser en s'opposant. Dans près de neuf cas sur dix, en cas de séparation, les enfants sont confiés à la mère. D'après les enquêtes de l'Ined, on estime que 40 % d'entre eux, soit plus d'un million d'enfants, ne voient plus du tout ou rarement leur père – cette proportion étant beaucoup plus forte (60 %) pour les enfants de parents non mariés. Pourtant, comme l'a rappelé Alain Bruel, le président du tribunal pour enfants de Paris : « La paternité est le lieu stratégique de prévention de très nombreux risques sociaux. »

Si l'on va jusqu'au bout du chemin qui conduit à l'exclusion et à la prison, toutes les enquêtes le confirment : on trouve, d'abord, des ruptures affectives et familiales. C'est donc bien la question de la crise de la famille et du lien social qu'il faut poser.

Il ne faudrait cependant pas en conclure, et heureusement, que tous les enfants de familles dissociées sont malheureux et vivront mal leur vie. Il y a aussi de nombreux enfants qui vivent mal avec leurs deux parents, soit qu'ils se déchirent, les ignorent ou ne leur prêtent pas assez attention. Notre propos est simplement de faire prendre conscience aux couples qui se séparent que l'on ne change pas de parents comme l'on changerait de voiture ! Il n'y a pas de père de prothèse, il n'y a que des amputations affectives.

Les blessés et les chauffards

La famille n'est pas seulement une affaire privée, qui ne regarde que les parents. Il y a pour les parents des responsabilités à assumer, des règles éducatives à respecter et des obligations à remplir. Si elles ne le sont pas, c'est la société tout entière qui est en danger et doit réagir de manière répressive faute de l'avoir fait de manière préventive.

Comment se fait-il qu'il y ait un code de conduite pour la route avec des sanctions graves pour les infractions et qu'en matière éducative on puisse prôner le laisser-faire et le laisser-aller ? Quand on voit les dégâts affectifs et scolaires provoqués par la mauvaise conduite éducative de certains parents, qui ont démissionné de leurs responsabilités ou sont tout simplement incapables de les assumer, on se dit que, décidément, la société doit intervenir, informer, prévenir.

Lorsque les parents sont, pour diverses raisons, incapables de conduire leur vie familiale en assumant leurs responsabilités vis-à-vis de leurs enfants, la société devrait intervenir, car le laisser-aller conduit trop souvent au cumul des handicaps et à l'exclusion de ceux qui n'ont tout simplement pas eu la chance de naître dans une famille unie. Si, en plus, la famille qui éclate est socialement modeste, nombreuse et marquée par le chômage ou un problème de santé (alcoolisme, accident), alors les chances de réussite personnelle et professionnelle des enfants sont minimes et tiennent parfois du miracle de la volonté.

Il est contradictoire d'être contre le laisser-faire économique et pour le laisser-faire familial. Dans les deux cas, la liberté des individus ne peut s'exercer que dans le cadre de règles fixées par l'intérêt général. Les tenants de l'altermondialisation feraient bien de questionner la responsabilité des familles dans la cristallisation des handicaps. Les inégalités de revenus viennent, en effet, renforcer les inégalités affectives. Or, faute d'intervenir de manière préventive, la société se retrouve désemparée face à la montée des violences, et réagit de manière répressive. Elle accorde toujours plus de moyens à l'éducation, l'urbanisme, l'assistance, la sécurité et, pour finir, aux prisons. Ces politiques sont en grande partie vaines, car les problèmes sont d'une autre nature que matérielle. Un contexte familial de parents attentifs à l'épanouissement de la personnalité et à la formation du citoyen, tel est l'avantage comparatif décisif pour la réussite dans la vie personnelle et professionnelle. En revanche, les parents tyrans ou absents portent une lourde responsabilité dans les handicaps que certains cumulent tout au long de leur vie. Quand les familles sont malheureuses, les cités ne sont pas forcément dangereuses. Mais, sans familles heureuses, il ne peut y avoir de société vertueuse ! Heureusement, les familles stables restent majoritaires dans le pays – sept adultes sur dix vivent en couple ; parmi ces couples, huit sur dix sont mariés et neuf sur dix n'ont connu qu'un conjoint, de sorte que, récemment encore, les trois quarts des enfants de moins 18 ans vivaient avec leur père et leur mère au sein du même foyer ; avec la montée des séparations, un tiers d'entre eux connaîtront bientôt la brisure familiale avant cet âge ! Mais, il en est des familles comme des trains ; l'on parle surtout de celles qui déraillent.

LA FAMILLE, UNE AFFAIRE PUBLIQUE[6]

S'il est un domaine où l'action est nécessaire, car le temps perdu ne s'y rattrape pas, c'est bien la politique de la famille. Elle conditionne, d'une part, la démographie,

6. Nous présentons ici une partie de la synthèse, écrite avec Évelyne Sullerot, du rapport du CAE, *La famille, une affaire publique*, qui a été remis au Premier ministre le 13 juillet 2005 par Christian de Boissieu, le président délégué du CAE. La publication s'est faite dans l'indifférence collective, six mois après, à La Documentation française. Nous avons seulement pu publier cette synthèse réduite dans *Le Monde* du 26 août 2006. Diffusé à quelques centaines d'exemplaires, ce rapport de 450 pages, fruit de douze mois de travail acharné d'un groupe d'une douzaine d'experts, s'est enrichi d'une vingtaine d'auditions et a intégré des milliers de pages de notes et de rapports. Au-delà du plaisir de comprendre mieux une réalité essentielle, je garde la certitude d'avoir mis entre parenthèses ma propre vie de famille pour un rapport public sur la famille qui n'a jusqu'ici pas retenu l'attention des ministres en charge de cette question. À l'évidence, la famille n'est pas encore une affaire publique. Ce rapport est accessible en ligne sur le site du CAE. En mars 2007, nous avons publié une version actualisée en poche à La Documentation française (*cf.* Godet, Sullerot, 2007). Fin 2007, le Haut Conseil

donc l'économie (pas de développement durable sans enfants) et, d'autre part, la cohésion sociale (réparer les carences familiales coûte extrêmement cher pour de piètres résultats). Si on laisse filer l'indice de fécondité, si on laisse se détricoter le tissu familial, on le paiera très cher. Encore faut-il, pour choisir une politique de la famille, oser formuler des diagnostics réalistes, lesquels ont été écartés depuis des années.

Dans une Europe promise à un vieillissement démographique dramatique, la France a fait, jusqu'ici, assez bonne figure. Elle doit la relative bonne tenue de sa natalité à une conjonction bénéfique : une tradition du travail des femmes, qui s'est bien adaptée à la tertiarisation de l'économie, et les restes de la grande politique familiale votée à l'unanimité à la Libération. Bien qu'écornée, celle-ci, naguère encore critiquée par nos voisins pour son inspiration nataliste, fait aujourd'hui figure de modèle en Europe. Si elle nous a protégés, c'est par son volet universel – des allocations familiales et un quotient familial qui réduisent les inégalités entre foyers avec ou sans enfants, et une école maternelle unique au monde par son extension, sa gratuité et son excellence.

Ce volet universel est un précieux capital qu'il faut à tout prix maintenir. Si on le réduit, pour le convertir en politique de réduction des inégalités de revenus, on perdra sur les deux tableaux, démographique et démocratique. La politique de lutte contre la pauvreté doit s'y ajouter, non s'y substituer. D'autant que le ciblage sur les pauvres finit par avoir des effets pervers.

---

de la population et de la famille, qui était rattaché à l'Élysée et présidé par le président de la République, a été supprimé. Une autre instance sera créée, rattachée au ministre en charge de la famille. Les choses progressent, mais dans le mauvais sens : le général de Gaulle et Alfred Sauvy doivent se retourner dans leur tombe !

Or le niveau de vie des familles diminue avec le nombre d'enfants. Cela explique, peut-être, pourquoi nous assistons à une diminution constante du nombre des familles nombreuses, qui sont pourtant nécessaires au simple remplacement des générations puisque 10 % des femmes n'ont pas d'enfant et 20 % n'en ont qu'un seul.

Depuis la révolution contraceptive, les femmes, maîtrisant leur fécondité, arbitrent entre activité professionnelle et procréation. Aussi faut-il leur offrir des conditions de vie et de travail qui leur permettent d'avoir un enfant sans sacrifier leurs chances, au bon moment. Or elles ne cessent de retarder ce moment. Désormais, c'est seulement à 28 ans, en moyenne, que les Françaises ont leur première maternité, et même à 31 ans si elles ont fait des études. Retarder les naissances ne résout en rien les problèmes de garde des enfants, mais, c'est établi, retentit de façon préoccupante sur la fertilité des femmes, sur leur santé, et sur celle des nouveau-nés. En outre, ces reports ont des répercussions démographiques sérieuses. Reculer l'arrivée du premier enfant rend plus difficile la venue du deuxième. On sait déjà que la génération 1970, affectée par ces retards, ne sera pas remplacée. La situation est encore réversible si on fait de larges campagnes d'information sur ce problème de santé publique, qui devient alarmant, et si l'on ouvre aux jeunes mères des droits spécifiques à la formation, à l'emploi, au logement.

La famille est une affaire publique dans la mesure où elle compte des enfants. En revanche, la vie sexuelle et affective est une affaire privée. Les adultes ont la liberté de s'unir en couples et de se désunir selon les modalités de leur choix. L'État ne devrait rémunérer financièrement ni les unions ni les désunions. Or c'est ce qu'il fait en consentant des avantages fiscaux aux mariés et aux pacsés sans enfant. Et, plus encore, en secourant les parents séparés parce que séparés : parents isolés, familles monoparen-

Encadré 6.1 – Pilule du lendemain ou préservatif : encourager l'efficacité !

Nous prenons le risque de poser la question du non-remboursement des 15 € mensuels de la pilule de troisième génération – dont les effets secondaires sur la santé des femmes sont minimes, alors que la pilule du lendemain (RU 486) est remboursée tout comme l'IVG. Curieuse politique qui traite mieux le curatif que le préventif !
On objectera que les finances publiques sont tendues, soit ! Mais les 200 000 interruptions volontaires de grossesse à raison de 800 € l'unité coûtent environ 160 millions d'euros à la collectivité. Combien coûterait le remboursement de la pilule de troisième génération aux 11 millions de femmes de la tranche d'âge des 15-45 ans ? Théoriquement, 2 milliards d'euros. On pourrait peut-être négocier sa généralisation en même temps qu'une baisse des prix par les laboratoires. D'autant que, comme l'a relevé le Haut Conseil de la population et de la famille dans un avis rendu public en 2006 : la pilule du lendemain n'est efficace qu'à 85 % dans les 12 heures et à 50 % dans les 24 heures. C'est dire que son usage répété comme mode de contraception conduit statistiquement à la grossesse et à l'avortement. Dans tous les cas, il serait préférable de rembourser d'abord le préservatif qui a sur la pilule l'avantage de protéger des maladies sexuellement transmissibles.

tales. Ceux-ci doivent être secourus s'ils sont nécessiteux, mais par une politique sociale de lutte contre la pauvreté, pas par la politique familiale parce qu'ils sont séparés.

Comment éviter la baisse du niveau de vie des familles avec enfants ?

Si la cause des problèmes de retraite est d'origine démographique, les solutions pourraient l'être aussi. Pour garantir l'avenir, il suffirait d'avoir des familles plus nombreuses et de permettre aux femmes d'avoir tous les enfants qu'elles désirent. Hélas, le nombre de familles avec quatre enfants ou plus s'est réduit comme une peau de chagrin depuis vingt-cinq ans, passant de 600 000 dans les années 1980 à 300 000 aujourd'hui, alors que le nombre de familles monoparentales a augmenté beaucoup plus dans la même période en raison de la multiplication des divorces au sein des familles avec enfants ! On compte même plus de 180 000 familles nombreuses (3 enfants et plus) parmi elles.

Or, en France, comme dans le reste de l'Europe[7], les enquêtes révèlent, qu'en moyenne[8], une femme sur deux souhaiterait avoir un enfant de plus (Commission européenne, 2002). Les raisons qui poussent les couples à procréer sont, certes, d'abord d'ordre privé et font référence au bonheur. Et celles avancées pour « avoir peu ou pas d'enfants » sont majoritairement liées à la « crainte de l'avenir ». Un tiers des personnes interrogées expliquent, néanmoins, renoncer pour des raisons matérielles : « Trop de contraintes pour la vie quotidienne », « Les enfants coûtent cher », « Il n'y a pas assez d'aide aux familles. » Nombre d'entre elles renoncent donc à un enfant supplémentaire pour échapper à la paupérisation relative que sa venue entraînerait.

Dans un contexte de tensions sur les finances publiques (moins de recettes, poids de la dette), il est tentant de rogner sur la politique familiale qui assure des « suppléments de revenu par enfant » identiques, que les parents soient pauvres ou riches, et même plus élevés

---

7. À partir des réponses aux enquêtes de l'Ined sur le nombre d'enfants idéal « pour une personne du même milieu, disposant des mêmes ressources ».
8. La réalité est plus complexe, car il ne faut pas confondre indicateur conjoncturel de fécondité avec descendance finale d'une génération qui se mesure avec un trop grand retard. La stérilité est aussi une cause d'écart entre la réalité et les aspirations. À l'inverse, il y a également des femmes qui auraient voulu moins d'enfants.

Type de ménage	Ménages				Personnes			
	Nombre (en millions)		Proportions (en %)		Nombre (en millions)		Proportions (en %)	
	1999	2005	1999	2005	1999	2005	1999	2005
Personnes seules	7,4	8,5	31,1	32,6	7,4	8,5	12,9	14,2
Famille monoparentale	1,3	1,6	5,5	6,2	3,5	4,2	6,1	7,0
Couples sans enfant (retraités)*	3,2	3,6	13,4	13,9	6,4	7,2	11,2	12,1
Couples actifs sans enfant**	2,7	3,1	11,3	12,0	5,4	6,3	9,4	10,6
Couples 1 enfant	2,6	2,6	10,9	10,0	8,1	8,1	14,2	13,6
Couples 2 enfants	2,7	2,8	11,3	10,8	11,0	11,2	19,2	18,8
Couples 3 enfants	1,1	1,0	4,6	3,9	5,4	5,2	9,4	8,7
Couples 4 enfants et plus	0,4	0,3	1,7	1,2	2,5	2,1	4,4	3,5
Ménages complexes***	2,4	2,3	10,1	8,9	7,6	6,9	13,3	11,6
Total avec ménages complexes	23,8	25,9	100,0	100,0	57,2	59,7	100,1	100,1

* Couples sans enfant au domicile dans lesquels l'homme est retraité ou préretraité.

** En fait, couples sans enfant au domicile dans lequels l'homme n'est ni retraité ni préretraité.

*** Dans le premier tableau, les ménages simples avec des enfants tous âgés de 25 ans ou plus ont été ajoutés aux ménages complexes.

Lire ainsi : Au 1er juillet 2005, la France métropolitaine comptait un million de ménages composés d'un couple ayant 3 enfants de 24 ans ou moins au domicile (et, éventuellement un ou plusieurs enfants de 25 ans ou plus) et vivant sans « isolé ». Ces ménages regroupaient 5,2 millions de personnes.

Au 1er juillet 2005, la France métropolitaine comptait 1,1 million de ménages composés d'un couple ayant 3 enfants (sans limite d'âge) au domicile.

Ces ménages regroupaient 5,4 millions de personnes.

Champ : France métropolitaine.

Sources : Insee, recensement de 1999 et enquêtes annuelles de recensement de 2004 à 2007.

Tableau 6.1 – Structure familiale en 1999 et 2005. Répartition des ménages et des personnes

pour ces derniers en raison des « économies d'impôts » partiellement proportionnelles au revenu. La tentation est forte de confondre politique sociale et politique familiale, et tout simplement de socialiser toute la politique familiale en supprimant son caractère universel, en mettant progressivement les prestations sous conditions de ressources ou de situation sociale, bref en remplaçant l'universalité des prestations par le ciblage social, voire les discriminations positives dont on oublie les effets pervers.

LA PAUPÉRISATION RELATIVE DES FAMILLES AVEC ENFANTS

Quand on examine la répartition des masses financières nettes d'impôts et de transferts, selon le type de ménages (d'après l'enquête sur les revenus fiscaux de 2004 réalisée par l'Insee et la DGI) qui viennent s'ajouter au revenu initial pour conduire au revenu net disponible, on constate que parmi les ménages de moins de 60 ans :

— les familles avec enfants représentent 39 % des ménages et 58 % de la population totale, mais disposent de moins de 48 % du revenu net disponible dans le pays ;

— les 28 % de ménages sans enfant représentent 18 % de la population et perçoivent 25 % du revenu net disponible ;

En ce qui concerne les ménages de plus de 60 ans, (le plus souvent sans enfants), ils représentent 33 % des ménages, 23 % de la population et perçoivent 27 % du revenu net disponible.

Les familles avec enfants sont, malgré les transferts sociaux, moins bien loties que les célibataires, les couples sans enfant ou encore les retraités. Comme on va le voir ci-après, la fiscalité ne corrige pas, loin s'en faut, cette inégalité. Pour les familles avec enfants, le compte n'y est pas, malgré les transferts : il leur manque 10 points, en pourcentage des revenus de la population. Ces 10 points sont pour l'essentiel laissés aux ménages actifs sans enfants qui perçoivent 7 points de plus de revenu que leur part dans la population totale. Situation d'autant plus injuste qu'ils contribuent moins aux solidarités intergénérationnelles.

Indices de niveau de vie en 2005

	Ouvriers	Employés	Cadres
Couples sans enfant	159	175	323
Couples avec un enfant	146	161	275
Couples avec deux enfants	132	145	260
Couples avec trois enfants	114	129	235
Couples avec quatre enfants et plus	100	110	240

Source : ERF 2005, Insee-DGI

Tableau 6.2 – Écarts de niveau de vie selon la taille de la famille et la PCS après transferts et impôts, en 2005
(base 100 = couple ouvrier avec 4 enfants et plus en 2005, en pouvoir d'achat par unité de consommation).

Source : Insee, enquête Revenus fiscaux, 2005, après transferts et impôts

Lecture : une famille de référence ouvrière, de quatre enfants et plus, avait en 2005 un niveau de vie 1,6 fois plus faible que si elle n'avait pas d'enfants. La paupérisation relative est de même ampleur, environ 60 % de perte de niveau de vie pour les employés, et plus faible pour les cadres (environ 35 % de perte de niveau de vie).

En 2005, chez les ouvriers, les couples sans enfant avaient un pouvoir d'achat supérieur de 63 % à celui des couples avec quatre enfants et plus. La paupérisation relative est plus sensible chez les ouvriers que chez les autres catégories sociales. Après transferts et impôts, le rapport du niveau de vie entre les ouvriers et les cadres était de 1 à 2 pour les couples sans enfant, il passait de 1 à 2,5 pour les couples de quatre enfants et plus.

LE NIVEAU DE VIE BAISSE À CHAQUE ENFANT DE PLUS

L'arrivée du premier enfant dans un couple se traduit par une baisse de niveau de vie (après impôts et transferts) de l'ordre de 11 % et de 6 % à 10 % pour chacun des enfants suivants. C'est sans doute la raison pour laquelle les employés n'ont en moyenne que 1,5 enfant (contre 2,3 pour les cadres) : ils savent qu'ils n'ont pas les moyens d'en éduquer deux et de financer leurs études sans consentir à d'importants sacrifices dans leur vie quotidienne. Ils ont malheureusement raison, car le taux de pauvreté augmente fortement avec la taille des ménages : 9 % pour un couple avec un ou deux enfants, 13 % avec trois enfants. Si l'on s'intéresse aux seules 350 000 familles très nombreuses (en couple et monoparentales), on constate que leur taux de pauvreté après transferts sociaux et fiscaux reste de l'ordre de 35 % ; il serait quasiment du double sans ces transferts bénéfiques, mais néanmoins insuffisants. Ainsi s'explique la diminution constante de la proportion des familles très nombreuses (12 % en 1975 et 4 % en 2005). Elles ne sont plus que 350 000 sur un total de 8,5 millions de familles avec enfants (dont 1,7 million nombreuses) contre 600 000 au début des années 1980.

Il convient de regarder de plus près la situation particulière des 1,7 million de familles nombreuses dont 186 000 monoparentales. Le niveau de vie après impôts et transferts par unité de consommation baisse d'environ 10 % à l'arrivée d'un nouvel enfant au-delà du premier. Au-delà du coût de l'enfant trop partiellement pris en charge par la collectivité, l'explication principale de cette dégradation est à chercher du côté du deuxième salaire.

	Écarts moyens par rapport au couple sans enfant
Personnes seules	– 25
Familles monoparentales avec un enfant	– 34
Familles monoparentales avec deux enfants ou plus	– 43
Couples sans enfant	base 100
Couples avec un enfant	– 11
Couples avec deux enfants	– 17
Couples avec trois enfants	– 27
Couples avec quatre enfants ou plus	– 37

Champ : individus vivant dans des ménages dont la personne de référence a moins de 60 ans, n'est pas étudiante et dont le revenu déclaré est positif ou nul.

Source : Insee-DGI, enquêtes revenus fiscaux 2005.

Tableau 6.3 – Le niveau de vie des ménages selon la taille des ménages

Seules 21 % des mères de quatre enfants ou plus travaillent lorsque l'un d'eux a moins de trois ans. C'est le cas de 36 % de celles ayant trois enfants, alors que plus de la moitié des mères d'un ou deux enfants exercent une activité (respectivement 69 % et 55 %). Notons cependant que les enquêtes « Emploi » montrent une montée régulière de ces taux, et que les mères de familles monoparentales ont un taux d'activité de 3 points supérieur à celui des femmes en couple. Lorsque le dernier enfant atteint l'âge de trois ans et que cesse l'allocation de libre choix d'activité (ACLA), le taux d'activité des femmes remonte sensiblement, comme on l'a vu précédemment.

CESSER DE CONFONDRE POLITIQUE FAMILIALE ET POLITIQUE SOCIALE

Alfred Sauvy avait réussi à faire comprendre la différence entre politique sociale et politique familiale. La première corrige les inégalités de revenus, par l'impôt du même nom et par des transferts sociaux soumis à conditions de ressources, comme par exemple l'aide personnalisée au logement. La seconde – dite de transfert « horizontal » par opposition à la première de nature « verticale » – a une vocation de redistribution. Il s'agit de faire en sorte qu'au sein de chaque catégorie de revenu modeste, moyenne ou aisée, ceux qui ont des enfants ne soient pas pénalisés par rapport à ceux qui n'en ont pas.

Pour clarifier la politique familiale, il faut donc rappeler qu'elle comprend trois volets : le volet universel, pour traiter tous les enfants sur un pied d'égalité ; le volet horizontal, pour mieux répartir la charge fiscale entre familles ; le volet vertical pour corriger les inégalités sociales entre familles.

Si les prestations universelles font partie intégrante de la politique familiale, il n'en est pas de même de la politique sociale non « familialisée », ou si peu, comme le RMI. Il faut renforcer le volet horizontal et de redistribution familiale de la politique sociale. Il faut, enfin, garder au quotient familial sa vocation de juste répartition horizontale de l'impôt à payer entre les foyers fiscaux qui y sont assujettis. Pour éviter la confusion entre politique familiale et politique sociale, il faut éviter certains pièges tendus par les malthusiens à la recherche d'économies sur le dos des familles moyennes et aisées avec enfant.

Le « supplément de revenu » ne compense pas le « coût de l'enfant »

La politique familiale comprend aussi un volet fiscal (le quotient familial) dont le caractère « inégalitaire », puisque proportionnel à l'impôt, est mis en avant par tous ceux qui parlent de « supplément de revenu » apporté par l'enfant et de « dépenses fiscales ». Entendez : zones potentielles d'économie et de recettes fiscales supplémentaires pour les pouvoirs publics toujours en mal de ressources pour diminuer leur déficit. Ces présentations sont devenues quasi systématiques et, apparemment, personne ne s'émeut de leur caractère trompeur et contraire à l'esprit et à la lettre de notre Constitution marquée par l'idéal révolutionnaire de 1789.

Dans tous les commissariats de France et de Navarre, on peut voir affichée la Déclaration des droits de l'homme et du citoyen du 26 août 1789 (à laquelle se réfère la Constitution de 1958), et son article 13 qui stipule que « pour l'entretien de la force publique et pour les dépenses d'administration, une contribution commune est indispensable ; elle doit être répartie également entre tous les citoyens, en raison de leurs facultés ». Le volet fiscal de la politique familiale qui s'exerce par l'intermédiaire du quotient familial, non seulement profite à ceux qui ne paient pas d'impôt grâce à ce dispositif, mais n'est en rien un cadeau fiscal pour les autres. Il s'agit seulement de reconnaître dans l'esprit de la Constitution que la capacité contributive des familles avec enfants est moins élevée à revenu égal que celle des ménages qui n'ont pas d'enfant. La fameuse courbe en « U », censée montrer qu'un enfant « rapporte » plus à un couple ayant des revenus élevés qu'à ceux ayant des revenus moins élevés, confond délibérément la direction horizontale et la direction verticale. Il s'agit de « supplément de revenu » après impôts. Les revenus plus élevés paient plus d'impôts et de façon progressive, il est donc logique que la réduction soit (dans la limite du plafond) proportionnelle à l'impôt payé et non forfaitaire.

En effet, comme le rappellent Valérie Albouy et Nicole Roth (2003), « le coût de l'enfant est défini conventionnellement par la théorie économique comme le revenu supplémentaire dont doit disposer une famille pour conserver le même niveau de vie qu'avant l'arrivée de cet enfant ». Par définition, le coût de l'enfant des familles aisées est plus élevé que celui des familles modestes. Ce n'est pas la collectivité qui compense la différence, mais la clé de répartition horizontale des impôts qui fait en sorte qu'à revenu disponible comparable, on tienne compte de la taille des ménages[9]. Bref, il est conforme à l'esprit de notre Constitution que les contribuables riches sans enfant paient plus d'impôts que ceux qui ont des enfants, car leur capacité contributive est plus élevée et leur pouvoir d'achat reste, après impôts et transferts, significativement plus élevé. Plafonner le quotient familial revient à faire payer plus d'impôts aux familles riches avec enfants qu'aux familles riches sans enfant. Les couples avec trois et quatre enfants ont en moyenne 27 % et 37 % de moins pour vivre que les couples actifs sans enfant (les fameux *Dinks* : *double income no kids*).

L'assimilation de la politique familiale à la politique sociale n'a donc nullement évité une paupérisation relative des familles nombreuses. En fait, le discours relatif à la justice sociale, qui exigerait de concentrer l'effort sur les familles aux revenus moyens et faibles, a surtout constitué une « langue de bois » déguisant une politique

---

9. Cette échelle a le mérite d'être conforme au standard international et de se prêter à des comparaisons. Elle est cependant critiquable, le seuil de 0,5 à 14 ans fait augmenter mécaniquement le nombre d'enfants pauvres à cet âge. Ces coefficients sont aussi retenus pour le calcul des compléments familiaux associés aux minima sociaux. Ils sont trop faibles pour compenser le coût de l'enfant dans ces ménages démunis.

qui, depuis 1958, a réduit de 35 à 12 % la place de la branche « familles » au sein de la Sécurité sociale. Les prestations versées à celles appartenant aux classes aisées et moyennes ont fortement diminué, en proportion des revenus d'activité, sans qu'ait été véritablement améliorée la situation de leurs homologues modestes.

Le coût de l'enfant est loin d'être compensé par les suppléments de revenu accordés par la collectivité aux familles avec enfants (de 2 400 € en moyenne par an, jusqu'à 5 000 € pour les enfants de moins de 3 ans.

Pour apprécier le coût de l'enfant, il n'est pas inutile de se référer au coût de la « non-famille », c'est-à-dire la somme que la collectivité doit débourser pour confier un enfant à une famille d'accueil lorsque ses parents sont défaillants. Ces dernières perçoivent 15 000 € par an pour « une bouche de plus à nourrir » et à élever. Lorsque l'enfant est confié à une structure publique, le coût double pour passer à 30 000 € ; il devient astronomique (180 000 € par an) quand le jeune prédélinquant est placé en centre éducatif fermé. C'est dire que la famille qui éduque correctement ses enfants fait faire d'énormes économies à la collectivité dans l'investissement en capital humain.

LES EFFETS PERVERS DU CIBLAGE SOCIAL ET DES DISCRIMINATIONS POSITIVES

Le ciblage social consiste à sélectionner, au sein d'un ensemble, une entité plus restreinte, la cible, qui peut être une catégorie de la population, une portion du territoire, en vue de le faire bénéficier d'une manière prioritaire, voire exclusive, d'une prestation ou d'un soutien particulier. Il y a toujours une ambiguïté dans le ciblage social, selon qu'il vise d'abord à redistribuer davantage vers les plus modestes, ou bien d'abord à réduire les dépenses de l'État providence.

La France a connu, ces trente dernières années, un mouvement de ciblage significatif sur quelques thèmes spécifiques (handicap, monoparentalité), auxquels sont venues s'ajouter des mises sous conditions de ressources des prestations sociales.

La tendance est à créer et additionner des politiques spécifiques en direction des différentes catégories d'exclus, de chômeurs, de mal-logés, de défavorisés. Afin d'être adaptée le plus possible aux « terrains » et aux « publics ».

Pour autant, en France, le niveau de ciblage de la protection sociale reste faible. Dans l'ensemble des prestations sociales (maladie, retraite, santé, logement, pauvreté), la part des dépenses sous conditions de ressources, représente 11 % des 450 milliards d'euros d'effort social de la nation. Partout en Europe, ces prestations sous conditions de ressources sont minoritaires. Mais, à peu près partout, elles sont en progression relative.

La tentation du ciblage est renforcée par les revendications en faveur des discriminations positives. Il s'agit, au nom de l'équité, de corriger les inégalités de situation par des inégalités de traitement. Le ciblage social se substitue ainsi aux politiques universelles garantissant à chaque citoyen les mêmes droits.

Rien ne prouve cependant que cibler davantage la protection sociale permet véritablement d'améliorer la condition relative des plus défavorisés. Le contraire même est plus vraisemblable. Dans tout le débat sur le ciblage social, il faut en outre avoir à l'esprit que les pauvres bénéficient, avant tout, du régime des prestations universelles. Ainsi, en France, les prestations familiales font diminuer de moitié le taux de pauvreté des enfants, tandis que les minima sociaux, par nature ciblés, ne font diminuer ce taux que de quelques points supplémentaires. Il s'ensuit que les modèles les plus performants sont assurément ceux qui reposent sur une large base universelle, complétée par des prestations ciblées. Les modèles les plus problématiques sont ceux dans lesquels les prestations ciblées remplacent les mécanismes à base universelle.

Les effets pervers du ciblage

Le recentrage sur les plus modestes pose partout le problème de la définition des seuils à partir desquels les ménages peuvent être dans la modestie. Se pose, également partout, la question du consentement à payer des autres catégories de la population. À cet égard, Julien Damon (2005) a relevé trois effets pervers du ciblage : l'« effet de seuil », l'« effet de marquage » et l'« effet de délitement ».

Encadré 6.2 – Les trois effets pervers du ciblage

— Effet de seuil : des personnes en situation similaire ne peuvent bénéficier de la même prestation car les ressources dont elles disposent, pour certaines, tout juste au-dessus du seuil, pour les autres, tout juste en dessous, les séparent.
— Effet de marquage : le ciblage « marque » négativement des populations, ainsi renvoyées à leurs particularités par des politiques publiques qui cherchent précisément à atténuer ces particularités.
— Effet de délitement : le ciblage peut produire une fracture entre les bénéficiaires des prestations et ceux qui les financent. Les dépenses pour les pauvres risquent alors de diminuer soit globalement, soit en se limitant à des catégories de pauvres de plus en plus restreintes, ce qui peut aboutir à l'effondrement de la protection sociale, limitée à une population résiduelle et à des problèmes marginaux.

Ainsi, lorsque le ciblage intervient en substitut d'une politique universelle, il finit par rater sa cible. Antoine Math (2004) a clairement analysé ce mécanisme en montrant que « des mesures ciblées sur les pauvres finissaient par être de pauvres mesures ». Les mesures de discrimination positive pour les minorités visibles, comme on les désigne, ne sont qu'une forme parmi d'autres de ciblage et ont les mêmes effets pervers. Elles peuvent au mieux être utilisées symboliquement et temporairement.

LA CSG PAUPÉRISE LES FAMILLES AVEC ENFANTS, IL FAUT LA FAMILIALISER

La paupérisation relative des familles avec enfants provient en grande partie de la CSG qui ne tient pas compte de la taille du ménage et de sa capacité contributive. Dès lors que celle-ci représente un peu plus de 130 % de l'impôt sur le revenu (il s'agit ici de la masse de CSG payée par les familles avec enfants par rapport à l'impôt sur le revenu – pour l'ensemble de la population, la part est de 121 %), elle ne peut plus être considérée comme une simple cotisation qui serait proportionnelle aux revenus, sans tenir compte de la capacité contributive des ménages concernés, comme nous y invite le préambule de la Constitution[10]. Ainsi, les couples avec trois enfants ou plus et les familles monoparentales payent deux fois plus de CSG que d'impôt sur le revenu (il s'agit ici de la masse de CSG payée par les familles nombreuses et monoparentales par rapport à la masse d'IRPP) ! *A contrario*, les retraités comme les actifs sans enfants payent beaucoup moins de CSG que d'impôt sur le revenu. La réforme fiscale mise en place en septem-

10. Dans tous les commissariats de France et de Navarre, on peut voir afficher la Déclaration des droits de l'homme et du citoyen du 26 août 1789 (à laquelle se réfère la Constitution de 1958), et son article 13 qui stipule que « pour l'entretien de la force publique et pour les dépenses d'administration, une contribution commune est indispensable ; elle doit être répartie également entre tous les citoyens, en raison de leurs facultés ».

bre 2005, et effective depuis janvier 2007, n'a fait que creuser les inégalités de niveau de vie entre les ménages au détriment de ceux qui ont des enfants.

Il est vrai que le poids électoral des familles avec enfants n'est pas à leur avantage. Elles représentent 58 % de la population mais moins de la moitié (48 %) des 45 millions d'électeurs, si l'on considère les adultes vivant dans des familles avec enfants de moins de 25 ans.

Les arguments ne manquent pas pour dire qu'il ne faut pas toucher à la CSG. Certains avancent même qu'il s'agit d'une cotisation sociale dont les familles avec enfants profitent plus que les autres. Faut-il faire payer à ces dernières le fait de prendre en charge, à titre gracieux, une grande partie de l'investissement en capital humain dans la jeunesse dont la société aura besoin demain pour assurer le financement des solidarités intergénérationnelles. Nos voisins d'outre-Rhin ont introduit un malus pour les assurés sans enfants. Nous ne proposons pas un malus, mais un bonus pour le calcul de la CSG qui tiendrait compte du nombre d'enfants à charge. Concrètement, nous proposons donc de « familialiser » la CSG en attribuant une demi-part par enfant[11]. Le taux unique et proportionnel ne serait pas mis en cause, mais les revenus concernés tiendraient compte d'un quotient familial, comme pour l'IRPP. Une famille avec deux enfants paierait ainsi deux fois moins de CSG, c'est-à-dire à peu près autant que d'impôt sur le revenu. On pourrait aussi attribuer, comme avec l'impôt sur le revenu, une part supplé-

11. Le rapport n° 57 du CAE sur *La Famille, une affaire publique* (Godet, Sullerot, 2005 ; 2007) a bien montré que la fiscalité et les transferts jouaient un rôle déterminant dans les comportements. Les familles ne font pas des enfants pour de l'argent, mais peuvent renoncer à un désir d'enfant pour des raisons économiques. Le rapport préconisait, tout d'abord, de ramener le coefficient conjugal de 2 à 1,7 et d'affecter les ressources fiscales ainsi dégagées aux familles avec enfants en attribuant une demi-part par enfant. Nous reprenons donc cette proposition à notre compte.

mentaire à partir du troisième enfant. Ce bonus « enfant » de la CSG pourrait être reversé sous forme de crédit d'impôt ou d'impôt négatif.

Martelons le message, pour nos futures réformes fiscales : dès lors que la CSG contribue à la paupérisation relative des familles avec enfants, il faut cesser de l'augmenter sans se préoccuper de ses conséquences sur leur niveau de vie, incohérentes avec la politique familiale. La proposition socialiste de réintégrer la CSG dans l'impôt sur le revenu aurait eu, au moins, le mérite de corriger cet oubli, à condition d'appliquer pleinement et sans limite le quotient familial. Restaurer plus d'équité dans le paiement des impôts en fonction de la capacité contributive devrait sembler naturel à tous ceux qui se sentent les héritiers de la révolution de 1789. Seule une forte volonté politique est à même de défendre les intérêts des enfants à naître ; il en va de la durabilité de notre développement et de la pérennité des solidarités intergénérationnelles.

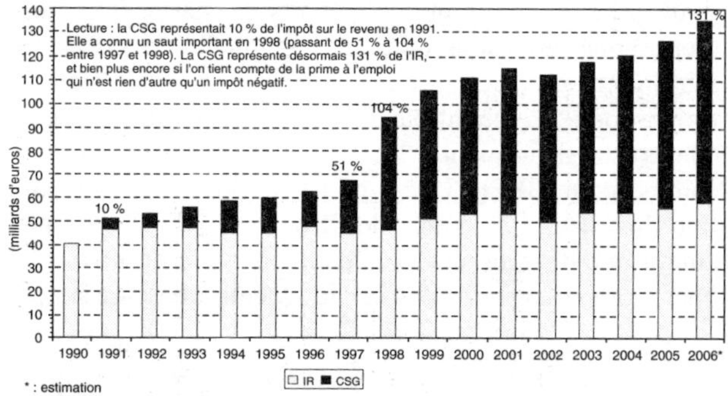

Source : DREES, 2007.

Tableau 6.4 – Impôt : la réforme sans le dire.
La CSG représente 130 % de l'impôt sur le revenu
Ressources financières procurées par l'impôt sur le revenu (IR) et la CSG

	Masses (en %)		Effectifs (en %)	
	Impôt sur le revenu après prise en compte de la prime pour l'emploi	CSG-CRDS (**)	Nombre de ménages	Nombre d'individus
Ménages sans enfant (*) dont la personne de référence est âgée de plus de 60 ans	22 %	18 %	31 %	21 %
Ménages sans enfant (*) dont la personne de référence est âgée de moins de 60 ans	41 %	34 %	35 %	25 %
Couples avec trois enfants ou plus (*)	4 %	8 %	5 %	12 %
Familles monoparentales avec un enfant (*)	1 %	2 %	3 %	2 %

Source : Insee, DREES, modèle de microsimulation INES, législation 2004, enquête « Revenus fiscaux » 2001, actualisée en 2003 dans le modèle INES, calculs DREES.

(*) Les enfants sont les enfants à charge au sens du complément familial ; ils sont âgés de moins de 21 ans, ne sont pas eux-mêmes parents et leurs revenus d'activité ne dépassent pas 55 % du SMIC. (**) Les montants de CSQ dans INES comme dans l'enquête « Revenus fiscaux » sont sous-estimés, car les revenus du patrimoine ne sont couverts qu'à hauteur de 1/5 (document de travail n° 50403 de l'Insee, juillet 2004).

Tableau 6.5 – Impôt sur le revenu et CSG-CRDS. Répartition en % en 2003

AIDER LES FAMILLES NÉCESSITEUSES MONOPARENTALES ET NOMBREUSES

L'aide économique ne suffira pas à aider les familles nécessiteuses (nombreuses et monoparentales) : il faut la compléter par un accompagnement social et éducatif très volontariste.

Les familles avec enfants représentent les deux tiers des 7 millions de personnes pauvres (au sens de la pauvreté monétaires définie par l'Insee comme ceux qui gagnent moins de 60 % du revenu médian). Les couples avec trois enfants ou plus représentant 22 % de cette population et les familles monoparentales 16 %. Cette dernière catégorie connaît un taux de pauvreté record lorsque le parent est inactif (56 %) et 14 % lorsque le parent est actif. Par contraste, le taux de pauvreté des couples biactifs ayant deux enfants ou plus est deux fois plus faible de l'ordre de 10 %.

Le principal facteur explicatif de la pauvreté monétaire est l'absence d'emploi de la personne de référence. En France, la moitié des enfants pauvres vit avec des parents sans emploi. Le taux de pauvreté des ménages où il y a deux actifs est de 4,5 %, mais de 5,1 % pour les ménages formés d'une femme inactive seule avec au moins un enfant. Il atteint même 60 % pour les couples sans emploi et avec deux enfants. Pour atténuer la paupérisation des familles avec enfants, il faut commencer par faciliter l'emploi des personnes seules avec enfants et des parents de familles nombreuses grâce à un accès privilégié aux crèches, des primes à l'emploi et des allocations familiales plus conséquentes.

Mais la focalisation sur les taux fait oublier les masses. Il y a 1,6 fois plus d'enfants pauvres de moins de 18 ans dans les familles nombreuses que dans les familles monoparentales. Les enfants des grandes fratries, font rarement des études longues et quittent le foyer parental plus tôt pour rejoindre le monde du travail. D'où notre proposition de systématiser des bourses d'études au mérite pour les enfants de familles nombreuses qui veulent poursuivre des études. C'est ce qui a été fait depuis 1950 pour les enfants d'agriculteurs pour accompagner la mutation du secteur et corriger les handicaps d'origine et de localisation. Aujourd'hui les enfants d'agriculteurs représentent 2 % des enfants du pays et aussi 2 % des diplômés du supérieur et des effectifs des grandes écoles.

Les familles nombreuses sont souvent étrangères. Un quart des chefs de famille de quatre enfants est étranger non ressortissant de l'Union européenne et la moitié d'entre eux sont sans diplôme ; se pose la question de l'intégration des immigrés et du rôle de la formation comme antidote à la pauvreté. L'écart entre le taux de pauvreté des enfants d'immigrés et les autres est plus important en France qu'à l'étranger. Ainsi, parmi les deux millions d'enfants pauvres, 25 % appartiennent à une famille dont le chef est un ressortissant d'un pays situé hors de l'Union européenne. Les mères de nationalité étrangère représentent 9 % des mères de famille de trois enfants et 22 % des mères de famille de 4 enfants et plus. Puisqu'il y a aussi parmi les immigrés, outre les 2,9 millions d'étrangers, 2 millions de personnes de nationalité française, on peut estimer que les familles d'immigrés représentent un bon tiers des familles très nombreuses. C'est dire qu'une politique en faveur des familles très nombreuses irait dans le sens de l'intégration et de l'égalité des chances.

Très concrètement, il s'agit bien de redonner toute son importance économique à la carte Famille nombreuse (à Paris, il faut trois ans de résidence pour bénéficier de réductions dans les activités sportives et culturelles associées à la carte Paris-familles).

Les familles nombreuses constituent un domaine où la SNCF est contestable dans sa politique commerciale et tarifaire : cinq retraités voyagent en première pour le même prix que la famille nombreuse en seconde ! Le train, le TGV notamment, est trop cher pour les familles voyageant avec ou sans enfants. Tout se passe comme si on les incitait à prendre leurs voitures et à circuler aux heures de pointe ou dans les embouteillages des sorties de villes de fin de semaine, avec en plus les contraintes des vacances scolaires et les risques d'accidents. J'ai proposé de remettre à plat la tarification SNCF et RATP[12] des familles nombreuses en réclamant pour celles-ci la clause de tarification du client le plus favorisé (en l'espèce les retraités) : une seule carte *Enfant plus* (réduction de 50 % pour l'adulte qui accompagne) par famille au lieu d'une par enfant et possibilité de l'utiliser pour voyager seul en cas d'aller ou de retour simple avec l'enfant (enfant accompagné pendant les vacances scolaires). Nous avons pris contact à ce propos avec la SNCF : elle s'est déclarée ouverte à cette question. Elle avance qu'elle a d'ailleurs essayé à plusieurs reprises par le passé d'engager avec son ministère de tutelle une réflexion sur la remise à plat des avantages accordés aux familles de trois enfants ou plus, mais n'aurait pas trouvé, jusqu'à présent, d'interlocuteurs motivés par le sujet. Une preuve de plus que la politique familiale n'est pas une priorité de l'action publique. La SNCF n'est pas coupable de ne pas faire ce qu'on ne lui demande pas : c'est l'État qui n'assume pas sa fonction au service du long terme et de l'intérêt général.

La pauvreté monétaire ne va pas toujours de pair avec la pauvreté des conditions de vie. Laurent Davezies

12. Curieusement la carte de 30 % Famille nombreuse donne droit à une réduction de 50 % sur les tickets de métro (tant qu'aucun des enfants n'a atteint l'âge de 18 ans).

et Emre Korsu (2002)[13] rappellent que : « 31 % des ménages pauvres sont propriétaires de leur logement et seulement 31 % d'entre eux vivent en HLM et d'ailleurs 80 % des logements HLM sont occupés par des ménages non pauvres. » Cependant lorsque les deux se conjuguent, la vie devient beaucoup plus difficile. Les pouvoirs publics sont trop laxistes vis-à-vis des occupants des logements sociaux, y compris vis-à-vis des hauts fonctionnaires qui bénéficient de loyers réduits en plein Paris, mais plus généralement envers tous ceux qui ont les moyens de se loger ailleurs[14]. Ces cinq dernières années le taux de rotation annuel des 4 millions de logements sociaux est passé de 12 % à environ 7 %, c'est donc près de 200 000 logement sociaux de plus qui pourraient se libérer chaque année, si on avait le courage de faire partir (avec de vrais surloyers) les retraités plutôt aisés qui gardent leur HLM comme résidence d'hiver et retournent dès les beaux jours dans leur villa de bord de mer ou leur maison de campagne. Avant de construire de nouveaux logements sociaux, il conviendrait de mieux utiliser le parc existant notamment pour en faire profiter les jeunes isolés ou en couple qui démarrent dans la vie.

---

13. Davezies (Laurent), Korsu (Emre), 2002, « Un essai de géographie de la pauvreté », *Les Travaux de l'Observatoire national de la pauvreté et de l'exclusion sociale (2001-2002)*, Paris, La Documentation française, pp. 167-245

14. Saluons ainsi l'initiative de la Régie immobilière de la Ville de Paris (RVIP) qui a décidé de lancer début 2008 une opération vérité afin d'examiner avec précision les baux des quelque 300 appartements de standing à loyer modéré de la capitale qu'elle gère et qui sont en partie habités par de hauts fonctionnaires.

Faut-il s'alarmer du vieillissement ?

La France n'a jamais été aussi peuplée : de 40 millions d'habitants en 1940, elle est passée à 53 millions en 1975, puis à 61 millions en 2005. En 2030, elle dépasserait les 67 millions, puis les 70 millions en 2050. Mais il s'agit de projections, et non de prévisions, qui peuvent varier en fonction des hypothèses de fécondité, d'espérance de vie et de flux migratoires. Cette population vieillit doublement, avec l'augmentation du nombre de personnes âgées en nombre et en proportion[15], et par la diminution du nombre de jeunes et de femmes en âge de procréer.

Le nombre de personnes de plus de 60 ans aura doublé entre 1975 et 2030, passant de 10 millions à 20 millions et de 18 % de la population totale à 31 %.

LE VIEILLISSEMENT PAR LE HAUT, C'EST LA BONNE NOUVELLE D'UNE VIE EN PLUS

La notion de « personne âgée » évolue au cours du temps. Aristote faisait débuter la vieillesse à 50 ans et Richelet (1679) écrit dans son dictionnaire qu'on appelle « vieillard un homme depuis 40 ans jusqu'à 70 ». Beaucoup plus près de nous, Alfred Sauvy a lancé en 1946 un cri d'alarme devant l'« envahissement des vieillards » qui est aujourd'hui bien obsolète : entre 1950 et 2000, le calendrier humain s'est considérablement modifié. L'espérance de vie à 60 ans, qui était à l'époque de trois ans pour les hommes, de huit ans pour les femmes, est aujourd'hui de vingt-deux ans pour les hommes et de

15. Ce que Gérard-François Dumont appelle « gérontocroissance ».

vingt-sept ans pour les femmes. Aujourd'hui, un homme de 75 ans a une espérance de vie d'une douzaine d'années, et une femme peut espérer vivre quinze ans. *Last but not least*, nous verrons que les années supplémentaires sont bien des années de vie « gagnées », puisque la durée de la dépendance a diminué et continue à le faire. C'est « une vie en plus » que nous avons conquise en un siècle, pour reprendre le titre d'un livre récent (Rosnay *et al.*, 2005). La bonne nouvelle, c'est que nous vivrons jeunes de plus en plus vieux.

Il existe, aujourd'hui, un relatif consensus pour considérer que le seuil de 75 ans est pertinent pour marquer l'entrée dans la « vieillesse », définie par une augmentation de la prévalence des maladies et handicaps de fin de vie. Mais la plupart des travaux français se calent encore sur un seuil de 60 ans pour délimiter l'âge mûr et la vieillesse, probablement pour des raisons de seuils administratifs. Ce seuil a un fort impact psychologique. « Dire, c'est faire », et compter administrativement et statistiquement comme « vieilles » les personnes de 60 ans accentue les effets réels du vieillissement. Dans une entreprise où la retraite est fixée à 55 ans, le salarié de 54 ans est en extrême fin de parcours, à quelques mois de la retraite. C'est un « vieux ». Si l'âge normal de départ était fixé à 65 ans, ce serait un travailleur expérimenté ayant devant lui plus de dix ans de carrière. Il en est de même dans l'opinion générale. Les réactions devant la mise à l'écart de salariés de plus en plus jeunes seraient plus vigoureuses si le seuil « normal » de sortie de la vie active n'était pas fixé aussi bas.

D'après les projections de l'Insee, l'âge moyen des personnes dépendantes passerait, pour les hommes, de 78,5 ans en 2000 à 84,5 ans en 2040 et pour les femmes, de 83 à 88 ans. Il atteindrait 85 ans pour les hommes, au même horizon, dans une variante « optimiste ».

Autre indice des bonnes conditions de vieillissement : l'âge médian d'entrée en maison de retraite était, en 1998, de 76 ans pour les hommes et de 83 ans pour les femmes, et l'âge médian des pensionnaires déjà en place était de 80 ans pour les hommes et de 86 ans pour les femmes. Aujourd'hui, l'âge moyen d'entrée en maison de retraite (85 ans) est égal à l'âge moyen des personnes qui y résident déjà. Ce qui montre que les politiques de maintien à domicile réussissent : 5,5 % des personnes de plus de 60 ans sont en maison de retraite, et ce pourcentage devrait encore baisser.

Avoir recours à un hébergement spécialisé de plus en plus tard est un signe de bonne santé à un âge avancé. Mais le corollaire est que la quasi-totalité des résidents sont des personnes dépendantes. Il y a là un gisement de plusieurs dizaines de milliers d'emplois nouveaux, pour lesquels il faudra trouver des professionnels qualifiés et motivés[16].

LE VIEILLISSEMENT PAR LE BAS MENACE LA CROISSANCE ET LES SOLIDARITÉS INTERGÉNÉRATIONNELLES

Le vieillissement par le haut est une bonne nouvelle pour les Européens, qui vivent plus longtemps en bonne santé. Il devient un problème quand la relève des générations n'est pas assurée. C'est bien le vieillissement par le bas de la pyramide des âges qu'il faudrait pouvoir éviter. Un vieillissement par le bas est aussi à l'œuvre, avec des chiffres moins spectaculaires, mais néanmoins significatifs : les moins de 20 ans devraient être 15 millions en 2030, alors qu'on en comptait 17 millions en 1975. Leur part dans la population totale passera donc de 32 à 23 %.

Les dirigeants européens ont déjà pris conscience du vieillissement par le haut. Ils savent que l'équilibre de nos

16. *Cf. infra* chapitre IV.

systèmes de retraite et de santé nécessitera des mesures douloureuses dans un contexte de croissance plus faible. Car la richesse produite dépend de la quantité de travail et cette dernière va être bridée par la stabilisation, voire la diminution, de la population active.

De plus, il faudra assurer le financement de la dépendance. On peut en effet vivre « jeune », bien portant et autonome de plus en plus longtemps, mais dans la tranche d'âge des plus de 80 ans, on estime que le taux de dépendance sera de 15 % en 2035 (Plan, 2005). Et comme l'allongement de la durée de la vie et l'effet *paby-boom* font que le nombre de personnes dépassant cet âge va doubler en France d'ici à 2035 – elles seront plus de 6 millions –, l'addition sera lourde, malgré les progrès sanitaires.

Tous les aspects de la vie sociale seront affectés par ces phénomènes : la transmission des patrimoines et celle des connaissances, le fonctionnement des services publics et celui des institutions politiques, le marché des voyages comme celui des cosmétiques ou encore l'immobilier, l'urbanisme, le management des grandes entreprises et la vie des PME.

Il faut aussi se pencher sur les inégalités territoriales, surprenantes dans un pays réputé pour son jacobinisme niveleur : un garçon né en Haute-Garonne en 1999 avait une espérance de vie de soixante-dix-sept années, contre soixante-douze pour son exact contemporain né dans le Pas-de-Calais. Pour les femmes, l'écart est de trois ans et demi, la Mayenne étant le département le plus favorable (84 ans) et le Nord le plus défavorable (80 ans). Ces différences résultent de plusieurs facteurs, dont les plus évidents sont les habitudes de vie régionales (alimentation, notamment) et la structure sociale de la région : à la fin du XXe siècle, un homme avait, à 35 ans, une espérance de vie de 46 ans s'il était cadre, et de 39 ans s'il était ouvrier, soit un écart de sept ans. La différence n'était que de trois ans entre une femme cadre et une ouvrière[17]. Derrière, ces inégalités face à la mort, s'en cachent donc d'autres liées aux conditions de travail, aux modes de vie, à l'accès inégal à l'éducation, aux soins.

Les jeunes, moins nombreux, accepteront-ils de travailler et de payer toujours plus pour assurer le financement des solidarités intergénérationnelles (santé, retraite par répartition), alors qu'eux-mêmes savent très bien qu'ils ne profiteront pas d'un retour aussi généreux ? Il y a un côté « chaîne d'argent » dans la retraite par répartition ; ceux qui ont cotisé oublient qu'il y a longtemps que leurs cotisations sont mangées par les racines ? Ils ont payé la retraite de gens qui sont morts, et conformément au théorème de Sauvy : « Ce sont les enfants d'aujourd'hui qui feront les retraites de demain. » Faute d'enfants en nombre suffisant, et sauf recours à une immigration massive d'actifs venus d'ailleurs, la France, comme ses voisins européens, ne pourra maintenir en l'état le financement des solidarités intergénérationnelles.

Il ne suffit pas d'avoir accumulé des droits : il faut qu'ils soient respectés. Quelque forme qu'il prenne dans l'avenir, le financement des pensions versées aux retraités doit être assuré par les actifs. Le nombre de retraités devant doubler en trente ans, alors que le nombre d'actifs cotisants risque de baisser, il faudra, sans doute, tout à la fois, augmenter les cotisations et revaloriser les pensions moins que l'inflation.

---

17. Mal placé dans ces classements, le Nord-Pas-de-Calais, « et plus encore les quatre zones d'emploi du bassin minier, représente un modèle unique en France pour l'accumulation des risques qu'on y trouve (alcoolisme, tabagisme et maladies cardio-vasculaires, pulmonaires et digestives) » (Veltz, Davezies, 2005, p. 77).

LA SOLITUDE, LE GRAND MARCHÉ DE DEMAIN

Les deuils, les divorces, les migrations font qu'à l'horizon 2030, il y aura près de 11 millions de personnes seules en France (17 % de la population, près de 40 % des ménages[18]), contre 8 millions en 2005 (33 % des ménages) et moins de 5 millions en 1982 (31 % des ménages). La proportion de ménages ne comportant qu'une personne est déjà supérieure à 50 % dans Paris *intra muros*. Il y a, en effet, une tendance bien compréhensible des jeunes célibataires à vivre dans le centre des villes, propice aux sorties et rencontres, plutôt qu'à la périphérie, où les modes de vie dominants sont ceux des familles et des enfants. Mais il y a, surtout, une forte proportion de personnes âgées et seules ; elles représentent 36 % des ménages de l'agglomération parisienne. C'est aussi le cas de 60 % des femmes d'au moins 80 ans et de 30 % des hommes de la même tranche d'âge.

Si la retraite est encore aisée, la vieillesse est déjà solitaire. Songeons que, selon une enquête déjà ancienne de l'Insee (David, Starzec, 1996), et malgré leur relative aisance matérielle, les personnes âgées de plus de 60 ans déclaraient, pour les trois quarts, n'avoir aucune relation sociale sous forme de vie associative ou autre et, pour les deux tiers, n'avoir jamais de séjour en famille ou chez des amis, une personne sur deux se sentant isolée ou très isolée. Ce triste constat est confirmé par des analyses plus récentes (Pan Ké Shon, 2003) qui rappellent que « l'isolement relationnel est obtenu en dénombrant les personnes n'ayant parlé qu'à quatre interlocuteurs ou moins (hors ménage) au cours d'une semaine ». Sont touchés les personnes âgées, les titulaires de faibles reve-

18. 54 % en Suède.

nus, les personnes non diplômées, les personnes habitant en cité. Une personne isolée sur quatre éprouve un sentiment de solitude ou d'ennui, contre une personne non isolée sur dix. Quarante pour cent des chômeurs isolés sont sensibles au sentiment de solitude ou à l'ennui, contre 20 % des chômeurs non isolés.

On a pu constater aussi, ces dernières années, dans les magasins d'alimentation, la propension de certaines personnes à revenir plusieurs fois par jour pour faire leurs courses. Elles ne sont pas victimes de pertes de mémoire, mais viennent chercher, à travers la consommation, des possibilités de rencontre de connaissances, et éventuellement quelqu'un à qui parler. C'est la raison pour laquelle les caissières ne disparaîtront pas. Il y a même des chaînes de magasins qui s'interrogent : ne faudrait-il pas, à côté des caisses pour moins de dix articles, instaurer des caisses de plus de 15 minutes avec des bancs pour s'asseoir, un peu comme dans les boucheries de campagne, et avec une caissière aux cheveux argentés qui prendrait le temps de demander des nouvelles du petit-fils, de la santé et du canari ?

La réduction de la taille des ménages laisse penser que la solitude se renforcera pour les nouvelles générations de retraités qui ont eu moins d'enfants. Les fratries, même réduites, vont se rassembler plus souvent pour combler les vides laissés par les parents disparus, et non compensés par la relève des descendants. C'est la principale occupation des Français pendant les vacances : 60 % d'entre eux vont retrouver la famille et des amis, dans une résidence principale ou secondaire, soit trois fois plus que ceux qui partent en location (Rouquette, Taché, 2002).

Les hommes de demain ne s'activeront pas moins que ceux d'aujourd'hui. Ils chercheront, dans le travail au bureau, comme dans la vie associative, des lieux de reconnaissance mutuelle, de lien social. C'est sans doute en raison de cette montée de la solitude qu'il faut comprendre l'engouement des Français pour les animaux familiers : plus d'un ménage sur deux en possède au moins un. Il y a ainsi 8 millions de chiens, et autant de chats, sans oublier les 6 millions d'oiseaux, qui sont autant d'éponges affectives qui attendent à la maison[19]. Pour mesurer l'importance du phénomène de substitution des animaux aux enfants, il suffit de comparer l'importance des linéaires de grandes surfaces consacrés aux uns et aux autres, la place qui revient aux aliments pour animaux est souvent plus importante que celle consacrée aux produits pour bébés. Normal, ils sont bien moins nombreux !

Cette montée de la solitude renforcée par le vieillissement a de multiples conséquences :

— pour les entreprises, dont le marketing doit adapter produits et modes de distribution à une clientèle de personnes seules : taille des portions et packaging pour les produits alimentaires, taille et équipements des automobiles, présentation de leurs offres par les voyagistes, équilibre entre les hypermarchés, les supermarchés et les magasins de proximité, etc. ;

— pour les territoires, qui sont confrontés à une demande de services à la personne et d'activités de loisirs adaptés, ainsi qu'à des besoins de logements croissant beaucoup plus vite que la population, puisque la taille moyenne des ménages diminue : moins d'enfants par ménage, plus de séparations.

19. *Le Monde*, « Les hommes malades de leurs animaux », 26-27 septembre 1999.

Encadré 6.3 – Internet et le marché de la solitude

C'est le grand paradoxe des sociétés modernes : grâce aux technologies de l'information, chacun se sent plus ouvert à tous, branché sur le monde entier, mais n'a plus de prochain à qui s'adresser. Il en va souvent ainsi dans les conférences : lors des pauses, nombreux sont ceux qui s'isolent avec leur téléphone mobile pour bavarder avec ceux qui ne sont pas là, au lieu d'échanger avec ceux qui sont présents ! Et certains paient fort cher pour qu'un psychanalyste les écoute ! D'autres se vantent de passer plusieurs heures par jour à papoter avec le reste de la planète *via* Internet, alors même qu'ils sont souvent incapables de reconnaître leur voisin de palier. Le principal avantage des cybercafés est bien de permettre à ces assoiffés de communication de parler entre eux et plus seulement à un écran.

On peut obtenir le même effet en promenant son chien ! Bref, je continue à voir aussi dans la Toile une poubelle informationnelle. On trouve beaucoup de choses, et même de tout, dans les poubelles ; ce n'est pas une raison suffisante pour passer son temps à les fouiller. Certes, le courrier électronique représente aussi un fantastique progrès, quand il permet d'entretenir la communication malgré la distance.

DES CLASSES MOYENNES APPAUVRIES ET DES MÉNAGES RICHES EN CAPITAL ET PAUVRES EN REVENU

Dans ce contexte, il existe un risque d'appauvrissement des classes moyennes émergentes, celles qui, en d'autres circonstances, auraient pu commencer à se constituer un patrimoine familial. Des retraités, riches en capital et pauvres en revenus, vont être incités à tirer parti de leur patrimoine de leur vivant, comme ils ont tendance à le faire aux États-Unis. En effet, les retraités dont le revenu baisse en valeur relative, voire en valeur absolue pour certains, seront tentés par des formules de consommation de leur patrimoine immobilier telles que le prêt viager hypothécaire ; 76 % des retraités sont propriétaires d'un bien immobilier (contre 60 % de l'ensemble de la population), dont 19 % possèdent leur résidence principale et un autre logement. Le niveau élevé atteint par les prix de l'immobilier peut donner à certains, notamment ceux qui n'ont pas ou peu d'enfants, l'idée et l'opportunité de trouver là une source de revenus complémentaires. Une loi, récemment votée par le Parlement français, facilite ce type d'opération, qui pourrait se développer rapidement, car ce dispositif profite à l'emprunteur sans risque excessif pour le prêteur et sans supprimer toute chance de transmission familiale du patrimoine, défaut majeur de la vente viagère « à la française[20] ». Si l'on rapproche cette possibilité de la montée de la solitude, il existe une chance pour nombre de nos concitoyens d'améliorer sensiblement leur sort, à la fois sans être à la charge de la collectivité, et sans risque de voir leurs patrimoines familiaux disparaître, surtout pour les classes moyennes.

Ces dernières risquent cependant de voir leur capacité à se constituer un patrimoine réduite. Cette crainte est d'autant plus justifiée que la faible croissance et les ponctions sur les revenus pour financer la protection sociale et les tensions sur le logement ne permettront pas l'accumulation par l'épargne. Il ne faudra pas non plus compter sur un héritage repoussé aux calendes grecques et qui risque de se réduire comme peau de chagrin.

Ce qui peut atténuer le risque de paupérisation des classes moyennes est que les actifs compétents seront

20. Article 24 de la loi n° 2005-842 du 26 juillet 2005 « pour la confiance et la modernisation de l'économie ».

rares et convoités. Leur rapport de forces salarial devrait donc être favorable à l'augmentation de leurs revenus. Parmi les autres hypothèses, il y a celle de demander un effort aux retraités, ou encore d'accepter que l'inflation reparte à la hausse. L'histoire a montré que c'était un moyen indolore de redistribuer de la richesse réelle. Mais rien ne force l'histoire à se répéter.

La pauvreté en question : pauvreté de biens, ou pauvreté de liens ?

Comment ne pas être scandalisé par les deux millions d'enfants « pauvres » que compterait la France de ce début du XXIe siècle alors que la richesse produite par habitant a doublé depuis 1975 ? Faut-il voir dans cette pauvreté la preuve des injustices et des inégalités croissantes d'une société marchande qui profiterait d'abord aux riches et produirait de plus en plus de laissés-pour-compte et d'exclus ?

Cette question, abondamment reprise par les médias, renvoie à un concept de pauvreté monétaire relative, qui serait moins trompeur si on l'avait appelé par son vrai nom d'indicateur d'inégalité de la répartition (nombre d'individus qui vivent avec un revenu inférieur à 60 % du revenu médian). C'est ainsi que si l'on doublait, d'un coup de baguette magique, tous les revenus, cela ne diminuerait en rien le nombre de pauvres.

Dans un pays donné, chaque fois que le revenu médian s'élève, le nombre de « pauvres » peut augmenter mécaniquement si l'enrichissement profite moins aux ménages modestes qu'aux plus aisés. C'est ainsi que les périodes de forte croissance économique et de recul du chômage peuvent s'accompagner d'une montée de la pauvreté relative (les plus riches s'enrichissant plus que les autres) ; inversement en période de récession et de reculs boursiers, les nantis sont les plus affectés par la baisse des revenus, alors que les plus démunis ne voient pas les revenus de transferts et les minima sociaux diminuer.

Encadré 6.4 – La pauvreté monétaire des ménages a fortement reculé depuis trente ans

Contrairement aux idées reçues qui circulent souvent en la matière, le taux de pauvreté de l'ensemble des individus a fortement baissé en France depuis trente ans, passant de 18 % à 12 % des individus entre 1970 et 2004. C'est surtout la situation des retraités qui s'est améliorée : grâce notamment au minimum vieillesse, leur taux de pauvreté est passé de 54 % à 8 %. Cela ne signifie pas que la pauvreté absolue s'est réduite, mais simplement que les inégalités en bas de l'échelle sont moindres. Les prestations sociales permettent de diviser par deux le risque de pauvreté. Leur effet est particulièrement net dans les ménages de salariés. Sont d'abord pauvres ceux qui ne peuvent prétendre aux minima sociaux. Réjouissons-nous de l'État providence !

LA PAUVRETÉ DE LA MESURE DE LA PAUVRETÉ

Nous avons quatre bonnes raisons de dénoncer la pauvreté du concept de pauvreté monétaire :

1) le choix du seuil de revenu inférieur à 60 % du revenu médian est lourd de conséquences sur la mesure : avec le seuil qui prévalait auparavant de 50 %, le taux de pauvreté des individus en France est quasi divisé par deux de 12 % à 6 % des individus ;

2) selon le même critère, il y avait moins de pauvres en Slovaquie au sortir du communisme qu'en France. Dans les sociétés plus égalitaires, davantage d'individus sont regroupés autour de la médiane et il n'y a quasiment personne en dessous de 60 % des revenus. Ce qui est

heureux, car le niveau de pauvreté absolue (pourcentage de la population n'ayant pas accès à un panier de biens jugés essentiels) de ces pays peut être supérieur. On peut donc avoir des pays où la pauvreté monétaire relative est quasi inexistante en raison d'une pauvreté absolue partagée par beaucoup ;

3) le choix de l'échelle d'équivalence n'est pas neutre sur la mesure de la pauvreté. En effet, le revenu des ménages est calculé par unité de consommation (UC) en fonction de la taille de la famille (le premier adulte compte pour 1 UC, les autres personnes de 14 ans ou plus pour 0,5 UC et les enfants en dessous de 14 ans pour 0,3 UC). Le seuil de pauvreté se situe aujourd'hui en France aux environs de 788 € par UC, soit autour de 1 900 € par mois pour un couple ayant trois enfants de moins de 14 ans ; l'attribution des UC est conventionnelle, et avec d'autres conventions tout aussi plausibles, le résultat serait très différent ;

4) cet indicateur est aussi très sensible aux effets de seuil : le nombre d'enfants de moins de 18 ans pauvres (2 millions au seuil de 788 € par UC) oscille entre 1,5 million et 2,6 millions d'individus suivant que l'on diminue ou que l'on augmente de 60 € le seuil de pauvreté.

Les analystes de l'Insee (sous la direction de Daniel Verger) ont publié dans la revue *Économie et statistique* (2005) une remarquable synthèse critique sur les approches de la pauvreté, dont s'inspire la suite de notre commentaire.

Il y a bien longtemps que les économistes ont remarqué que lorsque notre voisin s'achète une grosse voiture, notre niveau de vie relatif baisse. La pauvreté est un phénomène multidimensionnel dont il existe plusieurs définitions : monétaire (relative et absolue), non monétaire (en termes de conditions d'existence et de pauvreté subjective ou ressentie).

La pauvreté des conditions de vie tient compte du logement, de l'environnement et de l'accès aux services collectifs ; elle intègre aussi la pauvreté des liens sociaux. Relevons que 98 % des ménages disposent d'un bain ou d'une douche et d'un téléphone et que, si 12 % considèrent leur logement comme trop petit, ils sont plus nombreux (20 %) à se plaindre du vandalisme, et presque autant à subir un environnement extérieur pollué et bruyant. Quant à la pauvreté ressentie, elle concerne ceux qui déclarent avoir des difficultés pour y arriver et comprend forcément les ménages qui, quel que soit leur revenu, dépensent plus qu'ils ne gagnent. Il n'y a que 4 % des ménages qui déclarent avoir du mal à se chauffer correctement et 6 % qui ne parviennent pas à manger de la viande, du poulet ou du poisson tous les deux jours.

Au total, il y a moins d'un quart des ménages (22 %) qui sont concernés par l'un des trois critères de pauvreté[21]. Mais cette information doit être relativisée : 1 % des ménages seulement sont concernés par les trois et 5 % par deux d'entre eux[22]. Comme l'écrivent joliment les analystes de l'Insee : « On pourrait se hasarder à dire qu'être pauvre sous un seul angle dénote soit une erreur de mesure soit une fragilité et qu'il faut plusieurs formes de pauvreté pour être vraiment qualifié de pauvre. »

Les doutes sur la mesure de la pauvreté ne diminuent pas quand on relève l'incertitude qui pèse sur des personnes concernées par la pauvreté monétaire. Chaque année cette population se renouvellerait d'environ un tiers. En effet : « Le revenu annuel, tel qu'il est déclaré par les ménages, présente une forte instabilité sur le court terme, qui rend illusoire le calcul d'indicateurs

---

21. Cette évaluation fait référence à l'ancienne définition de la pauvreté monétaire, avec un seuil de 50 % en dessous de la médiane et non de 60 %.
22. Pour une analyse récente, voir l'ouvrage sur les revenus et le patrimoine (Insee, 2006).

comme les entrées-sorties annuelles de pauvreté. » Les jeunes, au chômage et en début de vie active, sont les plus concernés par la pauvreté monétaire, car leurs parents ne perçoivent plus les allocations et il faut attendre 25 ans pour bénéficier du RMI. Il y a un vrai trou dans les dispositifs d'accompagnement des jeunes les plus défavorisés pour leur entrée dans la société.

Encadré 6.5 – Où vivent les pauvres ?

Il y a des familles pauvres partout en France, mais plutôt moins dans les départements pauvres (Lozère) que dans les départements riches (Var), ce qui n'est pas surprenant pour un indicateur d'inégalité. La pauvreté n'est pas l'affaire des grandes villes : elle est plus élevée dans les zones périphériques et rurales.

Il faut aussi, avec l'Insee, poser la question de la part de pauvreté qui revient à l'ascèse choisie : « La question de savoir si on est ou non responsable de ses handicaps caractériels, comme le manque de volonté ou la paresse, devrait bien rester longtemps sans réponse... On peut se demander si les pauvres par choix doivent être comptabilisés au sein des populations que la société se doit de prendre en charge. »

Un autre enseignement inédit peut être tiré du rapport de l'Insee : puisque les indicateurs partiels ne sont pas temporellement synchrones, un suivi longitudinal s'impose et il met en évidence trois causes qui se situent plus en amont que les autres : la santé, la pauvreté relationnelle et la pauvreté subjective, elle-même liée au comportement conduisant à vouloir vivre au-dessus de ses moyens. Les autres formes de pauvreté (conditions de vie, monétaire et accès à l'emploi) se situent en aval comme des conséquences. Naturellement, le système est bouclé en autant de cercles vertueux ou vicieux, car les conséquences rétroagissent sur les causes.

On l'a compris, pour échapper à la pauvreté multidimensionnelle, rien de tel que d'être en bonne santé, d'avoir une vie sociale intense, de bien gérer son budget et d'avoir un emploi qualifié. À l'inverse, un pépin de santé combiné avec la solitude, des dettes et la perte d'emploi conduisent facilement à l'exclusion. Le profil type du SDF est celui d'un homme seul sans qualification qui se retrouve à la rue suite à une rupture familiale ou à une perte d'emploi accompagnée de troubles de santé. Ainsi, la lutte contre la pauvreté et l'exclusion passe certainement par l'emploi, mais l'employabilité dépend aussi de l'état de santé physique et psychique des individus. Rien de pire pour le moral que la brisure des liens sociaux et familiaux et rien de tel pour s'en sortir que le pare-chocs social de la famille et des amis. Les premiers concernés par le sort des SDF devraient être leurs parents et amis qui étaient les mieux placés pour tendre la main et qui n'ont pas vu ou pas compris la dégringolade sociale de leur compagnon, fils, frère ou ami. C'est parce que ces derniers sont défaillants que la société se doit d'intervenir. Bien que le niveau de vie d'une famille très nombreuse soit comparable à celui d'une famille monoparentale (et très inférieur à celui d'un couple sans enfant), le Secours catholique déclare n'être quasiment jamais sollicité par celles-ci ; la plupart des nécessiteux qui y ont recours sont des personnes seules avec ou sans enfants. Tout se passe comme si la pauvreté des liens était plus déterminante que la pauvreté des biens.

Sur le plan international, le seuil de pauvreté absolue, fondé sur l'accès à un panier de biens jugés essentiels, est généralement fixé à 2 US$ par jour en PPA (parité de pouvoir d'achat). Pour mieux mesurer le développement et ses inégalités, les Nations unies, ont construit un indicateur de développement humain (IDH) qui intègre l'espérance de vie à la naissance, le taux d'alphabétisation et le PIB par habitant. Il faut y voir un progrès, mais il faudrait aller plus loin et tenir compte du caractère plus ou moins durable du développement en intégrant l'état du patrimoine naturel et des biens et services publics, ou encore la dette publique transmise aux générations futures.... Les indicateurs synthétiques d'inégalité se multiplient, mais tous butent sur l'arbitraire inévitable quant à la méthode d'agrégation de points de vue selon des critères qui disposent chacun d'une échelle d'évaluation différente. Comment additionner des quantités de choux et de carottes avec des appréciations subjectives de bien-être ou de mal-être ?

CHERS SDF[23] !

En plantant, fin décembre 2006, deux cents tentes le long du canal Saint-Martin, l'association des Enfants de Don Quichotte a fait mouche : elle a choisi le bon moment de la trêve des confiseurs où les médias sont à l'affût d'informations nouvelles pour nourrir l'actualité. Difficile de rester insensible au spectacle de cette misère humaine condamnée à dormir par terre, au froid et à se réconforter par l'alcool et la chaleur humaine de ceux qui ne détournent pas le regard.

On regrettera que les inspirateurs de cette opération aient seulement invité les bourgeois, à la recherche de frissons citoyens, à partager la misère des sans-logis en dormant sous la tente. Une sortie par le haut en invitant les SDF à partager leur logis chauffé et leur confortable bohème aurait été tout aussi utile et exemplaire comme preuve d'altruisme.

23. Cet article a été publié dans *Libération* le 4 janvier 2007 sous le titre : « SDF : une bonne cause sans moyens ? »

Mais comment ne pas se sentir concerné, responsable, voire coupable, de vivre dans une société considérée comme développée où, d'après l'Insee, 86 000 personnes vivent sans domicile fixe. Certes, 42 % d'entre elles sont hébergées dans un hôtel ou un appartement financé par un service d'aide et 36 % dans un centre d'hébergement ouvert toute la journée ; mais il reste les 14 %, soit 12 000 personnes, qui doivent se contenter d'un centre d'hébergement de nuit et les 8 %, soit 7 000 personnes, condamnées à la rue ou à un abri de fortune (dont 2 000 à Paris). La mobilisation visant à élargir les horaires d'ouverture des centres de nuit et à augmenter les places de stabilisation (un mois renouvelable avec aide à l'emploi et examens sanitaires) a porté ses fruits, puisque le président de la République a tendu la main avec une bourse pleine de la promesse de 70 millions d'euros, ce qui, ramené aux 7 000 sans-abri, représente sur le papier la coquette somme de 10 000 € pour chacun d'entre eux.

Ainsi, les Français ont pu réveillonner la conscience tranquille, en oubliant que cette dépense viendra s'ajouter à la dette que nous reportons allégrement sur les générations futures. Mais si la cause est bonne, les moyens pour éradiquer la misère des sans-abri sont-ils adaptés à la réalité de leur situation ? On peut en douter quand on sait que les crédits d'hébergement, d'urgence et d'insertion s'élevaient en 2006 à plus de 1 milliard d'euros (soit une augmentation de 20 % depuis 2003) ; toujours sur le papier, cela équivaut à un effort collectif de plus de 30 € par jour et par SDF. Il ne faut pas croire que cet argent est remis aux 86 000 sans-domicile : une grande partie sert à rémunérer les 10 000 permanents (travailleurs sociaux, notamment) qui s'en occupent, soit plus d'un emploi pour dix SDF ! On s'est installé dans la réparation, au lieu d'agir en amont sur la prévention et en aval sur l'accompagnement à la réinsertion.

Tout d'abord, il faut s'interroger sur cette tendance congénitale des Français à se tourner vers l'État providence dès qu'il y a un problème à résoudre, sans se poser la question de l'efficacité de l'intervention collective, et encore moins de son coût, puisque l'État c'est tout le monde et donc personne. Il faut donner plus de moyens aux nombreuses associations et collectivités territoriales qui s'en occupent déjà et sont mieux à même de trouver des réponses adaptées à la grande variété des situations individuelles. Il y a, parmi les SDF, assez peu de bénéficiaires du RMI (40 % environ), un tiers de clandestins, notamment des pays de l'Est, qui ne peuvent travailler faute de papiers, et aussi des travailleurs pauvres dont les revenus ne leur permettent pas de se loger et de subvenir à leurs besoins ; et puis, une part irréductible d'ascèse choisie. S'il faut aider ceux qui sont en situation d'invalidité (physique, mentale, économique et sociale), on peut s'interroger sur l'attitude à avoir vis-à-vis des valides qui ont fait de la rue et de la mendicité un choix de vie. La question n'est pas nouvelle : déjà, en 1351, sous Jean le Bon, une ordonnance interdisait de donner l'aumône à « nuls gens sains de corps et de membres qui puissent besogne faire dont ils puissent gagner leur vie ».

Il ne faut pas pour autant désespérer : l'enquête partielle réalisée par Médecins du monde[24] donne un portrait robot du SDF parisien très instructif. Ils ont le plus souvent entre 30 et 50 ans ; la moitié est à la rue depuis plus de cinq ans et un tiers depuis moins d'un an ; la moitié souffre de l'alcoolisme ou de maladies respiratoires ou dermatologiques ; c'est sans doute la même moitié qui ne bénéficie pas de couverture maladie, malgré la CMU. On l'a compris, il faudrait séparer le traitement des derniers arrivés sur le trottoir et accompagner

24. *Cf. Le Monde* du 20 décembre 2006.

de manière spécifique ceux qui sont tombés très bas depuis longtemps. On doit aussi s'interroger sur les déplorables conditions d'accueil des centres, marquées par la concentration, la saleté et l'insécurité, qui conduisent 84 % des SDF à renoncer à appeler le 115 du SAMU social et à préférer le trottoir. La même enquête apporte une lueur d'espoir : 94 % des SDF affirment qu'ils quitteraient la rue si une solution décente leur était proposée.

Au-delà des émotions récurrentes chaque hiver, il s'agit bien d'une œuvre de longue haleine pour accompagner la réinsertion où chacun d'entre nous, là où il se trouve, peut jouer un rôle sans se reposer sur l'illusoire assurance que c'est l'affaire de la collectivité, c'est-à-dire des autres.

CHAPITRE VII

Comment passer des idées aux actes ?

Le courage de réformer

Les Français entrent dans l'avenir à reculons : ils voudraient arrêter l'horloge du temps et ne plus vieillir. Ils voudraient repousser les échéances des réformes, qui finiront par s'imposer brutalement, dans l'urgence, faute d'avoir été anticipées.

Les Français ont d'abord peur d'un avenir morose, avec la perspective des cheveux gris, de la croissance molle, des dettes accumulées, qu'il faudra bien rembourser. Nous travaillons moins que les autres, nous prélevons beaucoup sur les revenus du travail et notre taux de chômage est structurellement plus élevé de 2 points que celui de nos partenaires, qui avancent plus vite que nous : ces « performances » sont certainement liées.

Comment expliquer que les prescriptions pour l'emploi, la lutte contre les inégalités de statut et les exclusions en France, soient restées si peu efficaces depuis un quart de siècle ? Certainement parce que l'on n'a pas eu le courage de faire, en temps utile, les réformes qui s'imposaient, concernant le coût du travail, l'incitation à travailler et l'encouragement de l'initiative et de l'esprit d'entreprise, alors qu'il fallait s'attaquer à l'ensemble du système fiscal et des dépenses publiques.

Quant à la dette publique, elle a augmenté de 2 points de PIB, par an, depuis 2001, ce qui est inévitable avec un déficit de 3 %[1]. Bien sûr, l'État peut continuer à vendre les bijoux de la famille France, à condition d'affecter, quasi exclusivement, les recettes des privatisations à la réduction de cette dette. Quand on a une vache à lait comme les autoroutes et qu'on la vend, on n'a plus de lait ! Il aurait, sans doute, mieux valu garder ces recettes futures pour autofinancer des investissements d'infrastructure, et il est regrettable de ne pas avoir utilisé exclusivement l'argent de la vache pour réduire la dette publique, au lieu de s'en servir pour boucler les fins de mois.

La majorité de 2007 aura-t-elle le courage de faire les réformes structurelles qui s'imposent (fiscalité, code du travail, éducation, politique familiale) ? Hélas, les décisions prioritaires sont rarement consensuelles, et l'on peut craindre que la vague des réformes nécessaires,

1. « [...] La dette publique financière a été multipliée par cinq depuis 1980, soit une augmentation de 6 % par an, ce qui est considérable. Sur la même période, notre production nationale corrigée de l'inflation n'a en effet augmenté que de 2 % par an. [...] Le Pacte européen de stabilité et de croissance a conforté cette approche, en considérant que la dette publique financière ne devait pas représenter plus de 60 % du PIB. [...] Le poids de la dette de la France a, à cet égard, triplé depuis 1980, passant de 21 à 64,7 % du PIB. Paradoxalement, c'est dans les années qui ont suivi immédiatement la négociation de Maastricht, en 1991, qu'elle a le plus rapidement augmenté : entre 1991 et 1997, la part de la dette dans la production nationale est passée de 36,2 à 58,5 %, soit une augmentation de près de 60 % » (Pébereau, 2006).

initiée par le président Sarkozy, ne se heurte aux nombreuses inerties de la société française.

Comment ne pas comprendre qu'à force de prendre à ceux qui possèdent, on les a dissuadés de s'enrichir par le travail et l'épargne, et l'on a incité les plus riches et les plus entreprenants d'entre eux à s'en aller ? Officiellement, près de deux Français par jour assujetti à l'ISF quittent le pays et demandent leur quitus fiscal ; c'est peu en nombre, quelques centaines par an, mais beaucoup en argent qui s'investira ailleurs pour créer des milliers d'emplois qui auraient pu l'être chez nous. Un pays qui fait fuir ses riches s'appauvrit. Selon le Conseil des impôts, 116 contribuables déclarent une fortune supérieure à 75 millions d'euros, soit dix fois moins, en nombre, qu'au Royaume-Uni ou en Suisse. Et un riche étranger qui voudrait s'implanter chez nous finirait, au bout de cinq ans, par être assujetti à l'ISF et devrait payer 1,8 % de sa fortune, soit 36 % au bout de vingt ans (Tordjman, 2004). Au passage, relevons le caractère inique de cet impôt qui concerne, essentiellement, les petits riches qui, ayant épargné au lieu de dépenser toute leur vie, se voient taxer sur des revenus du travail qui ont déjà été imposés et qui le seront encore au moment de la transmission. C'est vraiment, une fois de plus, pénaliser les fourmis, leur travail et leur épargne, pour finalement redistribuer aux cigales qui chantent et consomment sans se préoccuper du lendemain. L'ISF fait partie de l'exception française ; en Allemagne, il a été déclaré contraire à la Constitution. En France, les plus riches y échappent en s'installant en Belgique ou ailleurs. Il faudra attendre que cet impôt touche les classes moyennes supérieures, propriétaires d'un logement principal dont la valeur monétaire a flambé, pour que les « bobos » de gauche réclament, à leur tour, sa suppression ou, à tout le moins, l'exonération de la résidence principale. Un gouvernement de gauche aurait été mieux placé qu'un gouvernement de droite pour justifier cette décision, au nom de la justice sociale pour les fourmis et du réalisme économique : Dominique Strauss-Kahn avait suggéré d'en faire une avance sur droits de succession. Au lieu de cela on a vidé l'ISF de son contenu ; on peut y échapper en investissant dans le capital de petites entreprises ou dans des fondations et l'on a massivement exonéré les droits de succession, ce qui malheureusement va dans le sens du renforcement des inégalités patrimoniales d'une génération à l'autre. L'ISF rapportait moins de 4 milliards d'euros au fisc en 2006. Mais combien coûte-t-il à la collectivité en fuite de capitaux, d'investissements et d'emplois, sans compter les pertes de temps et l'énergie humaine consacrée à sa collecte et à traquer ceux qui refusent de se savoir « riches » ? Des taxes sur l'héritage, significatives au-delà de certains seuils, sont mieux à même de redistribuer la donne dans le Monopoly de la vie.

S'il est difficile de remettre en cause l'ISF, considéré, par l'opinion bien-pensante, comme un acquis social, il est plus facile de continuer à se poser les mêmes fausses questions sur la mondialisation, qu'il faudrait humaniser puisqu'elle est réputée sauvage. On risque d'oublier de s'interroger sur nos voisins européens, qui ne s'en plaignent pas, et même s'en réjouissent, car ils ne se sont jamais aussi bien portés. Combien de temps continuera-t-on à dire, à propos de ce que font nos voisins, que c'est intéressant, mais pas transposable dans notre modèle social ? Un modèle où le consensus sur le chômage est là pour que l'on ne touche pas à la sainte alliance et aux acquis de la France qui se pâme et de celle qui brame. Il ne faut pas attendre de la noblesse d'État qu'elle ait le courage de la réforme ; elle ressemble à celle de la fin du règne de Louis XVI. Il faudra une révolution dans les esprits : celle du bon sens et du courage de réformer. Espérons qu'elle restera aussi tranquille que faire se peut, mais elle n'échappera pas aux manifestations de ceux qui verront leurs privilèges de statuts, de revenus et de retraites menacés.

Les syndicats responsables devront dépasser l'égoïsme des corporatismes pour faire place au réformisme prôné par François Chérèque (2003 ; 2006). Quand il y a des dizaines, voire des centaines, de milliers de personnes dans la rue, ce n'est pas à elles de décider pour la majorité silencieuse, surtout pour s'opposer aux textes de loi soumis à un Parlement de représentants démocratiquement élus. Même quand il y a eu un million de fonctionnaires dans la rue, au moment du débat sur les retraites, en 2003, cela ne représentait que 16 % du total des fonctionnaires, et moins de 5 % de l'ensemble des travailleurs. Ce n'est pas aux minorités, aussi privilégiées et organisées soient-elles, de décider de l'intérêt général ou de s'y opposer. Les acteurs dominants du jeu politique et social voudraient bien continuer la croisière, tant qu'on n'est pas dans l'iceberg. Mais ils savent que l'on ne pourra pas indéfiniment repousser les réformes et qu'elles seront d'autant plus douloureuses qu'elles auront été différées ou édulcorées. La chirurgie d'urgence se fait rarement dans la dentelle. En tout cas, on pourra de moins en moins reporter la facture sur les générations futures.

SORTIR DE LA TYRANNIE DE L'URGENCE

L'anticipation et le courage politique de la réforme se font rares, car le temps politique des échéances électorales et le temps économique des retours sur investissement réduisent l'horizon au court terme (Bébéar, 2002).

Quand l'urgence s'impose, il est déjà trop tard. Commençons, donc, par penser au long terme. Une société, qui ne se reproduit pas, décline et a peu de chances de rester ouverte au changement et à l'extérieur.

Le choc démographique est annoncé depuis longtemps, mais rien, ou presque, n'a été prévu pour le préparer. Il faudra tout remettre à plat – on a commencé à le faire pour les retraites ; restent la durée du travail, la politique familiale, l'ouverture des frontières, l'éducation, la santé et l'aménagement du territoire. Les réformes à entreprendre concernent d'abord la gouvernance des pouvoirs politiques, syndicaux, associatifs et médiatiques, afin d'instaurer une meilleure transparence de l'information, de l'évaluation et un partage plus démocratique du pouvoir et des responsabilités.

L'APPROPRIATION INDISPENSABLE

Les meilleures idées ne sont pas celles que l'on a, ni même celles que l'on donne, mais celles que l'on suscite. Or, sur la plupart des grandes questions de ce début de siècle, les diagnostics sont connus depuis longtemps ; seul le mode d'emploi, pour passer des idées aux actes, fait défaut. Comment mettre en œuvre les réformes qui s'imposent, sans susciter des levées de boucliers ? Pour le pouvoir, la question la plus difficile n'est pas de savoir que faire, mais comment le faire. La méthode est essentielle ; il faut changer les règles de gouvernement, c'est-à-dire de gouvernance, et agir par le bas, plutôt que par le haut, par la concertation et l'expérimentation, plutôt que par décret unilatéral. Aucune réforme ne peut se faire sans l'adhésion de ceux qui sont concernés. Car les Français sont adultes, et ils ne veulent plus être traités comme des enfants. Ils sont partagés entre l'envie de ne pas savoir, de ne rien changer à leurs habitudes, de continuer la fuite en avant, et le désir qu'on leur dise la vérité sur les changements qui s'imposent.

Ne laissons pas le monopole des bonnes questions à ceux qui apportent les mauvaises réponses, et posons les questions qui dérangent en nous affranchissant des tabous.

MIEUX VAUT RÉFORMER SANS LE DIRE QUE D'EN PARLER SANS LE FAIRE

Les modalités du changement sont cruciales, mais généralement négligées. Il ne suffit pas de produire un excellent rapport sur l'activité, l'emploi, la formation, la fracture sociale, l'environnement ou la stratégie, pour le faire passer en actes. L'appropriation est indispensable au passage de l'anticipation à l'action. C'est ce que n'ont guère saisi ceux qui nous gouvernent et qu'avait bien compris Parmentier en faisant garder les champs de pommes de terre par des soldats, afin que les Français aient enfin envie d'y goûter.

On se souvient de l'affaire du CIP, le contrat d'insertion professionnelle. L'idée de proposer, aux jeunes diplômés, une rémunération pour acquérir une première expérience professionnelle était excellente. Néanmoins, elle a été perçue comme l'instauration d'un sous-SMIC et, de ce fait, rejetée. Il aurait fallu présenter ce projet comme une bourse, et non pas comme un ersatz de salaire. Or ce qui n'a pu se faire d'en haut s'est fait en bas : la région Poitou-Charentes a instauré un système équivalent au CIP mais baptisé « Passerelles pour l'emploi » et la région Bretagne, elle, a imaginé un « chèque insertion ». Conclusion : mieux vaut faire des réformes sans le dire, que d'en parler sans les faire.

Sur ce point, Claude Allègre, alors que personne ne l'a relevé, s'est montré meilleur que ses prédécesseurs. Au nom de l'harmonisation européenne, il a réussi à faire passer la réforme des diplômes, de bac + 2 à bac + 3, et de bac + 4 à bac + 5. Il s'agit, le plus souvent, d'une année de stage non rémunéré ou au bon vouloir des entreprises – un CIP non payé ! Personne n'y a trouvé à redire. Là où il était scandaleux de sous-payer des jeunes diplômés, ne pas payer des stagiaires avant l'obtention de leur diplôme a paru normal ! Il suffisait donc de déplacer le curseur. Que les réformateurs de demain retiennent la leçon : les diagnostics et les prescriptions sont simples et connus ; le plus difficile et le plus complexe tient à leur mode d'emploi et à leur mise en œuvre, efficace et durable. L'histoire reconnaîtra, peut-être, qu'avec la CSG, Michel Rocard se révéla un génie de la réforme instaurée en douceur. Faire payer des impôts proportionnels sur tous les revenus du travail, comme des placements[2], aura finalement permis la réduction de l'impôt sur le revenu, beaucoup trop progressif et dissuasif dès qu'il s'agit de taxer le travail. De sorte qu'aujourd'hui, ce dernier est devenu inférieur, en montant total, à la CSG ! Qui dit mieux ?

Des pistes pour le renouveau du secteur public

Le garde-fou européen et les fameux critères de convergence des économies sont là pour nous rappeler que la fuite en avant dans la dette publique n'est pas la solution. Et si certains de nos voisins présentent, de ce

2. Ce qui n'est qu'un juste retour à la Déclaration des droits de l'homme de 1789 où il est écrit que chacun doit contribuer à l'impôt en fonction de sa capacité contributive. Il est sain que chaque citoyen comprenne que les services publics ont un coût pour la collectivité et ne sont pas gratuits. Hélas, comme on l'a vu (*cf. supra* chapitre VI), cet impôt paupérise les familles avec enfants, puisqu'il ne tient pas compte de la taille des ménages.

point de vue, une situation plus dégradée, ils ont pour la plupart entamé et réussi, dans les années 1990, une baisse de la dépense publique et des prélèvements obligatoires que la France a différés.

L'on peut toujours contester la mesure du PIB, discourir sur les services publics à la française, relever ce qui marche mieux chez nous que chez nos voisins britanniques : la santé, les transports publics. Ces vérités ne doivent pas occulter la question de l'efficience de nos dépenses publiques. Ne pourrait-on pas faire aussi bien, voire mieux, en dépensant moins ?

On sait, par exemple, que le coût global des services fiscaux pourrait être réduit d'au moins 40 %. C'est pour avoir voulu s'attaquer à cette Bastille que le ministre des Finances, Christian Sauter, a dû démissionner ! On a déjà relevé l'augmentation de plus de 20 % des dépenses pour l'éducation, sans amélioration particulière des performances[3]. Le gaspillage des dépenses de santé n'est pas moins considérable. En y consacrant 10 % du PIB, soit 2 points de plus que la moyenne communautaire, la France se retrouve au deuxième rang mondial des nations dispendieuses, derrière les États-Unis, mais seulement au neuvième rang pour l'espérance de vie. Il faut dire que nos dépenses dans ce secteur sont essentiellement tournées vers la réparation, et de façon ridicule vers la prévention. L'alcool, le tabac et la « mal bouffe » tuent dix fois plus que le sida, mais rien, ou presque, n'est fait pour éduquer les jeunes. Dans les débits de boissons, le jus de fruits coûte deux fois plus cher que le verre de vin.

L'inventaire des gaspillages est connu. Le lecteur intéressé pourra toujours se reporter aux centaines de pages écrites par Roger Fauroux et Bernard Spitz (2004),

3. *Cf. infra* chapitre IV.

Pierre Cabon[4], Yves Cannac (2004), Jacques Marseille (2002) et, plus récemment, par l'Institut de l'entreprise (2006). Les dirigeants des administrations publiques, nationales et territoriales, sont bien responsables de la mauvaise gestion de l'abondance. Un immense gisement de progrès dort sous nos pieds ; il ne tient qu'à nous de le réveiller pour améliorer notre sort collectif. Et je suis confiant ; les mêmes individus, aujourd'hui démotivés et frileusement crispés sur des acquis dont ils profitent en s'ennuyant, sont prêts à larguer les amarres et à hisser les voiles si un vent nouveau, porteur d'espoir, se présente.

LES LEÇONS DE L'ÉTRANGER

Un ancien commissaire au Plan, Henri Guillaume, a produit en 2000, sous le gouvernement Jospin, un rapport de *benchmarking* très instructif sur les réformes de l'État réalisées par les autres pays développés dans les années 1990, et initialement destiné à l'Inspection générale des finances. Il ne s'agissait pas de dire ce qui n'allait pas chez nous, mais d'apprécier ce qu'avaient fait nos partenaires, afin d'en tirer des idées, voire des leçons. Selon ce rapport (Guillaume, 2000 ; 2002[5]), la plupart de nos voisins développés ont réussi, au cours de la dernière décennie du XXe siècle, à « assainir en profondeur leurs finances publiques », à réduire de plusieurs points leur part dans le PIB, en jouant sur différents leviers comme « le gel des salaires, la réduction des crédits, la privatisation, la sous-traitance, l'évaluation des programmes », et en recherchant l'efficience économique, « afin de mieux aider les agences à améliorer leur service, même en cas

4. *Cf.* http://www.contrat-social.com

5. Il a fallu attendre 2002 pour que ce rapport soit finalement publié dans une version adaptée aux Presses de Sciences-Po. Le gouvernement Jospin avait refusé de le rendre accessible sur le site du ministère des Finances.

de réduction budgétaire ». Ils ont aussi procédé à la « mise en place de procédures budgétaires pluriannuelles, la séparation des fonctions de définition et de gestion des politiques publiques, l'introduction de la gestion des ressources humaines dans la fonction publique avec des recrutements et des négociations salariales décentralisées » et des rémunérations en partie liées aux performances. Pour y parvenir, ils ont instauré des systèmes de comptabilité analytique, mais aussi des systèmes d'information pour apprécier les résultats par rapport aux objectifs, et des indicateurs de qualité, ainsi que des contrôles *a posteriori*.

L'ESPOIR ENCORE FRAGILE DE LA LOLF

Retenons-en que, pour les collectivités publiques, la bonne gouvernance passe par la transparence de l'information, la lisibilité des budgets, l'évaluation des projets *ex post* et *ex ante*, le contrôle des décisions prises par la majorité confié aux minoritaires, la séparation des fonctions et la décentralisation des responsabilités. La mise en œuvre, en 2006, de la loi organique relative aux lois de finances (LOLF), votée en 2001 à l'initiative de Laurent Fabius, alors ministre des Finances après avoir été président de l'Assemblée, est plus qu'une lueur d'espoir de changement des pratiques budgétaires. Elle est susceptible de conduire à une réorganisation profonde de l'administration en directions de gestion et de services. Dans la nouvelle logique de *transparence*, de *performance*, d'*autonomie* et de *responsabilité* voulue par la loi organique, aussi bien les pratiques d'évaluation que les pouvoirs de contrôle devront être profondément modifiés. Il est encore trop tôt pour se prononcer. La LOLF est supposée révolutionner les pratiques ; tout dépendra de la volonté politique, et de la capacité des structures et des hommes, à résister au changement et à repeindre les pratiques anciennes sous les habits des nouvelles procédures. Si tel devait être le cas, on n'aurait fait que rajouter de la complication au modèle soviétique, au lieu de le moderniser. Mais on peut aussi espérer la réussite du pari et des cercles vertueux : les dépenses publiques étant organisées, non plus par ministères, mais en 34 missions, 132 programmes et 614 actions. Le tout, complété par 630 objectifs et 1 300 indicateurs. On s'y perd déjà. Le grand avantage du dispositif est de donner plus de souplesse dans la répartition des moyens pour parvenir aux objectifs et de viser l'efficacité. Certains services, ou agents de l'État, coûtent plus cher que les sommes dont ils gèrent la dépense ou qu'ils rapportent[6]. Les responsables de programme étant évalués chaque année par le Parlement, tout dépendra donc de la pression qui sera exercée sur leur carrière (en Grande-Bretagne, on a vu des hauts fonctionnaires remerciés pour cause d'objectifs non atteints). Le courage politique des gouvernants et des élus sera déterminant pour la pertinence de l'évaluation, les sanctions et les moyens qui reviendront aux responsables de programme. On peut s'interroger sur le fragile destin de la LOLF quand on se souvient des précédents : dans les années 1960, la RCB (rationalisation des choix budgétaires) n'a pas fait long feu et, plus tard, en 1989, la circulaire sur le renouveau du secteur public de Michel Rocard est restée lettre morte. Les intentions étaient pourtant saines. Il est aussi éclairant de ressortir des oubliettes la circulaire de Georges Clemenceau, ministre de la

6. Nos ambassades du bout du monde ont toujours un attaché culturel et scientifique qui gère, en général, un budget d'actions de l'ordre de quelques dizaines de milliers d'euros, alors que sa présence sur place coûte deux à trois fois plus cher à la République.

Guerre, du 13 décembre 1917, pour se rendre compte que la réforme de la bureaucratie est une actualité ancienne.

Encadré 7.1 – Circulaire de Georges Clemenceau du 13 décembre 1917

« Les services du Département de la Guerre ne sont pas suffisamment dégagés de certaines méthodes de travail dont la lenteur ne correspond pas aux nécessités de l'heure présente. Les errements du temps de paix continuent.

Il est urgent qu'une chasse obstinée soit faite à tous les temps morts qui ralentissent encore la machine administrative : l'intérêt du pays l'exige.

Il faut traiter les affaires en hommes d'affaires : donc aller vite. On ne doit plus voir un chef de service demander sur des questions insignifiantes des rapports écrits à des subordonnés immédiats qu'il a loisir d'interroger à tout moment.

On ne doit pas tolérer qu'un dossier soit transmis de porte à porte "pour attributions" grossi à chaque sensation nouvelle, de bordereaux d'envoi dûment enregistrés alors qu'une entente téléphonique lui eût assuré d'emblée sa légitime destination.

Des officiers ou fonctionnaires qui traitent journellement d'affaires connexes n'ont pas le droit de s'ignorer l'un l'autre. Il est inadmissible, enfin, de voir deux bureaux entreprendre un long échange de correspondance pour un renseignement qu'aurait fourni une conversation de deux minutes.

Les décisions doivent être toujours préparées, souvent prises et parfois exécutées avant l'échange de toute pièce. C'est affaire aux deux interlocuteurs de prendre leurs responsabilités et aussi leurs sûretés : il suffira de se faire connaître et de se mettre d'accord en fin de conversation, le crayon à la main sur les pièces écrites qui sont souvent nécessaires, parce qu'elles portent une signature et qu'elles restent, mais il n'y faut recourir qu'au

moment voulu, c'est-à-dire lorsque l'affaire est déjà décidée et tout au moins dégrossie par la conversation.
Ces attitudes prises, on constatera que les cas exigeant une longue étude sont l'exception. J'estime que 80 % des affaires peuvent être étudiées et résolues très rapidement.
Je prescris, en conséquence, qu'à l'avenir toutes les affaires qui n'exigeront pas de longues enquêtes seront traitées en trois jours, délai de transmission compris.
L'exécution de ces prescriptions sera contrôlée par des inspections inopinées toute infraction donnera lieu à une sanction des plus sévères. »

L'ÉVALUATION DANS LA TRANSPARENCE ET LE PLURALISME

Dans l'administration, comme dans les entreprises, l'avenir est aux structures souples, décentralisées par projet, à taille humaine et autonomes. Qui dit « autonomie » dit « responsabilité » et, par conséquent, sanction du marché ou analyse des performances par rapport aux objectifs, c'est-à-dire, aussi, évaluation régulière des compétences à tous les niveaux.

Naturellement, une telle évaluation des compétences et des performances impose des garde-fous. Comme le souligne la circulaire de 1989 sur le renouveau du secteur public[7] : « Quatre grands principes devraient guider toute démarche d'évaluation : l'indépendance des instances d'évaluation par rapport aux administrations gestionnaires ; la compétence des acteurs de l'évaluation, puisque les résultats ont vocation à alimenter des débats importants ; la transparence du processus c'est-à-dire des

7. Circulaire du Premier ministre du 23 février 1989 relative au renouveau du secteur public, *Journal officiel*, n° 2525, 24 février 1989, dite circulaire Rocard.

sources d'information, des critères d'appréciation et des méthodes de travail (l'évaluation ne clarifiera le débat démocratique que si elle se soumet à la critique) ; la pluralité des dispositifs, puisque aucun organisme ne saurait exercer de monopole. Il faut mobiliser tout le potentiel disponible et susciter l'éclosion d'instances nouvelles. »

Roger Fauroux et Bernard Spitz (2004) relèvent à juste titre que ce n'est pas nécessairement « le statut qu'il faut changer mais la pratique du statut » ! Ils citent Maurice Thorez, défendant sa loi relative au statut général des fonctionnaires devant le Parlement en 1946 : « Il est essentiel que la notation largement étalée exprime la valeur réelle et inégale des agents. [...] S'agissant de l'avancement en grade, il est possible que le procédé du choix soit de nature à empêcher la sclérose, la routine dont souffre notre administration. Les fonctionnaires les meilleurs, les plus aptes, je dirais les plus dévoués à la cause de la République sont parfois infériorisés, alors que les fonctionnaires médiocres sont assurés d'un avancement égal. » On le voit, le diagnostic est connu depuis longtemps, ainsi que les prescriptions pour éviter la sclérose et susciter le progrès du service public. Ce ne sont pas les hommes qui sont en cause ; ce sont les pratiques et les règles du jeu qu'il faut revoir : les règles de promotion à l'ancienneté et sur la base de concours administratifs où la compétence professionnelle compte moins que la culture générale et abstraite ; un système de notation désuet, où les évaluations sont aussi programmées en fonction de l'ancienneté et où il n'est pas possible de baisser la note d'un agent sans faire un rapport circonstancié.

Il n'y a pas d'autre différence entre une équipe qui gagne et une équipe qui perd que la motivation fondée sur des projets, ainsi que la reconnaissance des efforts et des talents. Comme le remarquait Robert Lion (1992) : « La méfiance est le principe directeur de l'administration des Finances, les services centraux se méfient des services extérieurs, la hiérarchie se méfie des syndicats, les agents se méfient des administrés ; chaque direction se méfie, bien entendu, de toutes les autres. [...] Beaucoup de cadres de l'État, du haut en bas de l'échelle, sont des fauteurs de démotivation. » La motivation dépend moins du salaire que de la capacité managériale des chefs de service. Les fonctionnaires pourraient bénéficier de salaires plus élevés s'ils étaient moins nombreux et plus efficaces. La décentralisation et la régionalisation des services publics laissent cependant espérer une meilleure autonomie de gestion.

Face à des systèmes centraux, aussi puissants que sclérosés, il n'y a pas d'autre solution que d'introduire des innovations et des expérimentations perturbatrices, afin de souffler de l'oxygène dans les brèches qui subsistent.

VERS UNE MEILLEURE GOUVERNANCE

D'autres voies pourraient être explorées. On pourrait, tout d'abord, permettre à tout fonctionnaire, qui souhaite une carrière personnalisée, de devenir contractuel. La promotion et les augmentations ne seraient plus en fonction de l'âge, ou des concours, mais des performances individuelles, mesurées périodiquement par rapport à des objectifs négociés avec chacun. On pourrait, aussi, multiplier les possibilités d'accès, à tout âge et à tous niveaux de grade et de rémunération, aux grands corps de l'État. Au passage, l'on réglementerait et limiterait les parachutages de la haute administration dans les états-majors de certaines grandes entreprises, qui se font habituellement au détriment des compétences internes, et sont moralement répréhensibles lorsqu'il s'agit de sociétés envers lesquelles ces mêmes hauts fonctionnaires étaient chargés d'exercer la tutelle de l'État. Ne pourrait-on pas, enfin, imposer, à ceux d'entre eux qui sont tentés par le privé, de démissionner de leur corps d'origine ? Il est inutile de trop protéger ceux qui sont censés être les meilleurs. Ces grands corps étant devenus plus ouverts, ils pourraient y postuler à nouveau après un passage réussi ailleurs. La procédure devrait aussi valoir en cas d'un deuxième mandat électif important, afin que cesse la surreprésentation des fonctionnaires au sein des élus[8] !

C'est une question de bonne gouvernance publique. Pour l'heure, connaître et méditer ce qu'ont fait nos voisins pour moderniser leur secteur public, représente la première urgence. On découvrirait, ainsi, qu'en Suède, les ministères centraux n'emploient plus que quelques milliers de personnes, les compétences opérationnelles ayant été confiées à 250 agences où sont répartis les 200 000 employés de l'État. C'est ce que l'on appelle, en entreprise, la centralisation stratégique et la décentralisation opérationnelle. La responsabilité de ces agences est confiée à des *managers* recrutés sur concours, ouverts aux cadres expérimentés de toutes origines. Leur contrat d'embauche et de rémunération comporte des obligations de résultats. L'objectif n'est pas le profit, mais d'assurer le meilleur service public, aussi efficace que possible, soucieux de sa qualité et de son coût pour le citoyen contribuable. On peut très bien renforcer le service en variant les statuts et en passant des contrats de services publics avec des organismes publics ou privés. Que cesse enfin la confusion entre service public et statut public des agents qui le rendent !

8. En 2002, sur 577 députés, 204 étaient fonctionnaires, dont une centaine d'enseignants. Ces proportions sont moindres qu'en 1997, où il y avait près d'un député sur deux fonctionnaires. On relèvera qu'il n'y a que 13 % de femmes parmi les députés. Moins d'un tiers des députés élus en 2002 siégeaient pour la première fois. La moyenne d'âge, de 54 ans, n'a jamais été aussi élevée.

Le rempart des rigidités finira par s'effondrer, comme naguère le mur de Berlin, et l'État centralisateur reculera. L'État moderne, devenu modeste, comme l'avait pressenti Michel Crozier (1991), devra laisser les mécanismes de marché jouer leur rôle régulateur, dans le respect des objectifs et des contraintes du service public. Dans bien des cas, la dynamisation interne des systèmes peut être obtenue en laissant un peu plus les forces du marché opérer, c'est-à-dire par moins d'État. Entre la saine émulation de la concurrence et le repli frileux sur des marchés captifs, il n'y a pas à hésiter car, d'un côté, c'est la voie prometteuse, mais exigeante de l'excellence et, de l'autre, celle, sans avenir mais facile, de la médiocrité. Il n'y a pas de vie sans un minimum d'incertitude et de risque. L'abus de réglementation et l'interventionnisme ont conduit au gaspillage et à la sclérose des monopoles. La règle d'or de l'État modeste devrait être : « Autant de liberté que possible, autant de contrôle que nécessaire. »

La force des liens et le levier des projets

RICHESSE MATÉRIELLE ET PAUVRETÉ DES LIENS

La France vieillissante de ce début de siècle s'interroge : l'abondance matérielle n'empêche pas la misère affective et spirituelle. On le sait, depuis longtemps, le produit intérieur brut n'est pas le bonheur national brut. Le PIB mesure la distance parcourue, chaque année, sur l'océan des choses matérielles, par un navire qui avance sans cap. À défaut de connaître le but du voyage, on se préoccupe d'améliorer le confort de celui-ci. Certains, relégués dans les soutes, ou bien en troisième classe, ne se posent guère la question du sens. Ils aspirent, d'abord, à monter sur le pont avec les passagers de première classe qui profitent des plaisirs réservés aux plus fortunés. Comme le relève Pascal Bruckner (2004) : « L'argent sert à acheter la distance sociale, être riche, c'est d'abord se réjouir de ce que les autres n'ont pas. » Mais l'argent, dit aussi le proverbe, n'a jamais fait le bonheur, et la proportion de gens tristes, inquiets et malheureux ne diminue pas avec l'aisance matérielle (on serait tenté d'écrire l'inverse). Celui qui n'a rien aspire à quelque chose. Celui qui a tout sait bien qu'il lui manque souvent l'essentiel – la chaleur du lien social, le plaisir des relations sincères, la sérénité du « connais-toi toi-même ». J'ai souvent pu constater que trop d'argent isole et occasionne des méfiances et des soucis. Et encore, ces plaisirs paraissent-ils bien futiles, face à la maladie et à la souffrance physique ou psychique, comme si le bonheur tenait précisément à ces moments que l'on vit, sans les apprécier à leur juste valeur.

Accumulation de quantité, baisse de qualité : une croissance plus riche en qualité pourrait aussi signifier plus de bien-être. Qui a dit qu'il fallait consommer toujours plus de biens matériels pour être plus heureux ? Il y va ici comme du vin ; plutôt que de boire toujours plus du même ordinaire, le progrès consiste à goûter autant, voire moins, d'un grand cru. Une société « citoyenne » ne peut se contenter de créer des richesses matérielles. Elle doit aussi contribuer à l'épanouissement personnel de l'homme. Il n'y a pas d'entreprise d'excellence sans un environnement d'excellence.

Pour être heureux dans la cité, les hommes doivent aussi s'épanouir au travail, autant qu'au foyer, et réciproquement. Le bonheur est indissociable de la vie familiale et professionnelle. Il est global ou il n'est pas. Les hommes cherchent d'abord un sens à leur vie. Leur désespoir, bien réel aujourd'hui, vient de ce qu'ils souffrent de solitude.

LA VALEUR DES LIENS ET DES BIENS

La croissance économique ne suffit pas à procurer le bien-être, car elle s'est développée en négligeant les liens qui donnent aux biens toute leur valeur. Laurent Gille (2006), dans sa thèse sur « les valeurs du lien et du bien », part de la polysémie du mot « valeur », aussi bien employé pour parler de vertus morales, de traits de caractère (« un homme de valeur ») que pour traduire une chose convoitée sur un marché. La valeur du bien vient autant de son utilité que de sa rareté, qui en fait un objet recherché pour se distinguer des autres. C'est l'extension du désir qui engendre les frustrations. C'est la faiblesse du désir qui limite les besoins ; les mécanismes de redistribution sont là, qui permettent de transférer sans obligatoirement prendre la forme d'un échange entre deux groupes, à travers, par exemple, des consommations collectives où les apports sont inégaux (repas par exemple). L'économie est inscrite dans les rapports sociaux : chaque entité de production autonome (en général, le cercle domestique) sait quels sont ses droits (à produire ou prélever et à consommer). Pour Laurent Gille, « il y a primauté du social et, en produisant des biens, on produit d'abord du lien social. [...] Le produit est un langage. [...] On achète les choses pour parler aux autres. [...] Les hommes sont en comptes ouverts pour créer du lien social. »

Le mot « commerce » désigne aussi bien l'échange d'objets que la relation avec quelqu'un, qui sera qualifiée de « commerce agréable ». Il faut donner sans attendre de recevoir, car il ne faut pas créer un sentiment de dette chez ceux qui profitent de notre générosité, mais au mieux une reconnaissance. Chacun se souvient que rendre service aux autres suppose beaucoup de tact et de précaution pour préserver la relation future (un débiteur pleure rarement la mort de son créancier). La polysémie du mot « bien » est aussi frappante que celle du mot « valeur ». Il y a le Bien opposé au Mal et le bien-être, qui est proche du bonheur ; on peut aussi être « bien » avec quelqu'un. C'est donc le même mot qui désigne la relation avec les autres et l'ensemble des objets matériels qui, souvent, ne sont qu'un prétexte à cette relation. La société détermine les fins et les impose, en ignorant les libertés des individus. Mais l'individualisme, sans finalités, ni repères de valeurs collectives, conduit à d'autres impasses, comme le délitement des structures familiales et l'accumulation illimitée et inégale de biens. Cette dernière est source de frustrations, de tensions mais, aussi, de gaspillages des ressources, au détriment des générations futures.

LE VRAI LUXE, C'EST LA CONNAISSANCE DE SOI ET LA MAÎTRISE DE SON TEMPS

Lorsque les besoins de base sont satisfaits, les hommes aspirent à des besoins d'ordre supérieur. L'accès au superflu est, donc, une tendance naturelle de celui ou celle qui a la chance de vivre dans un environnement d'abondance. Plus profondément, satisfaire des besoins dont on n'a pas besoin est le propre de l'homme. Beaumarchais n'hésitait pas à dire : « Boire sans soif et faire l'amour en tout temps, voilà, Madame, ce qui nous distingue des bêtes. » La pénurie ne tue pas le désir de luxe, elle l'entretient, comme un espoir, une compensation, où le futile fait oublier l'absence de l'utile. Lors des fêtes de fin d'année, le même consommateur regardera de près pour certaines dépenses, mais se laissera aller à

« flamber » pour le plaisir de mordre dans les fruits défendus du caviar ou du grand cru millésimé.

L'enrichissement général des masses occidentales pose, cependant, un problème de territoire aux riches. Le luxe se répand, devient accessible à un très grand nombre d'individus. Du même coup, il perd ainsi une grande partie de sa fonction de reconnaissance sociale et d'appartenance aristocratique. Il faut, aux minorités privilégiées en quête de différenciation, inventer de nouveaux repères (Richou, Lombard, 1999). Le luxe est, ainsi, poussé dans des extrêmes, qui ne sont pas toujours artificiels et qui renvoient souvent à un retour aux sources naturelles.

Ne faudra-t-il pas libérer le luxe de la sphère marchande, mais l'étendre aux désirs non satisfaits dans les modes de vie : le temps d'écoute et l'espace pour vivre, le plaisir de l'échange gratuit... ? En tant que consultant, mes meilleurs souvenirs correspondent à des missions de service public, comme la commission Mattéoli, la commission Boissonnat sur l'emploi ou la commission Douffiagues sur le transport aérien. Ces missions, non rémunérées, m'ont pris beaucoup de temps : c'est un luxe que je me suis offert. Quand on n'est pas acheté, on n'est pas vendu. Mais, en contrepartie, quel plaisir de l'esprit, quelle liberté de pensée, quel sens retrouvé ! En matière de conseil, comme dans toute activité, le vrai luxe rabelaisien est : « Fais ce que vouldras. »

Mais, pour savoir où l'on va, il faut se connaître soi-même, savoir qui l'on est, d'où l'on vient. Socrate n'est pas mort et chacun le découvre un jour, parfois très tard. Pour transformer ses faiblesses en force, il faut les connaître ; il en est de même pour augmenter l'effet de levier de ses forces. Yves Saint Laurent (2002), lors de sa conférence de presse du 7 janvier 2002, pour son retrait des affaires, déclarait : « La rencontre la plus importante de la vie est la rencontre avec soi-même. »

LE VRAI SENS DE L'ACTION : LE BUT, UN PRÉTEXTE AU CHEMIN

Renverser l'ordre des choses, et revenir à l'homme en quête de sens à sa vie s'imposent donc. C'est à nous de décider si, demain, nous voulons devenir comme les Romains de la décadence, avec leur pain gratuit et leurs jeux de cirque (la télé ayant remplacé les lions) ou nous transformer en citoyens d'Athènes, mais sans le recours aux esclaves, grâce aux techniques nouvelles.

Ce que recherchent les hommes dans le travail ensemble, c'est moins l'augmentation de la richesse, ni même son partage, que l'harmonie qui se crée autour d'un projet commun.

Ce qui motive l'homme dans son action pour des projets, c'est la reconnaissance des autres, le parcours qu'il entreprend avec eux dans la même direction. Le chemin est le but. C'est ainsi que s'explique la force des engagements politiques, syndicaux, associatifs ; les buts sont toujours louables, mais ils servent d'abord de ciment pour construire du lien social. On n'existe que dans la relation avec les autres. Il m'a fallu du temps pour comprendre que la recherche des biens et du pouvoir n'est qu'un prétexte aux liens et à la reconnaissance. J'ai découvert, grâce à Paul Veyne (1995) et à Laurent Gille (2006), que ces interrogations n'étaient pas nouvelles et que, sans le savoir, tout ce que je cherchais à dire avait déjà été dit.

QUAND LES RICHES SE RUINAIENT POUR L'INTÉRÊT GÉNÉRAL

Paul Veyne, en grand connaisseur de l'Antiquité, nous rappelle « les vertus de l'*évergétisme*, c'est-à-dire des libéralités privées en faveur du public ». Les citoyens qui font du bien à la cité en offrant des fêtes, des monuments, des aqueducs, des bains sont honorés et estimés par le peuple. Le riche a le devoir de dépenser une partie de sa fortune, jusqu'à la ruine parfois, pour le bien commun. « Un bienfait en général était une *évergésie*, ceux qui le procuraient étaient des *évergètes*. Les liturgies étaient des tâches forcément ruineuses dont la cité chargeait les citoyens capables de les remplir. Dépenser pour être honoré, rivaliser en dépenses et en honneurs, c'est le ressort des liturgies comme de l'évergétisme. C'est ainsi que banquiers et notables prêtaient aux cités de l'argent sans intérêt. » On retrouve ce phénomène très développé dans les fondations et associations américaines. L'économie du don, ce que l'on donne pour tenir son rang, le *non profit sector*, est plus importante aux États-Unis, en Allemagne et au Royaume-Uni où elle représente environ 8 % du PIB, contre 3 % en France (Droin, 2001). Dans ces pays, les dépenses publiques sont moins élevées, mais des dispositifs fiscaux très incitatifs aident le secteur associatif à but strictement non lucratif. En France, on cultive le mélange des genres et trop d'associations opèrent sur les marchés comme des entreprises sans en être. Nous reviendrons dans l'épilogue sur l'opposition entre ces deux formes d'altruisme – libéral et associatif, à l'anglo-saxonne, social et collectif, à la française –, soulignée par Tocqueville. C'est bien l'altruisme volontaire qu'il faut encourager, et pas seulement l'impôt forcé qui alimente une machine peu efficace.

Comment ne pas voir qu'il subsiste, dans toutes les sociétés modernes, de multiples formes oubliées d'évergétisme, qui demandent seulement à être ranimées, telles des braises sous la cendre de l'accumulation des biens matériels ? Mais, pour que les riches se ruinent à nouveau pour l'intérêt général, il faudrait stimuler leur besoin de générosité, encourager l'altruisme et l'économie du don. Ce que l'on fait timidement par des fondations. Mais le don volontaire ne peut s'opérer dans une société qui veut toujours prendre aux riches et fait fuir à l'étranger les plus fortunés d'entre eux.

Cessons de faire fuir nos riches ; nous en avons besoin pour orchestrer la contagion de l'altruisme. Car ceux qui sont riches en biens n'ont pas moins besoin de liens et de reconnaissance pour donner à leur vie le vrai sens, qui n'est pas matériel, mais d'une nature plus humaine. La fondation de Bill Gates a fait ainsi tache d'huile et a contaminé une des plus grandes fortunes des États-Unis : Warren Buffet, dont la fortune est estimée à 44 milliards de dollars, a fait don de l'essentiel de sa fortune à des fondations caritatives dont celle de Bill Gates. Ajoutons, comme le remarque Philippe Chalmin (2006), que : « Chaque année, *Business Week* publie la liste des Américains les plus généreux et va même jusqu'à calculer le ratio don sur fortune. » Qui se plaindra de cette contagion du don ? Mais, pour l'organiser, il faut commencer par garder nos riches.

La création des richesses, c'est l'affaire des entreprises. Elles cherchent à maximiser le profit ; il y va de leur survie, de leur indépendance et de leur développement futur. Mais cela ne suffit pas. La plupart des entrepreneurs ont besoin du plus de l'éthique sociale et environnementale pour ne pas avoir à rougir de leurs performances, mais être fiers des libéralités et des actions de mécénat qu'elles permettent de financer. C'est ainsi que j'ai pris mon bâton de pèlerin, en 2003, pour rassembler une quarantaine d'entreprises et d'organismes et constituer le

Cercle des entrepreneurs du futur[9]. Un investissement important a été consacré à la mise à disposition des méthodes de prospective stratégique et d'ouvrages fondamentaux épuisés. Ils sont maintenant disponibles en trois langues et gratuitement sur Internet. Début 2008, on comptait plus de 20 000 téléchargements dans le monde entier et, notamment, dans l'hémisphère Sud. Cette action d'évergétisme moderne contribue au rayonnement international de l'École française de prospective. Le Cercle des entrepreneurs soutient aussi activement le Centre national de l'entrepreunariat. Cet institut du CNAM, dont nous avons déjà parlé, a vocation à réveiller les projets dormants dans toutes les entreprises petites et moyennes du territoire national. Vaste programme ! Le Cercle des entrepreneurs du futur a lancé, en 2007, un Grand Prix de la réflexion impertinente sur le développement durable, l'entrepreneuriat, le développement des territoires. Reconduit en 2008, il s'étend à l'innovation et aux services. Je crois à la contagion des initiatives vertueuses, et si chacun d'entre nous bouge là où il se trouve, c'est l'ensemble de la société qui bougera.

Il me reste, en guise de conclusion, à établir une synthèse des idées d'actions évoquées tout au long de cet ouvrage (les sept plus importantes à nos yeux étant reprises dans l'encadré ci-après).

Certaines me tiennent à cœur et me paraissent inspirées par le bon sens et l'efficacité. Il y a aussi les propositions et idées d'action à ne pas suivre. Cet inventaire à la Prévert n'est pas le fruit du hasard : il résulte des analyses précédentes.

---

9. *Cf.* http://www.laprospective.fr/cercle

Encadré 7.2 – Les sept propositions prioritaires

1) *Instaurer dans la Constitution le « droit des générations futures » au rang des Droits de l'homme et du citoyen* (Saint-Étienne, 2001), afin qu'il soit interdit de faire naître une obligation pour les générations futures sans la financer par des ressources existantes ou par un capital investi par la génération qui en décide, capital dont les revenus seraient affectés à financer les dépenses à venir.
2) *Réveiller les projets dormants pour créer des centaines de milliers d'emplois marchands dans les petites entreprises* à un coût deux fois plus faible que la plupart des dispositifs publics de soutien à l'emploi.
3) *Rendre les heures supplémentaires non imposables pour encourager l'activité des fourmis dont les cigales ont besoin pour vivre (cette idée a été reprise avec en plus les exonérations de charges, ce qui la rend plus discutable et complique sa mise en œuvre).*
4) *Corriger les inégalités face à la mort, en tenant compte de l'espérance de vie des catégories socioprofessionnelles dans le calcul des retraites.*
5) *Imposer trois ans d'expérience professionnelle privée pour pouvoir se présenter à un concours de la fonction publique* à tous les niveaux et faciliter l'entrée et la sortie de la fonction publique à tout âge.
6) *Fermer les établissements scolaires qui sont en perdition et réaffecter les moyens correspondants à ceux qui fonctionnement normalement* et souhaitent accueillir plus d'élèves. Ce qui revient à subventionner progressivement la demande éducative (ticket éducation) et, par conséquent, à assouplir fortement la carte scolaire.
7) *Respecter le préambule de la Constitution selon lequel le citoyen doit payer l'impôt en fonction de sa capacité contributive*. Or, celle-ci diminue avec la taille de la famille. Nous proposons donc d'instaurer un quotient familial dans le calcul de la CSG afin d'éviter que les familles avec enfants ne payent deux fois plus de CSG que d'impôt sur le revenu. Cette « familialisation » permettrait de lutter contre la paupérisation des familles avec enfants.

Idées d'action : quelques bonnes (et des fausses bonnes) pistes

« Innover, ce n'est pas avoir une nouvelle idée, c'est cesser d'en avoir une ancienne. »

Edwin LAND, inventeur
de l'appareil photo instantané

POUR CESSER DE TIRER DES TRAITES SUR LES GÉNÉRATIONS FUTURES ET INCITER À LA CITOYENNETÉ

— instaurer dans la Constitution le « droit des générations futures » au rang des droits de l'homme et du citoyen (Saint-Étienne, 2001) afin qu'il soit interdit de faire naître une obligation pour les générations futures sans la financer par des ressources existantes ou par un capital investi par la génération qui en décide, capital dont les revenus seraient affectés à financer les dépenses à venir ;

— affecter toutes les recettes des privatisations à la diminution de la dette et/ou à l'augmentation du fonds de réserve des retraites dont les ressources n'assureraient que le cinquième des besoins en 2020, pour maintenir la pérennité des retraites du privé ;

— accorder une réduction forfaitaire d'impôt, ou l'équivalent sous forme de prime de citoyenneté, pour ceux qui remplissent leur devoir en allant voter ;

— valider les bulletins blancs et nuls afin de permettre l'expression de ceux qui ne se reconnaissent pas dans les candidats qui se présentent ;

— abaisser l'âge de la majorité électorale à 16 ans, afin de compenser le penchant naturel des élus à s'intéresser aux préoccupations d'un électorat vieillissant et de mieux tenir compte des intérêts des générations futures. On mettrait ainsi en cohérence la majorité sexuelle avec la citoyenneté.

POUR CRÉER DES RICHESSES ET DES EMPLOIS

— réveiller les projets dormants pour créer des centaines de milliers d'emplois marchands dans les petites entreprises à un coût deux fois plus faible que la plupart des dispositifs publics de soutien à l'emploi ;

— rendre les heures supplémentaires non imposables pour encourager l'activité des fourmis dont les cigales ont besoin pour vivre (selon les sondages une proportion minoritaire mais croissante de travailleurs (40 %), à temps plein ou à temps partiel, voudrait travailler plus pour gagner plus) ;

— exiger des contreparties d'activités (économiques, sociales, éducatives) aux revenus de transferts afin de passer d'une logique d'assistance à une logique d'initiative, de responsabilité et d'accompagnement solidaire ;

— favoriser le temps partiel et le cumul emploi retraite afin de répondre à l'attente des travailleurs subissant le temps plein (ils seraient trois fois plus nombreux que les travailleurs à temps partiel subi). Redécouvrir les vertus du temps partiel serait particulièrement opportun pour favoriser l'emploi des seniors et même développer le cumul emploi-retraite qui va s'imposer dans l'Europe vieillissante en raison de la pénurie annoncée de bras et de cerveaux : pour l'Europe des Vingt-Cinq.

— faciliter le travail du dimanche là où le besoin se fait sentir (populations jeunes, urbaines et lieux de vacances) dans un esprit de subsidiarité où la responsabilité de la réglementation est laissée aux élus et responsables locaux. Rappelons que le travail du dimanche est globalement créateur d'emplois, comme l'a montré l'exemple du Canada.

— subventionner la demande (plutôt que l'offre des collectivités territoriales) pour organiser la réponse par le secteur marchand aux besoins de services publics liés au vieillissement.

— déduire du revenu imposable les intérêts des remboursements d'emprunts pour le logement ainsi qu'une partie équivalente et plafonnée des loyers versés. On pourrait ainsi corriger les inégalités de pouvoir d'achat net entre les propriétaires, les accédants et les locataires..

— exonérer de droits de mutations les ventes de résidence principale afin de favoriser la mobilité géographique et professionnelle.

POUR RÉDUIRE LES INÉGALITÉS EN MATIÈRE DE STATUT ET DE RETRAITE

— corriger les inégalités face à la mort, en tenant compte de l'espérance de vie des catégories socioprofessionnelles ;

— tenir compte du temps de travail réel effectué au cours de la vie pour fixer les droits à la retraite, sur la base de 70 000 heures (la moyenne européenne) avec une décote et une surcote, conduisant ainsi progressivement à aligner les régimes spéciaux et celui des fonctionnaires sur le régime commun et, de façon immédiate, pour les nouveaux recrutements ;

— instaurer un système de retraite à la carte et de gestion par points, permettant à chacun de savoir à tout moment où il en est et quels seront ses droits à pension ;

— créer un statut du travailleur pluriactif et à employeurs multiples ;

— développer la retraite par capitalisation comme complément, et non comme substitut, à la répartition. On pourrait ainsi développer des fonds de pension nationaux qui investiraient dans nos grandes entreprises, aujourd'hui détenues précisément par des fonds de pension étrangers ;

— compter les périodes de congés familiaux pour éducation des enfants et pour aide aux personnes âgées comme actives du point de vue de la retraite ;

— accélérer le taux de rotation des 4 millions de logements sociaux. Ramener ce taux à 12 %, comme il y a quelques années, au lieu des 7 % d'aujourd'hui, libérerait immédiatement près de 200 000 logements par an. Au-delà de l'instauration de véritables surloyers pour ceux qui ont les moyens de résider ailleurs, nous proposons, très concrètement, de cibler les augmentations sur les locataires retraités, propriétaires d'une résidence secondaire, et d'affecter en priorité les logements ainsi libérés aux jeunes couples modestes qui veulent se mettre en ménage.

POUR AMÉLIORER L'EFFICACITÉ DE L'ÉTAT ET OBTENIR UNE MEILLEURE GOUVERNANCE DES FONCTIONS PUBLIQUES ET POLITIQUES

— imposer trois ans d'expérience professionnelle privée pour pouvoir se présenter à un concours de la fonction publique à tous les niveaux et faciliter l'entrée et la sortie à tout âge ;

— imposer de manière transitoire, sur cinq ou sept ans, un système de quotas dans les listes électorales et pour les candidats présentés par les partis avec, au moins, 50 % de candidats en position éligible issus du privé, avec alternance de un sur deux, comme on l'a fait pour la parité hommes/femmes, les deux pouvant d'ailleurs se conjuguer ;

— au début du deuxième mandat électif, imposer aux fonctionnaires de démissionner de la fonction publique, avec possibilité de retour, en cas d'échec, aux échéances suivantes ;

— réserver quelques dizaines de postes de la fonction publique nationale et territoriale pour reclasser les élus parlementaires ou les élus locaux issus du privé et non réélus. Il faudrait bien évidemment le faire dans un autre territoire que celui de leur mandat. Cela permettrait de varier les origines et les compétences au sein de la haute administration ;

— interdire le cumul des mandats exécutifs et ne pas autoriser plus de deux mandats de suite dans le même poste, y compris pour la présidence de la République ;

— indexer la rémunération des parlementaires nationaux à leur présence dans l'hémicycle, comme c'est déjà le cas au Parlement européen.

POUR MIEUX PRÉPARER LES JEUNES À S'ÉPANOUIR ET À S'INSÉRER DANS LA VIE SOCIALE, PROFESSIONNELLE

— favoriser la connaissance de soi et l'épanouissement des personnalités sans oublier de former les citoyens à la vie sociale responsable et solidaire ;

- à l'école, revenir aux fondamentaux de l'éducation, cette dernière étant devenue une sélection par l'échec des champions de l'abstraction et des connaissances en dégoûtant les autres du sport éducatif ;
- à la maison, renforcer le rôle éducatif des parents et apporter des palliatifs sociaux (accompagnement, internat) lorsque des déficiences sont constatées, avant que les enfants ne deviennent des blessés de la route familiale. En effet, lorsque l'avenir des enfants est en jeu, la famille est aussi une affaire publique ;

— fermer les établissements scolaires qui sont en perdition et réaffecter les moyens correspondants à ceux qui fonctionnement normalement et souhaitent accueillir plus d'élèves. Ce qui revient à subventionner progressivement la demande éducative (ticket éducation) et, par conséquent, à supprimer la carte scolaire ;

— donner aussi aux chefs d'établissement une plus grande autonomie dans le recrutement avec un droit de veto sur les affectations et une possibilité d'influer sur les rémunérations (être en mesure de payer mieux ceux qui s'investissent plus). Attribuer un bureau à ceux qui souhaitent participer plus activement à la vie scolaire et extrascolaire ;

— attribuer les meilleurs professeurs aux élèves en difficulté ou leur donner le maximum d'élèves en cursus normal. Lier les promotions et les rémunérations des enseignants aux conditions d'exercice de leur métier et à leurs performances ;

— recruter massivement des professeurs associés dans les lycées et collèges et des orienteurs ayant une longue expérience professionnelle et imposer un minimum de trois ans d'expérience professionnelle autre aux jeunes diplômés voulant devenir enseignants à vie pour s'assurer de leur prise en compte des réalités du monde du travail ;

— créer des bourses d'internat, attribuées en fonction notamment des mérites scolaires, pour corriger les inégalités sociales ainsi que les fortes inégalités géographiques qui subsistent dans l'offre éducative des territoires. Accorder plus généralement des soutiens spécifiques et des bourses d'études systématiques aux enfants de milieux modestes et aux enfants de familles nombreuses ; ouvrir largement les internats de province aux enfants en situation familiale difficile ou scolaire déficiente ;

— instaurer des voies de formation aux contenus différenciés – classique, moderne et professionnelle – dans le collège unique. Au lycée, placer la voie professionnelle sous la coresponsabilité des entreprises et de l'Éducation nationale en matière pédagogique et d'évaluation ; instaurer des passerelles, à tous les niveaux, pour éviter l'exclusion par la hiérarchisation ;

— réintroduire la notion de groupe de niveaux avec des passerelles entre chacun d'entre eux, afin de stimuler et d'encourager l'effort ;

— ouvrir les grandes écoles aux meilleurs éléments de chaque filière pour assurer l'excellence et renforcer la pluralité des élites ;

— instaurer plus d'évaluation, de liberté de choix des parents et donc expérimenter les réformes avant de les généraliser.

POUR ASSURER LA RELÈVE DES SOLIDARITÉS INTERGÉNÉRATIONNELLES EN ACCOMPAGNANT L'INVESTISSEMENT EN CAPITAL HUMAIN DES FAMILLES AVEC ENFANTS ET EN AIDANT LES JEUNES COUPLES

— respecter le préambule de la Constitution selon lequel le citoyen doit payer l'impôt en fonction de sa capacité contributive.

Or celle-ci diminue avec la taille de la famille. Nous proposons donc d'instaurer un quotient familial dans le calcul de la CSG afin d'éviter que les familles avec enfants ne paient deux fois plus de CSG que d'impôt sur le revenu. Cette « familialisation » permettrait de lutter contre la paupérisation des familles avec enfants ;

— reconnaître l'énorme économie en matière d'investissement en capital humain que font faire les familles à la société lorsqu'elles éduquent correctement leurs enfants. Le coût de cet investissement en capital humain est cinq à dix fois plus élevé lorsque les enfants doivent être placés dans une structure d'accueil ;

— permettre aux femmes qui le souhaitent d'avoir les enfants qu'elles désirent tout en continuant à travailler ;

— déplafonner le quotient familial, mais rendre imposables les allocations familiales ;

— instaurer des aides éducatives et familiales supplémentaires aux enfants de familles nombreuses et monoparentales pour compenser leur paupérisation relative en termes de niveau de vie ;

— reconnaître le statut de père ou mère actif au foyer quand il y a au moins trois enfants à charge, droit à l'allocation parentale d'éducation (APE) de trois ans par enfant, cumulable et pouvant être pris jusqu'à la majorité du dernier enfant. Cette période éducative active faisant faire d'énormes économies à la société par rapport aux familles déficientes, compter cette période comme active du point de vue de la retraite ;

— définir des tarifs commerciaux dans les transports publics pour les familles nombreuses aussi attractifs que pour les seniors (clause de la catégorie la plus favorisée) ;

— indexer les péages d'autoroutes sur la consommation des véhicules et les rendre inversement proportionnels au nombre de personnes par véhicule ;

— rembourser la pilule de troisième génération et les préservatifs et plus seulement la pilule du lendemain dont l'usage répété conduit tout droit à la grossesse non désirée et à l'avortement ;

— instaurer un service civil de six mois pour les jeunes hommes et femmes pour améliorer la mixité sociale et faire prendre conscience aux jeunes qu'en contrepartie de leurs droits à être éduqués, ils ont aussi des devoirs de solidarité vis-à-vis de la société ;

— construire des escaliers là où l'ascenseur social est en panne. Chacun a la possibilité de prendre l'escalier où, marche après marche, on peut développer sa compétence et progresser dans la société.

POUR RESTAURER LE DIALOGUE SOCIAL DANS L'ENTREPRISE

— supprimer le monopole de représentativité syndicale au premier tour des élections de comité d'entreprise ;

— inciter fortement à l'adhésion à un syndicat par le versement d'une prime double du coût d'adhésion, quitte à instaurer le syndicat des non-syndiqués (comme il y a le groupe des non-inscrits à l'Assemblée).

POUR FACILITER L'INTÉGRATION DES POPULATIONS IMMIGRÉES

— accompagner de façon volontariste et complète l'immigration choisie ;

— instaurer des quotas d'immigrés par origine géographique et compétences en fonction des pénuries de professionnels différenciées par régions, avec obligation de rester dans la région d'accueil pendant une période minimum à définir ;

— répartir ces populations dans les quartiers de la ville et dans les territoires en les diluant et non en les concentrant. En particulier, fixer des quotas à ne pas dépasser d'enfants de langue maternelle étrangère dans les classes. Dans tous les cas ne pas faire venir des familles que l'on ne peut loger décemment ;

— instaurer une charte des droits et devoirs et appliquer de façon plus systématique le vieux principe diplomatique de réciprocité : ne pas accorder à des étrangers des droits qui ne seraient pas accordés aux citoyens français dans leur pays d'origine !

Encadré 7.3 – Le pouvoir, le motard et le fumeur

« Le tabac tue », mais on a longtemps cédé devant le *lobby* des buralistes et, dans les gares comme dans les cafés, il était naguère bien difficile d'échapper au poison de ceux qui fument sans arrêt et se tuent à petit feu. Plus de quarante mille décès par an (cancers du poumon, notamment) sont directement ou indirectement liés au tabac. Il y aurait pourtant, parmi les non-fumeurs, trois mille morts par an, victimes du tabac des autres (soit plus de la moitié des morts par accidents de la route). En renonçant à l'intérêt général au profit de minorités organisées en groupes de pression, le pouvoir trahissait la démocratie. Pour des raisons juridiques de responsabilité des employeurs vis-à-vis de leurs salariés, la France a fini par suivre, avec retard, l'exemple de ses voisins. Précisons que c'est un tranquille fumeur de pipe qui parle. Le plaisir du tabac des uns doit s'arrêter aux frontières de la gêne qu'il provoque chez les autres.

La main de fer sur la sécurité routière a porté ses fruits, mais la répression a concerné d'abord les automobilistes isolés, guère les poids lourds et encore moins les motards, autant de groupes de pression qui font peur. Pourtant, ces derniers avec 1 % de la circulation représentent 10 % des morts sur les routes. Mais, à ce jour, rien n'est fait pour contrôler leur vitesse, les radars étant impuissants et les policiers en moto sans doute plus cléments pour les deux-roues. Pour les motards, donnons une solution simple pour les ramener au droit commun : imposer, comme c'est le cas en Colombie pour les policiers et les motards, le port d'un dossard où les numéros d'immatriculation sont écrits devant et derrière en gros caractères fluorescents. Chaque fois que l'occasion se présente, je lance l'idée auprès des parlementaires et ministres que je rencontre ; aucun n'a, jusqu'à présent, saisi la balle au bond. L'un d'eux m'a seulement déclaré qu'il ne fallait pas compter sur lui pour prendre le risque de mécontenter et mettre dans la rue les motards ! Il aurait aussi été plus conforme à l'image écologique du président Jacques Chirac de ne pas enterrer, au printemps 2004, le dossier de la taxation des 4 × 4 et de leur restriction d'usage en ville[1]. Rappelons que ces véhicules, dont les ventes ont fortement progressé ces dernières années, consomment deux fois plus que les berlines, sont très polluants et généralement importés. Et que certains de leurs propriétaires y voient une forme de blindage et de protection en cas d'accident. Naturellement, c'est un risque supplémentaire pour ceux qui sont en face. Un officier de gendarmerie m'a fait remarquer que mes critiques étaient justes mais incomplètes : les poids lourds, dont la vitesse est limitée à 90 km/h, ont, de fait, 40 km/h de tolérance puisque les radars ne se déclenchent qu'au-delà de 130 km/h. Il faudrait aussi évoquer l'impunité, quasi systématique, des gens du voyage en infraction ; les gendarmes préfèrent fermer les yeux, car ils ont tout simplement peur de se rendre dans des camps où il faut mobiliser un escadron pour intervenir. Il est plus simple de tondre les moutons sans défense qui sont à 120 km/h au lieu de 110 km/h sur autoroute périurbaine, un soir tard où l'on est pressé de rentrer après une longue journée de travail.

[1] Il l'a été, depuis, de manière symbolique par une surtaxe à l'achat de quelques centaines d'euros, peu dissuasive pour des acheteurs généralement aisés. Ils peuvent même y trouver un signe extérieur valorisant. L'écopastille décidée après le Grenelle de l'environnement devrait être plus efficace. On sait aussi, maintenant, que les deux-roues dans les villes polluent en moyenne plus que les voitures. Il n'empêche qu'à Paris la politique de la ville continue à privilégier les deux-roues en aménageant des parkings gratuits et en faisant preuve d'une tolérance choquante vis-à-vis des incivilités et infractions croissantes de certains d'entre eux circulant sur les trottoirs et en sens interdit. Chacun a été témoin de la police en tenue, verbalisant les véhicules mal stationnés, et fermant les yeux sur ces infractions, déclarant qu'elle n'est pas payée pour cela.

PROPOSITIONS À NE PAS SUIVRE

Tout au long de cet ouvrage nous avons repéré quelques fausses bonnes idées, que nous rappelons ici pour mémoire :

— aider les entreprises en difficulté sans changer d'abord leurs dirigeants qui les ont conduites là où elles sont ;

— augmenter les impôts et les cotisations liés au revenu du travail qui n'incitent pas les entreprises à embaucher et les individus à travailler plus (on n'est pas imposé sur le temps libre) ;

— restaurer l'interdiction administrative de licenciement qui ne ferait qu'inciter à moins embaucher ;

— renforcer le ciblage social et les discriminations positives (sauf de manière temporaire) dont les effets pervers sont multiples et dont la contagion paraît dangereuse. Il faut donc défendre nos valeurs d'égalité républicaines, sans tomber dans le piège de l'équité : des inégalités de droits pour corriger des inégalités de fait. La discrimination positive au profit des seules minorités visibles est une bonne intention qui pourrait engendrer de multiples effets pervers en stigmatisant les populations concernées et ouvrir des revendications tout autant justifiées. Ainsi, les enfants d'ouvriers représentent presque le tiers des enfants du pays et dix fois moins des reçus aux concours des grandes écoles. Faudra-t-il instaurer, un jour, un quota en leur faveur, ou en décréter un autre pour les jeunes filles dans les écoles d'ingénieurs où elles sont minoritaires alors qu'elles représentent plus de la moitié des bacs scientifiques ?

— appliquer de façon maximaliste le principe de précaution qui conduit à paralyser l'action et à brider l'innovation ;

— augmenter les dépenses publiques de R&D sans améliorer leur efficacité ;

— se protéger de la mondialisation par des mesures protectionnistes qui ne font que repousser la mort d'activités condamnées. L'argent public serait plus fructueux en s'investissant dans des activités d'avenir. Le protectionnisme peut seulement se justifier de manière transitoire pour des activités naissantes ou en reconversion ;

— sortir de l'euro pour revenir au franc, car ce recul de la construction européenne serait surtout révélateur d'une exception française sclérosante ;

— démanteler la PAC en oubliant les fonctions essentielles de l'agriculture française : l'exportation, l'indépendance alimentaire et l'entretien de lieux de mémoire à vocation touristique par la présence humaine dans les territoires. Il ne s'agit pas pour autant de maintenir des subventions à l'exportation qui empêchent les pays en développement de développer leurs productions dans des conditions normales de compétition internationale.

Il ne serait question d'achever la rédaction de cet ouvrage par des propositions de nature économique et sociale dont le caractère matérialiste ne satisfait pas complètement ma soif d'autre chose. Je me souviens que mon premier mémoire, en quatrième année d'université, portait sur le « vide spirituel » en économie et je partais dans le désert sur les pas du révérend père Voillaume. Aujourd'hui, je m'interroge à nouveau ; à force de penser comme je vis, je risque d'avoir oublié de vivre comme je pense. Il est temps de retrouver le lien de la famille et des amis, trop longtemps négligés sous prétexte d'écriture et d'engagements publics. Il est vrai que je ne sais toujours pas quoi répondre à mes enfants qui me demandent pourquoi ils ont 38 heures de cours, sans compter le travail à la maison, alors que le temps de travail légal des adultes est de 35 heures ! Il y a certainement une correction à faire dans les deux sens. En attendant, je leur dis que la compétence est le fruit de la passion, que le lycée, c'est aussi le plaisir d'apprendre tout en créant des liens forts qui les marqueront toute leur vie et qu'ils feront, je l'espère, partie de ceux pour qui le travail sera une source d'épanouissement.

ÉPILOGUE

Le plaisir de l'indiscipline intellectuelle

Durant toute ma scolarité, j'ai eu droit dans mes carnets scolaires au commentaire suivant : « intelligent mais indiscipliné ». Je doute de mon intelligence, tellement j'ai du mal à entrer dans les analyses conceptuelles et la théorie ne m'intéresse que si elle part de problèmes concrets qu'elle permet de mieux éclairer. Bref, j'étais meilleur en physique qu'en mathématiques et aujourd'hui l'économie ne me parle qu'aux travers des statistiques. Mon goût pour les chiffres ne m'a pas conduit à développer de grandes théories. Mais il m'a permis de trouver les contre exemples qui ruinaient les faux théorèmes. Se méfier des idées reçues et des consensus, c'est la manière que j'ai trouvée pour transformer ma faiblesse, l'indiscipline, en force intellectuelle.

C'est ainsi que depuis les années 1970 je n'ai cessé de parler et d'écrire sur tous les sujets auxquels conduit la prospective, cette indiscipline intellectuelle dont parlait

Pierre Massé, qui impose une vision globale sur le monde contemporain. Dans ce périple, j'ai abordé les terres de la mondialisation, de la démographie, du développement durable, de la technologie, de la formation, de l'emploi, du chômage, en passant par la désindustrialisation, la compétitivité des territoires, la création d'entreprises, mais aussi les relations entre la famille et la société, sans oublier les conséquences du vieillissement, les perspectives migratoires et les questions d'intégration et d'inégalités dans nos territoires. Ce souci de vision globale ne facilite pas mon positionnement, inclassable et touche à tout, diront certains, irritant et provocateur, diront d'autres. Je réponds, immanquablement, que c'est la réalité qui est provocante et que je me sens bien dans cette fonction d'empêcheur de penser en rond ; après tout, quand le poil à gratter pique, c'est qu'il fait mouche.

La lumière crée l'ombre

La chasse aux idées reçues est un sport passionnant. Certains pourraient interpréter ce sport intellectuel comme un exercice facile : il suffirait de prendre le contre-pied des idées dominantes pour garantir le succès médiatique. La réalité est tout autre : ramer à contre-courant impose des efforts considérables. La difficulté provient, naturellement, de la diversité des sujets abordés : de l'énergie à l'éducation, en passant par la technologie, l'emploi, la croissance ou la démographie ; mais aussi des barrières à l'entrée mises en place par les experts patentés d'un domaine. La variété du tableau de chasse témoigne de la curiosité à laquelle incite la vision globale de la prospective avec, pour seules armes, le bon sens et l'analyse des faits.

Bref, la chasse aux idées reçues est un exercice risqué pour la réputation intellectuelle. Généralement, les idées à contre-courant sont très appréciées par ceux qui ne vivent pas du courant en question, mais dès que l'on se mêle de leurs affaires, cela devient vite intolérable. C'est ainsi que les journaux ont publié, sans difficulté, une centaine de mes articles depuis vingt ans, sauf celui concernant la sclérose des médias. Autre exemple : en 1979, l'article intitulé « La banque pourrait être la sidérurgie de demain » (Godet, Plas) a fait la fortune d'une expression et suscité un débat (il y a même eu des grèves dans les banques à la suite de cet article) ; mais il a fallu à son auteur attendre dix ans avant d'intervenir à nouveau dans ce milieu. La même histoire pourrait être évoquée à propos des articles sur la « surabondance d'énergie » (1978), au moment où le lobby des nucléocrates était dominant. Il n'était pas non plus facile de dénoncer trop fortement la « japonosclérose » et certaines « japoniaiseries » sur le management dans les années 1980 (Giraud, Godet, 1987 ; Godet, 1987a ; Godet, 1987b), ni même la maladie du diplôme en 1988. Au tournant du XXIe siècle, au moment de la flambée de la nouvelle économie et de la déraison des marchés, il fallait beaucoup de bon sens, et un peu de mémoire, pour se rendre compte que la nouvelle croissance était une vieille lune (2000). Et, aujourd'hui, il faut une certaine témérité pour dénoncer l'insoutenable développement durable[1].

Les mirages collectifs, les aveuglements et les refus de voir ne datent pas d'hier. Et l'époque moderne n'échappe pas à ce constat. Tout se passe comme si les sociétés humaines passaient d'un mirage à l'autre, pour mieux se cacher la forêt des vrais problèmes qui sont de nature

1. Comme nous l'avons fait ici même (*cf.* chapitre I) et dans *Le Monde* du 13 novembre 2007.

sociale et organisationnelle. Les mirages technologique et éducatif ne doivent pas faire oublier les autres clichés qui sévissent régulièrement. Il en est ainsi du mythe de la taille critique des entreprises, alors qu'il y a toujours des entreprises plus petites et plus performantes dans un secteur donné. Ce mythe a pris, ces dernières années, les habits de la mondialisation, et s'est traduit par des mégafusions d'entreprises qui ont donné l'impression de batailles de titans à l'échelle planétaire. Maintenant que certains de ces géants aux pieds d'argile se sont effondrés, il est utile de rappeler la réalité historique : plus d'une fusion sur deux, voire deux sur trois, conduisent à des échecs (essentiellement parce que l'on a négligé le facteur humain et fait l'impasse sur les cultures d'entreprise) et que, finalement, seulement une sur dix est créatrice de valeur pour l'acquéreur[2].

Toutes ces prises de position fondées sur le bon sens et la vérification des faits m'ont valu cette réputation d'inclassable, qui me convient bien. Le bon sens n'est ni à droite ni à gauche, mais ailleurs et autrement.

Libéral parce que social

J'entends bien rester « inclassable » car libéral parce que social.

Le libéralisme n'est pas le laisser-faire ; il faut bien réglementer, car il n'y a pas de liberté sans loi. Liberté d'entreprendre, d'échanger, de se rassembler, qui est à tort assimilée, en France, au capitalisme alors que, dans tous les autres pays, les libéraux sont réformistes, pro-

2. *Cf.* à ce propos le n° 131 de la *Revue française de gestion*, publié fin 2000, et entièrement consacré au thème des fusions-acquisitions.

gressistes démocrates et à gauche, et opposés aux conservateurs. Ce retour aux sources s'impose d'autant plus qu'un de ses principaux inspirateurs est un Français, Frédéric Bastiat. Il voyait dans le libéralisme la source d'efficacité économique la mieux à même d'assurer la redistribution sociale. Élu député des Landes en 1848, Bastiat se rallia franchement à la République et siégea à gauche. Libéral totalement engagé, Bastiat définit lui-même sa ligne politique dans une lettre à ses électeurs : « J'ai voté, leur dit-il, avec la droite contre la gauche, quand il s'est agi de résister au débordement des fausses idées populaires. J'ai voté avec la gauche contre la droite, quand les griefs légitimes de la classe pauvre et souffrante ont été méconnus » (cité par Christian Gerondeau, 1998).

Bastiat faisait ainsi partie de ceux qui ne situent le libéralisme ni à droite ni à gauche, mais voient en lui, en permettant l'épanouissement de chacun, le moyen de rendre l'économie plus efficace dans l'intérêt de tous, y compris, sinon d'abord, des plus démunis. Les effets positifs de la dépense publique sont immédiatement visibles. Ses contreparties négatives sont moins perceptibles. Reprenons quelques-uns de ses propos particulièrement actuels : « L'État, c'est la grande fiction à travers laquelle tout le monde s'efforce de vivre aux dépens de tout le monde [...]. Le mot gratuit appliqué aux services publics renferme le plus puéril des sophismes. Le service public éteint, en droit ou en fait, le service privé de même nature. Tout en constatant la destination que l'État donne aux millions votés, ne négligez pas aussi de constater la destination que les contribuables auraient donnée et ne peuvent plus donner à ces mêmes millions [...]. Le peuple, accoutumé à tout attendre de l'État ne l'accuse pas de trop faire, mais de ne pas faire assez. Il ne dit pas : “Faites moins”, mais : “Faites plus.” Et c'est ainsi que l'abîme se creuse encore. »

Le libéralisme économique est mal vu en France ; ailleurs, il paraît naturel et n'est pas contradictoire avec la responsabilité sociale, l'humanisme et l'altruisme. À ce propos, Jacques Bichot (1997) écrivait : « Le libéral est synonyme de généreux ; les deux formes d'altruisme, le libéral et le socialiste, se comportent comme l'Américain et le Français dans le passage que Tocqueville consacre au désir de lutter contre l'alcoolisme ; le premier fonde une association [...], le second lance une pétition pour que l'État crée des structures ayant le même but. Dans un cas, c'est l'initiative individuelle qui prime sur la base d'un idéal commun, dans l'autre, on cherche à imposer par la contrainte la collecte des moyens, c'est l'altruisme imposé [...], il se trouve que l'altruisme volontaire d'en bas est plus efficace que celui imposé d'en haut. »

Ces idées font leur chemin et on a pu voir Lionel Jospin se prononcer « pour l'économie de marché et contre la société de marché ». Il est vrai que dans *Le Monde* de 10 juin 1999, ses collègues Tony Blair et Gerhard Schröder donnaient le *la* du socialisme libéral européen. Ils ont adressé un manifeste commun à « tous les sociaux-démocrates européens », les invitant à saisir « la chance historique de moderniser l'Europe » en donnant la priorité à la baisse des dépenses publiques, à la baisse des impôts, à la fin d'une « société d'assistance » ; ils y parlaient tout aussi bien de « réduire les taxes sur le travail et les entreprises », que de « la dépense publique [qui] a atteint des niveaux proches de l'inacceptable », d'« un système de protection sociale qui finit par entraver les capacités à trouver un emploi doit être réformé », de « la notion d'emploi à vie [qui] est dépassée ». Leurs maîtres mots étaient « flexibilité » et « responsabilité individuelle ». C'était bien le projet de Tony Blair : mettre le dynamisme du marché au service de l'intérêt général. On lui doit le *workfare*, ou programme *welfare to work* (littéralement passer de l'assistance au travail), de miser sur la formation et l'insertion et de conditionner les prestations sociales à l'implication des individus.

Le meilleur moyen d'améliorer les conditions sociales est de parvenir à l'efficacité économique. Il en est ainsi de l'insertion : le meilleur service que l'on peut rendre à un chômeur ou à un handicapé n'est pas de le maintenir dans la dépendance de l'assistance, mais de l'accompagner dans une dynamique de projet, et même, à considérer le handicap comme une différence positive. Transformer ses faiblesses en forces n'est pas une vue de l'esprit, comme l'a bien montré Bachir Kerroumi (2001) dans sa thèse sur le déficit de management du handicap. Il sait de quoi il parle puisqu'il est lui-même aveugle.

Même chose sur le plan économique : l'emploi dans les entreprises n'est pas un objectif de la stratégie, mais un résultat de celle-ci. Nombre de mesures visant à protéger l'emploi salarié finissent par tuer l'emploi tout court. Il ne faut jamais oublier que, pour un chef d'entreprise, l'idéal pour un niveau de production donné, c'est d'avoir le moins de personnel possible, car les petites équipes sont plus faciles à motiver que les grandes. Et plus l'on augmente les contraintes de coût et de réglementation qui pèsent sur l'emploi salarié, plus on incite le chef d'entreprise à sous-traiter, à automatiser, ou à délocaliser plus qu'il ne le ferait autrement. On retrouve le même dilemme en ce qui concerne la lutte contre les inégalités économiques. Il y a ceux qui se battent pour le partage du gâteau en parts plus égales quitte, du même coup, à brider sa croissance par des arrêts ou des réductions de temps de travail, une rémunération du non-travail sans contrepartie d'activité ou une augmentation de la dépense publique pour créer des emplois de fonctionnaires non justifiés par le service public.

À côté de ces « partageux », il y a les entrepreneurs et les porteurs de projets qui ne comptent pas leur temps et pensent d'abord à créer de la valeur et à augmenter la richesse, quitte à la répartir de manière inégale en fonction des efforts et des talents des uns et des autres. Il est plus facile de répartir inégalement un grand gâteau agrandi que de diviser en parts égales un gâteau plus petit. C'est ici qu'intervient le paradoxe des inégalités : elles s'accentuent en période de croissance forte et se réduisent en période de récession[3]. Retenons le message à transmettre aux bons esprits soucieux de partage : qu'ils se battent d'abord pour augmenter la richesse, le reste sera plus facile.

On peut se revendiquer d'un libéralisme social avec un slogan simple : autant de marché que possible, autant d'État que nécessaire. Il faut plus d'économie de marché dans les monopoles de services publics, comme l'éducation ou les transports pour améliorer le service du public, et pas seulement augmenter les avantages des agents qui rendent le service sous prétexte qu'ils peuvent abuser de leur position dominante par un véritable détournement du droit de grève. Il ne faut pas confondre « service public » avec « statut public » des gens qui le rendent. Comme l'aurait relevé Jack Lang, lui-même, pour l'enseignement : là où les résultats scolaires sont les meilleurs en France, c'est en Bretagne et dans les Pays de Loire, tout simplement parce que la saine émulation par la concurrence entre le privé et le public y est plus vive qu'ailleurs ; et cela se fait dans le respect des règles du jeu imposées par le service public (obligations d'accueil, de programmes, conditions de recrutement des enseignants...). En corollaire, il faut plus d'État et d'intervention publique là où le marché fait défaut. C'est géné-

3. *Cf.* chapitre VI où nous revenons sur ce paradoxe des inégalités.

ralement le cas dans tous les domaines où la prise en compte des intérêts à long terme ne doit pas être sacrifiée à la rentabilité à court terme. C'est le cas pour l'environnement naturel, l'espace, les paysages, l'urbanisme, l'éducation, la santé, la famille et l'enfant. Il faut tout simplement plus, et surtout mieux, d'État pour conduire des politiques publiques de réductions des inégalités de revenus issues des conditions de marché. L'impôt positif et négatif (prime pour l'emploi) a, précisément, cette vocation. Ce n'est pas aux entreprises d'assurer l'équité de la redistribution sociale, mais à la collectivité.

Il fallait bien que notre pays sorte des errements du « ni libéralisme ni socialisme » qui, de François Mitterrand à Jacques Chirac, ont figé la France dans un *statu quo* du maintien des acquis sociaux de ceux qui ont un emploi garanti, et accentué la précarité des autres. De sorte que nous sommes perdants sur tous les tableaux puisque la France est dans le peloton de tête des prélèvements obligatoires et du chômage en Europe.

Si le libéralisme social avance partout en Europe, il est encore très mal vu en France, notamment dans les médias. C'est ainsi que même les libéraux de l'UMP se cachent derrière le réformisme. Les Français ont un problème avec le capitalisme et l'économie de marché, comme le relève François de Closets (2006) : « Ils rejettent l'économie de marché, les inégalités et l'insécurité qui vont avec. » Il est grand temps d'ouvrir les yeux : l'exception de la pensée française, marquée par le chauvinisme et l'horreur économique, n'est pas un rempart contre la mondialisation, mais un boulet qui bride l'initiative des individus et la performance des entreprises. Quand on est le seul pays européen à rejeter l'économie de marché, à repousser les réformes structurelles de la fonction publique, à parler de patriotisme économique tout en prétendant éclairer la pensée universelle, alors, il faut s'interroger sur l'arrogance et l'aveuglement qui nous conduisent à nous retrouver seuls contre tous. Nos voisins européens, et notamment les Anglais et les Espagnols, doivent se tromper moins souvent que nous, puisque leur croissance de PIB par habitant y est systématiquement plus forte depuis vingt-cinq ans. Il m'est arrivé, dans des réunions, à Bruxelles et ailleurs, d'avoir honte pour mon pays. Que dire aux amis de la France, qui se désolent de voir un pays au passé si glorieux être tombé dans une telle régression de la pensée et des actes ?

Itinéraire d'un déçu de la gauche, puis de la droite

Je me souviens de Michel Rocard m'invitant à lui présenter mes analyses, en 1991, pour « recharger ses batteries » ; je ne lui ai, sans doute, pas transmis assez d'énergie ce jour-là ! Je me souviens, aussi, d'un séminaire en 1997, avec François Chérèque et la Fédération des travailleurs sociaux de la CFDT ; il n'était pas encore, loin de là, converti aux 35 heures. La même CFDT m'a ouvert les colonnes de sa revue *Cadres*, en 1997, pour dénoncer les effets collatéraux des 35 heures, notamment la suppression des temps morts dans les entreprises, qui sont aussi des temps d'échanges et de vie sociale, et les risques de stress. Depuis, silence radio dans la gauche officielle ; on ne s'inspire pas d'un adversaire, on le combat ou, mieux, on l'ignore.

La gauche se méfie de mes propos inclassables de libéral social. Et la droite libérale voit, dans mon interventionnisme éducatif, familial, social et environnemental, un défaut socialiste congénital. Alain Madelin, qui a sans doute eu tort de saborder en 2001 son mouvement Idées-Actions pour d'improbables ambitions présidentielles, m'a plusieurs fois qualifié de « socialiste qui s'ignore ». Je ne renie en rien cette fibre sociale, qui vient de mes origines modestes, de mon vécu dans la cité des Mureaux, ainsi que de la fascination qu'ont exercée sur moi Jules Vallès et sa trilogie (*L'Enfant*, *Le Bachelier* et *L'Insurgé*), la Commune, le surréalisme d'André Breton, puis *L'Homme révolté* d'Albert Camus. J'étais à gauche de naissance. Emporté par le tourbillon de mai 1968, j'ai même, pour la première fois, eu les honneurs du journal *Le Monde* pour une interpellation musclée dans une manifestation contre la présence américaine au Vietnam en 1969. Je criais comme beaucoup d'autres : « *US go home !* » Et je me trompais aussi sans le savoir. Cela m'a valu deux nuits à la Conciergerie, expérience inoubliable, où l'on se retrouve, d'un seul coup, plongé de l'autre côté du mur, dans un monde où l'homme n'est plus qu'un animal enfermé avec d'autres dans une cage, où il ne fait jamais nuit et où les besoins intimes se font forcément sans intimité. J'ai eu la chance d'en sortir très vite, puis d'obtenir un non-lieu, mais je n'oublierai jamais cette interpellation fortuite, un an après mai 1968, où j'avais été pourtant beaucoup plus téméraire, sans jamais me faire prendre. J'étais aussi présent à la Bastille le soir du 10 mai 1981 : « On a gagné ! » On avait gagné l'alternance, ce qui est déjà une grande respiration pour la démocratie.

J'ai donc voté à gauche jusqu'en 1988, et je le ferai sans doute encore si cette dernière était moins ringarde, prisonnière d'un électorat conservateur de ses acquis (une grande partie de la fonction publique) et aussi crédible économiquement que ses homologues européens. Après avoir été un déçu de la gauche, je suis devenu un déçu de la droite. J'ai rencontré beaucoup de gens intéressants au centre : l'idéologie y est moins forte et l'esprit godillot absent ; on y tolère la différence et, même plus, on la respecte, voire on la cultive. Mais le centre est coincé au milieu et n'échappe pas aux faiblesses de tous les partis. Lorsque j'ai voulu, en 1993, appuyé par ses dirigeants nationaux, me lancer dans l'aventure municipale, avec des vues sur les futures législatives à Vendôme, dans le Loir-et-Cher, agréable sous-préfecture où je m'étais installé par hasard, je me suis fait descendre au décollage par les leaders locaux du CDS (Centre des démocrates sociaux, ce sigle me convenait bien). Michel Rocard s'est fait descendre en vol ; il était plus expérimenté. Un leader local, toujours en place, une femme (en politique, elles ne sont pas moins dures que les hommes), a tout fait pour empêcher l'ascension d'un étranger dans son territoire ; un individu, d'autant plus dangereux qu'il avait des idées, écrivait dans les journaux nationaux et disposait d'appuis extérieurs. Je me souviens même de Nicolas Dupont-Aignan qui, cherchant, en 1994, un point de chute, s'était installé quelques mois à Vendôme ; il venait « pour nous aider ». Il est reparti ailleurs, sous une autre étiquette, et il a montré sa pugnacité politique au sein de l'UMP avant de fonder son propre mouvement.

Je n'avais rien compris : la politique est devenue un vrai métier. Il faut y entrer très jeune et, surtout, faire de l'hypocrisie une arme. Je ne suis pas fait pour ce métier où il faut savoir éliminer les meilleurs rivaux de son camp, se renier, cacher ses émotions et dire, non pas ce que l'on pense, mais ce qui sera électoralement payant. Cela ne m'a pas empêché d'agir avec d'autres pour créer, en 1994, l'Ismer, un institut d'entrepreneurs et de développement d'activités nouvelles, qui a permis, depuis, la création de plusieurs centaines d'emplois marchands dans le bassin de vie du Vendômois. Je ne regrette rien de cet épisode où j'ai beaucoup appris sur la nature humaine et sur moi-même. Le Vendômois a maintenant un excellent député, d'envergure nationale, en la personne de Maurice Leroy, et c'est très bien ainsi. Cela m'a permis de m'occuper un peu plus de ma famille – l'aventure politique se fait forcément à son détriment – et de me consacrer à mon cœur de métier : la réflexion à partir de l'action et des problèmes concrets d'entreprise et de société. J'ai continué à écrire et à dire, haut et fort, un certain nombre de vérités ; c'est, sans doute, ce que je peux faire de mieux et, de toute façon, je ne sais rien faire d'autre.

Les cigares du Pharaon

Je me suis retrouvé un jour comme Tintin dans *Les Cigares du Pharaon*, découvrant que les élites politiques, économiques et sociales se réunissaient encagoulées, en s'appelant « frères », dans des sociétés secrètes. C'était en 2000, à l'occasion d'un petit déjeuner avec un scientifique, réputé dans les médias ; il me déclara, sans prévenir, et certainement par amitié, pour me rendre service : « Michel, cela fait longtemps que je te suis. Tu n'iras pas plus loin si tu ne nous rejoins pas ! » Quel choc ! Heureusement que j'étais assis ! Après un long silence, j'ai compris qu'il s'agissait des francs-maçons. Je savais que cela existait, mais je n'imaginais pas qu'un homme comme lui ait eu besoin de cela pour sa carrière, si brillante de toute façon. J'ai essayé d'en savoir plus, s'il en faisait partie ? Réponse sèche : « On ne répond pas à ce genre de question. » J'ai relancé, en demandant dans quelle branche il me verrait, la Loge libérale ou le Grand Orient, plus à gauche. « Grand Orient », telle fut sa réponse ! Je me suis prêté au jeu : comment faire pour y entrer ? Réponse énigmatique :

« Tu trouveras le chemin. » On n'était pas loin du religieux et du chemin de Damas.

Je n'ai rien vu venir, mais j'ai raconté régulièrement cette histoire autour de moi et j'ai vu plusieurs types de réactions : ceux qui se sont fermés immédiatement à son évocation, craignant, sans doute, d'être démasqués, ce qui du même coup confortait l'hypothèse de leur appartenance. D'autres, incrédules, paraissaient découvrir (faisaient-ils semblant ?) un phénomène qu'ils pensaient mineur. Une petite minorité, plus jeune, n'a pas caché son appartenance et m'a expliqué que ces réseaux étaient aussi des lieux de travail sur soi-même et de réflexion sur la société. J'ai lu quelques livres sur les frères invisibles (Ottenheimer, Lecadre, 2001) et, effectivement, il y a beaucoup de choses positives dans le fonctionnement des loges. J'ai même demandé à Alain Gourdon, un grand avocat qui n'a jamais caché son appartenance au Grand Orient, pourquoi il avait eu besoin de cela ? Il m'a répondu lucidement que « les loups chassaient mieux en meute que seuls. » Je resterai donc un loup solitaire. En Grande-Bretagne, bonne gouvernance oblige, l'adhésion à une loge est transparente et l'on sait qui en fait partie. Rien de tel en France où le secret l'emporte : il faut être initié pour se reconnaître par une certaine poignée de main. Je la reconnais maintenant parfaitement et je découvre que dans certains milieux elle est très fréquente.

Ainsi, il y a des réseaux qui transcendent les partis et les hiérarchies de la société. De la reconnaissance à l'entraide il n'y a qu'un pas, trop vite franchi. Quand l'appartenance l'emporte sur la compétence pour la promotion des hommes et la prise en charge des responsabilités, la justice et l'efficacité ne sont pas au rendez-vous. Je comprends mieux maintenant certains soutiens inexplicables, voire contre nature, dans des élections ou cooptations professionnelles. Je me suis même amusé à tester mes amis du Cercle des économistes (je les connais presque tous, mais je n'en suis pas), en avançant, rigolard, que je savais pourquoi ils ne m'avaient pas coopté. Certains ont un peu paniqué, d'autres ont accusé réception en répondant : « On le dit ! » En tous les cas, ils chassent mieux en meute dans les médias que chacun n'aurait pu le faire isolément et nul doute que la qualité est au rendez-vous. Au demeurant, ils ne sont pas tous « frères » !

Le plus sclérosant dans la société française, c'est que les bienfaits de l'appartenance à ces multiples réseaux, et donc les handicaps de la non-appartenance, se cumulent. Je me souviens d'avoir été reçu par Jérôme Monod, un jour de 2005 où j'étais vraiment en colère contre un gouvernement de droite incapable de réformes. Emporté par mon humeur, je déclarai : « Je ne suis ni X, ni énarque, ni noble, ni franc-maçon, ni corse, ni corrézien..., mais un simple citoyen. Puis-je quand même servir mon pays ? » Il me répondit par un sourire amusé et ajouta gentiment : « Vous êtes généreux et courageux. Restez ce que vous êtes et continuez à écrire et parler comme vous le faites, c'est utile et la société en a besoin. »

Quand je désespère et m'interroge sur l'utilité de mon franc-parler, sabre au clair, ces paroles me redonnent du cœur à l'ouvrage. C'est la même force que je retrouve, quand me reviennent les paroles de Jacques Barrot, alors ministre de l'Emploi, me confiant, en 1996, une mission informelle sur l'activité et l'emploi : « Allez-y Godet, foncez, la patrie est en danger ! » De tels propos sont rares dans le monde politique, où la prudence et l'opportunisme l'emportent généralement sur le courage et les convictions.

Quelle est la question qui obsède les ministres ?

À l'Élysée, à Matignon, à Bercy, l'écoute est, depuis 2002, certaine, mais l'influence sur les décisions beaucoup moins. J'ai même, fin 2005, sur le conseil de Jérôme Monod, écrit au président de la République pour attirer son attention sur trois propositions concrètes et essentielles, à mes yeux, pour éviter la paupérisation des familles avec enfants, créer des centaines de milliers d'emplois marchands à moindre coût et sortir des 35 heures par le haut, en rendant les heures supplémentaires non imposables (mais en gardant les charges sociales pour éviter les effets d'aubaine).

J'ai aussi été convoqué, en urgence, le samedi 28 mai 2005 (la veille du référendum sur le traité européen) par un ministre en exercice, que je connais depuis quinze ans et avec qui je parle familièrement. Il me pose la même question qui obsède tous les prétendants : « Tu es nommé Premier ministre. Que fais-tu pour l'emploi ? Quelle mesure immédiate faut-il prendre ? »

LES MINISTRES EN QUÊTE DU SAINT-GRAAL

C'était la troisième fois, en dix ans, qu'un ministre me posait cette question. La première fois, j'ai bafouillé de surprise ; je ne m'attendais pas à une question aussi simple, englobante et définitive. La deuxième fois, j'ai esquivé la réponse miracle attendue en avançant toute une série d'actions structurantes aux effets progressifs, mais certains. Mon interlocuteur, en quête du Saint-Graal, voyant que je n'avais ni potion magique, ni remède de cheval à lui proposer, n'a rien écouté de mes arguments et m'a gentiment remercié. Cette troisième fois, je ne me suis pas laissé surprendre.

Le ministre, que je revoyais pour la première fois depuis des années, avait mon précédent livre, *Le Choc de 2006*, ouvert devant lui, avec des marques et des passages soulignés à de multiples pages. Il connaissait mes analyses et je pouvais jouer sur un capital de confiance et d'estime pour lui dire sans détour qu'il n'y avait pas de bonne réponse à une telle mauvaise question. C'est en cherchant une telle solution au chômage, séduisante sur le papier, que l'on avait lancé l'idée fausse des 35 heures et du partage du travail. L'on sait, aujourd'hui, que c'est l'activité qui crée la richesse et l'emploi, et qu'il faut donc travailler plus pour travailler tous (*cf. infra* les dangers de l'arithmétique). Ma réponse au ministre fut claire : surtout, pas de mesure nouvelle à ambition universelle et à portée limitée, aux impacts médiatiques à court terme. Il est temps que vous, les politiques, cessiez de chercher l'idée géniale que personne n'aurait eue avant et qui, d'un coup de baguette magique, deviendrait la solution miraculeuse. Cessez de penser d'en haut en voulant implanter, partout en France, des espèces exotiques qui seront rejetées (comme le sera, finalement, le CPE). Partez plutôt des initiatives locales, aidez-les à grandir et à se multiplier dans les territoires par marcottage. Promenez-vous avec votre arrosoir de subventions et fertilisez les initiatives pour l'activité et l'emploi qui y poussent naturellement. Facilitez la contagion de ces initiatives, comme le réveil des projets dormants (une de mes propositions au président de la République), en supprimant tous les obstacles administratifs et réglementaires qui brident leur développement. Vous créerez, ainsi, des centaines de milliers d'emplois marchands à moindre coût. Cette perspective de jardinier de l'initiative n'a pas suffi à retenir son attention. Je ne lui apportais pas le Saint-Graal. Son téléphone a sonné (peut-être un signe du destin qu'il espérait). Il m'a glissé son numéro de portable et m'a remercié. Il ne m'a jamais rappelé, moi non plus. Ce qui m'intéresse, ce sont les hommes et les femmes politiques qui mettent l'intérêt général avant leur carrière. Ils ne sont pas légion.

Les médias préfèrent l'homme qui mord le chien

Il est difficile dans notre pays d'être marqué au fer rouge du qualificatif de libéral. Dans les milieux intellectuels, c'est une forme d'ex-communion, aussi définitive que celle d'être qualifié de raciste quand on pose certaines questions sur l'immigration. C'est ce que le regretté Jean-François Revel (1988) appelait : « le racisme des antiracistes vis-à-vis de ceux qu'ils jugent racistes ». L'intolérance et l'ostracisme qui sévissent dans certains milieux intellectuels de gauche (les autres sont quasi inexistants ou peu fréquentables) sont tels que, pour faire passer des idées dans les médias, il est plus facile de le faire avec une étiquette de gauche bien pensante que l'attribuer à un individu dont l'obédience est moins sûre, voire suspecte. Ainsi, les mêmes qui ont été choqués par les propos de Nicolas Sarkozy sur la « racaille » n'ont pas réagi à ceux, tout aussi bruts de fonderie, de Malek Boutih, l'ancien président de SOS Racisme, devenu membre du comité directeur du Parti socialiste (*cf.* encadré *infra*) ; ils ont même, peut-être, pensé qu'il n'y avait rien à redire, que tout cela était la vérité et faisait réfléchir.

Malek Boutih « le désillusionniste »

C'est sous ce titre que, dans un portrait publié dans *Le Monde* du 13 juin 2002, Malek Boutih, secrétaire national du Parti socialiste et ancien président de SOS Racisme, donnait sa vision de la banlieue, du racisme et des jeunes. Selon Malek Boutih, les responsables des émeutes sont « des barbares des cités », avec lesquels « il n'y a plus à tergiverser, il faut leur rentrer dedans, taper fort, les vaincre, reprendre le contrôle des territoires qui leur ont été abandonnés par des élus en mal de tranquillité ». Il résume la vie dans les cités à un reportage de TF1 où « cinq mille gangsters terrorisent les quartiers, violent les filles en tournantes, cament leurs petits frères jusqu'à l'os, s'équipent en armes de guerre et tiennent chambres de torture dans les caves ». Pour lui, « aujourd'hui, soit on reprend les cités, soit on bascule dans la grande délinquance ».
Toujours selon Malek Boutih, « il faut remettre au boulot » la police : « Le plus grand nombre de bavures n'est plus son fait, c'est la racaille qui tue le plus dans les cités. » De plus, Malek Boutih, dans *Le Monde* du 27 janvier 2005, se déclare favorable à l'instauration de quotas d'immigration.
Enfin, dans son rapport sur les problèmes d'immigration, il recommande des solutions concrètes : fin du rapprochement familial systématique, politique de quotas pour gérer l'entrée des étrangers, fin de la double nationalité, plus de régularisation massive des clandestins, etc. Quand ces propos ont été tenus, personne ne s'est élevé contre. Pourquoi le mot « racaille » choque-t-il aujourd'hui et non hier ?

Jean-Claude Michel, *La Lettre du cadre territorial*,
n° 307, 1er décembre 2005

Je ne fais manifestement pas partie des bien-pensants patentés : « inclassable », comme le disent, sous forme de critique, ceux qui n'apprécient pas mes propos et les considèrent, au mieux, comme provocateurs et irresponsables. C'est la réalité qui est provocante quand on la peint telle qu'on la voit, et je reçois le qualificatif d'inclassable comme un compliment. J'entends bien rester un esprit libre, ailleurs et autrement, n'ayant ni Dieu ni maître, même si je n'ai rien d'un anarchiste. Il n'empêche que mes analyses sont plus faciles à faire passer quand elles sont reprises, quelques années plus tard, par d'autres esprits placés du bon côté de la classification, et donc plus audibles.

Je m'étonnais en 2006, auprès d'une journaliste du *Nouvel Observateur* qui suit mes travaux depuis vingt ans, de voir reconnues et attribuées à d'autres des idées que j'avais pu avancer des années auparavant dans les mêmes journaux. Il en est ainsi du consensus sur le chômage (Godet, 1990), bien avant que l'on ne parle de préférence française pour le chômage, ou encore de l'insuffisante création d'emplois dans les services de la France comparée aux États-Unis dans *La Tribune* (1993a). Les auteurs ignorent sans doute que, lorsque l'on a une bonne idée, d'autres l'ont généralement eue avant. Je n'échappe sans doute pas à ce constat et l'essentiel, c'est bien que les idées passent[4].

Il y a cependant des limites au renoncement : quand on finit par vous prier de citer ceux qui ont « oublié » de le faire à votre égard, alors que l'on ne fait que reprendre ses propres analyses, on ressent un sentiment de dépossession de sa pensée, difficile à supporter. Il en est ainsi de l'analyse de la maladie du diplôme (1988a) et des effets pervers de la course aux diplômes que j'avais effectuée, dès 1988, dans *Le Monde de l'éducation*. Ces expressions ont été « redécouvertes » récemment par la sociologue Marie Duru-Bellat (2006). Les médias

4. Je ne suis pas le seul concerné par ce contrat. En 2008, Thomas Piketty a rendu « politiquement correct » à gauche l'idée d'un système de retraite à points que soutenait jusqu'ici, sans être entendu, Jacques Bichot, et ce, depuis des années.

comme *Le Monde de l'éducation* devraient se souvenir de ce qu'ils ont publié et que j'ai ensuite, depuis 1991, repris dans des livres vendus à plusieurs dizaines de milliers d'exemplaires[5]. Ils s'en souviennent d'ailleurs, mais l'oublient sciemment. Pourquoi ? Tout simplement parce que je suis considéré comme le chien qui mord l'homme et non comme l'homme qui mord le chien !

Pour comprendre, il faut rappeler que, dans les écoles de journalisme, on enseigne qu'un chien qui mord un homme, ce n'est pas une information, alors que si un homme mord un chien, c'est un scoop ! On l'a compris, je suis le chien, et si j'avance une idée nouvelle à contre-courant du conformisme ambiant, elle sera moins reprise que si la même idée est avancée, plus tard, par quelqu'un du bon coté de l'échiquier intellectuel. Pour être entendu, il faut d'abord faire partie d'une bande d'intellectuels bien-pensants, et donc forcément à gauche (par exemple, hier membre de la Fondation Saint-Simon, ou, aujourd'hui, membre de La république des idées). Ce n'est pas mon cas, même si j'ai, jusqu'ici, publié au moins aussi souvent dans *Libération* que dans *Le Figaro*. D'ailleurs, je ne me présente jamais comme un intellectuel, mais plutôt comme un homme d'action qui réfléchit. Un intellectuel, c'est quelqu'un qui réfléchit sur l'action des autres. J'ai horreur de ces gens qui, dans les émissions télévisées, disent : « Je vous parle en tant qu'intellectuel », comme si les autres n'étaient pas capables de penser vrai !

Pour la petite histoire, j'ai essayé, en vain, tout au long au long du mois de juin 2006, de contacter l'animateur de La République des idées pour que cesse l'apartheid intel-

---

5. Depuis mes articles dans *Le Monde de l'éducation* (1988a) et dans *Futuribles* (1988b ; 1993c), je n'ai cessé de dénoncer cette maladie du diplôme, qui devait conduire à une dévaluation des assignats universitaires, à une surabondance de diplômés et à une pénurie de professionnels. Dans *L'Avenir autrement* (1991), dans *Emploi : le grand mensonge* (1994 ; 1997 ; 1999), puis dans *Le Choc de 2006* (2003 ; 2006).

lectuel et l'exclusion dans l'indifférence de ceux qui sont suspects de porter une nouvelle « étoile jaune », celle de l'affreux libéralisme. La gauche bien-pensante serait-elle sectaire ? Je me refuse à le croire. Il me reste la possibilité de rejoindre les autres francs-tireurs de la pensée comme Jacques Marseille, François de Closets ou Pascal Bruckner. Mais il est difficile de rassembler les inclassables qui ne se sentent, ni à droite ni à gauche, mais simplement ailleurs et autrement, du côté du bon sens. En attendant, je vais continuer à lutter contre le règne du mensonge.

Le mensonge gouverne le monde

« C'est le mensonge qui gouverne le monde. » Cette remarque de Jean-François Revel (1988) est là pour nous rappeler que, non seulement la vérité n'est pas toujours bonne à dire, mais que l'on s'ingénie à la cacher à l'opinion. Le même auteur ajoutait que l'on avait une fâcheuse tendance à « trier dans les informations que l'on reçoit, pour ne retenir que celles qui nous arrangent et rejeter celles qui nous dérangent ». Évidemment, les chiffres de performance ou d'emploi des voisins qui nous dérangent sont faux et ceux qui nous arrangent sont forcément justes ! Personne n'échappe à ces biais cognitifs. Combien de fois n'ai-je pas été interpellé : les chiffres du chômage aux États-Unis, en Grande-Bretagne ou aux Pays-Bas, deux fois plus faibles, sont faux ! La croyance s'appuie chaque fois sur une statistique vraie, qui prête à l'amalgame : il est vrai qu'il y a un million d'adultes dans les prisons américaines ; il se peut qu'aux Pays-Bas, certains chômeurs soient déclarés inaptes au travail et il est vrai que le temps partiel y est très développé ; il y a sans doute des travailleurs pauvres aux États-Unis et en Grande-Bretagne, et c'est, pourtant, ce dernier pays qui, grâce à Tony Blair, a enfin instauré un salaire minimum et l'a fait augmenter de 40 % en cinq ans pour le situer autour de 6 £ de l'heure (environ 9 €). Il n'empêche que, dans tous les cas, le taux d'emploi effectif de la population (proportion de personnes en âge de travailler occupant un emploi, les chômeurs ne sont pas compris) est, dans ces pays, supérieur à 70 %, soit cinq à dix points de plus qu'en France. Les statistiques de l'emploi ne sont pas plus justes ou fausses à l'étranger qu'en France. Et les organismes internationaux, comme l'OCDE, sont justement là pour permettre des comparaisons fiables à partir de définitions communes. Il y a, partout, des erreurs de mesure, mais on ne peut les suspecter de parti pris. Les millions d'emplois nouveaux créés aux États-Unis étaient forcément des petits boulots dégradants pour ceux qui les occupaient. De toute façon l'emploi, c'était fini, et Michel Rocard préfaçait le livre de l'Américain Jeremy Rifkin (1996) alimentant cette thèse. On sait maintenant qu'il n'en était rien, et que la part de l'emploi qualifié augmente avec la révolution de l'intelligence.

Pour les nostalgiques du socialisme et du communisme, le capitalisme et l'économie de marché, associés à l'impérialisme américain, ne peuvent être que néfastes à l'humanité. L'homme blanc, capitaliste, serait coupable du pillage du tiers-monde, de son non-développement, de l'accroissement des inégalités entre les 10 % les plus riches et les 10 % les plus pauvres, ou encore, de l'augmentation de la part de valeur ajoutée revenant aux actionnaires. Tout cela est très contestable, voire faux, quand on veut bien s'informer sur la réalité des chiffres et des faits[6].

6. Pour les inégalités, la démonstration a été rappelée dans le dernier livre de François de Closets (2006) : « Si l'on compare les niveaux de vie des 10 % les plus riches et des 10 % les plus pauvres dans la société française, le rapport qui s'établissait à 4,8 en 1970 s'était réduit à 3,2 en 2001. C'est surtout dans les années Giscard que l'écart s'est réduit de 4,8 à 3,6. » Ce dernier a aussi mille

Ainsi, sous l'effet conjugué de l'augmentation de l'emploi et du salaire moyen, la part de la valeur ajoutée revenant aux salaires a augmenté en France ces dix dernières années : elle est passée de 63,6 %, en 1998, à 65,8 %, en 2006. La baisse de 2003 (65,3 %) n'est qu'une fluctuation mineure dans une tendance à la hausse.

Mais les mythes ont la vie dure : celui des 15 % de rentabilité réclamés, ou plutôt souhaités par les actionnaires, notamment ! Certaines entreprises ou fonds d'investissements y parviennent pour quelques années en restructurant des secteurs ou en ne gardant que les activités les plus rentables. Mais, globalement, une telle rentabilité n'est pas durable dans le temps comme ont pu s'en rendre compte des sociétés comme Altran au début des années 2000 parce que leurs dirigeants avaient fini par truquer les comptes. Depuis l'été 2007, les banques qui avaient pris des risques en s'engageant dans la bulle immobilière américaine l'apprennent aussi à leurs dépens. Il n'empêche que certaines données heurtent le sens commun, comme le note Jean Arthuis (2006), président de la commission des Finances du Sénat : « Les sociétés du CAC 40 ont amassé 80 milliards d'euros, distribué 30 milliards de dividendes et ne créent plus d'emplois. Nous entrons dans une sorte de folie. » Il faut tempérer ce constat en rappelant que les entreprises françaises sont possédées à 60 % par des actionnaires étrangers et que l'essentiel de leur chiffre d'affaires et de leurs résultats se situe hors de France. Ce qui est anormal, c'est de les aider, en France, pour la recherche et l'innovation, sans contrepartie d'emplois. Mais le plus grave, c'est d'avoir empêché, par idéologie anticapitaliste, la constitution d'une épargne de capitalisa-

fois raison de réclamer des limites aux écarts de salaires et revenus dans les entreprises, entre le haut et le bas de l'échelle. Sa proposition de limiter l'écart de 1 à 100 est aussi raisonnable que ne le sont pas les sommes astronomiques perçues par certains dirigeants, qu'ils réussissent ou qu'ils échouent !

tion qui aurait permis d'éviter que, peu à peu, des fonds de pension étrangers prennent le contrôle de nos fleurons.

Chaque fois, les menteurs eux-mêmes finissent, d'ailleurs, par croire à leurs mensonges à force de les répéter. De sorte qu'il est de plus en plus difficile de s'y retrouver entre le vrai et le faux. D'autant que, le plus souvent, ceux qui savent se taisent, afin de ne pas troubler le conformisme ambiant... Tout se déroule comme si le « savoir-vivre » imposait le silence des complicités passives avec la pensée dominante. C'est la raison pour laquelle je prends le risque de passer pour un irresponsable et un provocateur. Car la réalité, scrutée avec les yeux du bon sens, renvoie une image bien plus provocante que l'acide des mots. Je n'ai donc pas perdu la raison. Je ne me suis pas laissé emporter par la passion. Non, je suis tout simplement en colère contre l'hypocrisie, l'illusion et l'absurdité qui règnent dans notre société. Bref, je suis révolté contre tous ceux qui prétendent nous faire entrer dans l'avenir à reculons, afin de préserver leurs privilèges. On a trop repoussé les échéances pour que la réforme en douceur soit possible. Je me souviens de Jacques Delors déclarant, en 1995, dans le journal *Libération* : « Ceux qui prétendent faire des réformes sans fracture ni facture sont des menteurs. »

« Ça suffit ! Ça ne peut plus durer ! L'explosion sociale ne va pas tarder ! » Voilà des années que de tels commentaires circulent. Pourtant, rien de tel ne se produit et la situation s'aggrave. Les chômeurs étaient moins de 400 000 avant 1973, 1 million en 1975, plus de 2 millions aujourd'hui, et beaucoup plus si l'on tient compte du traitement prétendument social, et en réalité statistique, du chômage.

Cela fait plus de vingt-cinq ans que l'on attribue à des facteurs externes la crise d'origine interne que nous vivons. La vérité est plus simple : ce sont autant de mirages que nous nous sommes donnés pour nous voiler la face et ne rien changer à l'ordre établi. L'indépendance énergétique n'était pas la clé de tous nos maux. Ni les nouvelles technologies, ni l'Europe avec son marché unique n'ont apporté la nouvelle ère de croissance tant annoncée. Quant à l'ouverture internationale, renforcée par la mondialisation des économies tant décriée, elle détruit peut-être des emplois en poussant à la spécialisation, mais elle crée surtout de la richesse dont la France, cinquième exportateur mondial, aujourd'hui déficitaire, profite moins que d'autres.

En 1994, je publiais un livre intitulé *Emploi : le grand mensonge*. C'était un an après la dissolution, par le gouvernement d'Édouard Balladur, de la commission Mattéoli (dont j'étais membre) sur les obstacles structurels à l'emploi. Après quelques mois de réflexion, elle parvenait à une première vérité inaudible (Godet, 1993b) : le SMIC, avec ses charges, est une barrière à l'emploi des travailleurs peu qualifiés. Il en est, en effet, du marché du travail comme de tout marché ; s'il y a un déséquilibre entre l'offre et la demande (le chômage), c'est qu'on ne laisse pas jouer le système de prix. Si le SMIC était resté indexé sur l'inflation, et n'avait pas connu des coups de pouce, il serait au niveau du RMI[7]. Entendons bien le message : il y a des gens que l'on n'embauche pas parce qu'ils coûtent trop cher compte tenu de la valeur de leur compétence et du coût de l'éventuelle débauche. Ce n'est pas aux entreprises d'assurer la fonction de redistribution sociale, c'est à la collectivité de le faire. Ce message qui devrait s'imposer par le bon sens et le principe de réalité, n'est guère répandu dans la société française. Pourquoi ?

Comme me l'a confié Jacques Lesourne il y a une quinzaine d'années, lors de l'un de nos entretiens régu-

7. Le SMIC a augmenté de 25 % entre 2001 et 2005.

liers : « La France est une société héritée du christianisme et du marxisme ; le premier défend le plein-emploi et le juste salaire, ce qui est contradictoire ; quant au marxisme, le salaire, pour lui, ne traduit pas les raretés relatives, mais peut être fixé à n'importe quel niveau, car il résulte des rapports de forces. C'est ainsi que la société française ne veut pas entendre parler du lien entre le coût du travail et l'emploi. C'est un lien qu'elle n'a jamais accepté, le considérant comme immoral. »

Faute d'ouvrir les yeux sur le fonctionnement du marché du travail, et sur les expériences étrangères performantes, on dit avoir tout essayé pour l'emploi. L'argument est classique ; notre modèle social est trop différent, il ne faut pas y toucher, et ce qui fonctionne chez nos voisins n'est donc pas transposable : l'apprentissage, en Allemagne, le temps partiel, aux Pays-Bas, ou, encore, la flexibilité du marché du travail, en Grande-Bretagne. Puisque le modèle danois est à la mode, allons jusqu'au bout de celui-ci en ne protégeant pas les emplois, mais les personnes, et en responsabilisant les chômeurs qui voient leur indemnisation se réduire drastiquement s'ils refusent une offre d'emploi : pas de droits sans devoirs. Mais tout n'est pas transposable du modèle danois : 80 % de représentativité syndicale et une préférence nationale à l'embauche dans un pays aussi peu « ouvert » au travailleur étranger que le Japon !

Il y a peu de chances que les vraies questions soient posées autrement que dans l'urgence. Il faudrait, pour cela, remettre en cause les rigidités et les myopies de la société française et s'interroger sur les finalités de la croissance. Déjà, Sénèque disait : « Il n'y a point de vent favorable pour celui qui ne sait où il va. » Mais où est donc passée la planification à la française dont nous étions si fiers ?

L'actualité des banlieues et la crise du système éducatif ont malheureusement révélé la pertinence de certaines questions et les problèmes ont été effectivement traités dans l'urgence, alors qu'on aurait pu les anticiper. Quant à la planification à la française, elle est morte et enterrée. J'avais suggéré, en 1996, la création d'un Commissariat à la prospective et à l'évaluation. Le président Sarkozy a créé un secrétariat d'État en 2007. Je ne peux que m'en réjouir.

La critique par le rire

J'aime la vie, les gens et le plaisir du contact humain, et je m'ennuie à côtoyer tous ceux qui se prennent au sérieux, notamment tous ces essayistes froids (pessimistes invétérés ou éternels optimistes) dont les analyses et les critiques sont tristes et ennuyeuses. J'aime les éclats de rire de Jacques Marseille, même si je ne le suis pas sur tout (l'Europe notamment), j'apprécie l'humour caustique de François de Closets (2006) : ce sont les rapports de forces qui permettent le « Toujours plus ! » et le « Plus encore ! ». Et celui, plus discret, de Jacques Lesourne (1998), à qui l'on doit quand même cette formule de synthèse magnifique : « La France, c'est un modèle soviétique réussi. » Il n'a pas osé, comme je lui avais suggéré, reprendre ce titre pour son livre prosaïquement intitulé *Le Modèle français : grandeur et décadence*. Dommage, car ce livre, remarquable, aurait certainement eu beaucoup plus d'impact. Il en va des idées comme des produits : l'emballage influence le comportement d'achat.

On prétend qu'une femme que l'on fait rire est à moitié séduite ; c'est vrai mais, hélas, cela ne dit pas comment faire pour séduire l'autre moitié. En tout cas, pour ouvrir les oreilles qui, autrement, se fermeraient, rien de tel que le plaisir du rire ensemble. La même image, jouant sur les mots, laissera froid un public restreint et déclenchera l'hilarité collective d'un public plus nombreux. Une salle qui commence à rire dès le début d'une intervention, le fait ensuite à la moindre occasion. Comme si la soif collective de rire était immense et inassouvie, dans une société française qui s'ennuie à force de se faire peur en écoutant les prophètes du déclin et les catastrophistes de l'altermondialisation verte. Comme l'a relevé Claude Allègre (2007), ces derniers sont souvent comme des pastèques : verts à l'extérieur et rouges à l'intérieur.

La France a peur de tout : de l'avenir, de la mondialisation, de la technologie, de l'Amérique, de la Chine. Le phénomène n'est pas nouveau : déjà les Gaulois craignaient que le ciel ne leur tombe sur la tête et le général de Gaulle (1932) écrivait dans *Le Fil de l'épée* : « Les Français sont des apôtres du déclin et des nostalgiques de la décadence. »

Il est vrai que Coluche et Devos nous manquent, et que j'ai pu souvent penser, suite aux réactions du public que, du métier de professeur, j'allais passer à celui de chansonnier comique, voire au clown critique. La profession de clown analyste d'entreprise existe déjà : c'est un vrai métier, exercé par des artistes comme Bernard Mangin, alias Alberto. Il reste à inventer celle de clown analyste de société. J'ai parfois l'impression de ne pas en être loin.

Il est ainsi possible de critiquer les 35 heures devant les partenaires sociaux et de se faire applaudir en remarquant que :

— avec la RTT, l'on a tué les temps morts dans les entreprises, alors qu'il faut des temps morts pour vivre le lien social et retrouver le plaisir au travail !

— dans certaines entreprises, les gens ne se voient plus, ils se croisent et communiquent par courriel. La grève est ainsi un moment privilégié, où tout le monde se retrouve, et où chacun peut enfin se parler et redécouvrir la chaleur du lien social. D'où ma suggestion aux chefs d'entreprise : introduisez des substituts festifs à la grève, le loto surprise ou le méchoui inattendu ;

— pour retrouver le plaisir au travail, il faut prendre le temps de faire les choses à son rythme. De toute façon, on court moins vite après 50 ans qu'à 30 ans. Il en est du travail comme de l'amour, on assure toujours, mais il faut chauffer ! Les seniors devront travailler plus longtemps ; ils voudront bien, mais réclameront le *slow business* : faire en quarante heures ce qui n'en prend que trente-cinq.

Autre exemple, avec la maladie du diplôme : moins un diplôme vaut, plus il est nécessaire de l'avoir ; l'avoir ne donne pas grand-chose, mais ne pas l'avoir empêche tout. Le bac ne vaut plus rien, donc celui qui ne l'a pas vaut moins que rien ! Rappelons aussi que c'est devenu difficile de rater le bac !

Comment prétendre préparer les enfants à changer plusieurs fois de métier au cours de leur vie, avec des enseignants qui, eux-mêmes, ne sont jamais sortis de l'école ?

La même remarque pourrait s'appliquer à l'orientation scolaire. Ses personnels ne savent qu'orienter vers des formations qui débouchent sur des métiers qu'ils ne connaissent pas.

En rapprochant la démographie et l'écologie, on peut aussi donner envie de rire. En effet, l'homme européen, dans sa diversité culturelle, est aussi une espèce à protéger, au moins au même titre que le scarabée pic-prune de la forêt de Bercée, dans la Sarthe, pour lequel on n'a pas hésité à modifier un tracé d'autoroute. Voulant ainsi sensibiliser aux questions démographiques un parterre d'écologistes réunis à l'abbaye royale de Fontevrault, il y a une dizaine d'années, m'est venue d'un seul coup, à l'esprit, la question suivante : « Que diriez-vous si le taux de fécondité des baleines était divisé par deux, à moitié du seuil de renouvellement ? Vous alerteriez certainement tous les médias de la planète ? » Les trois cents participants rassemblés devant moi opinèrent de la tête. J'ajoutai immédiatement : « C'est pourtant ce qui se passe depuis vingt ans pour les Italiens du Nord et les Catalans et personne ne bronche ! » Je me souviens de l'un d'eux réagissant à ma flèche : « Tu frappes en dessous de la ceinture ! » On ne peut pas sauver la vache de l'Aubrac, sans sauver le paysan qui va avec. Et je dénonce, depuis, l'attitude de certains « Khmers verts » pour qui la disparition de l'homme blanc occidental (gaspilleur, pollueur) serait une bonne nouvelle pour la nature qu'ils veulent rendre aux loups. Soyons clair, je suis favorable à la présence raisonnée des loups et des ours dans nos montagnes, ainsi qu'à la protection des tortues et des baleines. Mais à quoi nous servirait d'avoir sauvé les baleines s'il n'y avait plus d'enfants chez nous pour les regarder ? L'espèce humaine est unique et n'est pas menacée, mais sa diversité socioculturelle mérite d'être préservée autant que celle du scarabée !

Dernier exemple, qui m'a valu la colère du grand spécialiste des sondages, Roland Cayrol, après un débat télévisé en commun sur LCI. Le sujet portait sur l'apparente contradiction des réponses des Français, interrogés sur la popularité des grèves de transport public et sur la nécessité d'instaurer un service minimum. J'ai relevé qu'il faudrait cesser de passer son temps à décortiquer les réponses des Français sur tout et n'importe quoi et de voir des contradictions qui n'en sont pas. Car la réponse dépend de la question. « Demandez à votre prêtre si vous pouvez fumer en priant, il vous dira certainement non ! En revanche, si vous lui posez la question de pouvoir prier en fumant, il dira certainement oui ! » La question influence la réponse ; ce sont donc les questions qui posent question. Plus généralement, les politiques et les médias abusent de la consommation de sondages. Les chefs d'entreprise français interrogés sur la situation économique du pays étaient plutôt pessimistes durant l'année 2005 (reprenant ainsi ce qu'ils lisaient dans les journaux et qui pouvait, aussi, s'inspirer de précédents sondages). Pourtant, les mêmes chefs d'entreprise, interrogés individuellement, déclaraient majoritairement que pour eux ça allait bien. En effet, l'année 2005 a été exceptionnelle pour la croissance à l'échelle mondiale qui rappelle, en mieux et plus fort, la Belle Époque. Lors des sondages, les Français déclarent à plus de 70 % ne pas être heureux et être inquiets pour les générations futures. Curieusement, 84 % des personnes interrogées se déclarent heureuses[8].

Les médias abusent aussi du traitement de l'actualité immédiate, qui consiste à traiter, tous et en même temps, de l'éphémère, sans prendre le recul nécessaire à l'analyse. C'est ainsi que l'on parle beaucoup trop des réactions aux petites phrases des hommes politiques, y compris dans des émissions où l'on livre des sondages montrant que cela n'intéresse pas les Français. Raison de plus pour continuer. Plus généralement, l'on peut regretter que les médias privilégient, dans les débats politiques, la course de lévriers : qui va gagner ? Au détriment des questions de fond sur les analyses, les programmes et les projets des candidats, ou encore les critiques des spécialistes. On a les médias et les hommes politiques que l'on mérite, ils sont là pour répondre aux attentes de l'opinion. Il appartient à chacun d'entre nous de poser les questions qui dérangent et jusqu'ici j'ai fait le maximum pour y contribuer. Ce livre en témoigne !

8. Sondage CSA, *Le Figaro Magazine* du 4 mars 2006.

Bibliographie générale

Académie des sciences, 2007, « Évolution des climats », *La Lettre*, n° 21, printemps-été.

Albouy (Valéry), Roth (Nicole), 2003, *Les Aides publiques en direction des familles : ampleur et incidence sur les niveaux de vie*, rapport au Haut Conseil de la population et de la famille.

Allais (Maurice), 1989, « La philosophie de ma vie », *Gérer et Comprendre, Annales des Mines*, juin.

Allègre (Claude), 2007, *Ma vérité sur la planète*, Plon-Fayard.

Apfelbaum (Marian) (dir.), 1998, *Risques et peurs alimentaires*, Odile Jacob.

Archambault (Paul), 2002, « Séparation et divorce : quelles conséquences sur la réussite scolaire des enfants ? », *Population et Sociétés*, INED, n° 379, mai.

Arthuis (Jean), 2006, *Challenges*, n° 42, 22 juin.

Artus (Patrick), Cahuc (Pierre), Zylberberg (André), 2007, *Temps de travail, revenu et emploi*, rapport du CAE n° 68, La Documentation française.

Artus (Patrick), Cette (Gilbert), 2004, *Productivité et croissance*, rapport au Premier ministre, Conseil d'analyse économique, La Documentation française, n° 48 (http://www.cae.gouv.fr).

Artus (Patrick), Virard (Marie-Paule), 2006, *Comment nous avons ruiné nos enfants*, La Découverte.

BAUDRY (Paul), GREEN (David), 2000, *Population Growth, Technological Adoption and Economic Outcomes : A Theory of Cross-Country Differences for the Information Era*, Université de Columbia.

BEAUMONT (Alain), SINGER (Véronique), 1996, « Les emplois de proximité : des activités à créer et non des travailleurs à insérer », *Cahiers du Lipsor*, CNAM, n° 2, janvier.

BEFFA (Jean-Louis), 2005, *Pour une nouvelle politique industrielle*, rapport au président de la République, La Documentation française.

BÉBÉAR (Claude) (dir.), 2002, *Le Courage de réformer*, Odile Jacob.

BÉBÉAR (Claude), 2007, « Non aux ayatollahs de la prudence », *Le Monde*, 25 octobre.

BICHOT (Jacques), 1997, « Le libéralisme est un humanisme », *Le Figaro*, 12 décembre.

BICHOT (Jacques), 2003, *Sauver les retraites ? La pauvre loi du 21 août 2003*, L'Harmattan.

BISSUEL (Bertrand), 2002, « Enquête sur ces ruptures qui conduisent à l'exclusion », *Le Monde*, 12 mars.

BLANCHARD (Olivier), TIROLE (Jean), 2003, *Protection de l'emploi et procédures de licenciement*, rapport au Premier ministre, Conseil d'analyse économique, La Documentation française, n° 44 (http://www.cae.gouv.fr).

BLANPAIN (Nathalie), PAN KÉ SHON (Jean-Louis), 1998, « 1983-1997 : les Français se parlent de moins en moins », *Insee Première*, Insee, n° 571, mars.

BLAUG (Mark), 1982, *Où en est l'économie de l'éducation ?*, OCDE, Direction des affaires sociales de la main-d'œuvre et de l'éducation, SME/ET/82.29.

BOLOPION (Philippe), 2005, « Depuis la fin de la guerre froide, les conflits sont moins meurtriers », *Le Monde*, 19 octobre.

BORDARIER (Philippe), DOROSZCZUK (Bernard), 2001, « Les surdiplômés dans l'administration » *La Gazette de la société et des techniques, Annales des Mines*, n° 6, janvier.

BORREL (Catherine), 2006, « Enquêtes annuelles de recensement 2004 et 2005. Près de 5 millions d'immigrés à la mi-2004 », *Insee Première*, Insee, n° 1098, août.

BOURDIEU (Pierre), PASSERON (Jean-Claude), 1964, *Les Héritiers. Les étudiants et la culture*, Les Éditions de Minuit, coll. « Le sens commun ».

BOUTIH (Malek), 2002, « La France, un nouveau monde », *in* Bébéar (2002).

BRUCKNER (Pascal), 2004, *Misère de la prospérité. La religion marchande et ses ennemis*, Le Livre de Poche.

BRUNDTLAND (Gro Harlem), 1987, *Notre avenir à tous*, Commission des Nations unies sur l'environnement et le développement.

CAHUC (Pierre), BONNEUIL (Michèle, de), 2004, *Productivité et emploi dans le tertiaire*, rapport au Premier ministre, Conseil d'analyse économique, La Documentation française, n° 49 (http://www.cae.gouv.fr).

CAHUC (Pierre), KRAMARZ (Francis), 2005, *De la précarité à la mobilité : vers une Sécurité sociale professionnelle*, rapport au ministre de l'Économie, des Finances et de l'Industrie, La Documentation française.

CAHUC (Pierre), ZYLBERBERG (André), 2004, *Le Chômage, fatalité ou nécessité*, Flammarion.

CALOT (Gérard), 1997, *Le vieillissement démographique dans l'Union européenne à l'horizon 2050*, Futuribles international, coll. « Travaux et recherches de prospective », n° 6.

CALOT (Gérard), 2002, « Le Vieillissement de la population : un sujet qui fâche », *Panoramiques*, n° 57.

CAMDESSUS (Michel), 2004, *Le Sursaut. Vers une nouvelle croissance pour la France*, ministère de l'Économie, des Finances et de l'Industrie, La Documentation française.

CANNAC (Yves), 2004, *La Qualité des services publics*, rapport au Premier ministre, Commission qualité de services publics, La Documentation française.

CASSAN (Francine), CLANCHÉ (François), MAZUY (Magali), 2001, « Refaire sa vie de couple est plus fréquent pour les hommes », *Insee Première*, Insee, n° 797, juillet.

CASSAN (Francine), MARY-PORTAS (France-Line), 2002, « Précocité et instabilité familiale des hommes détenus », *Insee Première*, Insee, n° 828, février.

CEREQ, 2004, « Génération 2001 : s'insérer lorsque la conjoncture se dégrade », *Bref*, n° 214, décembre.

Challenges, 2006, « Des cessions d'actions qui posent questions », n° 42, 22 juin.

CHALMIN (Philippe), 2006, « De l'art de donner », *Le Nouvel Économiste*, 6-12 juillet.

CHAMPION (Maurice), 2000, *Les Inondations en France, du VIe siècle à nos jours*, Cemagref Éditions, 6 tomes ; préface d'Emmanuel Le Roy Ladurie.

CHARPIN (Jean-Michel), 1999, *L'Avenir de nos retraites*, rapport au Premier ministre.

CHAUNU (Pierre), 1979, *Un futur sans avenir. Histoire et population*, Calmann-Lévy.

CHÉRÈQUE (François), 2003, « Réformistes, à vos marques ! », *Le Monde*, 3 septembre.

CHÉRÈQUE (François), 2006, « Créons un espace social de dialogue, vite ! », *Le Monde*, 30 août.

CHESNAIS (Jean-Claude), 1995, *Le Crépuscule de l'Occident*, Robert Laffont.

CHESNAIS (Jean-Claude), GODET (Michel), SULLEROT (Évelyne), 1996, « SOS jeunesse : appel pour sauver l'avenir », *Ouest-France*, 4 janvier.

CLOSETS (François, de), 2006, *Plus encore !*, Fayard/Plon.

Coe-Rexecode, 2007, *Ce point de croissance qui nous manque*, 4es rencontres de la croissance, octobre.

Commissariat général du Plan, 2005, « La prise en charge des personnes âgées dépendantes dans leur dernière période de vie ; enjeux et pistes de réflexion pour l'État, projet Geste », *Les Cahiers du Plan*, n° 1, avril.

Commission européenne, 2002, « Attitudes of Europeans towards fertility : ideals, desires and realizations », *Eurobarometer*, n° 56.2.

Commission européenne, 2004, *Rapport du Groupe de Haut Niveau sur l'avenir de la politique sociale dans une Union européenne élargie*, Direction générale de l'emploi et des affaires sociale, mai.

Commission européenne, 2005, *Face aux changements démographiques, une nouvelle solidarité entre générations*, Livre vert, COM(2005) 94 final, 16 mars.

Committee on the Science of Climate Change, 2001, *Climate Change Science : an Analysis of Some Key Questions*, Division on Earth & Life Studies, National Research Council, The National Academy of Sciences.

Conseil d'orientation des retraites (COR), 2007, *Retraites : 20 fiches d'actualisation pour le rendez-vous de 2008*, cinquième rapport, novembre.

Conseil économique et social, Académie des sciences, Académie des technologies, Académie des sciences morales et politiques, 2006, *Partager la connaissance et ouvrir le dialogue : le changement climatique*, groupe de réflexion, 24 janvier.

CORNEVIN (Marianne), 1988, *Les Secrets du continent noir révélés par l'archéologie*, Maisonneuve et Larose ; nouvelle édition, 2001.

Cour des comptes, 2004, *L'Accueil des immigrants et l'intégration des populations issues de l'immigration*, rapport au président de la République, novembre.

COURTOIS (Gérard), 1999, « Temps de travail des fonctionnaires : la vérité des chiffres », *Le Monde*, 11 février.

CROZIER (Michel), 1991, *État modeste, état moderne. Stratégies pour un autre changement*, Seuil, coll. « Points Essais », 2e édition revue et augmentée.

DAMON (Julien), 2005, note pour le rapport de Michel Godet et Évelyne Sullerot, *La Famille, une affaire publique*, CAE.

DARES, Commissariat général du Plan, 2005, « Les métiers en 2015 : l'impact du départ des générations du baby-boom », *Premières Synthèses*, Dares, n° 50.1, décembre.

DATAR, 2004, *La France, puissance industrielle. Une nouvelle politique industrielle par les territoires : étude prospective de la DATAR*, La Documentation française.

DAVEZIES (Laurent), KORSU (Emre), 2002, « Un essai de géographie de la pauvreté », *in Les Travaux de l'Observatoire national de la pauvreté et de l'exclusion sociale (2001-2002)*, La Documentation française, p. 167-245.

DAVEZIES (Laurent), LEJOUX (Patricia), 2003, *Un train peut en cacher un autre. Derrière l'économie productive, attention à l'économie présentielle*, communication au colloque de l'Association de science régionale de langue française, organisé par le LET/ENTPE, université de Lyon-II, septembre.

DAVEZIES (Laurent), 2004, « Développement local : le déménagement des français. La dissociation des lieux de production et de consommation », *Futuribles*, n° 295, mars.

DAVEZIES (Laurent), 2008, *La République et ses territoires*, Seuil, coll. « La République des idées ».

DAVID (Marie-Gabrielle), STARZEC (Christophe), 1996, « Aisance à 60 ans, dépendance et isolement à 80 ans », *Insee Première*, Insee, n° 447, mai.

DEBRÉ (Robert), SAUVY (Alfred), 1946, *Des Français pour la France*, Gallimard.

DESCHAMPS (Frédérique), ROCHON (Françoise), 2005, « L'emploi dans les collectivités locales au 31 décembre 2003 », *Insee Première*, Insee, n° 1032, juillet.

DIDIER (Michel), 2007, *Lettre de Coe-Rexecode*, 1er janvier.

DOLIGER (Cédric), 2003, *Démographie et croissance économique en France après la Seconde Guerre mondiale : une approche cliométrique*, LAMETA, faculté de sciences économiques, université de Montpellier-I.

DROIN (Georges), 2001, Intervention au colloque du Medef « Entreprises et Associations », Conseil économique et social, 22 novembre.

DUMONT (Gérard-François), ZANINETTI (Jean-Marc), 2005, *Perspectives démographiques de la France et de l'Europe à l'horizon 2030 : analyse économique, Population & Avenir*, commission des Finances, de l'Économie générale et du Plan, Assemblée nationale.

DURANCE (Philippe), GODET (Michel), MARTINEZ (Michel), 2006, « Démographie, activité, croissance : comment expliquer les écarts de croissance entre les États-Unis et les pays européens ? », *Futuribles*, n° 316, février.

DURU-BELLAT (Marie), 2006, *L'Inflation scolaire : les désillusions de la méritocratie*, Seuil, coll. « La République des idées ».

ELGOZY (Georges), 1981, *L'Esprit des mots ou l'antidictionnaire*, Denoël.

ELLUL (Jacques), 1989, « Une charte pour les immigrés ? Des bornes à fixer », *Ouest-France*, 11 février.

ESTRADE (Marc-Antoine), MÉDA (Dominique), 2002, *Principaux résultats de l'enquête « RTT et modes de vie »*, Dares, ministère de l'Emploi, de la Cohésion sociale et du Logement, document d'étude, n° 56, mai.

EWALD (François), 2004, « 2004 : une France précautionneuse ? », *Les Échos*, 8 janvier.

FAUROUX (Roger), SPITZ (Bernard), 2004, *État d'urgence. Réformer ou abdiquer : le choix français*, Robert Laffont.

FERRY (Luc), DARCOS (Xavier), HAIGNERÉ (Claudie), 2003, *Lettre à tous ceux qui aiment l'école. Pour expliquer les réformes en cours*, Odile Jacob.

FOLLETT (Mary Parker), 1925, conférence du 5 novembre 1925 devant le Bureau of Personnel Administration, New York.

FONTAGNÉ (Lionel), 1999, *L'Investissement étranger direct et le commerce international*, OCDE, DSTI/Doc(99)3.

FONTAGNÉ (Lionel), LORENZI (Jean-Hervé), 2005, *Désindustrialisation, délocalisations*, rapport au Premier ministre, Conseil d'analyse économique, La Documentation française, n° 55 (http://www.cae.gouv.fr).

FORESTIER (Christian), THÉLOT (Claude), 2007, *Que vaut l'enseignement en France ?*, Stock.

GAILLARD (Jacques), 2002, « Des banlieues terrorisées », *Le Monde*, 16 février.

GAULLE (Charles, de), 1932, *Le Fil de l'épée*, Berger-Levrault.

GERONDEAU (Christian), 1998, *Candide au pays des libéraux*, Albin Michel.

GERONDEAU (Christian), 2007, *Écologie, la grande arnaque*, Albin Michel.

GILLE (Laurent), 2006, *Aux sources de la valeur. Des biens et des liens*, L'Harmattan, coll. « Logiques sociales ».

GIRAUD (Pierre-Noël), GODET (Michel), 1987, *Radioscopie du Japon*, Economica, coll. « CPE-Economica ».

GODET (Michel), 1978, « Va-t-on vers une surabondance d'énergie ? », *Le Monde*, 5 septembre.

GODET (Michel), PLAS (J.-P.), 1979, « La banque pourrait être la sidérurgie de demain », *Le Monde*, 22 février.

GODET (Michel), 1987a, « Dix idées à contre-courant sur le Japon », *Politique industrielle*, avril.

GODET (Michel), 1987b, « Regards sur la japanosclérose », *Futuribles*, n° 112, juillet-août.

GODET (Michel), 1988a, « La France malade du diplôme », *Le Monde de l'éducation*, février.

GODET (Michel), 1988b, « Défis et crise mondiale des systèmes éducatifs », *Futuribles*, n° 118, février.

GODET (Michel), 1990, « Les chômeurs et les rentiers. Privilèges des diplômés et rigidité des statuts bloquent la régression du chômage », *Le Monde*, 3 avril.

GODET (Michel), 1991, *L'Avenir autrement*, Armand Colin.

GODET (Michel), 1993a, « Le diagnostic sur l'emploi d'un spécialiste de prospective industrielle », *La Tribune*, 11 janvier.

GODET (Michel), 1993b, « Les propositions oubliées du rapport Mattéoli », *La Tribune*, 18 août.

GODET (Michel), 1993c, « La maladie du diplôme. Propositions pour une nouvelle politique », *Futuribles*, n° 173, février.

GODET (Michel), 1994, *Emploi : le grand mensonge*, Robert Laffont ; 2e édition, revue et augmentée, coll. « Fixot », 1997 ; 3e édition, Pocket, 1999.

GODET (Michel), 1996, « Du Commissariat au plan au Commissariat à la prospective », *Le Figaro*, 3 octobre.

GODET (Michel), 2000, « Nouvelle croissance ou vieilles lunes », *Futuribles*, n° 257, octobre.

GODET (Michel), 2003, *Le Choc de 2006 : démographie, croissance, emploi. Pour une société de projets*, Odile Jacob ; nouvelle édition, coll. « Poches Odile Jacob », 2006.

GODET (Michel), 2004, « Prospective publique de la cohérence et des moyens », *La Lettre du cadre territorial*, n° 286, 1er décembre.

GODET (Michel), SULLEROT (Évelyne), 2005, *La Famille, une affaire publique*, rapport au Premier ministre, Conseil d'analyse économique, La Documentation française, n° 57 (http://www.cae.gouv.fr).

GODET (Michel), SULLEROT (Évelyne), 2007, *La Famille, une affaire privée et publique*, La Documentation française.

GODET (Michel), 2006, « La planète regorge de pétrole cher », *Les Échos*, 7 juin.

GODET (Michel), MOUSLI (Marc), 2006, *Vieillissement, activités et territoires*, rapport au Premier ministre, Conseil d'analyse économique, Diact-CAE, n°63, octobre, La Documentation française.

GODET (Michel), SARDON (Jean-Paul), 2005, « La vache et le recensé », *Les Échos*, 23 février.

GRAFF (James), 2004, « We need more babies ! », *Time*, n° 29, novembre.

GRICE (Andrew), BROWN (Jonathan), 2006, « How immigrants sustain Britain's economic growth », *The Independant*, 23 août.

GUILLAUME (Henri) *et al.*, 2000, *Les Systèmes publics de gestion de la performance et leur articulation avec le budget de l'État*, n° 99-M-048-09, février ; 2002, *Gestion publique. L'État et la performance*, Dalloz, Presses de Sciences-Po.

HADJI (Charles), 2002, « Des sauvageons au fascisme », *Le Monde*, 16 février.

Haut Conseil de l'évaluation de l'école, 2001, *L'Effet de la réduction de la taille des classes sur les progrès des élèves*, avis n° 1, mars.

HOEFFER (Michael), RYTINA (Nancy), CAMPBELL (Christopher), 2006, *Estimates of the Unauthorized Immigrant Population Residing in the United States : January 2005*, Population Estimates, U.S., Department of Homeland Security, Office of Immigration Statistics, août.

Institut de l'entreprise, 2006, *L'Agenda 2012 : 37 propositions pour une meilleure maîtrise de la dépense publique*, Observatoire de la dépense publique, Les notes de l'Institut, avril (http://www.institut-entreprise.fr).

IZRAELEWICZ (Erik), 2005, *Quand la Chine change le monde*, Grasset.

JACCARD (Mark), 2006, *Sustainable Fossil Fuels : The Unusual Suspect in the Quest for Clean and Enduring Energy*, Cambridge University Press.

JARUZELSKI (Barry), DEHOFF (Kevin), BORDIA (Rakesh), 2005, « Money isn't everything. Lavish R&D budgets don't guarantee performance », *Strategy + Business*, Booz Allen Hamilton, n° 41.

JUPPÉ (Alain), 2000, *Intervention sur l'Europe*, Assemblée nationale, 9 mai.

KAPFERER (Jean-Noël), 1987, *Rumeurs, le plus vieux métier du monde*, Seuil.

KERROUMI (Bachir), 2001, « Le management du handicap », *Cahiers du Lipsor*, CNAM, n° 4, série « Recherche », décembre (http://www.cnam.fr/lipsor/).

KERVASDOUÉ (Jean, de), 1999, « L'intolérance écologique », *Revue des Deux Mondes*, novembre-décembre.

KOK (Wim), 2004, *Relevé le défi. La stratégie de Lisbonne pour la croissance et l'emploi*, rapport du groupe de haut niveau, Communautés européennes, novembre.

LANDES (David S.), 2000, *Richesse et pauvreté des nations*, Albin Michel.

LE BOUCHER (Éric), 2005, *Économiquement incorrect*, Grasset.

LECAUSSIN (Nicolas), 2005, « Privilèges RATP : merci Raffarin », *Société civile*, Ifrap, n° 47, mai.

LE HIR (Pierre), « Les crues "sans précédent" ne le sont parfois que par oubli », *Le Monde*, 21 janvier.

LE ROY LADURIE (Emmanuel), 1993, *Histoire du climat depuis l'an mil*, Flammarion, coll. « Champs ».

LE ROY LADURIE (Emmanuel), 2004, *Histoire humaine et comparée du climat en Occident. Canicules et glaciers, XIIIe-XVIIIe siècles*, Fayard.

LESOURNE (Jacques), GODET (Michel), 1985, *La Fin des habitudes*, Seghers.

LESOURNE (Jacques), 1998, *Le Modèle français. Grandeur et décadence*, Odile Jacob.

LION (Robert), 1992, *L'État passion*, Plon.

MARSEILLE (Jacques), 2002, *Le Grand Gaspillage*, Plon.

MARSEILLE (Jacques), 2006, *Du bon usage de la guerre civile en France*, Perrin.

MATH (Antoine), 2004, « Aider les familles nombreuses et les autres aussi », *Informations sociales*, CNAF, n° 115.

MAURIN (Éric), 2004, *Le Ghetto français : enquête sur le séparatisme social*, Seuil, coll. « La République des idées ».

MCKINSEY, 2006, *Étude sur la compétitivité industrielle française*, ministère de l'Économie, des Finances et de l'Industrie.

MEDEF, 2006, *Un monde inédit : une chance pour la France*, Cartes sur table, ETP.

Ministère de la Fonction publique, 2004, *Fonction publique : faits et chiffres 2004*, La Documentation française.

Ministère de l'Emploi, de la Cohésion sociale et du Logement, 2006, *Note sur les derniers chiffres de l'emploi*, Note 3BL, avril.

MOUSLI (Marc), 2002, *Diriger au-delà du conflit*, six conférences traduites, précédées de *Mary Parker Follett, pionnière du management*, Village Mondial.

OCDE, 2001, *International Mobility of the Highly Skilled*.

OLIVENNES (Denis), 1994, « La préférence française pour le chômage », *Le Débat*, n° 82, novembre-décembre.

OTHILY (Georges), BUFFET (François-Noël), 2006, *Immigration clandestine : une réalité inacceptable, une réponse ferme, juste et humaine*, rapport de commission d'enquête n° 300, Sénat, 6 avril.

OTTENHEIMER (Ghislaine), LECADRE (Renaud), 2001, *Les Frères invisibles*, Albin Michel.

PAN KÉ SHON (Jean-Louis), 2003, « Isolement relationnel et mal-être », *Insee Première*, Insee, n° 931, novembre.

PÉBEREAU (Michel), 2006, *Rompre avec la facilité de la dette publique. Pour des finances publiques au service de notre croissance économique et de notre cohésion sociale*, rapport au ministre de l'Économie, des Finances et de l'Industrie, La Documentation française.

PEYREFITTE (Alain), 1995a, *La Société de confiance*, Odile Jacob.

PEYREFITTE (Alain), 1995b, *Du « miracle » en économie*, Odile Jacob.

PESQUEUX (Yvon), DURANCE (Philippe) (coll.), 2004, « Apprentissage organisationnel, économie de la connaissance : mode ou modèle ? », *Cahiers du Lipsor*, série « Recherche », n° 6, septembre (http://www.cnam.fr/lipsor/).

PIKETTY (Thomas), 1997, « Les créations d'emplois en France et aux États-Unis », *Cahiers de la Fondation Saint-Simon*, n° 93.

PIKETTY (Thomas), 2003, *The Impact of Divorce on School Performance : Evidence from France, 1968-2002*, Centre for Economic Policy Research, Discussion paper series, n° 4146, décembre.

POSTEL-VINAY (Olivier), 1994, *Le Taon dans la cité : Actualité de Socrate*, Interfaces.

PRUD'HOMME (Rémy), 1997, « Chère SNCF », *Sociétal*, n° 10, juillet.

PRUD'HOMME (Rémy), 2007, « Le Choc de Grenelle est à venir », *Le Monde*, 30 octobre.

REVEL (Jean-François), 1988, *La Connaissance inutile*, Grasset.

REVEL (Jean-François), 2003, *L'Obsession antiaméricaine : son fonctionnement, ses causes, ses inconséquences*, Pocket.

REXECODE, 2005, *Conjoncture et politique économique*, n° 1, mai.

REXECODE, 2006, *Comment interpréter les évolutions du marché de l'emploi en France*, Note, mai.

RICHELET (César-Pierre), 1679, *Dictionnaire*, Genève.

RICHET-MASTAIN (Lucie), 2006, « Bilan démographique 2005 », *Insee Première*, Insee, n° 1059, janvier.

RICHOU (Saphia), LOMBARD (Michel), 1999, *Le Luxe dans tous ses états*, Economica ; préface de Michel Godet.

RIEG (Christian), 2003, « Les créateurs d'entreprises en 2002 : un créateur sur trois était au chômage au moment de la création », *Insee Première*, Insee, n° 928, octobre.

RIFKIN (Jeremy), 1996, *La Fin du travail*, préface de Michel Rocard, La Découverte.

ROSNAY (Joël, de), SERVAN-SCHREIBER (Jean-Louis), CLOSETS (François, de), SIMONNET (Dominique), 2005, *Une vie en plus. La longévité pour quoi faire ?*, Seuil.

ROUQUETTE (Céline), TACHÉ (Catherine), 2002, « Les vacances des Français », *Insee Résultats*, Insee, n° 4 soc, mai.

SAINT-ÉTIENNE (Christian), 2001, *Appel à une génération citoyenne*, Economica.

SAINT-LAURENT (Yves), 2002, « Je suis passé par bien des angoisses, bien des enfers », *Le Monde*, 9 janvier.

SARDON (Jean-Paul), 2004, « Évolution démographique récente des pays développés », *Population*, INED, n° 59(2).

SAUVY (Alfred), 1980, « Démographie et refus de voir », *in L'Enjeu démographique*, Éditions de l'Association pour la recherche et l'information démographique (APRD).

SCHRÖDER (Gerhard), 2001, « Famille, progrès, bonheur », *Le Monde*, 14 mars.

SEN (Amartya), 2005, *Rationalité et liberté en économie*, Odile Jacob.

SEN (Amartya), 2006, « Mondialisation et justice sociale », *Le Monde*, 20 mai.

SUBTIL (Marie-Pierre), 1998, « Les situations familiales des adolescents influencent leur état de santé », *Le Monde*, 25 novembre.

TANDONNET (Maxime), 2004, *Le Défi de l'immigration : la vérité, les solutions*, Éditions François-Xavier de Guibert.

TAYLOR (Frederick Winslow), 1912, *Principes d'organisation scientifique des usines*, H. Dunod et E. Pinat.

THÉLOT (Claude), EURIAT (Michel), 1995, « Le recrutement social de l'élite scolaire depuis 40 ans », *Éducation et Formation*, n° 41, pp. 2-21.

TORDJMAN (Jean-Daniel), 2004, « Balzac, Camdessus et le Conseil des impôts », *Revue politique et parlementaire*, n° 106.

TOULEMON (Laurent), 2004, « La fécondité des immigrées : nouvelles données, nouvelle approche », *Population et sociétés*, INED, n° 400, avril.

TOURNEUR (Frédéric), 2005, « Montréal souffle le chaud et le froid », *Le Point*, n° 1735, 15 décembre.

TRIBALAT (Michèle), 2004, « Une estimation des populations d'origine étrangère en France en 1999 », *Population*, INED, 59(1).

VAN VLIET-LANOË (Brigitte), 2005, *La Planète des glaces. Histoire et environnements de notre ère glaciaire*, Vuibert.

VELTZ (Pierre), DAVEZIES (Laurent) (dir.), 2005, *Le Grand Tournant : Nord-Pas-de-Calais, 1975-2005*, Éditions de l'Aube.

VERGER (Daniel) (dir.), 2005, « Les approches de la pauvreté à l'épreuve des comparaisons internationales », *Économie & Statistique*, Insee, n° 383-384-385, décembre.

VERNIÈRE (Laurent), 2002, *Panorama des réformes des systèmes de retraite en Europe*, Institut de l'entreprise.

VEYNE (Paul), 1995, *Le Pain et le Cirque. Sociologie historique d'un pluralisme politique*, Seuil, coll. « Points Histoire ».

WINOCK (Michel), 2002, *La Belle Époque : la France de 1900 à 1914*, Perrin.

Index

Remerciements

Pour changer le monde, il faut d'abord partir de soi et agir là où l'on se trouve, l'essentiel étant dans la force du désir et des projets, et non pas dans une accumulation de biens et de pouvoirs qui se fait trop souvent au détriment du lien social et du bien-être. Ce livre s'adresse aussi aux adultes jeunes et moins jeunes pour qu'ils comprennent qu'un modèle social qui vit à crédit sur le dos des générations futures n'est tout simplement pas durable. Le combat est clair : que le triomphe des égoïsmes et des corporatismes recule face à la toute-puissance de l'altruisme qui sommeille en chacun d'entre nous et que ce livre entend réveiller.

Sans Isabelle, et ses renoncements quotidiens, je n'aurais pu sacrifier autant de vie personnelle à une entreprise d'écriture aussi ambitieuse qu'inachevée.

L'entreprise n'est heureusement pas solitaire ; j'ai bénéficié de la relecture et des critiques justifiées des amis qui m'encouragent depuis des années : Jacques Barraux, Nathalie Bassaler, Pierre Cahuc, Dominique de Calan, Philippe Durance, Denis Ferrand, Christian Forestier, Vincent Gros, Alain Lebaube, Jacques Lesourne, Jean-Louis Lhéritier, Stefan Lollivier, Arnaud Louis, Marc Mousli, Alain Peretti, Jean-Paul Sardon. Pour ne citer que ceux que j'ai sollicités. Ce livre les engage d'autant moins qu'ils ne partagent pas toutes mes analyses. Mais c'est de la différence que naît la richesse.

Table des matières

L'avenir en confiance

CHAPITRE PREMIER

La rupture facile et les réformes difficiles

CHAPITRE II
Neuf questions sur la mondialisation, la localisation des activités et le développement durable

CHAPITRE III

Cinq questions sur la démographie, la croissance, la technologie et l'emploi

CHAPITRE IV

Quatre questions sur l'éducation, la formation et l'emploi

CHAPITRE V

Dix questions sur l'emploi, le chômage et le modèle social français

CHAPITRE VII

Comment passer des idées aux actes ?

Dans la collection « Poches Odile Jacob »

N° 1 : Aldo Naouri, *Les Filles et leurs mères*
N° 2 : Boris Cyrulnik, *Les Nourritures affectives*
N° 3 : Jean-Didier Vincent, *La Chair et le Diable*
N° 4 : Jean François Deniau, *Le Bureau des secrets perdus*
N° 5 : Stephen Hawking, *Trous noirs et Bébés univers*
N° 6 : Claude Hagège, *Le Souffle de la langue*
N° 7 : Claude Olievenstein, *Naissance de la vieillesse*
N° 8 : Édouard Zarifian, *Les Jardiniers de la folie*
N° 9 : Caroline Eliacheff, *À corps et à cris*
N° 10 : François Lelord, Christophe André, *Comment gérer les personnalités difficiles*
N° 11 : Jean-Pierre Changeux, Alain Connes, *Matière à pensée*
N° 12 : Yves Coppens, *Le Genou de Lucy*
N° 13 : Jacques Ruffié, *Le Sexe et la Mort*
N° 14 : François Roustang, *Comment faire rire un paranoïaque ?*
N° 15 : Jean-Claude Duplessy, Pierre Morel, *Gros Temps sur la planète*
N° 16 : François Jacob, *La Souris, la Mouche et l'Homme*
N° 17 : Marie-Frédérique Bacqué, *Le Deuil à vivre*
N° 18 : Gerald M. Edelman, *Biologie de la conscience*
N° 19 : Samuel P. Huntington, *Le Choc des civilisations*
N° 20 : Dan Kiley, *Le Syndrome de Peter Pan*
N° 21 : Willy Pasini, *À quoi sert le couple ?*
N° 22 : Françoise Héritier, Boris Cyrulnik, Aldo Naouri, *De l'inceste*
N° 23 : Tobie Nathan, *Psychanalyse païenne*
N° 24 : Raymond Aubrac, *Où la mémoire s'attarde*
N° 25 : Georges Charpak, Richard L. Garwin, *Feux follets et Champignons nucléaires*
N° 26 : Henry de Lumley, *L'Homme premier*
N° 27 : Alain Ehrenberg, *La Fatigue d'être soi*
N° 28 : Jean-Pierre Changeux, Paul Ricœur, *Ce qui nous fait penser*
N° 29 : André Brahic, *Enfants du Soleil*
N° 30 : David Ruelle, *Hasard et Chaos*
N° 31 : Claude Olievenstein, *Le Non-dit des émotions*
N° 32 : Édouard Zarifian, *Des paradis plein la tête*
N° 33 : Michel Jouvet, *Le Sommeil et le Rêve*
N° 34 : Jean-Baptiste de Foucauld, Denis Piveteau, *Une société en quête de sens*
N° 35 : Jean-Marie Bourre, *La Diététique du cerveau*
N° 36 : François Lelord, *Les Contes d'un psychiatre ordinaire*

N° 37 : Alain Braconnier, *Le Sexe des émotions*
N° 38 : Temple Grandin, *Ma vie d'autiste*
N° 39 : Philippe Taquet, *L'Empreinte des dinosaures*
N° 40 : Antonio R. Damasio, *L'Erreur de Descartes*
N° 41 : Édouard Zarifian, *La Force de guérir*
N° 42 : Yves Coppens, *Pré-ambules*
N° 43 : Claude Fischler, *L'Homnivore*
N° 44 : Brigitte Thévenot, Aldo Naouri, *Questions d'enfants*
N° 45 : Geneviève Delaisi de Parseval, Suzanne Lallemand, *L'Art d'accommoder les bébés*
N° 46 : François Mitterrand, Elie Wiesel, *Mémoire à deux voix*
N° 47 : François Mitterrand, *Mémoires interrompus*
N° 48 : François Mitterrand, *De l'Allemagne, de la France*
N° 49 : Caroline Eliacheff, *Vies privées*
N° 50 : Tobie Nathan, *L'Influence qui guérit*
N° 51 : Éric Albert, Alain Braconnier, *Tout est dans la tête*
N° 52 : Judith Rapoport, *Le garçon qui n'arrêtait pas de se laver*
N° 53 : Michel Cassé, *Du vide et de la création*
N° 54 : Ilya Prigogine, *La Fin des certitudes*
N° 55 : Ginette Raimbault, Caroline Eliacheff, *Les Indomptables*
N° 56 : Marc Abélès, *Un ethnologue à l'Assemblée*
N° 57 : Alicia Lieberman, *La Vie émotionnelle du tout-petit*
N° 58 : Robert Dantzer, *L'Illusion psychosomatique*
N° 59 : Marie-Jo Bonnet, *Les Relations amoureuses entre les femmes*
N° 60 : Irène Théry, *Le Démariage*
N° 61 : Claude Lévi-Strauss, Didier Éribon, *De près et de loin*
N° 62 : François Roustang, *La Fin de la plainte*
N° 63 : Luc Ferry, Jean-Didier Vincent, *Qu'est-ce que l'homme ?*
N° 64 : Aldo Naouri, *Parier sur l'enfant*
N° 65 : Robert Rochefort, *La Société des consommateurs*
N° 66 : John Cleese, Robin Skynner, *Comment être un névrosé heureux*
N° 67 : Boris Cyrulnik, *L'Ensorcellement du monde*
N° 68 : Darian Leader, *À quoi penses-tu ?*
N° 69 : Georges Duby, *L'Histoire continue*
N° 70 : David Lepoutre, *Cœur de banlieue*
N° 71 : Université de tous les savoirs 1, *La Géographie et la Démographie*
N° 72 : Université de tous les savoirs 2, *L'Histoire, la Sociologie et l'Anthropologie*
N° 73 : Université de tous les savoirs 3, *L'Économie, le Travail, l'Entreprise*

N° 74 : Christophe André, François Lelord, *L'Estime de soi*
N° 75 : Université de tous les savoirs 4, *La Vie*
N° 76 : Université de tous les savoirs 5, *Le Cerveau, le Langage, le Sens*
N° 77 : Université de tous les savoirs 6, *La Nature et les Risques*
N° 78 : Boris Cyrulnik, *Un merveilleux malheur*
N° 79 : Université de tous les savoirs 7, *Les Technologies*
N° 80 : Université de tous les savoirs 8, *L'Individu dans la société d'aujourd'hui*
N° 81 : Université de tous les savoirs 9, *Le Pouvoir, L'État, la Politique*
N° 82 : Jean-Didier Vincent, *Biologie des passions*
N° 83 : Université de tous les savoirs 10, *Les Maladies et la Médecine*
N° 84 : Université de tous les savoirs 11, *La Philosophie et l'Éthique*
N° 85 : Université de tous les savoirs 12, *La Société et les Relations sociales*
N° 86 : Roger-Pol Droit, *La Compagnie des philosophes*
N° 87 : Université de tous les savoirs 13, *Les Mathématiques*
N° 88 : Université de tous les savoirs 14, *L'Univers*
N° 89 : Université de tous les savoirs 15, *Le Globe*
N° 90 : Jean-Pierre Changeux, *Raison et Plaisir*
N° 91 : Antonio R. Damasio, *Le Sentiment même de soi*
N° 92 : Université de tous les savoirs 16, *La Physique et les Éléments*
N° 93 : Université de tous les savoirs 17, *Les États de la matière*
N° 94 : Université de tous les savoirs 18, *La Chimie*
N° 95 : Claude Olievenstein, *L'Homme parano*
N° 96 : Université de tous les savoirs 19, *Géopolitique et Mondialisation*
N° 97 : Université de tous les savoirs 20, *L'Art et la Culture*
N° 98 : Claude Hagège, *Halte à la mort des langues*
N° 99 : Jean-Denis Bredin, Thierry Lévy, *Convaincre*
N° 100 : Willy Pasini, *La Force du désir*
N° 101 : Jacques Fricker, *Maigrir en grande forme*
N° 102 : Nicolas Offenstadt, *Les Fusillés de la Grande Guerre*
N° 103 : Catherine Reverzy, *Femmes d'aventure*
N° 104 : Willy Pasini, *Les Casse-pieds*
N° 105 : Roger-Pol Droit, *101 Expériences de philosophie quotidienne*
N° 106 : Jean-Marie Bourre, *La Diététique de la performance*
N° 107 : Jean Cottraux, *La Répétition des scénarios de vie*
N° 108 : Christophe André, Patrice Légeron, *La Peur des autres*
N° 109 : Amartya Sen, *Un nouveau modèle économique*
N° 110 : John D. Barrow, *Pourquoi le monde est-il mathématique ?*

N° 111 : Richard Dawkins, *Le Gène égoïste*
N° 112 : Pierre Fédida, *Des bienfaits de la dépression*
N° 113 : Patrick Légeron, *Le Stress au travail*
N° 114 : François Lelord, Christophe André, *La Force des émotions*
N° 115 : Marc Ferro, *Histoire de France*
N° 116 : Stanislas Dehaene, *La Bosse des maths*
N° 117 : Willy Pasini, Donato Francescato, *Le Courage de changer*
N° 118 : François Heisbourg, *Hyperterrorisme : la nouvelle guerre*
N° 119 : Marc Ferro, *Le Choc de l'Islam*
N° 120 : Régis Debray, *Dieu, un itinéraire*
N° 121 : Georges Charpak, Henri Broch, *Devenez sorciers, devenez savants*
N° 122 : René Frydman, *Dieu, la Médecine et l'Embryon*
N° 123 : Philippe Brenot, *Inventer le couple*
N° 124 : Jean Le Camus, *Le Vrai Rôle du père*
N° 125 : Elisabeth Badinter, *XY*
N° 126 : Elisabeth Badinter, *L'Un est l'Autre*
N° 127 : Laurent Cohen-Tanugi, *L'Europe et l'Amérique au seuil du XXIe siècle*
N° 128 : Aldo Naouri, *Réponses de pédiatre*
N° 129 : Jean-Pierre Changeux, *L'Homme de vérité*
N° 130 : Nicole Jeammet, *Les Violences morales*
N° 131 : Robert Neuburger, *Nouveaux Couples*
N° 132 : Boris Cyrulnik, *Les Vilains Petits Canards*
N° 133 : Christophe André, *Vivre heureux*
N° 134 : François Lelord, *Le Voyage d'Hector*
N° 135 : Alain Braconnier, *Petit ou grand anxieux ?*
N° 136 : Juan Luis Arsuaga, *Le Collier de Néandertal*
N° 137 : Daniel Sibony, *Don de soi ou partage de soi*
N° 138 : Claude Hagège, *L'Enfant aux deux langues*
N° 139 : Roger-Pol Droit, *Dernières Nouvelles des choses*
N° 140 : Willy Pasini, *Être sûr de soi*
N° 141 : Massimo Piattelli Palmarini, *Le Goût des études ou comment l'acquérir*
N° 142 : Michel Godet, *Le Choc de 2006*
N° 143 : Gérard Chaliand, Sophie Mousset, *2 000 ans de chrétientés*
N° 145 : Christian De Duve, *À l'écoute du vivant*
N° 146 : Aldo Naouri, *Le Couple et l'Enfant*

N° 147 : Robert Rochefort, *Vive le papy-boom*
N° 148 : Dominique Desanti, Jean-Toussaint Desanti, *La liberté nous aime encore*
N° 149 : François Roustang, *Il suffit d'un geste*
N° 150 : Howard Buten, *Il y a quelqu'un là-dedans*
N° 151 : Catherine Clément, Tobie Nathan, *Le Divan et le Grigri*
N° 152 : Antonio R. Damasio, *Spinoza avait raison*
N° 153 : Bénédicte de Boysson-Bardies, *Comment la parole vient aux enfants*
N° 154 : Michel Schneider, *Big Mother*
N° 155 : Willy Pasini, *Le Temps d'aimer*
N° 156 : Jean-François Amadieu, *Le Poids des apparences*
N° 157 : Jean Cottraux, *Les Ennemis intérieurs*
N° 158 : Bill Clinton, *Ma Vie*
N° 159 : Marc Jeannerod, *Le Cerveau intime*
N° 160 : David Khayat, *Les Chemins de l'espoir*
N° 161 : Jean Daniel, *La Prison juive*
N° 162 : Marie-Christine Hardy-Baylé, Patrick Hardy, *Maniaco-dépressif*
N° 163 : Boris Cyrulnik, *Le Murmure des fantômes*
N° 164 : Georges Charpak, Roland Omnès, *Soyez savants, devenez prophètes*
N° 165 : Aldo Naouri, *Les Pères et les Mères*
N° 166 : Christophe André, *Psychologie de la peur*
N° 167 : Alain Peyrefitte, *La Société de confiance*
N° 168 : François Ladame, *Les Éternels Adolescents*
N° 169 : Didier Pleux, *De l'enfant roi à l'enfant tyran*
N° 170 : Robert Axelrod, *Comment réussir dans un monde d'égoïstes*
N° 171 : François Millet-Bartoli, *La Crise du milieu de la vie*
N° 172 : Hubert Montagner, *L'Attachement*
N° 173 : Jean-Marie Bourre, *La Nouvelle Diététique du cerveau*
N° 174 : Willy Pasini, *La Jalousie*
N° 175 : Frédéric Fanget, *Oser*
N° 176 : Lucy Vincent, *Comment devient-on amoureux ?*
N° 177 : Jacques Melher, Emmanuel Dupoux, *Naître humain*
N° 178 : Gérard Apfeldorfer, *Les Relations durables*
N° 179 : Bernard Lechevalier, *Le Cerveau de Mozart*
N° 180 : Stella Baruk, *Quelles mathématiques pour l'école ?*

N° 181 : Patrick Lemoine, *Le Mystère du placebo*
N° 182 : Boris Cyrulnik, *Parler d'amour au bord du gouffre*
N° 183 : Alain Braconnier, *Mère et Fils*
N° 184 : Jean-Claude Carrière, *Einstein, s'il vous plaît*
N° 185 : Aldo Naouri, Sylvie Angel, Philippe Gutton, *Les Mères juives*
N° 186 : Jean-Marie Bourre, *La Vérité sur les oméga-3*
N° 187 : Édouard Zarifian, *Le Goût de vivre*
N° 188 : Lucy Vincent, *Petits arrangements avec l'amour*
N° 189 : Jean-Claude Carrière, *Fragilité*
N° 190 : Luc Ferry, *Vaincre les peurs*
N° 191 : Henri Broch, *Gourous, sorciers et savants*
N° 192 : Aldo Naouri, *Adultères*
N° 193 : Violaine Guéritault, *La Fatigue émotionnelle et physique des mères*
N° 194 : Sylvie Angel et Stéphane Clerget, *La Deuxième Chance en amour*
N° 195 : Barbara Donville, *Vaincre l'autisme*
N° 196 : François Roustang, *Savoir attendre*
N° 197 : Alain Braconnier, *Les Filles et les Pères*
N° 198 : Lucy Vincent, *Où est passé l'amour ?*
N° 199 : Claude Hagège, *Combat pour le français*
N° 200 : Boris Cyrulnik, *De chair et d'âme*
N° 201 : Jeanne Siaud-Facchin, *Aider son enfant en difficulté scolaire*
N° 202 : Laurent Cohen, *L'Homme-thermomètre*
N° 203 : François Lelord, *Hector et les secrets de l'amour*
N° 204 : Willy Pasini, *Des hommes à aimer*
N° 205 : Jean-François Gayraud, *Le Monde des mafias*
N° 206 : Claude Béata, *La Psychologie du chien*
N° 207 : Denis Bertholet, *Claude Lévi-Strauss*
N° 208 : Alain Bentolila, *Le Verbe contre la barbarie*
N° 209 : François Lelord, *Le Nouveau Voyage d'Hector*
N° 210 : Pascal Picq, *Lucy et l'obscurantisme*
N° 211 : Marc Ferro, *Le Ressentiment dans l'histoire*
N° 212 : Willy Pasini, *Le Couple amoureux*
N° 213 : Christophe André, François Lelord, *L'Estime de soi*
N° 214 : Lionel Naccache, *Le Nouvel Inconscient*
N° 215 : Christophe André, *Imparfaits, libres et heureux*
N° 216 : Michel Godet, *Le Courage du bon sens*

Cet ouvrage a été transcodé et mis en pages
chez Nord Compo (Villeneuve d'Ascq)

Impression réalisée par

CPI
Brodard & Taupin

La Flèche (Sarthe), le 23-01-2009
N° d'impression : 50935
N° d'édition : 7381-2102-X
Dépôt légal : février 2009

Imprimé en France